中国人民大学中共党史党建研究院　主办
中国人民大学马克思主义学院中共党史系　编辑

中共历史与理论研究

第 7 辑

主编／杨凤城　　执行主编／耿化敏

社会科学文献出版社
SOCIAL SCIENCES ACADEMIC PRESS (CHINA)

本书出版受中国人民大学教育基金会中共党史党建学科建设基金－杉杉控股的资助

《中共历史与理论研究》编委会

编委会主任 顾海良 靳 诺

编　　　委（按姓氏笔画排列）
丁俊萍　王炳林　齐卫平　齐鹏飞　李　捷
杨凤城　杨金海　杨奎松　沈志华　张树军
陈　晋　陈金龙　武　力　欧阳淞　郝立新
秦　宣　顾海良　章百家　谢春涛　靳　诺

主　　　编 杨凤城

副 主 编 辛　逸　耿化敏

编 辑 部 耿化敏（主任）

本辑执行主编 耿化敏

目　录

马克思主义史学·史家

新时代的"旧史家"
　　——以新中国"十七年"中科院近代史研究所为中心的考察 … 赵庆云 / 1
新中国"十七年"历史学研究的规划 …………………………… 储著武 / 24
郭沫若《十批判书》撰述动机新探 ……………………………… 宁腾飞 / 49

革命与乡村

人民公社初期一个生产大队的"财政史" ……………………… 张海荣 / 65
中共革命与一个乡村家族形象的历史变迁
　　——鲁苴大店庄氏家族形象建构之研究 ………………… 侯松涛 / 110
"四清"的前奏：1960年河南省开封专区"改造三类队"
　　研究 …………………………………………………………… 李　贵 / 129

专题研究

中央红军长征转进黔北前大量减员原因分析 ………………… 邹　铖 / 147
新中国成立初期刑事责任的司法根据：特征、评价与启示 … 彭辅顺 / 169
从"无不焚之居……"这则史料谈党史研究的"求真"
　　与"科学" ……………………………………………………… 游海华 / 187

学术史

人民公社研究四十年 ………………………………… 袁 芳 辛 逸 / 197
近十年来国内学界关于冷战时期中国与周边国家关系
　　研究述评 ……………………………………………… 董 洁 / 222

学位论文选登

土地革命战争初期中共对革命形式的探索（1927—1929）
　　………………………………………………………… 周家彬 / 246
从泄密事件到政治工具
　　——中美关系视角下的"美亚事件"研究 …………… 张 虹 / 271

Contents …………………………………………………………… / 298

稿 约 ……………………………………………………………… / 306

马克思主义史学·史家

新时代的"旧史家"[*]

——以新中国"十七年"中科院近代史研究所为中心的考察

赵庆云[**]

摘　要　伴随着1949年政治层面的天翻地覆，历史学亦发生了"破旧立新"的剧烈变化。中国科学院近代史所接续延安史学之脉络，其于1950年率先创建，即有从人脉关系上切断与"旧史学"界的联系、着重培养新生力量、树立马克思主义史学正统之用意。但实际上，新中国"十七年"（1949—1966）间，近代史所逐渐引入的"旧史家"亦不在少数，且在近代史资料整理编纂中发挥了相当关键的作用，为近代史所的早期发展贡献颇多。近代史所中，"新""旧"学人并存，其中的"旧史家"群体，正为当代史学史提供了一个颇为难得的研究样本。从中科院近代史所的"旧史家"在"十七年"中的实际境遇可以看到，这些"旧史家"大多出于民族主义情感对新政权有较多认同，且力图融入新时代。但他们既需面对新、旧时代中自身处境的落差，还需承受思想意识中"新"与"旧"的纠结缠斗，有时亦不免感到进退失据，无所适从。整体来说，他们均经历了一番并不轻松的心路历程。

关键词　旧史家　中科院近代史所　新时代

伴随着1949年政治层面的天翻地覆，新中国"十七年"（1949—1966）史学自整体来说，体现出"破旧立新"的思维模式。马克思主义史学的主

---

[*] 本文系国家社科基金项目"中共党史学学科发展史研究"（项目批准号：16BDJ014）的阶段性成果。
[**] 中国社会科学院近代史研究所副研究员。

导地位，正是通过批判"旧史学"而得以确立。然而，学术研究必须先因而后创，学术机构也并不能凭空出世，而必须有所凭借。近代史所接续延安史学之脉络，继承延安史学之学统，其于1950年率先创建，即有从人脉关系上切断与"旧史学"界的联系、着重培养新生力量、树立马克思主义史学正统之用意。但范文澜排斥"旧史学"人员的构想，在现实中亦不能不做出调整。事实上，在"十七年"间，近代史所的"旧史家"①亦不在少数，且为近代史所的早期发展贡献颇多。近代史所中，"新""旧"学人并存，其中的"旧史家"群体，正为我们提供了一个颇为难得的研究样本。这些所谓"旧派学者"如何因应新时代，其学术研究与生存状况如何，值得详加探讨。

一

"十七年"间近代史所的"史家"，总体情况如表1所示。

表1　1949—1966年近代史所的史家

姓名	入所时间	研究专长	来所情况
金毓黻	1952年9月19日	东北史、宋辽金史、史学史	高校院系调整，自北京大学文科研究所民国史室调入，始任四级研究员
聂崇岐	1952年	宋史、资料编纂	范文澜亲自邀请，自燕京大学调入
王会庵	1952年10月	史料编纂	北京大学院系调整委员会将其分配至近史所，任助理编辑
邵循正	1953年	元史、中国近代史	兼聘
张国淦	1953年	经学、方志	聘为特约研究员
王崇武	1954年	明史、史料编纂	自中科院考古研究所调入
罗尔纲	1954年4月	太平天国史	自中科院经济研究所调入，评为一级研究员
刘起釪	1950年	中国古代史、《尚书》研究	自南京国史馆入南京史料整理处
邵循恪	1954年	国际法、政治学	有照顾邵循正之意

---

① "旧派学者"之概念，乃取诸当时马列派学人的观念，仅以是否宗奉马列为判断标准。否则，"新""旧"难以判别。如范文澜被称为"旧国学传人，新史学宗师"，一身兼有"新""旧"。

续表

姓名	入所时间	研究专长	来所情况
张雁深	1952 年	翻译、中法关系史等	自燕京大学调入
孙瑞芹	1952 年	新闻记者、英文翻译	自燕京大学调入
张遵骝	1953 年	佛学、经学	自上海复旦大学调入，任副研究员
朱士嘉	1953 年	方志	自武汉大学调入

资料来源：据近代史研究所人事档案、科研档案整理而成。

这些"旧派学者"，进入近代史所的情况各不相同，各自的际遇亦同中有异。

金毓黻在民国史学界颇具影响，且与国民党及国民政府有一定联系。1938 年，金毓黻任中央大学历史系主任，1941 年转四川三台东北大学任教，兼东北史地经济研究室（后改为文科研究所）主任。"值伪教育部长陈立夫来校视察，劝我加入国民党，我未拒绝，不久就以他为介绍人领到党证。"① 1944 年 4 月回东北大学任教，任文学院院长。1945 年抗战胜利后，任国民党政府监察院监察委员，复任教于中央大学。次年夏以国民党政府教育部辅导委员和清理战时文物损失委员会东北区代表身份，视察东北文物。1947 年 2 月辞去监察委员和中央大学教授职务，改任国史馆纂修。同年 4 月任沈阳博物馆筹备委员会主任，负责筹建沈阳故宫博物院事宜。是年秋任国史馆北平办事处主任。1949 年 1 月，旧国史馆并入北京大学，金毓黻亦随之转入北大文科研究所，兼任教授，同时在辅仁大学兼课。金氏曾辗转于政学二界，其人情练达，确非一般纯粹书生可比。

就政治立场而言，金氏对中共颇有疑虑。其子长衡、长振、长铭均去台湾，1949 年初，长衡、长振均曾来函劝他赴台"避难"。金氏"以在平负责保管沈阳文物，如果离去，恐有损失。即个人所有研究工具亦悉在平存放，一旦舍而他适，则如鱼之失水，因此决不他往"。② 1949 年 2 月 9 日，翦伯赞经大连、石家庄来北平，偕金长佑（金毓黻之子）来访，告以"中共方面极注重研究历史，且应各守本位，惟少改变其重点耳。其意甚美，并属余代邀北平研史诸公及博、图两馆人士作一次会谈，余即允为联络"。③

金毓黻与范文澜为北大同学，因政治立场不同，此前联系不多。而眼

---

① 金毓黻：《静晤室日记》，辽沈书社，1993，第 7565 页。
② 金毓黻：《静晤室日记》，第 6752 页。
③ 金毓黻：《静晤室日记》，第 6767 页。

见中共胜利在即,时移势易,金氏亦主动与范联系。1949年2月12日,金氏得知范文澜"患目疾甚剧,此在油灯下读书写稿所致,即作函讯之"。① 2月18日"又致范文澜,寄正定华北大学"。② 北平解放后,1949年4月14日,金毓黻负责之国史馆北平办事处并入北京大学文科研究所,改称民国史料研究室。5月11日迁入北京大学研究所。③ 金氏在此前后,阅读曹伯韩著《中国近百年史讲话》、黎澍著《辛亥革命与袁世凯》,及《中国近代简史》(按:应为东北军政大学编,东北书店1948年10月出版之版本),分别给予"记叙极简明有法""内容极佳""甚为条理"的好评。④ 而此前对于范文澜著《中国通史简编》曾批评曰:"似此力反昔贤之成说,而为摧毁无余之论,毫无顾忌……今乃为此偏激之论,盖为党纲所范围而分毫不能自主者。"⑤ 对侯外庐著《中国近世思想学说史》,金氏亦曾予以苛评:"此书命名已不可通,内籀尤不足观","徒见引证连篇,喧宾夺主。间下己意,不过顺文敷衍,初无精言奥意寓乎其中。以此而云著义,不过浪费笔墨而已"。⑥ 由其对于马克思主义史学前后评判之差别,亦可管窥在新的时势下金氏思想之变化。

金毓黻在1949年的时代变局中选择留在大陆,一度较受重视。1949年7月1日成立中国新史学研究会筹备会,金毓黻虽未列入发起者50人名单,但1951年7月28日中国史学会正式成立时,金氏得选为43名理事之一,而民国史学界的风云人物顾颉刚却未当选。

金毓黻亦因对太平天国史料的熟稔而受到重视。金氏1949年在王会庵协助下编辑《太平天国》,由开明书店出版,1950年曾与田余庆合编《太平天国史料》,10月由开明书店出版。该书利用向达从伦敦大不列颠博物院图书馆东方部抄出的珍稀史料35件,及王重民从剑桥大学抄来的《太平天国文书》多件,颇具史料价值。⑦ 1950年10月3日,翦伯赞、范文澜宴请金毓黻,邀其编辑《太平天国史料丛刊》,并答应出版他所编纂的《民国碑传

---

① 金毓黻:《静晤室日记》,第6768页。
② 金毓黻:《静晤室日记》,第6771页。
③ 金毓黻:《静晤室日记》,第6802、6815页。
④ 金毓黻:《静晤室日记》,第6803、6804、6815页。
⑤ 金毓黻:《静晤室日记》,第5869页。
⑥ 金毓黻:《静晤室日记》,第5942—5943页。
⑦ 金毓黻:《静晤室日记》,第7583—7584页。

集》。①金毓黻欣然领命,并于次日撰写《关于整理近代史料的几个问题》,赴南开大学史学系做近代史料整理方面的演讲。②

1951年北京高校的思想改造运动、1952年的"三反运动",金毓黻都是运动对象。1952年的"忠诚老实运动",将过去的"一切问题,都作了交代,因此就得到组织上的信任,给我以免予处理的结论,从此我才把历史弄清楚"。③

1952年9月,金毓黻随同北大民国史料研究室一起加入中科院近史所。进所之时所写"自传"中,金氏已表示:"三反运动结束时,写思想总结,曾坚决地说,我要做一个人民史料专家,这就明确了我在今后所要努力的方向。经过这次高等院校调整,把我从北京大学文科研究所调配到中国科学院近代史研究所工作,这很符合我的志愿,我更要把做人民史料专家的志愿,作更进一步的体现。"④ 或因与范文澜之北大旧谊,近代史所给金氏一定礼遇。虽未选入学术委员会,然学术委员会议亦邀其列席。初入近史所时,他只是四级研究员,1956年8月即得升为二级研究员。⑤ 在参与编纂《中国近代史资料丛刊》的同时,金毓黻进入范文澜之通史组,协助《中国通史》之撰写。

与金毓黻一起入近史所的还有王会庵(1915—1994)。王会庵为学者王树枏之孙,家学渊源,文史知识颇有根基。他自1939年春起,在傅增湘家帮助编辑《宋代蜀文辑存》100卷,历时7载;又任傅增湘主持的《雅言》月刊编辑主任。抗战胜利后,先任《华北日报》副刊助编,不久任国史馆北平办事处科员,协助金毓黻编辑《民国大事记》等。1952年由北京大学院系调整委员会将其分配至近史所,任助理编辑。

聂崇岐来近代史所,则因范文澜亲为罗致。自1928年于燕京大学历史系毕业后,聂崇岐在燕京大学哈佛燕京学社"引得编纂处"工作长达22年,编辑规模宏大的"引得丛刊",赢得学界赞誉;同时在宋史研究方面也做出了令人瞩目的成就。1946年在燕京大学历史系由讲师直升为教授。1945年,聂崇岐曾出任哈佛燕京学社北平办公处的代理执行干事,兼任燕

---

① 金毓黻:《静晤室日记》,第6941页。
② 金毓黻:《静晤室日记》,第6941页。
③ 金毓黻:《静晤室日记》,第7566页。
④ 金毓黻:《静晤室日记》,第7567页。
⑤ 《中国科学院工作人员升(定)职提级人员登记表》,金毓黻人事档案,中国社会科学院近代史研究所档案馆藏。

京大学图书馆馆长,并曾代理教务长。① 1948年美国哈佛大学聘请聂氏赴美讲学,待遇优厚。去美不久,华北形势紧张,许多北平政学显要纷纷南逃,聂氏虑及家小,于是年12月毅然飞返被围的北平,成为当时电台的一大新闻。② 1952年的"三反运动"中,聂崇岐在燕京大学受到粗暴批判,身处困境,有轻生之念,且曾给家人朋友写下遗言。③ 幸得此时范文澜亲赴他家,热情邀请他到近代史所工作。范之礼贤下士,令聂崇岐深为感动。所谓士为知己者用,后来近代史所一度传闻聂崇岐要去北大教书,聂氏表示:"当我被整得见不得人时,是范老亲自到我家邀我充任近代史所的研究员。只要范老在所一天,而所方还需要我,我决不离开。"④

聂崇岐对近代史研究其实并不生疏。1945年抗战胜利后,聂崇岐赶编《九一八至双九日寇侵华大事记》,至1946年1月编成。⑤ 1949年他曾在燕京大学开设"中国近代史"课程,讲过"北洋军阀史及抗日战争史,而且脉络清晰,内容丰富,很受学生称赞"。⑥ 据余英时回忆,聂崇岐在燕京大学讲中国近代史,"指定的教科书是范文澜以'武波'笔名所编写的一本《中国近代史》。但是他并不要求学生细读范书,仅仅用之为讲授的提纲而已。相反的,他每一课的讲稿都是自己根据原始史料另行编定,而且专讲客观史实,条分缕析,尽量避免下政治性或道德性的判断"。⑦

与聂崇岐一起入近代史所的,还有原燕京大学同人孙瑞芹、张雁深。孙瑞芹曾在英文《北平导报》、国际通讯社、路透社、英文《北平时事日报》等新闻机构任职。1932—1933年和1939—1940年两度在燕京大学新闻系讲授英文新闻写作。抗战胜利后任《北平时事日报》主编,1949—1952

---

① 据与聂氏常相过从的北京师范大学历史系张艺汀忆及:正是这几个头衔"使他名声在外,人们都把他看成是燕京大学领导层的重要人物,这对他在解放初期政治运动中受到冲击自然不无影响"。转引自聂宝璋《学者风范长存——记著名学者聂崇岐教授》,丁日初主编《近代中国》第8辑,上海立信会计出版社,1998,第267—268页。
② 丁磐石:《严谨治史 澹宁做人——记聂崇岐先生》,《学问人生续:中国社会科学院名家谈》(上),中国社会科学出版社,2010,第98—99页。
③ 聂宝璋:《学者风范长存——记著名学者聂崇岐教授》,丁日初主编《近代中国》第8辑,第268页。
④ 据段昌同《逝水飞尘二十年——忆聂崇岐先生》,《学林漫录》第8集,中华书局,1983,第75页。
⑤ 闻黎明:《聂崇岐》,《当代中国社会科学名家》,社会科学文献出版社,1989,第269页。
⑥ 聂宝璋:《学者风范长存——记著名学者聂崇岐教授》,丁日初主编《近代中国》第8辑,第269页。
⑦ 余英时:《燕京末日的前期》,《联合报》2008年7月21—25日。

年任燕京大学新闻系教授。入近代史所后，评为翻译三级。① 张雁深通英、日、法、意4门外文，其岳父为日本著名学者鸟居龙藏，夫人为鸟居绿子（又名"张绿子"）。他曾致力于中外关系史研究，著有《法文本中法外交关系史》（燕京大学法文朋友月刊社，1939）、《中法外交关系史考》（长沙史哲研究社，1950）、《民国外交史料辑佚》（开通书社，1951）。

范文澜通过中国史学会相号召，推动"中国近代史资料丛刊"的编纂，需倚重聂崇岐之史料功夫，以及孙瑞芹、张雁深的翻译才能。聂、孙、张三人均入近代史所史料编辑组。此编辑组驻北大，以便利用北大图书馆的藏书，搜集史料。本由林树惠担任秘书工作，1953年后，由段昌同接任秘书。此编辑室虽由邵循正兼任主任，实则主要由聂崇岐负责。②

在近代史所，聂崇岐得以一展其史料编纂之所长。他率领的史料编辑组，人数虽少，却平均每年编出上百万字资料，"中国近代史资料丛刊"之《中法战争》《中日战争》《洋务运动》《捻军》等均由其编成，③此外还编纂了《捻军史料别集》《金钱会史料》，可见其勤谨高效。聂崇岐也因此颇受

---

① 《关于孙瑞芹审查结论的报告》，孙瑞芹人事档案，中国社会科学院近代史研究所档案馆藏。
② 段昌同：《逝水飞尘二十年——忆聂崇岐先生》，《学林漫录》第8集，第69页。
③ 《捻军》署名为范文澜、翦伯赞、聂崇岐等五人合编，但实为聂氏独力编成。聂氏自己记载："一九五零年夏，齐致中约翦伯赞先生便饭，邀余作陪。先生谓计划编纂中国近代史资料，怂恿致中及余分任'鸦片战争'及'捻军'二题。余于秋初开始搜录，至一九五二年初，大致完成。会三反运动起，工作停顿。至夏初，又着手整理、标点、编排，每通宵从事，至十一月全部交由中国史学会转上海神州国光社承印。一九五三年一月，开始校对印样，至三月底，全部竣事。故此书之成，自始至终，皆出余一人之手。

方稿之交出也，翦先生谓余在三反中成为重点，单独署名不甚宜，且此种资料丛书亦无只用一人名义者（实则白寿彝编回军起义，即由其一人出名，余虽知之，未当面点破翦先生所云之不合实情），因建议署名由范文澜先生领衔，翦居其次，余列第三。又嘱推荐二人以凑成五人之数。余当时以许大龄、陈仲夫二名应命。孰知翦先生未用许陈，改以其助手林树惠、王其榘二人充选。于是此书编者项下遂居然有五人矣。

一九五八年五月，历史三所开批判资产阶级名利思想大会。中间休息时，范先生语余，此后《捻军》再版，可将未参加工作者名字剔去，只由余一人出名，以便名实相符。余以此书已重印三次，若于以后重印时编者一项，由五人变为一人，无乃不着痕迹，因婉言向范先生谢绝。故于一九五九年第四次重印时，编者项下，一仍旧贯，未予改动也。

据段君昌同言，当此书署名之补充二人也，翦先生向其助手五人说和，嗣乃决定用林王二人。段君当时颇不以此种作法为然。呜呼！义利之不明久矣，彼寝馈儒经者尚难辨此，又何责于今之人哉？

筱珊 一九五八年六月五日。"

另外，在中国社会科学院近代史研究所档案室藏王其榘亲笔所填之职称评定表上，亦有"列名聂崇岐独力编成之《捻军》"之语，足可佐证。

范文澜的器重，1955年评为三级研究员。① 1957年9月成立工具书组，聂崇岐兼任组长。1960年3月，近代史所将原来的工具书组、近代史资料组和翻译组合并，成立资料编译组，以聂为组长。② 聂氏同时担负着校点《资治通鉴》《宋史》的任务。《近代史资料》1958年停刊，1961年在聂氏主持下复刊。在在可见资料编纂方面对聂之倚重。

聂崇岐工作太过拼命，常伏案通宵。1962年4月17日凌晨两点，心肌梗死发作，未及抢救即与世长辞。据顾颉刚所记，聂崇岐"十六日尚在北大上课，晚间又课其子，中夜有病，病两小时而死。又闻其春节入城，曾经晕倒，顾不注意，未经医疗。又闻其每日作体育锻炼，现在煤肆送煤，贪图快速，不入人家，堆在门口，渠不惮劳，将三千斤煤块自运入室，而不知病心脏者不宜作重劳动也"。③

近代史所第一任学术委员会中，有邵循正、罗尔纲、王崇武三位旧派学人，体现出兼容并包的色彩。其中邵循正、罗尔纲在新中国成立前即为近代史名家。邵循正曾师从蒋廷黻，硕士学位论文为《中法越南关系始末》，后长期承担清华大学中国近代史课程。④ 1950年，邵循正任清华大学历史系主任，1952年院系调整后任北大历史系教授、中国近代史教研室主任。当时近代史所与北大、清华均有不少学术联系，邵氏亦列为中国新史学研究会50名发起者之一，"中国近代史资料丛刊"10名编委之一，还当选中国史学会第一届理事。1953年邵氏兼任近代史所帝国主义侵华史组组长，1953年荣孟源在"反小圈子"中被贬后，邵氏又兼政治史组组长，此后还兼史料编辑室主任，集三个组长之职于一身。邵氏亦努力学习"革命"话语，据说毛泽东在1964年读过邵循正的论文后称赞曰："一位资产阶级教授，能写出这样好的文章，真不容易。"⑤

罗尔纲曾为胡适高足，潜心于太平天国史研究，1936年出版《太平天国史丛考》，1937年撰成《太平天国史纲》，在学界享有盛誉。次年任中央

---

① 《聂崇岐小传》，油印稿，中国社会科学院近代史研究所档案馆藏。
② 《近代史研究所领导小组致分党组的函》（1960年3月），《研究计划与总结》，中国社会科学院近代史研究所档案馆藏。
③ 《顾颉刚日记》第9卷，1962年4月19日，第451—452页。
④ 邵氏亦长于蒙元史，1945年曾与陈寅恪、洪谦、孙毓棠、沈有鼎诸先生联袂赴英，任牛津大学访问教授研究蒙古史。1946年归国，回清华大学讲授元史、清史、中国近代史，并在北京大学历史系兼授中国近代史。
⑤ 蔡少卿：《我中国近代史和秘密社会的过程》，戴学稷、徐如编《邵循正先生百年诞辰纪念文集》，福建社会科学院出版社，2009，第160页。

研究院社会研究所，研究清代兵制史。1939年出版《湘军新志》《捻军的运动战》。1943年整理《天地会文献录》。此后长期致力于太平天国、水浒之研究。1948年兼任中央大学历史系教授，讲授太平天国考证方法。1949年后，罗氏随同中研院社会学所转入中科院经济所。1950年12月1日，南京市成立太平天国起义百周年纪念筹委会，罗氏被选为筹备委员。会后即进行筹备工作。1951年8月后，组成由陈山、罗尔纲、胡小石、郑鹤声等参加的南京太平天国起义百年纪念史料编纂委员会，罗尔纲主持编纂太平天国史料、史迹调查等工作。1953年由中央文化部请其负责太平天国纪念馆筹建事宜。① 1954年春，范文澜托刘大年看望罗尔纲，并转达亲笔信云："您到我们这里来工作，是近代史研究所的光荣。"②

在近代史所与经济所之间选择，罗氏亦倾向于进入研究领域更为契合的近代史所。他于该年3月29日致函范文澜，表示："喜悉我已奉调到近代史所来工作，我万分感谢党和政府把我这样的恰当的安排，使我从今以后，得亲受到先生的教诲，得参加到一个党性最强的历史研究机关来工作，这是我渴求已久的愿望！现在我首先向先生致以恳切的衷心的敬意，请求先生把我认为一个还可教育的学生，虽然已经是白发苍苍，但只要他还有工作的活力一天，就不断的对他训诲、提高，使得更好的为人民服务。接着我要向全所同志致敬，请求大家对我这一个正在向马列主义开始学习的人，多多指示，多多帮助，使我在同志们扶掖之下，也逐渐的跟得上队伍，以参加我所的工作……"③罗尔纲转入近代史研究所即被评为一级研究员，这在当时是相当难得的厚遇。

王崇武1936年毕业于北大历史系，得到傅斯年赏识，被推荐至北大文科研究所任助理员，从事清朝大库档案整理工作。次年被傅斯年提名调至中研院历史语言研究所，在明史研究方面颇有成就。1948年8月留学英国牛津大学，攻读中英外交史、中西交通史，尤致力于中英近代外交史料之搜集，后又搜集太平天国起义有关史料。④ 1950年8月王崇武届满准备归

---

① 据《罗尔纲生平活动年表》，郭毅生：《罗尔纲——太平天国史学研究一代宗师》，金城出版社，2008，第237—247页。
② 刘大年：《太平天国史学一大家》，贾熟村、罗文起编《困学真知：历史学家罗尔纲》，南京大学出版社，2001，第20页。
③ 罗文起辑《罗尔纲书信选》，《近代史研究》1998年第3期。此信自有鲜明的时代印记，亦可见罗氏在新政权下之谨小慎微、低调谦卑。
④ 王崇武日记，中国社会科学院近代史研究所藏。

国，接到台湾史语所萧纶徵以傅斯年名义的来函，还附有请他任教台湾大学的聘书。王崇武以措辞极强硬之回信表示拒绝。1951年3月起程回国。5月抵北京，被分配至考古所。应陶孟和之约，草拟编辑出版《近代外交史料译丛》计划。1954年，王崇武编译《太平天国史料译丛》由上海神州国光社出版。是年王崇武调入近代史所通史组，为三级研究员。主要工作为协助范文澜修订《中国通史简编》，同时协助顾颉刚标点《资治通鉴》。[①] 1955年又与苏联学者合作编纂"中国历史图解"。[②] 1957年4月21日，王崇武因病辞世，年仅47岁。[③]

邵循正、罗尔纲新中国成立后能在中国近代史的研究中得到重用，固因二人早年已在近代史领域颇著声名，亦因其基本观点与中共对于近代史的解释并无根本冲突。邵循正早年所著《中法越南关系始末》批驳法国侵略，其观点在新中国成立后亦属政治正确；罗尔纲主治太平天国史，1937年出版《太平天国史纲》，认为"太平天国革命的性质，是贫农的革命"，这次革命"含有民主主义的要求，并且参入了社会主义的主张",[④] 被胡适批评曰"专表扬太平天国",[⑤] "此书的毛病在于不免时髦"。[⑥] 总体来说，罗氏之基本立场观点与新中国成立后揄扬农民战争的倾向较为契合。而王崇武本不以近代史研究见长，他由考古所转入近史所，并成为学术委员，可能一方面因其在中研院史语所时的史学成就，另一方面看重他近代外交史料编译之能力，此外恐怕也考虑了他1951年拒绝台湾邀请、坚持返回大陆的因素。

张国淦本为北洋政坛的风云人物。1926年后息影于天津英租界，专事著述，对古方志有精深研究。1953年6月，上海文史馆成立，张国淦为馆员。据张之夫人顾佶人所谈，1953年，中央人民政府副主席董必武因公来沪，亲自拜访张国淦，"畅叙旧谊，力邀北上参加工作"。张国淦欣然接受，到京后受聘为中国科学院近代史研究所特约研究员。[⑦] 张氏入近代史所，因

[①] 赵俪生认为，标点《资治通鉴》工作，主要压在王崇武肩头。赵俪生：《明史专家王崇武逝世四十周年祭》，《赵俪生文集》第5卷，兰州大学出版社，2002，第479页。
[②] 《历史学家王崇武逝世》，《科学通报》1957年第10期，第312页。
[③] 王崇武逝世后，由陶孟和、范文澜等26人组成治丧委员会，《人民日报》《科学通报》均予以报道。《科学院历史研究所研究员王崇武在北京逝世》，《人民日报》1957年4月22日，第2版。
[④] 罗尔纲：《太平天国史纲》，商务印书馆，1948，第98、101页。
[⑤] 罗尔纲：《生涯六记》，贵州人民出版社，1991，第61页。
[⑥] 胡适著，沈卫威编《胡适日记》，山西教育出版社，1997，第240页。
[⑦] 据周家骏《张国淦先生传略初稿》，《近代史资料》总第99号，1999，第264—265页。

其熟悉北洋掌故，其口述或回忆录为近代史的珍贵史料。张氏1955年任全国政协委员，近史所也予其一定礼遇。不过他的研究兴趣仍在中国古方志之考订编纂。

张遵骝为张之洞曾孙，1940年毕业于西南联大哲学系，是熊十力之得意门生，在佛学、哲学方面造诣精深。① 历任华西大学、金陵大学、复旦大学讲师、副教授。1953年12月经范文澜同意，张遵骝由复旦大学调入近代史所，任副研究员，② 且捐献了家藏张之洞全部文书档案共450函。

张遵骝入近代史所，主要作为范文澜之助手，协助范氏作中国通史撰著。范著《中国通史简编》中关于唐朝佛教的两节，是要求张遵骝"穷年累月地看佛藏和有关佛教的群书，分类选辑资料百余万言"，然后由范氏剪裁而成。③ 唐朝佛教是范著《中国通史简编》中最具特色的部分，据范氏遗愿，1979年由人民出版社出单列本。④

朱士嘉1924年考入燕京大学历史系，参加禹贡学会。1932年获硕士学位，留校任图书馆中文编目部主任。他受业于陈垣、洪业、顾颉刚等名师，以方志学为自己潜心研究的领域。1935年出版《中国地方志综录》（商务印书馆），引起学界重视。美国国会图书馆东方部主任恒慕义于1939年邀朱氏赴美，担任东方部中文编目部主任。1942年9月，朱士嘉入哥伦比亚大学攻读，1946年获得博士学位，博士论文为《章学诚对中国地方历史编撰的贡献》。同年7—12月，入美国档案馆学习档案管理法。1947年，他受美国西雅图华盛顿大学之聘，任该校远东系副教授。在研究生帮助下，继续整理中美关系档案资料胶卷300余卷。1950年春，朱士嘉结识路易·斯特朗，因斯特朗之鼓励与周鲠生、陈翰笙等人召唤，朱氏辞职回国。1950年9月任教武汉大学历史系，兼任校图书馆馆长。因武大执行"左"的政策，政治运动不断，朱氏档案、方志之专长无从发挥。1953年在中科院副院长陶孟和及武大校长李达支持下，朱士嘉调入近代史所，⑤ 参与了地震资料的调查整理工作。

刘起釪早年就读于重庆中央大学历史系、南京中央大学文科研究所历史学

---

① 陈左高：《文苑人物丛谈》，上海远东出版社，2010，第99页。
② 《干部简历表》，张遵骝人事档案，中国社会科学院近代史研究所档案馆藏。
③ 范文澜：《〈唐朝佛教〉引言》，《新建设》1965年第10期。
④ 单列本《唐代佛教》，将张遵骝所编《隋唐五代佛教大事年表》纳入。
⑤ 《著名方志学家朱士嘉》，《锡山名人》（下），凤凰出版社，2009，第328页；人事文书-79-3，中国社会科学院近代史研究所档案馆藏。

部。1947年入国史馆任助修、协修。新中国成立后，国史馆由近代史所接收，成立南京史料整理处，刘氏亦入史整处任档案整理组组长、资料汇编组组长。

茹春浦原为复社成员，并与梁漱溟、吕振羽等人参与乡村自治运动，著有《中国乡村问题之分析与解决方案》（北平震东印书馆，1934）、《山西村治之实地调查》（《村治月刊》1929年第7期）等。入近代史所史料编辑组，1961年7月10日即办理退休。

此外，尚有邵循正之胞弟邵循恪（1911—1975）1954年入近史所帝国主义侵华史组。邵循恪1926年就读于清华大学政治学系，主攻国际法和国际关系。1930年入清华研究院法科政治研究所，后因成绩优异被送留美，获得芝加哥大学博士学位。1939年归国受聘于西南联大，任法商学院政治系教授。抗战结束后任清华大学政治学系兼法律学系教授，且曾在武汉大学任教。新中国成立后，邵循恪患神经分裂症，基本上无法工作。他之入近代史所，实为对邵循正的照顾。① 邵循恪1961年12月办理退休。②

二

旧派学人之入近代史所，其大背景为高校之院系调整，实际上又多与范文澜有关。或因与范氏旧谊，或因范氏延揽。除邵循正、罗尔纲、张雁深、金毓黻外，大多旧派学人并不长于近代史研究，他们入近代史所后，主要从事近代史资料编纂工作，很少从事近代史论著之撰写。③ 金毓黻、聂崇岐、王崇武另一主要工作为协助范文澜修订《中国通史简编》，金毓黻负责唐代部分，聂崇岐、王崇武分别负责宋代、明代部分。④

这些旧派学人，多能积极应对江山易代的时代变局。朱士嘉、聂崇岐、王崇武皆新中国成立前后自国外返大陆，本就有强烈的民族情感，不乏憧憬新中国、亟欲报效祖国的热忱，其积极拥抱新时代自不待言。即以与国民党旧政权、旧学界联系较深的金毓黻来说，面对新社会呈现的新气象，

---

① 张振鹍：《我们的组长邵先生——邵先生在近代史所》，戴学稷、徐如编《邵循正先生百年诞辰纪念文集（续编）》（内部发行），第108页。近代史所未能查找到邵循恪的人事档案，亦可见其具一定特殊性。
② 《中国科学院干部统计卡片检查表》（1961年12月6日），中国社会科学院近代史研究所档案馆藏。
③ 金毓黻曾以极大热情欲撰写民国史，1957年"反右"中遭到当头一棒，此后绝口不提"民国史"撰著之事。
④ 白兴华、许旭虹整理《范文澜的学术发展道路》，《浙江学刊》1998年第1期。

也颇有感慨："农民欣欣有喜色，忙于播种。中共华北局号召抗旱运动，期以人定胜天。近来政府举措皆先人而为之，有蓬蓬勃勃之气，此旧政府所绝无者也，其能制胜一切绝非偶然。"① 1956年5月1日游行大典，金毓黻日记中有："今日我躬逢盛典，见祖国隆盛至此，不觉感极而泣，亦不知其何以至此。"② 有此对中共及新政权的认同为思想基础，金毓黻在1949年2、3月间，一方面反复学习毛泽东的《新民主主义论》，③潜心阅读《大众哲学》《政治经济学》，"近日所读书，以《大众哲学》及《政治经济学》为最佳，且极有用。依此两书之理论体系以治历史，则有顺如流水之势，所谓立场观点亦可由此获得"。④ 至1949年9、10月，及次年1月间，更反复精读《联共党史简明教程》《联共党史》，"期以往复十遍，庶几少有所获乎"。自1950年1月6日起，开始逐日阅读《联共党史》及《毛选》。⑤

但真正融入"新时代"并非易事。金氏新中国成立之初"常思多读新书以矫己病，但仍常与旧书为缘，置新书而不读"，自己亦颇不解。⑥ 慨叹"胸中荒伧如不识字之农氓，闻人谈一二事皆茫然莫知置对"；⑦"余在旧社会时，颇以能文自负……一旦进入新社会，骤觉自己为妙手空空一无所有之人。于是一易向之自尊感而为自卑感，等于一落千丈"，⑧"生平喜读乙部之书，重点放在宋、辽、金三史一段，并注意东北故乡地方掌故，自谓薄有基楚。但一旦改研近代史事，便觉茫然失据，新知未立，旧闻已捐，成为妙手空空家徒四壁之人"；⑨ 且"常常作全部地否定自己"。⑩

对于马克思主义"新史学"，金毓黻虽欲全心认同，仍不免有所保留。金氏对中国史学史颇有研究，对于民国以来的新史学潮流亦有独到见解。他认为："……昔日旧史家只能注意考证史实，以阐明某一时代之真相，而不能阐明前后各时代之联系，其蔽也拘。今日新史家只能从现在看过去，而不能阐明某一时代之真相，亦失却前后各时代之联系，其蔽也妄。惟能

---

① 金毓黻：《静晤室日记》，第6817页。
② 金毓黻：《静晤室日记》，第7106页。
③ 金毓黻：《静晤室日记》，第6762—6763、6764页。
④ 金毓黻：《静晤室日记》，第6787、6793页。
⑤ 金毓黻：《静晤室日记》，第6888、6890、6911、6917页。
⑥ 金毓黻：《静晤室日记》，第6994页。
⑦ 金毓黻：《静晤室日记》，第6935页。
⑧ 金毓黻：《静晤室日记》，第7026—7027页。
⑨ 金毓黻：《静晤室日记》，第7130页。
⑩ 金毓黻：《静晤室日记》，第7052页。

冶求因、明时、应变三者为一炉，既能阐明各时代之真相又从而联系之，始则从现在以看过去，继则从现在以测将来，既不失于拘，亦不病于妄，而社会发展之法则得矣。"① 则在他看来，当时已领时代风骚的"新史家"仍不免"病于妄"。

当金毓黻看到苏联《历史问题》杂志社论《苏联共产党第二十次代表大会和党研究的任务》一文后颇有感慨，其日记记载："我过去对苏联出版的许多小册子译本的怀疑，是有些道理的。我看到他们的论文，除了引证斯大林某些辞句，加以称赞，以为是天才的创造的见解之外，其余多半是空洞无物。""当时我曾对人表示对这些小册子和这一类讲述的不满，但有人说，这是本于斯大林的经典著作，我们只有信从，不应怀疑。"②

金氏经过六七年之久的矛盾纠结，始自我开悟，决定"丢下包袱，开动脑筋"，所谓"包袱"，"即往积累下来的废料"。"自谓六七年来耳濡目染，对新事物已能逐步接受。其在我脑中透气之积存废料，已无法再图维持原状，不得不自行退却。基本情况既有改变，故能生脑筋开动之新机，此为吾极一可喜之现象，谓之重获得新生命，亦无不可。"③ 为学习新理论，金毓黻决定"每日至少要用半小时读报，并将其主要之点作成札记，以助记忆所不及。久而久之于此中寻出线索和系统，以配合我们的辩证唯物主义的理论学习，定能以事实证明理论，成为实事求是之学。此为我的新觉悟，从此要努力改变过去喜读旧书不肯多读新书之偏向，使我将来能大进一步，获得新成就"。④

邵循正曾师从蒋廷黻，罗尔纲为胡适高足。蒋、胡二人在新中国成立后均成为批判的靶子，与蒋、胡的关系成为邵、罗所背负的历史包袱。1956年5月5日，在北京大学第二届科学讨论会历史分会上，邵循正报告《清除中国近代史研究中的帝国主义影响和买办资产阶级观点》，着重批判"马士所编写的'中华帝国国际关系'一书中对中国近代史的歪曲"。此外还"分别批判了在中国近代史研究中宣扬买办资产阶级观点的代表人物如：胡适、蒋廷黻、郭廷以、张忠绂等的反动观点"，特别批判陈恭禄旧著"为帝国主义侵略中国辩护，成了美帝国主义的文化俘虏。这一本书是集马士、蒋廷

---

① 金毓黻：《静晤室日记》，第6784页。
② 金毓黻：《静晤室日记》，第7214页。
③ 金毓黻：《静晤室日记》，第7052页。
④ 金毓黻：《静晤室日记》，第7038页。

毓黻等反动观点之大成"。而与会的翦伯赞、严中平、石峻等则还认为邵循正"暴露较多,批判不够"。① 还有人批评他对资产阶级学者采取客观主义态度:"表面上好像要来批判它一下,而且有时也确实摆开了架势,但是在实际上,却对之爱不释手……事实上为资产阶级学者起了传播和推荐的作用。"② 罗尔纲虽然在"批胡"运动中撰有《两个人生》,③检讨自己所受胡适的影响,以与胡适划清界限,却并不意味着他已然放弃了原有的治学路数,④更因李秀成《自述》之研究卷入政治旋涡。

范文澜深谙旧学,其本身亦为"新""旧"参合,因而近代史所对旧派学人相对较为宽厚。罗尔纲被评为一级研究员,固有树立样板之意;而金毓黻评为二级研究员,王崇武、聂崇岐评为三级研究员,还是可见一定的礼遇。评为三级研究员的刘大年,"曾对人流露不满情绪说:'谈古书就值钱,马列主义就那么不值钱吗?'"⑤在 1958 年整风"补课"中,沈自敏提出:"我所自成立以来,吸收了一些学者专长的资产阶级知识分子,但是如何正确地对待,这不是没有问题的。总的说来,是照顾多而近于迁就,教育少而近于自流。"⑥

聂崇岐 1952 年在燕京大学被整肃,1958 年全国上下掀起批判"资产阶级学者"的"史学革命"的狂潮,近代史所的旧派学人却未受冲击。据聂崇岐的知交段昌同回忆:"当时聂先生心中惴惴不安,因为他自三反运动后心有余悸,常对我说:'士可杀不可辱,如果把我拉到台上去批斗,甚至罚跪,我宁愿去死。'在向党交心的小会上,他深以写不出又红又专的文章为歉疚。当我到所内汇报时,范老说:'你们的任务是编好书。我看过聂先生写的《中法战争》叙例,就很好嘛!告诉他放心工作,不要害怕。'这短短的几句话,不仅使聂先生解除了顾虑,也温暖了我们全室同志的心。老实

---

① 《北京大学历史系的科学讨论会》,《光明日报》1956 年 7 月 5 日,第 3 版。
② 李桂海:《为了批判,还是为了推荐?》,《光明日报》1958 年 8 月 9 日,第 3 版。
③ 罗尔纲:《两个人生》,《胡适思想批判》第 2 辑,三联书店,1955,第 183—188 页。此文发表于《光明日报》1955 年 1 月 4 日。
④ 1956 年罗尔纲仍坚持:"发现问题,建立假设,寻求证明,检验假设,乃是全部考据的过程。这也就是为马克思主义所武装了的新考据所有的技术性方法。"见氏著《忠王自传原稿考证与论考据》,科学出版社,1958,第 17 页。
⑤ 《刘大年同志主要错误事实的初步材料》(1960 年 1 月 7 日),中国社会科学院近代史研究所档案馆藏。
⑥ 《整风补课资料》(1958 年),中国社会科学院近代史研究所档案馆藏。

说，如果扩大起来，我们全室都会成为白旗。"①

　　据汪敬虞从李文治处得知，王崇武"生前也经常对人感念近代史所学术空气的浓郁和范老与大年同志对他的关心和重视，使他有一个得以施展才华的学术环境"。②罗尔纲回忆，入近代史所前，一位刚从海外回来的学者向他哭诉由于以往的考证而受到了严厉的批判，从而让罗尔纲也为自己的研究志趣感到担心。1954年，他在南京见到刘大年时，问的第一句话是："今后还要不要考证？"刘大年回答："谁说不要考证！你写考证文章来，我给你发表。"③后来，刘大年在《历史研究》上发表了罗尔纲的考证文章。罗尔纲给刘大年写信时谓："我是范老和您亲手栽培、教育的。"④语气谦卑固因罗氏低调谨慎，亦反映出彼此相处比较和谐。

　　金毓黻在近代史所的工作生活亦较为顺意。新中国成立之初供职于北大文学研究所时，其中国史学史研究遭遇冷落而心灰意冷；⑤1952年入近代史所后欲修订并重版《中国史学史》，得到刘大年等人的大力支持。⑥且范文澜对金氏亦不无关照，金氏入近代史所后，多有撰著，自己谓"近来我受到范文澜先生之鼓舞，颇努力于读书及撰文章，虽自知水平尚低，标准尚差，但在其鼓舞之下，即无形有很大力量，使我努力向前"。⑦这并非虚文之语。在时人眼中，近代史研究具有较强的政治性，对从事研究者自然也就提出了政治思想、阶级立场方面的要求，如陈恭禄即被剥夺了研究近代史之资格。⑧金毓黻却在此期间接连撰写近代史论文，并经范文澜推荐至《历史研究》《新建设》《历史教学》等刊物发表。章太炎逝世满二十周年，

---

① 段昌同：《逝水飞尘二十年——忆聂崇岐先生》，《学林漫录》第8集，第73页。
② 汪敬虞：《记忆犹新的回忆》，《近代史研究》2000年第6期。
③ 罗尔纲：《我与〈历史研究〉》，《历史研究》1994年第1期，第7页。
④ 刘潞、崔永华编《刘大年存当代学人手札》，中国社会科学院近代史研究所，1995，第140—141页。
⑤ 杨翼骧：《中国史学史讲义》，天津古籍出版社，2006，第206、226页。
⑥ 金毓黻：《静晤室日记》，第6948、6958页。
⑦ 金毓黻：《静晤室日记》，第7200页。
⑧ 陈恭禄在无法从事近代史研究后，试图转入近代史料整理工作。1957年上半年陈恭禄开设"中国近代史史料学"，选修者甚少，"不选他的课，正说明同学们思想上觉悟提高，不愿接受陈先生的反动史观"。1957年下半年，陈恭禄替三年级开设"1840—1895年中国近代史史料"选修课，全级80多名学生仅两人选修，其中一人是旁听，另一人是"听听再说"，最终无法开课。唐宇元：《批判陈恭禄先生的资产阶级史料学》，《史学战线》1958年第2期，第29页。

《人民日报》商请范文澜写一篇纪念论文，但范因事忙，转请金毓黻来写。①1957年2月金毓黻染病，21日"午后刘大年同志偕胡金同志来视余疾"。②金患失眠症后，范文澜致函刘大年："大年同志，刚才去看金老……他失眠严重，记起吴晗同志失眠是一位老医生治好的，请你打电话问问吴晗同志，请他介绍那位老医生，给金老治治看。"③

金毓黻与近代史所范文澜、刘大年等领导层相处较融洽，他对近代史所的感情在其日记中时有流露。他认为，"本所学术空气及环境甚佳"，使自己静心学术的夙愿得偿，因而"视所为家"。④1956年12月6日，金毓黻收到东北佟柱臣来函，邀其赴东北人民大学及东北师范大学讲东北史。金氏表示："现在我的工作环境，为有生以来所未有，又近一年来健康恢复到前十年的程度，正思奋此秉烛余光，将往年未竟之业，从事整理，以了生平之愿，安可为人所动，弃而他去。"⑤金毓黻为近代史所的发展亦多有建议，为近代史所的人员、刊物、资料建设竭诚进言，体现了旧派学人在新中国成立后促进学术发展的拳拳之心。

旧派学人在1950年代之谨小慎微，于所存文献的字里行间均可以明显体会出来。如张雁深提及同范文澜同桌吃饭："新年在所里和范老同桌吃了一次饭，对我是一个难忘的日子，是党给我极大的光荣。老人家光辉的典范，时常给我力量和信心，鼓舞着我前进。"⑥罗尔纲书信中对所领导之尊崇及其自身之谦卑也令人印象深刻。

不过，在新时代的语境之下，旧派学人仍不免被区别对待，"资产阶级学者"的标签或隐或显而挥之难去。据张振鹍回忆，当时"所里的人不论研究人员，行政人员，研究辅助人员，也不论年龄性别，相互间都以'同志'相称，而对邵先生（按：指邵循正）这样的'老专家'则称'先生'，好像含有'统战对象'的意思"。⑦

---

① 金毓黻：《静晤室日记》，第7298页。
② 金毓黻：《静晤室日记》，第7410页。
③ 刘大年藏书信原稿。
④ 金毓黻：《静晤室日记》，第7534、7537页。
⑤ 金毓黻：《静晤室日记》，第7323页。
⑥ 《张雁深致刘桂五函》，《历年计划总结》，中国社会科学院近代史研究所档案馆藏。
⑦ 张振鹍：《我们的组长邵先生——邵先生在近代史所》，戴学稷、徐如《邵循正先生百年诞辰纪念文集（续编）》，第104—105页。当然，也有如罗尔纲1958年入党，成为预备党员，次年转正，得以成为"同志"。据《干部履历表》，中国社会科学院近代史研究所档案馆藏。

中科院党委明确指出:"对资产阶级知识分子政治立志的根本改造是一个长期的反复的过程";"当我们还没有建立起强大的工人阶级的科学队伍的时候,资产阶级知识分子就仗恃自己的'专门知识'奇货可居,狂妄自大,厚古薄今,厚外薄中,厚洋薄土,这就是他们抗拒思想改造的挡箭牌。在具体业务问题上反映出他们与我们还有着根本的分歧"。中科院党委统战部 1960 年要求对这些资产阶级知识分子建立情报制度:"建立人事卡片。为了了解资产阶级知识分子对待每一重大事件的政治态度和及时研究找出它在每时期的思想主流,必须及时收集并向上级党委反映他们在每个重大事件上的思想、情绪的反映。院、所、室、组都有专人负责,形成一条线,将收集反映的工作,作到及时并能经常化。同时,为了更好掌握每个人的政治思想的演变规律和积累材料,各单位要建立人事卡片,将每一时期每一段落的思想变化情况记入卡片。""资产阶级思想在业务上还要翘尾巴,还纠缠在具体业务问题上与我们争论。因此,我们不仅要研究它在政治上的思想动态,还须及时研究它们在业务问题上反映出来的思想动态。"[①]

总体说来,当时的近代史所年青同人心目中,不管旧派学人主观上如何努力融入"新社会",如何谨小慎微低调处事,都仍难免被另眼相待。

金毓黻虽然常表示"我不配说研究近代史,是因为新的条件不够,新的观点不够,只能在许多史学专家一致努力研究的气氛之下,作一点整理史料的工作",[②] 然而,其所刻意经营的《民国长编》应者寥寥,积至千篇的《民国碑传集》"喻者亦极少",[③] 其内心之苦闷无可言说,唯有宣之于日记:"余以年逾六十之身,知忆退减,灵明渐涸,忝列学府,实为素餐。青年学子,多已异趣,授业同人,皆非素友,孑然一身,孤立其间,进既不能,自应求退,此理至明,何待筹商。然余终不肯舍而去之者正自有故:故乡田庐已非我有,垂老之年不任耕耘,一经求退,则无资生之路,此可虑者一也。平生志业集中于乙部,迩来以纂民国史为重心,又处于史料丰富之北京,必有学府之凭借,乃得左右逢原,恣意探取,如能假我十年,志业必成,屈小全大又未可轻弃,此可虑者二也。生平以治学为第一事,

---

[①] 中国科学院党委统战部:《关于 1960 年统战工作的安排意见》(1960 年 3 月 15 日),中国社会科学院近代史研究所档案馆藏。
[②] 金毓黻:《关于整理近代史料的几个问题》,《新建设》1950 年第 2 期,第 18 页。
[③] 金毓黻:《静晤室日记》,第 6928 页。

治生为第二事，苟有学之可治，生事为不足言。"① 然而，1957年荣孟源撰文提倡整理民国史资料，成为"反右"中的一大罪状，金毓黻欲治此"学"已再无可能。

聂崇岐1957年被委以工具书组组长之责，在政治上仍被另眼看待，刘大年在委任时明确对他说："你只管业务不管政治。"② 聂崇岐在史料编纂方面颇受倚重，然也被认为"长期受到美国帝国主义的买办教育，早在1925年即参加美帝的文化侵略组织哈佛燕京学社。以后一直在美帝、法帝的文教机构服务，具有严重的崇美、亲美思想。政治上反动，曾写过一些政治性的反动文章。四八年解放前夕和一些反动教授签名呼吁美援。解放后，仍担任哈佛燕京学社领导职务，和党对立，并恶意的攻击靠拢党的进步人士。三反运动中在燕京大学被列为重点，进行斗争。此后长期对党抱有成见，存有距离，曾一度希望告老退休，情绪消极。平时自视甚高，重业务、轻政治，对参加各种会议、访问参观等都很冷淡。整风初期，表现一般，划为中右。双反运动中态度较好，批判了自己的错误思想。表示愿意努力改造。以后表现有一定的进步"。"理论学习不够自觉，分析研究能力差，没有写过企图用马克思主义观点进行研究的论文。"③

邵循正是近史所旧派学人中最受重视者，然则邵氏在近代史所实际发挥作用仍然有限。据张振鹍回忆，被委以重任的邵循正，也"是非常不张扬一人，不出头露面"。虽然在近代史所任侵华史组、资料组组长，然而"基本上作用不大。就当时来说，他每一两个月不定期来一次，来得不多，来了就半天，还看看范老，然后去我们组里去，跟大家见见面。大家围着他坐着，也可以说向他汇报，我们把工作情况跟他说说，他没有提过意见。也就是见见面，有时候跟大家介绍，有次从北大带一本书，都是外文书，然后介绍国外出了这么一本书，介绍外国研究的新成果。还有一两次，他在北大历史系介绍新书，也通知我们去听听"。④ 1958年整风中，孙瑞芹提

---

① 金毓黻：《静晤室日记》，第6931页。
② 聂崇岐在1958年整风"补课"时说："那时我正存在着严重的重业务轻政治的思想，听了这句话，觉得很合胃口，但现在深深与日俱增到大不对劲。对于这种错误思想，我自己当然要深深反省，但大年同志也应当想一想，作为一个领导来说，这'只管业务不管政治'一句话，里面存在着什么问题。"据《整风补课资料》（1958年），中国社会科学院近代史研究所档案馆藏。
③ 《聂崇岐小传》，油印稿，中国社会科学院近代史研究所档案馆藏。
④ 2012年2月24日张振鹍访谈记录。

出：邵循正领导三个组，照顾不过来，"九月里我向他提过意见，他很窘，说自己很忙，以后不准备来了，自九月至今未来组，又我翻译德文档案，其中义和团材料人民出版社九月里出版（我是看了广告才知道的），其他部分译稿，一直压在邵先生处，九月催问过邵，至今无音信"。聂崇岐也提出："应解决兼职过多的现象，如邵循正先生兼职过多，管不过来，北大对他有意见，他自己也很为难，高研兼职过多，没有及时指导研究生和实习员，也不利于培干……需领导上考虑人力的安排问题。"①

邵循正为近代史所侵华史组组长，然《帝国主义侵华史》非但未以他为主编，且未署其名。据张振鹍回忆："我们书稿完成后，所里给邵安排一个住的地方，为了看我们这个书稿，他要从头看一遍，让潘汝暄找了个地方，大概有三四天，很快看完。我不记得他提了意见，可能说了好话，可能在北大后，说写得不错。我不记得他提过一点意见。他绝不表现自己。这些老知识分子确实没地位。他算是有学问的人，政治上没问题。……余绳武跟我同岁，就这么几个人，组长邵循正名气这么大，竟然不是他主编。丁名楠写了个序。里面写得到刘大年、邵循正的很大帮助，我记忆中刘大年根本没接触这个书，我当时就有想法，觉得这不符合事实：怎么还把刘大年名字放前头，邵先生具体帮助不多，但毕竟过问这个事，看过稿子。"②

张雁深在新中国成立后更展现出非同寻常的干劲，除了兢兢于史料编译，亦不能忘怀"侵华史研究"，所著《美国侵略台湾史——1848年至1895年》（人民出版社，1956）、《日本利用所谓"合办事业"侵华的历史》（三联书店，1958）均合乎时趋，得以出版。他一直热衷于"法国侵华史"研究，更于1964年1月制订了一个规模宏大的"十年研究计划"，具体包括：

(1)《法国侵华史》（续写，1964年交稿）

(2)《中法黄埔缔约始末》（详史，1965年底完稿）

(3)《1858—1860英法联军侵华的历史》（详史，1967年底完稿）

(4)《1884—1885中法战争史》（详史，1969年底完稿）

(5)《法国利用宗教侵华的历史》（1971年底完稿）

(6)《法帝国主义对中国的经济侵略》（1973年底完稿）

此外，他还计划翻译《法国外交文件》，表示在撰写著作的同时，"仍

---

① 《高研组整风材料》（1958年），中国社会科学院近代史研究所档案馆藏。
② 2012年2月24日采访张振鹍记录。

将继续拨出一部分时间进行这一工作。一年约可译出十余万字，大约三五年内就可全部结束，或在适当地方告一段落。估计全部完成当在八十万到一百万字左右"。①

此研究计划以"法国侵华史"为中心，颇为具体，涉及范围广泛，内容相当丰富。以今日眼光看来似过于庞大，但足见其雄心壮志。张雁深将自己的"法国侵华史"研究与当时如火如荼的"反修"斗争结合起来，以便获得支持。他表示："我今年已经满54岁了，我愿意把我的余生完全投入反对现代修正主义这个伟大的斗争里去。"②他还"仔细学习《人民日报》和《红旗》所发表反修的一切文件，并努力把马克思列宁主义毛泽东思想的原理以及反帝、反修的精神和道理贯彻到《法国侵华史》里面去"。③

近代史研究所在范文澜倡导下，历来重视"帝国主义侵华史"研究。张雁深极为勤奋，为写书及翻译文稿夜以继日埋头苦干。他在致所领导的信中汇报进度："……1、《法国侵华史》到六月底已写完第十六章，合共约三十八万余字。其中在上半年写的是八万余字。进度比较慢。这是因为上半年所写的部分有不少困难问题，曾费了我极大力气去解决（上面介绍'写完'指的是已经完稿抄出或已定稿付抄的部分）……"

张雁深在新中国成立后一直以满腔热情投身史学研究。但无须讳言，他的学术成就在当时不易得到真正的了解和认可。1955年近代史所开会批判胡适资产阶级思想，张雁深积极表示要参加批判。他刚走出会议室，就有人说："你批什么呀，你先批判你自己。"④1958年整风"补课"时，张雁深受到众人批评。如沈自敏提出：张雁深"自搞一套，从事他的'法国侵华史'的研究，而且自认为这是比参加其他工作更为重要的研究。领导上明知这种情况，但是听之任之，并不作积极处理，帮助张先生在研究工作上纳入正确的方向"。王其榘提出："张雁深先生写法国侵华史问题也不少，为什么我们的领导可以不过问呢？我相信张先生还是要求进步的，这样'迁就'不是使他停滞不前吗"；"又要他写批判徐淑希，以五十步批百步，会搞出一个什么名堂来呢"。贾维诚提出："张雁深先生本人就是一个资产

---

① 《张雁深研究规划》（1964年1月），《计划总结》，中国社会科学院近代史研究所档案馆藏。
② 《张雁深研究规划》（1964年1月），《计划总结》，中国社会科学院近代史研究所档案馆藏。
③ 《张雁深致刘桂五》（1963年12月），《翻译组工作计划总结》，中国社会科学院近代史研究所档案馆藏。
④ 2010年12月3日访谈张振鹍先生记录。

阶级学者,今天还带着整套资产阶级学术思想从事历史研究工作,本身列为批判的对象。但是事实上张先生不但没有受到应有的批判,组上并且安排他参加这项工作,这是不妥当的。通过这件事,希望领导检查政治挂帅究竟到什么地方去了。"① 还有人指出:"翻译组内大部分都是年龄较大的资产阶级知识分子,党的领导在这个组内也很薄弱,许多资产阶级思想在那里公开传播。张雁深最近还公然说,学术研究的目的就是扩大知识领域。"②

由于张雁深、孙瑞芹等人精通外文,因而需翻译外文资料时不得不倚重之。但这些旧派学人,被认为政治思想落后、没有正确的理论观点,因而只能编辑资料,难以进行近代史研究著述。③ 在这种思想认识氛围中,张雁深一腔热情欲从事"法国侵华史"研究,受到嘲讽批评也在情理之中。他的撰著雄心难获支持,并无潜心研究的条件,写出的书稿也不易出版。这份研究计划仍躺在档案袋中,记载着旧派学人的学术抱负和梦想,也折射出时代局囿的无奈。

结　语

范文澜率先创建近代史研究所,承续延安史学之脉络,与民国时期的中央研究院历史语言研究所、北平研究院历史研究所并无渊源继承关系,意在另起炉灶,着重培养年轻人。但史学重积累,年轻学人的成长非短期可一蹴而就,近代史所亦面临着出成果的压力。范氏顺势而为,吸收不少"旧史家",并发挥其史料编译之所长。这些"旧史家"在近代史资料整理编纂中,发挥了相当关键的作用。而罗尔纲、邵循正、王崇武、张国淦等人,还是受到一定的重视和礼遇。

从中科院近代史所的"旧史家"在"十七年"的实际境遇来看,这些"旧史家"大多从民族主义情感上对新政权有较多认同,且力图融入新时代。但他们既需面对新、旧时代中自身处境的落差,还需承受思想意识中"新"与"旧"的纠结缠斗,有时亦不免感到进退失据,无所适从。整体来说,他们均经历了一番并不轻松的心路历程。

中科院近代史所"旧史家"的境遇,自然随大的政治气候、政治氛围

---

① 《整风补课资料》(1958 年),中国社会科学院近代史研究所档案馆藏。
② 《关于刘大年同志在学术路线方面的初步材料》,中国社会科学院近代史研究所档案馆藏。
③ 2010 年 1 月 15 日张振鹍先生访谈记录。

之变化而有所沉浮。但总体来说,他们虽在政治上被冷落,但并非政治运动首当其冲的对象,在此起彼伏的政治运动中亦多未受到大的冲击。但在史学新锐那里,这些"旧史家"无疑又被另眼相看,他们治史的长技并未能得到很好的传承,他们的撰著雄心也难以获得足够的支持。这不能不说是时代的局囿,令人深长思之。

新中国"十七年"历史学研究的规划[*]

储著武[**]

摘　要　中华人民共和国成立以后，随着国家大规模经济建设的开启，历史学研究计划性逐渐凸显。自1949年至1966年的"十七年"间，中国先后产生过十二年规划、五年规划、十年规划三个不同的历史研究规划。这些规划虽没有得到很好的执行，但它们产生于特定历史时期，反映出当时史学界的问题意识，具有较高的文献价值与学术价值。

关键词　十七年　历史学　哲学社会科学　研究规划

中华人民共和国成立以后，历史学直接参与意识形态的构建，在国家哲学社会科学学术体系中占据重要位置。1949年至1966年的"十七年"间，党和国家领导史学研究的部门以及从事历史学研究的机构制订过历史学研究规划，希冀使历史研究有计划有步骤地发展。

目前，学界对"十七年"历史学情况的研究已有不少成果。这些成果，或从学术史角度，或从史学史角度，或从思想史角度，揭示出这个时期党领导并推动历史学研究的历程、成就与经验教训。但从现有研究成果来看，

---

[*]　本文系国家社科基金"新中国成立后党领导哲学社会科学文献整理与研究（1949—1966）"（项目批准号：17BDJ053）的阶段性成果。华东师范大学历史系王应宪的《建国三十年史学规划述要》一文，曾经对1949—1978年我国历史学研究规划的情况有过梳理，其内容主要基于十二年规划和1977年历史学三年和八年规划来展开。而本文主要时间段限定在1949年至1966年的"十七年"时间，更加突出规划发展过程，更加注重史实分析，不涉及"文革"结束后情况。本文在写作过程中得到过王应宪副教授的帮助，在此谨表谢忱。

[**]　中国社会科学院当代中国研究所副研究员。

学界关于历史学研究的计划性问题关注很少。① 有鉴于此，本文通过梳理"十七年"历史学研究计划（或规划）的缘起、制订及其影响，初步反映"十七年"我国哲学社会科学研究计划（或规划）发展情况。

一 缘起：全国历史学研究计划性的提出

（一）国民经济恢复时期历史研究计划的发展情况

自1949年至1952年，我国处于国民经济恢复时期。这一时期，历史学研究团体、历史学研究机构，以及高等院校历史系，在各自工作中对于历史学研究计划性的问题有一定强调，但制订全国性历史学研究规划的时机尚未完全成熟。

从全国性历史研究团体来说，新史学研究会及其后成立的中国史学会有过工作计划。1949年7月，为团结组织全国历史科学工作者，中国共产党推动成立新史学研究会。1951年7月，在新史学研究会的基础上，全国性历史学研究团体——中国史学会正式成立。中国史学会制订了工作计划，明确要收集近代史史料、编辑亚洲史目录、开展辛亥革命口述史研究、编辑少数民族史史料等。对此，史学会负责人范文澜还表示："这些计划都能成为现实。"②中国史学会虽有过计划，并初步按计划编辑出版《中国近代史资料丛刊》，但它毕竟只是学术团体，对推动全国历史研究计划性影响不大。

从专门性历史研究机构来说，中华人民共和国成立以后部分历史研究机构相继设立。1949年11月5日，中国科学院接收原北平研究院的史学研究所以及中央研究院历史语言研究所在北京的图书史料整理处。1950年5月，华北大学研究部历史研究室划归中国科学院。以这些机构和人员为基础，中国科学院组建了新的历史研究机构。1950年5月，政务院批准成立中国科学院第一批研究所，其中有近代史所、考古所。随后，近代史所、

---

① 目前，仅见周年昌《有关建国以来三次历史学规划制订情况的回忆》一文对于新中国成立以后历史学研究规划制订情况有过记述，其他则未见。参见中国社会科学院老干部工作局编《人民共和国是一切胜利之源：中国社会科学院庆祝新中国成立60周年离退休干部征文选集》，世界知识出版社，2009。

② 中国史学会秘书处编《中国史学会五十年》，海燕出版社，2004，第13页。

考古所在开展工作时拟订过年度计划。

从高等院校历史系来说，历史学研究力量也经历过重新调整。1952年，全国高等学校院系调整，部分大学历史系被撤并。① 这些学校研究力量分散到有历史学科的院系、研究机构以及其他机构中，使得历史学研究人才布局和学科布局发生变化。部分留在高校的历史学研究力量主要任务是从事历史教学，科研退居其次，也谈不上历史学研究计划性的问题。

（二）有计划经济建设时期历史研究计划的凸显及其解决

中国科学院历史学研究机构，一方面加强内部机构建设，另一方面加强了历史研究的计划性。1953年初，近代史所、考古所分别制订了各自计划并按照计划开展工作。② 1953年2—5月，中国科学院代表团访问苏联，其中一项任务是考察苏联科学院的计划工作。刘大年作为访苏代表团成员向苏联介绍中国历史科学研究现状，指出今后中国要有组织地推进近百年中国史研究、用适当的人力研究古代史以及有计划地研究少数民族历史。③ 1953年8—9月，为领导中国历史研究工作，中共中央决定成立中国历史问题研究委员会。历史问题研究委员会明确用马克思主义研究历史，但并未提及历史研究计划性。④ 1954年，中国科学院在考古研究所、近代史研究所（1954年改为历史研究所第三所）的基础上，又增设历史研究所第一所和第二所，至此中国历史各时段都设有专门研究机构。

自1953年起，我国开始执行第一个五年计划，进入有计划经济建设时期。这个时期，党和国家要求文教部门要"按计划办事"，并制订各自计划。⑤ 在按计划办事原则的要求下，包括历史学研究在内全国科学研究计划性的问题得到统一解决。1953年11月19日，中国科学院党组向中共中央提交《关于目前科学院工作的基本情况和今后工作任务给中央的报告》，建议"在国家计划委员会内成立专门机构，负责综合审查全国科学研究工作

---

① 全国高等学校院系调整，涉及全国人文社会科学学科布局及人才布局的调整。历史学系的撤并，是其中一项内容。如清华大学历史系被撤销，其人员合并到北京大学等学校以及研究机构。但是，目前学界有讨论院系调整的专著和论文，但对具体学科的调整则未见有研究。随着当代中国史学术研究的深入，以及新材料陆续公布，这方面研究或会进一步展开。
② 《中国科学院所长会议社会科学组会议总结》，《科学通报》1954年1月号。
③ 刘大年：《中国历史科学现状》，《光明日报》1953年7月22日。
④ 王玉璞、朱薇编《刘大年来往书信选》（上），中央文献出版社，2006，第95—96页。
⑤ 《政务院文化教育委员会习仲勋副主任在大区文委主任会议上的报告》，中华人民共和国教育部办公厅编印《教育文献法令汇编（1953）》，1995，第10页。

的计划",①以及成立社会科学部等4个学部加强学术领导。② 1954年1月24日，中国科学院院长郭沫若在政务院第204次会议上做《关于中国科学院的基本情况和今后工作任务的报告》，提出了与中国科学院党组同样建议，并得到会议批准。1954年3月8日，中共中央对中国科学院党组的报告做出重要批示，明确指出："国家计划委员会应负责审查科学院、生产部门及高等学校的科学研究的计划，以便解决科学研究和生产实践相结合的问题以及各方面在科学研究工作中的分工与配合的问题。"③ 1955年6月，中国科学院正式成立哲学社会科学部等4个学部。在学部成立大会上，全国科学研究计划性问题再次成为讨论热点。学部大会结束以后，中国科学院就为制订本院以及全国科学研究远景规划做大量准备工作。这在一定程度上加快了解决全国科学研究计划性的步伐。1955年9月，中国科学院发出《关于制订中国科学院十五年发展远景计划的指示》。在这份指示中，中国科学院立足于制订本院各研究所的远景规划，强调要在科学院各个研究所规划的基础上制订全国科学发展的远景规划。

1955年下半年，我国农业合作化掀起高潮，中共中央及毛泽东提出了"全面规划，加强领导"的方针。④ 尽管这一方针起初是针对农业合作化提出的，但随着社会主义改造和社会主义建设掀起高潮，这一方针成为国家各个行业、领域需要贯彻执行的方针。自然，包括哲学社会科学研究在内的整个科学研究也不例外。1955年11月23日，中共中央为解决知识分子问题和科学发展问题，决定召开一次知识分子问题会议。为此，中共中央于1955年12月16日发出《关于知识分子问题的指示草案》。在这份草案中，中共中央对于制订十二年科学发展远景规划做出一些原则性指示。1956年1月14—20日，中共中央召开关于知识分子问题的会议，周恩来代表中央所做的《关于知识分子问题的报告》，再次对制订全国科学发展远景规划提出了要求。正是在全国性科学发展远景规划重要性凸显，以及国家开始着手布置制订全国科学发展远景规划的基础上，十二年哲学社会科学远景规划才同时提上日程。

---

① 中共中央文献研究室编《建国以来重要文献选编》第5册，中央文献出版社，1993，第182页。
② 中共中央文献研究室编《建国以来重要文献选编》第5册，第183页。
③ 中共中央文献研究室编《建国以来重要文献选编》第5册，第164、166、167页。
④ 毛泽东：《关于农业合作化问题》，《毛泽东文集》第6卷，人民出版社，1999，第442页。

1955年底，中共中央、国务院为拟订全国哲学社会科学远景规划，决定由中宣部、哲学社会科学部以及其他机构共同负责。为此，中宣部成立了制订发展哲学和社会科学十二年计划九人小组。1955年12月27日，九人小组召开第一次会议，决定全国哲学社会科学规划按学科和问题另设11个小组进行，由各小组分别提出各学科的发展计划、包括的项目以及培养研究人才等。① 在这11个小组中，第三组是历史组，由胡绳任召集人，组成人员有范文澜、刘大年、侯外庐、翦伯赞、尹达、张稼夫、黎澍、向达、陈垣、夏鼐。② 截至此时，哲学社会科学部所属历史研究机构有考古所、历史所一所、历史所二所、历史所三所四个研究所。可以看出，历史组组成人员都来自哲学社会科学部历史研究机构。后来，哲学社会科学部四个历史研究所确实在拟订历史研究规划工作中发挥了关键性作用。

二 十二年规划：1956—1967年历史研究远景规划

中宣部九人小组第一次会议要求各门学科规划必须包括本学科发展的方向和重点，十二年应完成的研究工作、著作及时间，现有力量的领导组织、充实或设立研究机构，建立缺门和加强薄弱学科，研究人才的培养，十二年内培养博士、副博士的逐年增长指标，翻译著作、出版刊物、搜集整理资料，以及开展研究工作的条件等方面的内容。同时，这次会议指定由尹达负责提出《发展历史科学和培养历史科学人才的十二年计划草案初稿》。③ 会议结束以后，十二年历史科学规划工作相应展开。

1956年1月6日，中国科学院历史一所、二所、三所召开历史、考古研究十二年远景规划座谈会第一次会议。会议讨论了初稿草拟过程中的不足，指出"在草案初稿中关于目前人力状况一项内，没有包括科学院和高等学校以外的人力在内，而在这方面实际上有大量潜力可以开掘，例如在国家机关内、军队系统内、高级中学教员中以及社会上还有不少人可以从事研究工作。对于这部分力量应加以充分估计，并设法将其组织起来或调至研究机构内工作"。"草案初稿中缺少十二年远景规划的总目标，没有规划处十二年内应该达到什么样的科学水平，因之需要列一项。原来初稿中

---

① 《研究制订发展哲学和社会科学十二年计划九人小组第一次会议纪要》，1955年12月28日。
② 《研究制订发展哲学和社会科学十二年计划九人小组第一次会议纪要》，1955年12月28日。
③ 《研究制订发展哲学和社会科学十二年计划九人小组第一次会议纪要》，1955年12月28日。

关于研究项目一条有些太琐碎，有些不符合实际需要。"①会议提出，十二年历史学规划总目标应包括：（1）关于历史科学理论的研究及应该达到的水平；（2）建立和充实历史科学的基础工作（包括历史科学辅助学科、收集和整理史料、编纂工具书、搜集国外历史学的研究情况及翻译外国史学名著和史料等）；（3）填补和充实缺门、弱门的研究工作，十二年内应使一切缺门弱门都能有一定水平的专家在这方面领导和开展研究工作；（4）编出一套比较完整的教科书。②

这次会议所提供的历史科学规划草案初稿，应该是中国科学院历史研究机构拟订的十二年历史科学远景规划。1956年1月，中国科学院在各所规划的基础上制订了一份综合性发展规划——《中国科学院十二年发展远景规划纲要（草稿）》。其中，历史科学研究任务是"编写多卷本的中国通史，着重研究中国近代史现代史。在古代重要文化地区进行系统的发掘，研究史前人类文化和古代器物；开展专门史、少数民族史、亚洲史和世界史的研究"。③这份规划的内容吸收了上面提到的草案初稿。尽管今天无法知道草案初稿的具体内容，但这份草案初稿主要立足于中国科学院历史研究工作，缺乏对全国历史科学研究的观照。但是，这次会议讨论了十二年历史科学规划的总目标，初步解决了规划方向与原则的问题。

尹达作为历史学科规划的负责人，参加了这次会议，但他在会上做何发言限于材料不得而知。会议结束之后，尹达全身心投入十二年历史科学远景规划工作。1956年1月17日，尹达正式提出《发展历史科学和培养历史科学人才的十二年远景计划纲要草案（初稿）》。这份初稿体现了1月6日会议所确定的原则和总目标。其基本内容包括：历史科学的现状和基本任务、历史科学机构的组织调整与建立、历史科学人才的使用与培养、历史科学论著的编辑和出版以及历史科学的国内国际的学术活动等五大方面。④1956年1月31日，国务院召开科学远景规划动员大会。⑤这次会议标志着全国科学远景规划工作进入正式启动并加速进行的发展阶段。这次会

---

① 《历史、考古研究十二年远景规划座谈会第一次会议记录》，1956年1月6日。
② 《历史、考古研究十二年远景规划座谈会第一次会议记录》，1956年1月6日。
③ 《中国科学院十二年发展远景规划纲要（草稿）》，1956年1月。
④ 《发展历史科学和培养历史科学人材的十二年远景计划纲要草案（初稿）》，1956年1月17日。
⑤ 樊洪业主编《中国科学院编年史1949—1999》，上海科学技术出版社，1999，第66—67页。

议上，尹达、侯外庐、谭其骧等历史学家应邀参加。

自2月以来，十二年历史科学远景规划工作在国务院统一部署与要求下，进入紧张的拟订阶段。2月16—17日，历史二所学术委员会开会，其中一项任务是讨论历史科学远景规划。侯外庐、向达、顾颉刚等人出席，尹达、吕振羽、翦伯赞、刘大年、范文澜、吴晗等人未至。① 会后，顾颉刚指出"在党与政府协助之下，此一大业必可成就，快甚"，② 表达了对实现历史学研究规划的乐观信心。2月27日，中国科学院一所、二所、三所联合召开学术会议，讨论历史科学长远规划草案，侯外庐、范文澜、刘大年、尹达、顾颉刚、胡绳、向达、翦伯赞等出席。③ 3月上旬，十二年历史科学远景规划拟订完成。3月12日，潘梓年报告哲学社会科学规划工作进展时说："各门学科规划进展情况，大体可以分为三种情形：第一种经过专家反复讨论，已经提出了中心问题，且提得较有根据，并按规划九项内容拟出了规划初稿的，有哲学、历史、语言、文学、科学史等学科。"④ 4月，哲学社会科学长远规划办公室⑤正式编印出《历史科学研究工作十二年远景规划草案（初稿）》。至此，十二年历史科学规划拟订工作基本完成。

十二年历史科学研究远景规划是中华人民共和国成立以后组织制订的第一份全国历史科学研究规划。目前，这份规划文本未见公布，以至于学界几乎不清楚这份规划制订情况以及内容。近几年，笔者致力于研究当代中国学术社会史，收集到这份规划文本，在此做一简单介绍。

十二年历史科学规划草案初稿包括十个部分内容：（1）基本情况；（2）中心问题及其他重要研究题目；（3）需要加强的薄弱学科和空白学科；（4）重要的专门著作；（5）教科书；（6）搜集、整理、编纂、出版研究用的各种资料和工具书；（7）整理、翻译古典的和近代的历史书籍；（8）干部的

---

① 《顾颉刚日记》第8卷，中华书局，2011，第26页。
② 《顾颉刚日记》第8卷，第26页。
③ 《顾颉刚日记》第8卷，第26页；葛剑雄编《谭其骧日记》，广东人民出版社，2013，第48页。
④ 《关于哲学社会科学长远规划工作的报告》，1956年3月12日。
⑤ 为了顺利开展哲学社会科学规划工作，中国科学院哲学社会科学部成立了哲学社会科学长远规划办公室。刘大年担任办公室主任，负责联系全国哲学社会科学学者与规划事宜。前文强调部分历史学者如尹达等参与十二年历史学研究规划工作，在此还需要注意刘大年在其中发挥的作用。如1956年2月召开的第一次全国考古工作会议，刘大年就应邀到会专门做关于社会科学十二年规划的报告。刘大年虽重点参与十二年哲学社会科学规划工作，但他本人作为历史学家自然会对历史学研究规划情有独钟。

培养；(9) 历史科学研究机构的充实和设立；(10) 其他。

第一部分概述新中国成立以后党领导的历史科学的成就，从四个方面分析了历史科学研究的现状与问题[①]，强调我们必须"根据需要和可能，制出全面规划，加强理论上和组织上的领导，使历史科学研究在今后十二年内完成预期的指标"。[②]

第二部分"中心问题及其他重要研究题目"，列举了历史科学研究的9大中心问题以及中国史16个、亚洲史26个、世界史31个重要研究题目。9大中心问题是中国奴隶制社会、封建制社会的发展规律及其特点，中国少数民族历史、各民族的相互关系和共同缔造祖国的研究，中国民主主义革命的规律，中国共产党党史，中国工人阶级，中国资本主义的发展，中国社会主义革命的形式和特点，亚洲各国人民反对殖民主义的斗争，中国在世界史上的地位。在每个中心问题之下，又列出了需要研究的问题。以中国在世界史上的地位为例，就列出了15个问题，分别是：批判帝国主义史学家对世界史的歪曲——首先是对中国在世界史上地位的歪曲；古代西域国家及其与中国的关系；匈奴西迁与西亚、欧洲部族的大迁徙；中国丝与大丝道；中国四大发明在世界文化上所起的作用；中国与罗马及拜占庭帝国的关系；中世纪伊斯兰教旅行家东方纪行的研究；西亚诸宗教与中国；古代欧亚海上交通研究；16—17世纪中国艺术与欧洲艺术的影响；17—18世纪中国文化对欧洲启蒙运动的影响；华侨在世界史上所起的作用；中华人民共和国在世界和平运动中所起的作用；中国现代革命的世界历史意义。[③] 其他研究题目，在此不一一列举。

第三部分"需要加强的薄弱学科和空白学科"，指出中国科学院必须充实现有三个历史研究所，并在较短时期内陆续建立新的研究机构；高等学校历史系要根据各校实际情况，逐步增设专业或专门化。按照先后缓急的原则，目前迫切需要加强的学科有苏联党史，中国民族史，中国现代史，中华人民共和国史，专史（包括中国国民经济史、中国国家法权史、中国军事史、中国教育史、中国思想史、中国史学史、中国科学技术史、中国

[①] 这四个方面问题，包括组织领导不强、历史科学各部门内部发展的不平衡、研究力量不够和分配不合理以及历史研究的辅助条件不足等。参见《历史科学研究工作十二年远景规划草案（初稿）》，哲学社会科学部长远规划办公室印，1956年4月，第1—2页。
[②] 《历史科学研究工作十二年远景规划草案（初稿）》，第2页。
[③] 《历史科学研究工作十二年远景规划草案（初稿）》，第5—6页。

艺术史、中国都市史）、亚洲各国史，世界史，史料学、历史档案学、历史地理学。规划提出了加强薄弱学科和空白学科的保障措施。如中华人民共和国史，要求"科学院历史所第三所在1957年设立中华人民共和国史研究组，与有关单位合作，开展研究工作"；① 世界史，要求"科学院在1957年前成立世界史研究机构""加强各高等学校的世界史教研室""在世界史研究机构成立后，每年聘请苏联专家对开展研究工作进行短期的指导""继续派遣留学苏联和欧洲人民民主国家的留学生"，并指出由于世界史研究的基础非常薄弱，应当把工作分为两个阶段，1962年之前以充实资料、准备工具书及培养研究人才为主，1962年之后要有计划地开展研究工作。②

第四部分"重要的专门著作"，列出了中国史100种（或类）、亚洲史27种（或类）、世界史36种（或类）重要的专门著作。这些著作主要是围绕着中心问题及其他重要研究题目来规划。以中国史为例，有中国古代史、中国中世史、中国近代史、中国现代史（1919—1949）、中华人民共和国史。世界史，有世界工人运动史、近代国际关系史、非洲史与帝国主义对非洲的侵略、拉丁美洲史与帝国主义对拉丁美洲的侵略、现代国际关系史、第二次世界大战史等。

第五部分"教科书"，拟编写的历史教科书有中国共产党党史、中国史、中国现代革命史、亚洲各国史、世界史、高中以下历史教科书。规划还具体规定完成教科书编写任务的机构、时间及字数。对于中国共产党党史，规划提出"由党中央专门机构负责，在1957年内完成初稿，以'样本'形式出版"；③ 对于中国现代革命史，规划提出"由高等教育部负责，组织专家编写，在1957年内完成初稿，以'样本'形式出版"；对于世界史，规划提出"有中国科学院世界史研究机构负责，组织专家编写，自1956年至1958年写成初稿，以'样本'形式出版。字数暂定为160万字"。④

第六部分"搜集、整理、编纂、出版研究用的各种资料和工具书"，提出要投入相当大的力量来编纂工具书和整理、翻译历史资料及历史书籍的工作，为发展历史科学及培养干部创造条件。规划就编纂工具书、编辑论

---

① 《历史科学研究工作十二年远景规划草案（初稿）》，第9页。
② 《历史科学研究工作十二年远景规划草案（初稿）》，第10页。
③ 《历史科学研究工作十二年远景规划草案（初稿）》，第16页。
④ 《历史科学研究工作十二年远景规划草案（初稿）》，第16页。

文集与文摘,以及搜集、整理历史资料三个方面做了详细规定。如编辑论文集与文摘方面,规划提出中国史部分要编辑论文选集3种、论文文摘1种,元史及蒙古史部分要编辑论文选集2种、论文文摘1种,亚洲史部分要编辑论文选集1种、论文文摘1种,世界史部分论文选集1种、论文文摘1种。① 搜集、整理历史资料方面,规划提出世界史部分要:(1)收集整理我国史籍中有关世界史的资料,分辑出版;(2)编译"世界史资料选集",分辑出版。

第七部分"整理、翻译古典的和近代的历史书籍",提出"总类"、"中国史部分"、"元史及蒙古史部分"、"亚洲史部分"及"世界史部分"的整理、翻译工作。总类部分,提出要编译"马克思主义与历史科学"、"编译马克思主义经典著作中论亚洲史的部分"及"翻译苏联百科全书中历史方面的各条"。② 世界史部分,提出1956—1958年译书26种1800万字,1959—1961年译书16种700万字,1962—1964年译书21种2000万字,1965—1967年译书11种1500万字。③

第八部分"干部的培养",提出"从我国历史科学发展的前景推计,今后十二年内,在历史科学的研究工作中约需高级研究人员600人,中级710人,初级1330人。在教学工作中,综合大学约需副教授以上616人,讲师728人,助教280人;师范院校约需副教授以上350人,讲师1280人,助教800人。历史书刊的编辑和翻译汇总,约需400人"。关于如何培养历史研究人才,规划提出要"建立正规的研究生制度"、"建立博士生制度"、"派遣留学生"及"建立必要的制度,以培养在职初级人员和教学人员"等措施。④

第九部分"历史科学研究机构的充实和设立",提出成立历史科学学部(1957年科学院成立历史科学学部,统一领导各历史科学研究所和有关机关,并领导全国的历史科学研究工作)、发展现有各历史研究机构(包括历史研究所一所、二所、三所以及"历史研究"编辑部)、建立新研究机构(包括亚洲研究所、世界史研究所、地方历史研究机构、历史档案馆、历史地理研究机构、史料整理机构以及历史工具书编组机构)以及建立其他有

---

① 《历史科学研究工作十二年远景规划草案(初稿)》,第17页。
② 《历史科学研究工作十二年远景规划草案(初稿)》,第18页。
③ 《历史科学研究工作十二年远景规划草案(初稿)》,第20页。
④ 《历史科学研究工作十二年远景规划草案(初稿)》,第20—21页。

关的历史科学机构（包括历史科学的科学情况报道工作、国外历史科学方面的书刊和资料搜集工作、国外历史书刊的翻译工作等）。

第十部分是对历史刊物和通俗读物的要求。规划提出，《历史研究》杂志从1957年起改为理论指导性的刊物；创办《历史学报》、《历史科学动态》（或史学通讯）；加强《光明日报》"史学"副刊的编辑工作；《史学译丛》从1957年起改为月刊，扩大篇幅，充实内容；调整《历史教学》及《新史学通讯》，加强编辑机构；陆续编印分类的历史资料。同时，规划强调今后要大力编写通俗历史读物，并建议由文化部、教育部及科学院各历史研究机构等共同负责编写。

最后，初稿列出两个附件，一是中国史料丛刊编选拟目，将中国古代重要的历史典籍囊括其中；二是元史及蒙古史译书目录，提出翻译蒙文、俄文、英文、法文、拉丁文、波斯文、阿拉伯文及日文方面的书目。

十二年历史科学规划制订之后，其去向有以下两个方面。

一是下发各地征求意见。各地史学工作者一方面肯定了历史科学研究规划的重要意义，另一方面又指出规划的不足以及提出具体的修改意见建议。如对于规划总的意见，中国人民大学革命史教研室指出："这个规划是不保守的，但希望领导上考虑目前现有的人力和物力，应分别轻重缓急，逐步实现。如中国现代革命史一年内是否能完成？值得考虑。总之，应切合实际。"①对于研究力量和研究项目的问题，历史所三所通史组指出："人力估计不确，如世界史人数比中国古代史还多，竟达176人（初稿原文为172人），恐怕未必都能研究世界史。""各部分项目颇多重复之处，如蒙古史，在中国史、亚洲史、少数民族史中都有，其它疑似情形也很多，需要精简。"②对于中心问题及研究题目，考古所所长郑振铎指出："'中心问题及其他重要研究题目'提得很全面，有'气吞全牛'之感。十二年内能否全部完成呢？应该有重点、有前后缓急的搞，但不能全面铺开，后成为'什么都有什么都不深入'的一个研究计划。"③

二是十二年历史研究远景规划的重要内容吸收进十二年哲学社会科

---

① 《北京各大专院校史学工作者对"历史科学研究工作十二年远景规划草案（初稿）"的讨论意见》，1956年6月10日至7月31日。
② 《北京各大专院校史学工作者对"历史科学研究工作十二年远景规划草案（初稿）"的讨论意见》，1956年6月10日至7月31日。
③ 《北京各大专院校史学工作者对"历史科学研究工作十二年远景规划草案（初稿）"的讨论意见》，1956年6月10日至7月31日。

学远景规划。1956年6月，《1956—1967哲学社会科学规划草案（初稿）》[①]拟订完成，在第二部分"各学科的重要问题和重要著作"下第五个学科是"历史学"。《1956—1967哲学社会科学规划草案（初稿）》中的历史研究规划是十二年历史科学研究远景规划的"精华版"和"浓缩版"。

1956年9月16日，周恩来总理在中共八大上强调要在党中央和国务院的领导下采取措施完成十二年哲学社会科学规划的任务。[②]但是，1956年底，国际上爆发波匈事件以及中国国内出现一些不安定因素如罢工、请愿等。为此，中共中央决定在1957年开展一场以正确处理人民内部矛盾为主题的整风运动，希望通过整风来化解各种矛盾。然而，随着整风运动的开展，一些怀疑、否定党的领导和攻击社会主义制度的言论大肆蔓延。这引起毛泽东以及中共中央的警惕。1957年6月起，中共中央发动反右派斗争。史学界在这场反右派斗争中受到冲击，不少历史学者被打成"右派"。历史学界反右派斗争的兴起，深刻影响史学研究的正常进行，更不用说执行尚处于襁褓之中的十二年历史学研究远景规划了。1958年3月以后，史学界又掀起历史学"大跃进"，[③]十二年历史学远景规划又被各种庞大的红专规划与个人计划替代。

三　五年规划：1958—1962年历史研究规划

1958年3月5—12日，国务院科学规划委员会[④]召开第五次会议。会议期间，陈伯达应邀做"厚今薄古，边干边学"的报告，提出哲学社会科学"大跃进"的号召。[⑤]这次会议标志哲学社会科学"大跃进"正式开始。与会社会科学家表示，要尽一切努力来完成重点研究项目，并根据重点项目

---

① 1957年6月，国务院科学规划委员会召开第四次扩大会议，原则上通过十二年哲学社会科学规划草案。1958年3月，国务院科学规划委员会第五次会议正式通过《一九五六——一九六七哲学社会科学规划纲要（修正草案）》。
② 周恩来：《关于发展国民经济的第二个五年计划的建议的报告》，《建国以来国民经济和社会发展五年计划重要文件汇编》，中国民主法制出版社，2008，第588页。
③ 储著武：《厚今薄古：1958年历史学大跃进》，《安徽史学》2017年第1期。
④ 1956年，在十二年科学技术和哲学社会科学远景规划制订过程中，国务院成立了科学规划委员会，负责全国自然科学和社会科学规划制订工作（《人民日报》1956年3月15日）。
⑤ 《厚今薄古　边干边学——陈伯达同志谈哲学社会科学如何跃进》，《人民日报》1958年3月11日，第7版。

的要求，订出个人规划。① 不仅如此，国务院科学规划委员会第五次会议还正式通过十二年哲学社会科学远景规划，② 专门确定1958年20个重点研究项目，其中历史学研究项目包括"研究和总结中华人民共和国十年来革命和建设的经验"、"研究'五四'运动简史"、出版1957年历史论文集等。③

在哲学社会科学"大跃进"的要求下，历史学"大跃进"随之展开。1958年3月13日，《人民日报》邀请在京哲学社会科学界人士，举行哲学社会科学工作如何实现跃进问题的座谈会。历史学家翦伯赞、刘大年应邀参加这次会议。翦伯赞在发言中强调，实现国务院科学规划委员会制定的十二年哲学社会科学规划草案中关于历史学研究的项目就是"历史学的大跃进"。为此，他还提出了十个方面的建议。④ 4月5日，国务院科学规划委员会史学组召开座谈会，讨论实现历史学"大跃进"的问题。来自中国科学院历史研究所、考古所和首都高校历史系、出版机关的历史考古工作者一百多人等与会。⑤ 史学组组长翦伯赞主持会议，他强调现在要讨论的是如何结合科委制定的有关历史学规划在历史学的研究中和教学中来一个全面的"大跃进"，同时提到要"为提前完成十二年科学规划中规定的历史学的任务"而努力。⑥ 刘大年在会上宣读了中国科学院历史研究第三所今后五年工作计划。⑦ 6月11日，中国科学院哲学社会科学部召开第二次常委扩大会议，明确提出要提前完成跃进指标。翦伯赞在会上指出："有些资产阶级历史学者以史料、考据而自恃。马克思列宁主义的历史学家并不轻视史料，

---

① 《科学规划委员会哲学社会科学小组确定今年20个重点研究项目》，《光明日报》1958年3月9日，第1版。
② 《一九五六——九六七哲学社会科学规划纲要（修正草案）》，国务院科学规划委员会办公室印，1958年7月。与1956年的初稿相比，修改后的十二年哲学社会科学规划历史学部分增加了内容，如重要问题进行了简化和补充，对缺门和薄弱的方面做了增补，重要著作也有所增加，同时明确了历史科学人才培养的增长指标及设立机构、创办刊物以及创造历史科学研究的条件。
③ 《科学规划委员会哲学社会科学小组确定今年20个重点研究项目》，《光明日报》1958年3月9日，第1版。
④ 《兴无灭资，发展历史科学》，《人民日报》1958年3月18日，第7版。
⑤ 《首都历史考古学座谈会的共同思想　历史科学必须厚今薄古　学术研究要同政治结合》，《人民日报》1958年5月8日。
⑥ 《为历史科学的大跃进而战斗——4月5日在国务院科学规划委员会史学组座谈会上的发言》，《光明日报》1958年4月14日，第3版。
⑦ 《中国科学院历史研究所第三所1958—1962年工作纲要》，《哲学社会科学动态》1958年第8期。

但是我们反对拿史料来吓唬人，重要的问题是资产阶级的思想观点必须反掉。"①

正是在历史学"大跃进"的社会氛围下，史学研究机构、各地哲学社会科学联合会（或历史学会）、高等学校历史系以及历史学者个人为了响应"厚今薄古"的号召，跟上"大跃进"形势，都纷纷制订各自的"跃进"规划和"红专"计划。由于当时各种历史学研究跃进规划和个人规划非常多，在此以中国科学院史学研究机构、部分高校历史系制订的五年计划为例进行分析。

中国科学院历史所第二所（即中古所），当时有研究人员46人，专任研究员除所长外只有2人，副研究员10人，大部分研究人员对研究工作比较生疏，还有一部分是大学毕业不久的实习研究员。应该说，二所的研究力量并不强，但其提出的1958—1962年工作规划堪称庞大。现将有关史料录之如下：

（一）作为全所研究工作的中心问题共十二个，如中国封建社会史的分期、中国封建土地所有制形式和地租形态、中国封建社会农业与手工业的结合等等。

（二）通史两种，包括参加编写中国通史的隋唐至明清部分。

（三）专史十八种，有中国中世纪社会经济史、中国中世纪国家与法权史、中国唯物主义史、匈奴史、鲜卑史等。

（四）断代史五种，有隋唐五代史、明史、清史等。

（五）各项其他专史二十四种，有隋唐五代土地制度与地租形态研究、明代人民反封建斗争、四十年来中国哲学史研究等等。

（六）普及性著作三十五种，包括宋辽金简史等五种简史，三十种通俗历史小丛书。

（七）五年内将逐年分辑出版社会经济史等多种论文集。

（八）书评工作成为全所研究人员的经常性工作内容之一，估计五年内将写出书评约三十万字左右。

（九）翻译约二百万字左右。

这些论著，共计2400万字左右，另外还打算汇编各种资料，2500万字

---

① 《哲学社会科学工作者高举总路线红旗　到实际中去　到群众中去　满足社会主义建设需要　解决实际生活中的问题》，《人民日报》1958年6月14日。

以上。① 规划称实现这些规划需具备一定的条件，包括"打破常规，革新了体制""破除迷信，使专家与群众相结合""反对单干，形成集体研究""打垮学院式的研究途径，坚持普及与提高相结合的方针""从陈腐的规格论中解放出来"等。②

中国科学院历史研究所第三所（即近代史研究所）的1958—1962年工作纲要，内容包括以下方面：

（一）以马克思主义列宁主义为方针，研究中国近代现代历史。向资产阶级学术思想进行坚决的斗争，五年内，在中国近代现代史研究的领域中，拔尽白旗，插遍红旗。

（二）坚决贯彻理论必须联系实际，研究工作一定要紧密结合国家建设的需要，为当前的政治服务的方针；经常同脱离实际、脱离政治的倾向作斗争。

（三）破"学院式"观点，立群众路线，要开门办研究所。提倡专家与群众相结合，提高与普及相结合。

（四）遵循"鼓足干劲，力争上游，多快好省地建设社会主义"的总路线，在保证质量的前提下，力争提前完成或超额完成工作计划。

（五）依据"厚今薄古"的方针，来安排力量，确定工作项目。

（六）集中所内主要力量，五年写出下列分量较大的著作：中华人民共和国史、中国现代史、中国近代史、帝国主义侵华史、中国通史简编。通史写出其他专著和通俗读物52种。

列入全所计划的主要作品要求做到：（1）观点正确，（2）掌握基本的史料，（3）吸收已有的研究成果，（4）文字明确清楚。

（七）五年内写出文章450篇。包括：（1）结合当前政治任务的论文；（2）批判资产阶级学术思想的论文；（3）学术争论；（4）书评；（5）专题研究论文和调查报告。

（八）搜集、整理史料和编撰工具书。五年内的主要工作有：（1）编辑出版中国现代史资料丛书、中国近代史资料丛书；（2）整理重印近代现代报刊；（3）整理档案；（4）进行专题调查访问；（5）加强"近代史资料"的编辑工作；（6）编撰中国近代现代人名词典、读

---

① 《跃进中的中国科学院历史研究所二所》，《哲学社会科学动态》1958年第7期。
② 《跃进中的中国科学院历史研究所二所》，《哲学社会科学动态》1958年第7期。

史地图等工具书。

（九）系统地翻译有关中国近代现代史的重要外文资料和有参考价值的学术著作。

（十）作好学术情报工作。有步骤地搜集国内外关于中国近代现代史的研究情况和出版情物，了解国内外史学界的动态。

（十一）加强与国内近代现代史工作者的合作。（1）组织各方面的力量，从事某些规模较大的工作，如整理史料、调查访问、翻译等；（2）所内研究人员可酌量在高等学校兼课或参加其他单位的研究工作；（3）聘请所外史学工作者参加我所的研究工作；（4）与所外有关单位合作研究某些专题项目。

（十二）组织全国性的近代现代史学术会议，每二年召开一次，讨论重要的学术问题。按年编辑出版"中国近代现代史论文选集"。通过这些工作，以求有助于推动全国的近代现代史研究。

（十三）加强国际合作。（1）认真执行有关的国际学术合作协定。（2）尽可能满足兄弟国家学术界在研究中国近代现代史方面的某些需要。（3）与国外学术界交流经验。

（十四）大力培养干部，争取五年内建立一支大约有300人左右的中国近代现代史科学队伍。（1）其中的成员，要具有坚定的工人阶级立场，工农群众感情，集体主义思想和辩证唯物主义的世界观。（2）高、中、初各级人员的比例要达到1:2:3。（3）贯彻勤学苦练、边干边学的方针，迅速提高各级研究人员的业务水平。青年研究人员要力争在二、三年内掌握本门科学的基础知识和专业知识，学好一种到二种外国语，基本上能独立进行科学研究。

（十五）加强党的领导，加强政治思想工作。（1）工作人员要密切联系实际生活，积极参加劳动锻炼。每人每年至少要参加体力劳动三十个工作日；有计划地到工厂、农村进行访问。（2）积极参加各项政治活动。（3）关心时事，学习党的政策，人民日报和《红旗》杂志应作为最低限度的必读报刊。（4）努力学习马克思列宁主义，首先是学习毛泽东著作，要贯彻"学习理论，提高认识，联系实际，改造思想"的方针，自觉地以唯物论和辩证法作为观察世界、研究学问、指导工作的武器。（5）通过交心会个别谈心等方式，发扬批评和自我批评的精神，不断地批判和克服资产阶级的思想作风，培养敢想敢说敢作的共产主义风格。

（十六）加强学术领导。（1）充分发挥学术委员会的领导作用。（2）贯彻"百家争鸣"的精神开展学术争论。全国和各组每年都要订出学术谈论的计划。提高不拘形式的对学术问题自由交换意见的空气。

（十七）树立优良作风。提倡严肃认真、刻苦钻研，实事求是和大胆创新的精神，反对繁琐主义，反对粗制滥造，反对华而不实。

（十八）健全所内民主生活。采取大字报，鸣放辩论等方式推动各项工作。

（十九）每年"新年"、"五一"、"七一"、"十一"，都要组织向党、向国家、向人民献礼。通过献礼对跃进规划和红专规划进行检查评比。

（二十）根据工作需要制定和健全必要的规章制度。①

关于历史三所的规划，时任中国人民大学教授的尚钺致信刘大年说："看了三所的规划以后，我们很高兴，并决定以全副精力支持您们的雄伟规划。……因为您们规划的号召，我们已决定成立一个现代史组，现有四人，不久后可能有七人或八人。因此，我们近代史组和现代史组决定在范老和您的领导之下，开展未来的工作。也许在不久的将来，我们教研室会派戴逸和另外的同志去向您和三所现代史组同志们请教，并结合在一起工作。""其次，我们近代史组集体的和个人的规划，也打算置于三所的雄伟规划之内。只是我们的水平低，所能拿出来的东西，是非常粗糙的。恐怕不能与您们的精深、渊博的专著并列。当然，我们要努力向您们学习，并力争上游，尽可能地使我们的东西好一点。"②从尚钺信中可以看出，历史三所的研究规划堪称庞大，是名副其实的"跃进"规划。

与历史二所、三所相比，各地哲学社会科学联合会和历史学会所制订的历史研究规划（计划）毫不逊色。如1958年3月底，天津市哲学社会科学学会联合会成立。其所属历史学会提出要彻底批判资产阶级史学观点并介绍苏联历史学的成就，编纂天津史和开展明清史的研究，争取在三五年内使天津成为中国近代史和现代史、明清史和历史教育工作的学术研究中

---

① 《中国科学院历史研究所第三所1958—1962年工作纲要》，《哲学社会科学动态》1958年第9期。
② 王玉璞、朱薇编《刘大年来往书信选》（上），第190页。

心之一。① 历史学研究的任务有：

（1）编纂天津史
（2）对中国资产阶级史学的批判

二年内系统批判资产阶级史学观点，巩固马列主义在历史学领域中的领导地位。批判工作分三步进行：1）1958年上半年以批判雷海宗反动历史观为中心并结合当前史学界两条道路的斗争来进行。2）1958年下半年以批判解放前旧史学为中心并结合"五四"以来历史唯物主义论和胡适派的斗争。3）1959年系统介绍马列主义历史观与苏联历史学的成就。

（3）对中国近代史、现代史的研究

争取五年内成为全国的中国近代史、现代史的研究中心之一。1）二年内编出质量较高的中国近代史、现代史讲义。2）五年内编出一套中国近代史、现代史丛书。3）本年编出解放以来中国近代史、现代史论文选集。

（4）关于明清史的研究

争取三年内成为全国明清史研究中心之一。争取每年举行明清史学术论文讨论会一次，并出版论文和专著。

（5）关于加强历史教育工作问题

争取五年内成为全国历史教育研究中心之一。1）五年内编出三至四套有关历史教学与教学研究参考丛书。2）除定期举办有关历史教学与教育的研究、交流经验和学术报告会外，并争取在二、三年内在天津能举行一次全国性的历史教育研究与中学历史课示范教学的经验交流。3）提高历史教学月刊的质量，使成为贯彻党的教育与学术活动方针的重要阵地和武器之一，本年与全国各高等师范学院、各省市教育厅（局）和重点中学的历史教学研究机构取得密切联系。②

北京大学历史系近现代史教研室提出的五年规划草案强调，科学研究的总的任务是"结合实际阐明中国民主革命、社会主义革命和社会主义建设的发展规律。研究工作要求贯彻厚今薄古，联系实际和批判精神。注意

---

① 《天津市哲学社会科学学会联合会成立》，《天津日报》1958年4月8日，第1版。
② 《天津市哲学社会科学五年跃进规划（草案）介绍》，《哲学社会科学动态》1958年第5期。

开展实地调查研究工作,为革命事迹、革命地区和劳动人民编写历史"。①具体任务如下:

> 1. 在前两年至三年中,科学研究以编写近代现代史讲义和批判资产阶级反动观点为主。并编出近代史和现代史的教学参考资料,写出批判的论文。
> 2. 结合专题课的准备和开设,五年内陆续写出专著五至十种,包括近代现代史上重要方面的系统著作(如工人运动史),重大事件或历史时期的综合专著(如五四运动史,第一次国内革命战争史,抗日战争史,辛亥革命史等等)。
> 3. 开展近代现代史方面的调查研究工作,着重编写党领导下的各项革命运动、革命地区、革命工作、革命人物事迹的历史。教师要组织和指导学生一同进行实地的调查访问研究工作,五年内写出专题报告、论文和专著若干种。
> 4. 注意配合当前政治任务以及参加史学界重要问题讨论,注意书评工作。(每人每年至少写出论文一至二篇)
> 5. 配合古籍和档案整理及调查研究工作,以北大现有资料为基础,逐步编印近代现代史方面的史料丛刊。②

而历史学者亦提出了个人的研究计划,如北京大学教授齐思和强调:

> (1)抛弃自己思想意识中资产阶级世界观、人生观。烧掉自己的自私自利的个人打算,名利思想,和气一团,明哲保身的庸俗作风。勇敢地投入此次运动,进行批评与自我批评。今后,要坚持原则,表里如一,树立起认真负责的主人翁态度。提高自己的社会主义觉悟,建立起无产阶级的世界观、人生观。今后要全心全意为人民服务。
> (2)向党交心,争取党的领导,热烈响应党的号召,忠诚地拥护党,完成党交给自己的一切任务。从现在开始,就用党员的标准来要求自己。要不断地学习理论,提高认识,遵守纪律,参加劳动锻炼、社会活动。放下架子,从头学起,把自己当作一个小学生,虚心向群众学

---

① 《中国近代现代史教研室五年规划修正草案》,《光明日报》1958年7月21日。
② 《中国古代史教研室五年规划修正草案》,《光明日报》1958年7月21日。

习。争取于三年内，逐渐达到一个预备党员的水平，争取入党。(3) 积极参加中国民主同盟的组织生活，热烈响应向党交心的号召，和加速自我改造的号召。努力在党的教育下和同志们的帮助下，进行自我改造。(4) 努力学习马恩列斯和毛主席的著作。在1958年内，精读列宁文选（两卷集）及毛泽东选集中有关自己思想改造和业务工作的主要文章。1959年内再精读列宁的"唯物论与经验批判论"，"俄国资本主义底发展"。以后要结合自己的思想和工作需要，精读其他经典著作。加强学习重要政策文件及时事学习。(5) 认真学习苏联先进历史科学的研究成果、观点、方法。为了达到以上目的，争取于三年内把俄文学好。在学好俄文以前，先把所有已经译成中文的苏联学者关于中世纪史的书籍、论文读完，并且把苏联中世纪史教本作为学习俄文的读物。要在三年内掌握俄文基本语汇、文法结构，达到自己阅览，无大困难的程度。(6) 批判掉资产阶级历史学，每年，就自己所受到影响最深的资产阶级历史家的著作和自己过去所写的文章，作出批判论文一篇，以肃清自己思想意识中从这方面所受到影响，同时也帮助别人认识资产阶级历史学的反动本质。(7) 运用马列主义，和苏联先进历史科学的研究成果和研究方法来提高自己的教学工作。联合国内担任世界中世纪史的老师并且带动青年教师共同从事于世界中世纪史的奠基工作，如编写教材，选译资料与工具书进行科学研究等。争取每年写出关于中世纪史的论文一篇，编出教学参考书一种。(8) 在教学和科学研究的工作中，服从党的统一安排调配，放弃个人小名小利，服从集体利益。(9) 多参加体力劳动，向工人农民学习。要通过体力劳动、参观、访问等方法和工人农民建立阶级感情。努力教好班上的工农同学，对他们中间学习有困难的给以特殊帮助，并向他们学习劳动人民的优良品质。(10) 多参加社会活动，多联系群众，建立群众观点，并把自己置于群众的监督之下。[①]

开封师范学院院长赵纪彬提出个人的科研规划为：1958年要在历史系开设中国思想史讲座；暑假后招收十至十五名研究生，为高等学校培养师

[①] 《齐思和教授的红专规划》，《光明日报》1958年5月4日。

资；三年内为党培养中青研究人员和讲师五十名，并在三年内掌握一门外语。① 历史系副主任刘尧庭教授要在 1961 年写成有关"河南农民运动"之书；朱芳圃教授在 1962 年前写出《商周文字学释丛》《殷墟卜辞丛考》《中国古代神话与史实》等 8 部著作。②

总体来说，在历史学"大跃进"的社会氛围中，史学研究机构、各省市哲学社会科学联合会（包括历史学会）、高等学校历史系制订了五年历史研究规划，个人也制订了相应的研究计划。这些规划或计划提出了规模庞大的研究任务和资料整理计划，强调要贯彻"厚今薄古"的方针，十分重视中国近现代史研究，并提出实现条件和保障措施等。

自 1958 年起，中国科学院哲学社会科学部成立分党组，学部政治和科研业务由中宣部直接领导。③ 1959 年 6 月 19 日，国务院明确国务院科学规划委员会所担负的哲学社会科学规划工作由中国科学院哲学社会科学部负责。④ 在这之后，中国科学院哲学社会科学部没有组织制订全国性哲学社会科学规划。但是，部分地方性历史研究机构在其发展过程中拟订过相应的历史学研究规划。如上海社会科学院历史所制订过《上海社会科学院历史研究所八年（1959 年—1966 年）工作规划（草稿）》。规划分为工作方针、研究计划、培养计划、组织实施四个部分。规划提出，上海社会科学院历史所"以研究近代、现代史为主，同时认真地组织古代史的研究，有重点地进行世界史的研究"。⑤ 这份规划所提出的研究任务，重点突出了上海社会科学院历史所所处的地理优势及研究优势，指明该所今后的研究方向。

四 十年规划：1963—1972 年各省、市、自治区历史研究规划

1962 年，中共中央召开北戴河会议和八届十中全会，由于过高地估计阶级斗争的严峻形势，在国内引起了"反修正主义"的斗争。"反修"斗争

---

① 《开封师院教师进行自我革命 在向党交心的基础上订出红专规划》，《光明日报》1958 年 4 月 29 日。
② 《开封师院教师进行自我革命 在向党交心的基础上订出红专规划》，《光明日报》1958 年 4 月 29 日。
③ 樊洪业主编《中国科学院编年史（1949—1999）》，第 83 页。
④ 《中华人民共和国国务院公报》，1959 年第 16 期。
⑤ 上海社会科学院历史研究所编《史苑往事——上海社会科学院历史研究所成立 60 周年纪念文集》，上海社会科学院出版社，2016，第 289—298 页。

的形势发展，深刻影响到我国哲学社会科学事业的发展。1963年2月，中共中央决定在城乡开展一次普遍的社会主义教育运动。随后，在农村发动了"四清"运动，在城市发动了以"五反"为内容的社教运动。

1962年，国务院科委在检查十二年科学技术远景规划执行情况后，发现项目实施得非常好，且预期提前完成。为此，国务院科委准备编制1963年至1972年的十年科学技术发展规划。在这种情况下，哲学社会科学发展规划的问题同样提出。一开始，中宣部及中国科学院哲学社会科学部提出要检查十二年哲学社会科学远景规划的执行情况。但是，由于十二年哲学社会科学规划自通过以来，并没有很好地组织实施，加上1957年后各种政治运动不断，这个规划被"束之高阁，无人问津"。① 为此，中宣部及哲学社会科学部决定不再制订全国哲学社会科学规划。②

虽然中宣部及哲学社会科学部未组织制订全国哲学社会科学研究规划，但这并不等于各研究机构不需要制订研究规划。恰恰相反，中宣部领导的哲学社会科学部专门研究过制订十年规划的问题。1963年4月，哲学社会科学部将所属各研究所规划汇编成《各省、市、自治区哲学社会科学研究所研究规划项目（1963—1972）》（简称"十年规划"）。这份规划包括上海、江苏、浙江、安徽、江西、山东、福建、广东、湖北、湖南、河南、河北、辽宁、吉林、黑龙江、四川、贵州、云南、陕西、甘肃20个省、市的规划。这些省市历史学研究规划可以分三类。

一是专门历史研究机构的规划项目。如上海社会科学院历史研究所提出39项规划项目，其中近现代史研究及其史料整理占据了绝大部分。这份规划突出了当时"反修"斗争的需要，如第一、第二个研究项目就是与之密切有关的内容，分别是：（1）现代修正主义反动史学批判（论文集），主要内容是"在收集有关学术情报资料的基础上，配合现实斗争发展的需要，针对现代修正主义史学反动思想、史学理论及其对中国历史的篡改、歪曲，进行研究和批判"，完成时间为1972年；（2）帝国主义、资产阶级反动史学批判（论文集），主要内容是"收集帝国主义和国内外资产阶级学者的各

---

① 刘导生：《从容忆往——95岁抒怀》，北京出版社，2008，第191页。
② 1978年6月3日，于光远在上海社联报告会上指出："十二年的科学技术规划到一九六二年提前五年就基本上完成了，并在一九六二年开始制定一九六三——一九七二年新的十年科学技术规划。哲学社会科学规划在那个时候没有同时制定新的规划。"于光远：《制订和实施哲学社会科学规划的历史和今后的设想》，北京师大高等学校干部进修班编《高等学校科学研究文献法令汇编》，第73页。

种反动史学著作，加以研究，针对他们的反动史学理论，及其对中国历史的篡改和歪曲，进行批判"，完成时间为1972年。① 黑龙江省历史研究所提出了7项研究项目，包括渤海国的社会性质及其文化、金史初探、红果历史文化传统之批判的继承、黑龙江省考古简史、法国通史、渤海国资料汇编、金代社会制度资料汇编，同时规定了研究的内容、完成时间及负责人。②

二是哲学社会科学研究所的历史研究项目。如江苏省哲学社会科学研究所历史项目21项，分别是：无产阶级革命的几个基本问题（1971）、严重的问题是教育农民（1965）、不断革命论和革命发展的阶段论（1967）、苏南农村经济状况与土地改革（1969）、苏北革命根据地的建立和发展（1972）、江苏地区近代资本主义工业经济的发生发展问题（1972）、明清苏松地区资本主义萌芽问题（1970）、无产阶级革命的几个基本问题资料汇编（1968）、中国现代江苏地区人民革命斗争历史资料汇编（1967）、无锡地区近代资本主义工业经济资料汇编（1967）、明清时期苏松地区经济资料汇编（1965）、《清国蚕丝事业一般》（翻译，1965），等等。③ 安徽省哲学社会科学研究所提出17项历史研究项目，分别是：孔子的政治思想（论文，1964）、捻军史（专著，1964）、陈独秀批判（论文，1964）、执政党的建设问题（论文集，1964）、第三次国内革命战争时期资产阶级中间路线的破产（论文，1966）、春秋时代社会性质（论文，1967）、明清学术思想论丛（专著，1967）、中国现代革命运动中的农民运动（小册子，1967）、过渡时期对农民的社会主义改造问题（专著，1967）、安徽学生运动研究（1967）、中国近代反侵略斗争史（专著，1968）、抗日战争时期的农民斗争与阶级斗争（1966）、皖南事变（小册子，1969）、明清农民战争史（专著，1972）、太平天国史（专著，1972）、孙中山政治思想（论文，1972）、安徽历史小丛书（1972）。④

三是高校历史系的研究项目。在这份规划项目中，仅有福建师范学院历史系福建史研究室四个研究项目，分别是近代福建人民反帝斗争专题研究（1969）、福建简史（1965）、帝国主义侵略福建资料汇编（共八分册，1963—1967）、福建近代经济资料汇编（1972）。

---

① 《各省、市、自治区哲学社会科学研究所研究规划项目（1963—1972）》，第13页。
② 《各省、市、自治区哲学社会科学研究所研究规划项目（1963—1972）》，第165—166页。
③ 《各省、市、自治区哲学社会科学研究所研究规划项目（1963—1972）》，第36—37页。
④ 《各省、市、自治区哲学社会科学研究所研究规划项目（1963—1972）》，第50—51页。

1963年10月26日至11月16日，哲学社会科学部学部委员会召开第四次扩大会议。这次会议主题是讨论哲学社会科学战线如何开展反对现代"修正主义"的斗争的问题。① 会议分为哲学、经济、历史、文学、语言、国际问题六个组，其中历史组又分为三个小组。其名单如下：

历史一组（40人）

刘大年　梁寒冰　周谷城　范文澜　张稼夫　徐　仑　吴　泽
胡　华　戴　逸　邵循正　周一良　杨人楩　齐思和　刘导生
姜克夫　黎　澍　刘桂五　丁名楠　程西筠等

历史二组（39人）

翦伯赞　杨永直　徐中舒　包尔汉　邓　拓　郑天挺　杨　宽
谭其骧　周予同　蔡尚思　黄云眉　韩儒林　谷霁光　唐长孺
蒙文通　白寿彝　贺昌群　宁　可　林甘泉　郦家驹等

历史三组（50人）

尹　达　葛　震　翁独健　吴　晗　侯外庐　夏　鼐　谷　苞
杨东莼　唐　兰　金灿然　丁树奇　尚　钺　邓广铭　叶企孙
林耀华　傅乐焕　白　天　东　光　熊德基　顾颉刚　胡厚宣
杨向奎　张政烺　田昌五　姚家积　徐旭生　郭宝钧　黄文弼
苏秉琦　夏康农　秋　浦　冯家升　侯方岳　方国瑜　钱宝琮
严敦杰　王忠等②

这次会议强调历史研究"应当注重近代史现代史的研究"。③ 从前面所列部分历史规划项目来说，近代史现代史所占比重确实很大，同时还结合各地特点以及开展现实斗争的需要。但是，学部会议结束以后，哲学社会科学部所属研究人员，尤其是中国科学院历史研究机构的研究人员大都到农村从事"四清"运动，投身"反修正主义斗争"和社会主义教育运动。学部工作的中心也相应转换到这方面来，根本没有时间去管历史学研究规

---

① 《反对现代修正主义 研究当代革命问题——中国科学院哲学社会科学部委员会扩大会议讨论学术战线的任务》，《科学通报》1963年第12期。《各省、市、自治区哲学社会科学研究所研究规划项目（1963—1972）》的文本，在这次会议上作为文件之十发给与会者参考。
② 《顾颉刚日记（1960—1963）》第9卷，第758—759页。
③ 《反对现代修正主义 研究当代革命问题——中国科学院哲学社会科学部委员会扩大会议讨论学术战线的任务》，《科学通报》1963年第12期。

划和开展历史学研究工作了。

自中国科学院哲学社会科学部第四次扩大会议结束后,直到1977年中国科学院哲学社会科学部改名为"中国社会科学院",学部一次大会也没有召开过。再加上阶级斗争不断扩大以及"文革"的发动,哲学社会科学部的人员也被下放农村,到1972年才开始返京。高等学校历史系师生也有不少人被下放劳动。可以说,"文革"期间,正常的学术研究几乎都无法展开,也就无从谈起制订全国哲学社会科学规划及历史学研究规划的问题。

结　语

"凡事预则立,不预则废。"历史学研究规划只是历史学研究的"顶层设计",可以指引未来一段时间历史学研究的方向。但是,由于当时我国政治与学术之间的复杂关系,历史学研究规划并未起到预期作用,呈现一种"有规划,收效甚微"的状况。因此,学界对"十七年"历史学研究规划既不能过高评价,又不能忽视其存在,需要结合特定时代的特点加以分析。

十二年远景规划通过以后,客观上推动了历史学学科发展和历史学学术建制的建设。近现代史研究在历史学学科中得到较快发展;在古籍整理方面,1958年国务院专门成立古籍整理委员会,推动古籍整理工作;编写中国历史教科书,1956年中国科学院就启动这项工作,后来编成《中国史稿》一书;在史学机构方面,陆续成立上海社会科学院历史研究所等;史学刊物上,有1957年安徽创办《安徽史学通讯》(后改为《安徽史学》),河南《新史学通讯》改为《史学月刊》等。

但是,由于十二年规划制订及通过以后,并没有很好地组织实施,也没有强有力的领导机构,以致规划中提出的很多项目都未落实。五年规划是"大跃进"的产物,对一些史学研究机构和个人会起到一定作用,但毕竟很多研究任务脱离实际,根本无法完成。十年规划制订以后,很多研究机构和高等学校,因为政治运动不断升级,研究人员和高校教师下放农村劳动,既没有时间,又没有条件研究。总体而言,这些历史学研究规划没有得到很好执行,以致学术影响有限。但必须指出,"十七年"历史学研究的规划,产生于特定历史时期,从中能够反映我国历史学研究学术问题意识的变化,具有较高的文献价值与学术价值。

郭沫若《十批判书》撰述动机新探

宁腾飞[*]

摘　要　《十批判书》是马克思主义史家研究先秦诸子的代表作之一。关于撰述动机，既有研究认为《十批判书》是针对范文澜"工农革命说"而作的。细读文本可知，郭沫若一方面对梁启超、胡适的墨学观点进行辩驳，另一方面对马克思主义史学阵营中的其他史家，如范文澜、翦伯赞、侯外庐、杨荣国等的墨学观点进行驳论。在学术争议中，郭沫若在历史本体论上，主张"人民本位说"；在历史认识论上，坚持客观研究而反对主观主义；在史学方法论上，注重社会与思想的并重考察。所以，《十批判书》的撰述动机是批判近代中国史学研究中主观主义的学术风气，而"工农革命说"仅是辩论对象之一。

关键词　《十批判书》　郭沫若　墨学争议　主观主义

引　言

晚清以来，诸子学呈现复兴态势，成为史学热点问题。1904年，梁启超在《近世之学术》中就指出，清代学术呈现"倒影而缫演"的现象，"宋学极盛数百年，故受以汉学；汉学极盛数百年，故受以先秦"。[①] 此后，梁启超、胡适、钱穆、侯外庐、郭沫若等史家都积极参与对诸子学的研究，发表重要的史学见解。其中，郭沫若的《十批判书》颇具有代表性，是利用马克思主义研究先秦诸子的代表作之一。该书出版后，《图书季刊》评论称"郭君是书之价值，在对先秦诸子做一种新试探，以求对诸子由比较真

---

[*] 南开大学历史学院博士研究生。
[①] 梁启超：《论中国学术思想变迁之大势》，上海古籍出版社，2001，第133页。

确之认识,又重新估定诸子价值"。①《物调旬刊》称"全书差不多都是对于古代文化的新解释和新评价,皆为本书作者的独见"。②《十批判书》在大受赞扬的同时也在不同时代受到非议。正如张越教授所指出,这不仅直接影响对郭沫若史学成就的评价,也关涉对于中国马克思主义史学的看法。③因此,有必要在史学史的背景下深入分析和研究《十批判书》。

回顾既有研究,对《十批判书》的分析并不算多。④ 这与20世纪80年代以来"非郭沫若"的学术现象密切相关,因为我们对郭沫若及其作为知识分子代表的人生追求、学术路向的认识装置转变了。⑤ 其中,清华大学戚学民教授发表的《再论〈十批判书〉的撰述动机与论学宗旨》颇具代表性。戚文有两点需注意,一是把《十批判书》置于当时学术思潮和政治形势下讨论,并指出墨学争议是理解《十批判书》的关键问题;二是指出"《十批判书》和《中国通史简编》等书的观点存在着直接的呼应关系",并分析郭沫若的辩论矛头是指向范文澜的"工农革命说"。⑥ 戚文对于深化对《十批判书》的认识有关键作用,然而深入研究后可以发现,事实有进一步推进的空间,因为《中国通史简编》仅是郭沫若辩论的对象之一。所以,在前人的研究基础上,从墨学争议入手,把《十批判书》置于当时的历史语境和学人社会的脉络中考察,才能够有更加深入的认识。这不仅是重要的,也是必要的。

一 郭沫若对梁启超、胡适的墨学辩驳

在20世纪上半期的史学界,梁启超和胡适的史学影响举足轻重。在墨学研究方面,二者也都著述迭出,影响深远。郭沫若在先秦诸子研究时正是处于梁启超和胡适学术影响的笼罩下。在书中,郭沫若对梁启超和胡适的见解针锋相对,批判胡适《中国哲学史大纲》把实利主义作为根本观念,

---

① 《图书介绍:十批判书》,《图书季刊》1946年第1—2期。
② 《书报评介:十批判书》,《物调旬刊》1947年第4期。
③ 张越:《对〈十批判书〉的评论与争议之回顾与认识》,《学术研究》2010年第2期。
④ 戚学民:《再论〈十批判书〉的撰述动机与论学宗旨》,《历史研究》2007年第3期;彭邦本:《学术史视域中的郭沫若:从〈十批判书〉中的儒学研究说起》,《郭沫若学刊》2009年第3期;张越:《对〈十批判书〉的评论与争议之回顾与认识》,《学术研究》2010年第2期;潘素龙:《关于〈十批判书〉版本的一些问题》,《郭沫若学刊》2010年第2期。
⑤ 李斌:《对"非郭沫若"认识装置的反思》,《文艺理论与批评》2017年第5期。
⑥ 戚学民:《再论〈十批判书〉的撰述动机与论学宗旨》,《历史研究》2007年第3期。

也批判梁启超《墨子学案》把"兼爱"作为根本观念。根据郭沫若的研究，墨子是一个宗教家，而胡适和梁启超却转移焦点，避开墨子的宗教循环论证，把墨学解释为符合现代社会价值需求的观念。① 关于墨学的总体看法，胡适和梁启超都比较重视发掘墨学的科学精神。在此前提下，胡适侧重弘扬墨学的"知识论"，梁启超偏向挖掘墨学的"人生观"。这种差异与1920年代之后胡适、梁启超对于中国文化现代化路径的现实关怀有着密切的关系。② 可以说，胡适和梁启超的墨学研究推动了近代墨学研究高潮的来临。

同时，随着西方学术的大规模输入，以及知识分子救亡意识的增强，墨学研究面临着问题丛生的困境。对此，陈寅恪曾指出"今日之治墨学者，任何古书古字，绝无依据，亦可随其一时偶然兴会，而为之改移"。③ 但是，从史学研究的具体层面，对胡适和梁启超的墨学研究弊病一一批驳的学者并不多见。唯物史观的发展为重新审视胡适和梁启超的墨学研究提供了新的契机，而在《中国古代社会研究》的基础上，郭沫若不仅发现他们的弊病，还提供了新的解释。

（一）郭沫若对梁启超墨学研究的驳议

运用西方现代政治理念解读诸子思想，给诸子画上西方的脸谱，是近代诸子学研究的一大通病。梁启超《墨子学案》出版不久，郭沫若就曾对其中的第五章提出质疑。这一质疑也保留在1940年代出版的《墨子的思想》中。梁启超根据《墨子·经上》中"君臣萌通约也"的记载就论断墨子和西方的"民约论"是同一立脚点，主张国家是由人民同意造成的。④ 据此，郭沫若的质疑点主要在于：墨子是否为民约论者，以及梁启超墨学阐释方法的合理性。

以目前的诸子学研究来看，郭沫若的质疑是正确的，也的确抓住了梁启超墨学解释的短板。郭沫若根据《尚同》和《尚贤》对梁启超的问题一一批驳。就墨子是不是民约论者，郭沫若的答案是否定的，认为墨子是神权起源论者。他从《墨子》的《尚同》《尚贤》《法仪》《天志》等篇目具

---

① 郭沫若：《读梁任公"墨子新社会之组织法"》，《创造周报》1923年第7期。
② 宁腾飞：《科玄之争的学术回响：胡适、梁启超墨学阐释的异同离合》，《齐鲁学刊》2017年第1期。
③ 陈寅恪：《冯友兰中国哲学史上册审查报告》，《金明馆丛稿二编》，三联书店，2009，第280页。
④ 梁启超：《墨子学案》，《梁启超全集》第11卷，北京出版社，1999，第3275页。

体论证墨子的主张是神权起源说。郭沫若并非只停留在具体史学观念的分析，还进一步对梁启超把"兼爱"视为墨子根本观念的认识进行了分析。在《墨子学案》中，梁启超认为墨子的根本观念是"兼爱"，把神视为"兼爱论"的后援，一种维护"兼爱"的手段。① 而郭沫若指出墨子把神的观念作为一切思想的出发点。也就是说，郭沫若和梁启超之所以对墨子的社会起源问题产生争议，关键在于对墨子根本观念的认识差异。此外，郭沫若特别指出梁启超在墨学研究中循环论证的谬误，譬如以《经上》证明《尚同》的民约论，又以《尚同》证明《经上》的民约论。②

郭沫若还从史学方法的角度解析了梁启超诸子学研究的局限性，尤其是用近代观念解释墨子的方法。以近代观念阐释诸子是近代诸子学研究的通病。郭沫若的批判揭示了其中的理路和弊端，即忽视整体性的研究，把局部性的内容和西方学说相比附。"只把一木一石和西洋的木石比较，原可以说是相同，但不能因为珍爱他的一木一石与西洋相同，便把他全部的建筑打成粉碎，再来说他的建筑是西洋式的。"③ 这一认识可以说一语中的。因为在救亡意识的支配下，中国近代知识分子普遍采用"以西释中"的方法挖掘传统学术的近代因素，以此探寻中国未来的发展道路。郭沫若指出"只把一木一石和西洋的木石比较"不可不谓之深刻，因为这不仅是梁启超个人的方法问题，也是现代中国史学的方法问题。

（二）郭沫若对胡适墨学研究的驳议

胡适的《中国哲学史大纲》出版后，影响重大，被视为"史学革命"的典范性著作。④ 不可回避的是，《中国哲学史大纲》也存在许多问题。但是，对胡著的赞扬之声多，批评之声少。1930年，郭沫若在《中国古代社会研究》中就胡适该书的问题提出质疑。郭沫若指出，《中国哲学史大纲》忽视对于中国古代社会的研究，而"社会的来源即未认清，思想的发生自无从说起"。从某种程度上说，郭沫若此时对胡适诸子学研究的质疑仅仅停留在方法层面。因为郭沫若主张从社会的角度研究思想，而胡适则主张从

---

① 梁启超：《墨子学案》，《梁启超全集》第11卷，第3272页。
② 郭沫若：《读梁任公"墨子新社会之组织法"》，《创造周报》1923年第7期。
③ 郭沫若：《读梁任公"墨子新社会之组织法"》，《创造周报》1923年第7期。
④ 余英时：《〈中国哲学史大纲〉与史学革命》，《重寻胡适历程：胡适生平与思想再认识》，台北，联经出版事业有限公司，2004，第253页。

史料批判的角度研究思想。因此，郭沫若认为，胡适的整理方法最大的问题就是"知其然不知其所以然"。①

郭沫若并未从史学观念层面对胡适的诸子学研究进行批驳，因为二者所处理的问题并不在一个层面上。《中国哲学史大纲》属于思想层面研究，而《中国古代社会研究》则是社会层面研究。到1940年代，郭沫若从社会研究转移到思想研究之后，对胡适《中国哲学史大纲》的驳议才提上日程。究其原因，这是马克思主义史学的学术方法所决定的。因为马克思主义史学认为，社会存在决定社会意识。在不同的社会存在形式上，建立起各种不同的意识形式。这一时期的马克思主义思想史家吕振羽、侯外庐、嵇文甫、赵纪彬等皆是遵循这一学术路径。作为马克思主义史家，郭沫若也遵从对思想史进行社会史处理的方法，正如他所言"古器物学的研究使我对于古代社会的面貌更加明瞭了之后，我的兴趣便逐渐转移到意识形态的清算上来了"。② 所以，《中国古代社会研究》之后，郭沫若才能够真正进行思想史的研究，并出版《青铜时代》和《十批判书》。这两本书正是从思想层面清理胡适《中国哲学史大纲》中的错误观念。

第一，关于墨学与科学之间的关系。从晚清中西交流以来，士大夫就在"西学中源"的观念下建构墨子与西方科学技术之间的关系。譬如，近代数理学的先驱邹伯奇就称，西方的天文学伎俩不出《墨子》的范围。他还指出西洋的数学、视学、力学等都来源于《墨子》。③ 薛福成在出使外国的日记中凸显中国诸子书籍的科学性，以证明《墨子》先于西法。④ 晚清时期的士大夫重视墨学的焦点就在于墨学与西方科技之间的关联，这与当时"师夷长技以制夷"的经世思潮密切相关。五四时期，胡适从名学的角度重新沟通墨学和科学之间的关系。胡适特别看重《墨子》中的《经》《经说》《大取》《小取》，以此证明墨家"应用主义"的逻辑方法。

其实，胡适注重先秦名学的挖掘与移植西方科学成果存在必然的联系。胡适在他的博士论文《先秦名学史》中明确提出了研究思路，也就是"借鉴和借助于现代西方哲学去研究这些久已被忽略了的本国的学派"，因为这

---

① 郭沫若：《中国古代社会研究·自序》，《郭沫若全集·历史编》（1），人民出版社，1982，第7页。
② 郭沫若：《后记——我怎样写〈青铜时代〉和〈十批判书〉》，《郭沫若全集·历史编》（2），第465—466页。
③ 邹伯奇：《论西法皆古所有》，《广东文征》第6册，香港中文大学出版社，1973，第76页。
④ 薛福成：《出使四国日记》，湖南人民出版社，1981，第190页。

些学派中存在移植科学哲学和科学的合适土壤。① 这不可避免地会带来一些问题。在郭沫若看来，胡适高度赞扬先秦学术，并称赞先秦名学家最具有科学精神，是犯了主观主义的错误。② 郭沫若在批驳胡适墨家科学精神的同时，建立了自己对先秦科学的认识，指出真正称得上具有科学性质的就是乐律和历法。但是，墨子却"不晖于数度"和反对音乐。从以上得知，郭沫若毫无疑问反对墨子是科学家。其实，近代科学的传播使得学者都比较注重从科学的角度解释墨子，并极力抬高墨子的地位，这是值得反思的问题。郭沫若在这一问题上对胡适的批驳颇具代表性。

第二，关于别墨和惠施、公孙龙的关系。《墨子》一书中，《经》上下、《经说》上下、《大取》、《小取》六篇一直被近代史家视为研究先秦名学史的重要文本。胡适在《中国哲学史大纲》中把这六篇指定为墨家中的"别墨"所写的文献，并不是墨子本人的著作，并推测可能是惠施、公孙龙的著作。主要理由有三：其一，这六篇文献的内容都是惠施、公孙龙时代讨论的问题；其二，《庄子·天下》列举的惠施、公孙龙的议论都在六篇中讨论；其三，今本《公孙龙子》与《经》上下、《经说》上下内容大量雷同。③ 因此，胡适认为《墨辩》可能是惠施与公孙龙的著作。胡适把《墨经》与惠施、公孙龙联系在一起，就是把名家纳入墨家的范畴，以此提高墨家的地位。1922年，梁启超在演讲中就批判胡适把《墨经》送给了惠施和公孙龙，④ 但并未展开讨论。郭沫若对此也并不满意。郭沫若认为，以墨家保存的辩论材料最多，就推测古代逻辑是墨家所擅长的并不正确，惠施、公孙龙也不是墨者。关于惠施和公孙龙的定位，郭沫若指出，惠施和公孙龙属于杨派，墨家辩者属于墨派。所以，其后孟子和庄子把杨、墨并称。

第三，关于墨家消失的理由。墨家是战国时期的显学，但在秦汉时期却走向了消亡。胡适给出的原因是儒家的反对，墨学受到政治家的猜疑，以及后期墨家的诡辩。⑤ 针对前两项因素，郭沫若直接"点名"批评，因为这两点并没有摸着实际。与胡适侧重外因不同，郭沫若更多地从内因角度

---

① 胡适：《先秦名学史》，学林出版社，1983，第8—9页。
② 郭沫若：《后记——我怎样写〈青铜时代〉和〈十批判书〉》，《郭沫若全集·历史编》（2），第465—466页。
③ 胡适：《中国古代哲学史》，欧阳哲生编《胡适文集》（6），北京大学出版社，1998，第282、283页。
④ 胡适：《评胡适之"中国哲学史大纲"》，《哲学》（北京）1922年第7期。
⑤ 胡适：《中国古代哲学史》，欧阳哲生编《胡适文集》（6），第323—325页。

分析墨家的消失，指出墨家的消失主要是由于自己的瓦解。其一是墨家后学丧失了墨子的精神，其二是墨家后学失去了群众基础。[①] 众所周知，秦汉时期是皇权确立的时代，而墨家的"兼爱"与皇权之间格格不入。郭沫若从内因分析墨家消失可谓一语中的，然而纯从墨家后学分析不太完整。

综上所述，在诸子学复兴的大势下，梁启超把墨子的社会起源说视为"民约论"，胡适把墨家的逻辑称为"科学"是存在明显漏洞的。郭沫若称这是"建立墨家店"的行为，可谓符合历史事实。郭沫若对梁启超和胡适的史学观念和史学方法详细地进行了批评，并提出了自己的独特见解。虽然郭沫若的批驳也有值得商榷的内容，但他紧紧抓住梁启超和胡适"以西释中"的弊病是颇具见识的。这不仅是梁启超和胡适的弊病，也是近代中国史学（尤其是思想史）的弊病。从长远来看，郭沫若对梁启超和胡适的先秦学术批驳是有益的，维护了历史学求真的品格。

二 郭沫若对马克思主义史家的墨学驳论

郭沫若不仅对梁启超和胡适的史学观点进行了批驳，还对其他马克思主义史家的史学观点提出了不同意见。社会史论战后，马克思主义史学异军突起，深刻影响着中国现代史学的发展趋向。这一时期，马克思主义史家出版了众多有分量的通史和思想史著作，譬如范文澜《中国通史简编》、侯外庐《中国古代思想学说史》、杨荣国《中国古代唯物论研究》等。这对于郭沫若而言，一方面是激励，因为马克思主义史学不断在中国壮大；另一方面也是刺激，因为马克思主义史学内部就先秦诸子的认识产生了重大争论。此次重大争论的关键在于对孔子和墨子的评价和认识上。在某种程度上，重视传统文化唯物因素的学术诉求和动员底层民众的现实需求，促使马克思主义史家更容易对墨学产生青睐。因为与孔学的贵族性不同，墨学更具有民众色彩；与孔学的经验论不同，墨学更具有唯物论色彩。杨荣国专门出版有《孔墨的思想》，对比孔子和墨子在世界观、性命观、政治观、经济观、教育观之间的差异，[②] 充分体现了马克思主义史学关于孔墨的基本看法。与马克思主义史学基本的孔墨认识迥异，郭沫若认为"孔子的

---

① 郭沫若：《墨子的思想》，《群众》1943年第15期。
② 李锦全、杨淡以编《杨荣国文集》，中山大学出版社，2004，第79—161页。

立场是顺乎时代的潮流,同情人民解放的,而墨子则和他相反"。①这种鲜明的对比,引起了马克思主义史家内部的学术争论。

这一学术争议正是由郭沫若的《墨子的思想》一文所引起的。郭沫若之所以连续出版《青铜时代》《十批判书》与此次墨学争议有莫大关系。《墨子的思想》是郭沫若研究先秦诸子的第一篇文章。他曾在"后记"中指出,这篇文章是针对方授楚和杜国庠的史学观点,他们对墨子的评价极高。郭沫若称方授楚在梁启超和胡适的余波中建立"墨家店",并指出杜国庠"相当崇拜墨子"。戚学民认为,郭沫若的墨学研究并非针对上述二人,而是把辩论的矛头指向范文澜的《中国通史简编》,因为该书把墨子解释为"工农革命的代表"。②但是,仔细阅读郭沫若的相关文本,事实有进一步探究的空间。郭沫若明确称:"说墨子是奴隶解放者,是农工革命的前驱,是古代的布尔什维克,虽然明显地不是出于'偏恶',然而只是把黑脸张飞涂成了红脸关羽。不仅涂着脸谱,而且涂错了脸谱。"③所以,郭沫若的辩论对象不只是"工农革命说",还有"奴隶解放说""布尔什维克说"。郭沫若把这三种说法并列,充分说明了这三种说法在马克思主义史学阵营中的影响力。那么,探寻这三种说法的代表人物及其与郭沫若之间的争论,有助于理解《十批判书》撰写时的历史语境和编纂动机。细读《墨子的思想》和《孔墨的批判》文本可知,郭沫若进行辩论涉及多位马克思主义史家。与直接批驳胡适、梁启超的研究不同,郭沫若多以"朋友"指代马克思主义史家。这为理清史家之间的关系增添了不少障碍。翻阅这一时期的马克思主义史学著作,并进行一一比较,逐步考证出"朋友"所指代的史家,这对理解当时马克思主义史学阵营的学术争鸣有重要意义。

第一,对"奴隶解放说"的辩驳。"奴隶解放说"是郭沫若批驳的史学观点之一,其主要依据就是《墨子·兼爱下》"非人者必有以易之",并认为"非人者"是奴隶。郭沫若批评这是靠自己的主观去解读墨子,因为墨子的观点是反对别人观念的时候要拿出自己的观点。④在马克思主义史学阵营中,杜国庠也对"奴隶说"表示反对,指出墨子是否为奴隶的理由并不

---

① 郭沫若:《孔墨的批判》,《郭沫若全集·历史编》(2),第85页。
② 戚学民:《再论〈十批判书〉的撰述动机与论学宗旨》,《历史研究》2007年第3期。
③ 郭沫若:《孔墨的批判》,《郭沫若全集·历史编》(2),第117页。
④ 郭沫若:《墨子的思想》,《郭沫若全集·历史编》(1),第484页。

充分，只能表明其与社会下层有密切联系。① 也就说，没有充分的材料证明墨子是奴隶出身。

"奴隶解放说"成为郭沫若的辩论对象，从侧面也表明这一说法具有一定的学术空间。查阅这一时期马克思主义史学著述可发现，杨荣国与侯外庐持有此种认识。

1943年，杨荣国在《孔墨的思想》中主张墨子是奴隶出身。但是，杨荣国引用的是钱穆的观点，并进一步进行发挥，② 其所依据的史料是《贵义》中穆贺与墨子的对话提到"贱人"的说法。③ 在民国时期，钱穆从墨子姓氏的角度认为墨子是奴隶，这种观点很有影响。钱穆在《先秦诸子系年》中称，墨是古代的一种刑罚，并认为"墨家则乃以奴隶之为道唱于一世，以与儒术相抗行也……其衣服，奴隶之衣服也；饮食，奴隶之饮食也；起居动作言论，奴隶之起居动作言论也"。④ 钱穆虽非马克思主义史家，但是这一说法对马克思史学有一定的影响力。在杨荣国之前，嵇文甫也曾引用钱穆的观点，认为墨子是出身社会下层的劳动群众。⑤

1944年，侯外庐《中国古代思想学说史》出版。侯外庐在书中指出，墨子具有国民自我觉醒的意识，因为他把奴隶与氏族贵族一样看待。侯外庐所依据的史料正是《兼爱》的材料，即"非人者必有以易之，若无以易之，譬之犹以水'救水'，'以火'救火也"。⑥比较杨荣国与侯外庐的观点可以得知，杨荣国侧重在墨子出身于奴隶，而侯外庐侧重在墨子具有的奴隶的自我觉醒意识；杨荣国依据史料为《贵义》，而侯外庐依据史料为《兼爱下》。无论从学说层面抑或史料层面来看，郭沫若所批判的"奴隶解放说"所指涉的学者就是侯外庐无疑。

第二，对"工农革命说"的辩驳。《墨子的思想》一文把"工农革命说"作为辩驳的对象，称墨子是极端保守的宗教思想家，并非"工农革命的代表"，⑦而主张这一说法的史家是范文澜。戚文对于该点有详尽的论述和

---

① 杜国庠文集编辑小组编《杜国庠文集》，人民出版社，1962，第12、13页。
② 李锦全、杨淡以编《杨荣国文集》，第118—119页。
③ 杨荣国：《墨子思想商兑》，《杨荣国教授论文选》，中山大学出版社，2002，第46页。
④ 钱穆：《先秦诸子系年》，《钱宾四先生全集》（5），台北，联经出版事业有限公司，1998，第105—108页。
⑤ 嵇文甫：《嵇文甫文集》，河南人民出版社，1985，第305—306页。
⑥ 侯外庐：《中国古代思想学说史》，岳麓书社，2010，第116页。
⑦ 郭沫若：《墨子的思想》，《郭沫若全集·历史编》（1），第463页。

解释，此处不再过度展开。从当时革命斗争的现实出发，范文澜从阶级史观的角度分析并重新评价墨子，指出墨家代表社会下层农工奴隶的要求。范文澜特别指出"统治阶级能扑灭墨家，但是农民工人依时代发展的力量，却永远不能扑灭"。① 杨荣国与郭沫若的墨学认识并不一致，但是对此问题两人高度一致。杨荣国批评说"因为那时（春秋战国时代）连资本主义的影子都看不见，哪里来的工农阶级的代表？"②

此外，有一点值得特别注意，虽然范文澜《中国通史简编》比较重视用工农革命的认识分析墨子，但是第一个以此解析墨子的史家并非范文澜。在范文澜之前，众多的马克思主义史家已经从工人和农民利益的角度分析墨子思想的社会属性。而《中国通史简编》的巨大影响力使得范文澜的"工农革命说"具有知名度。也就是说，范文澜的"工农革命说"是在吸收既往马克思主义史学成果的基础上提出的。早在1931年，李季就指出，墨子是"代表这种农民和手工艺人的"。③ 1935年，吕振羽也指出，墨子学说代表农民的意识。④ 1939年，赵纪彬指出"墨教则系鲁国的工人（造车匠）墨翟所创设"。⑤ 也就是说，在范文澜之前，李季、吕振羽、赵纪彬等史家已经提出这样的观点，范文澜仅是后期吸收者而已。戚学民认为《十批判书》的撰述动机是针对范文澜的"工农革命说"，这种说法有所偏差。一方面，"工农革命说"仅是郭沫若辩论的对象之一；另一方面，"工农革命说"的发明者并非范文澜。

第三，对"布尔什维克说"的辩驳。除"奴隶解放说"和"工农革命说"之外，郭沫若还对"布尔什维克说"进行了辩驳。在《墨子的思想》中，郭沫若就已经指出墨子不民主，是为王公大人说话的。⑥《墨子的思想》主要批判了梁启超的民约论，并未对此进行分析。《孔墨的批判》则对此专门辩论，认为墨子是古代的布尔什维克，"虽然明显地不是出于'偏恶'，然而只是把黑脸张飞涂成红脸关羽。不仅依然在涂着脸谱，而且涂

---

① 范文澜:《中国通史简编》（上），华北新华书店，1948，第158—161页。关于当时重庆与延安之间的关系构成了理解郭沫若《墨子的思想》的基本语境，参见戚学民《再论〈十批判书〉的撰述动机与论学宗旨》，《历史研究》2007年第3期。
② 杨荣国:《墨子思想商兑》，《杨荣国教授论文选》，第46页。
③ 李季:《胡适中国哲学史大纲批判》，神州国光社，1931，第113页。
④ 吕振羽:《墨翟的学说及其劳动思想》，《劳动季刊》1935年第4期。
⑤ 向林冰:《中国哲学史的阶段性及根本特征》，《理论与现实》1939年第3期。
⑥ 郭沫若:《墨子的思想》，《郭沫若全集·历史编》（1），第465页。

错了脸谱"。①

通过史料和观点的比较可知，阐发墨子民主精神的史家是侯外庐。在《中国古代思想学说史》中，侯外庐强调墨子具有民主精神，并认为"未可以'尚同'的形式概念而否定平等思想的兼、同理想。我们研究思想史，毫不把古人的优良传统抹杀，而画一个脸谱"。② 一一对比可知，郭沫若批判墨子的民主，而侯外庐主张墨子的民主精神。侯外庐反对画"脸谱"，而郭沫若认为依然在画着"脸谱"。郭沫若提出此观点后，杨荣国并不赞同。他赞扬侯外庐的观点，认为墨子的学说是德谟克拉西的政治，也就是民主政治，指出"无能则下之"就是罢官权，"有能则举之"就是选举权。其实，"尚同"充分体现了墨家的政治思想并非一种民主政治，而是一种王权政治。从此来看，郭沫若的批驳是立得住脚的。

第四，对马克思主义史家其他观点的辩驳。从《墨子的思想》和《孔墨的批判》中可以发现，郭沫若对马克思主义史家的辩驳主要集中在以上三个方面。但是，在具体的见解上，他还对其他史学观点进行了辩驳。涉及的主要史家有范文澜、翦伯赞、杨荣国、侯外庐。

首先，对翦伯赞的辩驳。在《中国史纲》中，翦伯赞指出，战国时期天子已经成为诸侯的附庸。但是，此时的农民却幻想着存在一个最高的权力来制裁这些诸侯。于是就有了墨子的"天志"主张。其实，参考战国时诸子的思想可知，虽然各家各派存在争鸣，但是它们之间也存在共鸣，就是恢复王权。所以，墨子的"天志"主张和是否为农民并无必然的联系。郭沫若也正是基于墨子并不代表农民利益而对翦伯赞提出质疑。③ 郭沫若与翦伯赞对于"天志"的不同史学认识根本在于对墨子社会分析差异。翦伯赞认为墨子是农民的代言人，而郭沫若则认为墨子是替王公大人说话的。

其次，对杨荣国的辩驳。《墨子的思想》发表后，杨荣国不赞同郭沫若的意见并撰文商榷。对于郭沫若认为墨子不科学、不民主、反进化、反人性、名虽兼爱而实偏爱、名虽非攻而实美攻、名虽非命而实皈命等观点，杨荣国针锋相对地指出墨子是科学的、民主的、不反对进化、不反人性、并非偏爱、并非美攻、并非皈命。在《孔墨的批判》中，郭沫若批评"有朋友的观点"，即墨子的天道观和明鬼有平等的意思，就是指杨荣国的观

---

① 郭沫若：《孔墨的批判》，《郭沫若全集·历史编》（2），第117页。
② 侯外庐：《中国古代思想学说史》，第126—127页。
③ 郭沫若：《孔墨的批判》，《郭沫若全集·历史编》（2），第109页。

点。此观点见于杨荣国《〈墨子的思想〉商兑》一文。在文中,杨荣国主张墨子的"天志"和"明鬼""有兼爱和平等的意义"。杨荣国所使用的材料是《法仪》和《明鬼》,以此来说明墨子具有平等的观念。综上所述,郭沫若批驳的"朋友"就是杨荣国。

再次,对侯外庐的辩驳。除了反对"天志"和"明鬼"的平等诠释,郭沫若也反对把"天志"和"明鬼"解释为"神道设教"。有学者主张,墨子对鬼神信是出于利用,即"神道设教"。因为《明鬼》中说"今洁为酒醴粢盛以敬慎祭祀……虽使鬼神请(诚)亡(无)此犹可以合驩聚众,取亲于乡里"。① 通过梳理和对比可知,主张"神道设教"的史家是侯外庐。在《中国古代思想学说史》中,侯外庐就是使用《明鬼》篇的这段史料来证明,墨子是重视人事的人,尊天鬼仅此是方法性的手段。② 此后,侯外庐多次指出墨子信仰鬼神就是一种方法和手段,如"他的天论不是形而上学,而是方法观","他对于鬼神信仰的程度仅为方法性的方面"。

最后,对范文澜的辩驳。除了"工农革命说",郭沫若还就墨学消失的原因对范文澜进行驳论。在《墨子的思想》中,郭沫若批判说:"又有的朋友说:墨学并没有亡,后世的任侠便是墨家的苗裔。这也是胡认亲的办法。"③ 在马克思主义史学阵营中,坚持这一主张的史家是范文澜。范文澜在《中国通史简编》中主张,墨家为了庶民的利益而遭受统治者的放弃。秦汉统一之后,"有组织的墨家变为单独活动的侠客"。④ 通过对《史记·游侠列传》的分析,郭沫若认定侠客精神和墨家精神是相反的。所以,他认为"认墨为侠"仅是替墨子争门面。⑤

郭沫若在批驳梁启超和胡适建立"墨家店"的同时,也与马克思主义史学阵营中其他史家进行辩驳。通过文献梳理和对比,上文一一落实了郭沫若在文献所用"朋友"的指代对象。通过深入的分析可知,在马克思主义史学阵营中,郭沫若不仅对"工农革命说"进行辩驳,还对侯外庐的"奴隶解放说"与"布尔什维克说"进行辩驳。在具体的史学观点上,郭沫若与范文澜、翦伯赞、侯外庐、杨荣国等史家并不一致。若以某种趋势言

---

① 郭沫若:《孔墨的批判》,《郭沫若全集·历史编》(2),第 111 页。
② 侯外庐:《中国古代思想学说史》,第 131 页。
③ 郭沫若:《墨子的思想》,《郭沫若全集·历史编》(1),第 484 页。
④ 范文澜:《中国通史简编》(上),第 161 页。
⑤ 郭沫若:《墨子的思想》,《郭沫若全集·历史编》(1),第 486 页。

之，范文澜、翦伯赞、杨荣国、侯外庐等马克思主义史学阵营的史家都或多或少地强调和诠释墨家的革命性因素。从学术研究来看，郭沫若的辩驳具有正面的长久意义。

三　从墨学争议看郭沫若的学术旨趣

1940年代，郭沫若在先秦诸子学研究中一方面对梁启超和胡适的史学观点加以辩驳，另一方面还对马克思主义史学阵营的其他史家进行驳论。学术辩论对于学术的深化和发展的价值和意义无须多言，皇皇七册《古史辨》就是最好的证明。早在先秦时期，《墨子·小取》就指出"夫辩者，将以明是非之分，审治乱之纪，明同异之理，处利害，决嫌疑"。① 这一时期，郭沫若就诸子学研究进行的学术辩论是必要的。因为"以西释中"在近代诸子学研究所呈现的弊病日益凸显。主编《古史辨·诸子丛考》的罗根泽就对"戴着西学眼镜看诸子"的学术现象不以为然，主张"我们研究'诸子'的人，应当研究真'诸子'，不应当研究'西学'笼罩下的假'诸子'；更不应该推波助澜，卖弄一知半解的'西学'，来附会'诸子'，使'诸子'益失其真"。② 所以，继承中国史学的求真精神，运用现代科学的史学方法研究诸子是史学家所面临的紧迫任务。

同时，也应当认识到对历史人物的评价和褒贬并不仅仅出自学术观点自身差异。史学的学术研究和学术认识不可避免地受到时代和环境的影响。因此，"人们拿今天社会的政治需要来评价古人的历史实践活动，以今日之是非标准去衡量古人之是非"。③ 即便坚持科学方法的现代史家的史学研究也会有现实的烙印。譬如，梁启超和胡适都主张运用现代的科学方法研究历史，建立一种客观的真实的史学。但是他们的墨学阐释与他们对中国现实和未来的思考密切相关。从话语分析的视角来看，现代性的科学话语是胡适墨学研究的核心要素，反思现代性的玄学话语是梁启超墨学研究的关键构成。另外，中国革命的现实也会影响马克思主义史家从社会下层的角度审视历史，从而为革命的开展提供一种政治的合法性认同。因此，郭沫若

---

① 孙诒让：《墨子间诂》，中华书局，2009，第415页。
② 罗根泽：《关于"诸子学"》，宋洪兵编《国学与近代诸子学的兴起》，广西师范大学出版社，2010，第11页。
③ 李振宏、刘克辉：《历史学的理论与方法》，河南大学出版社，2008，第374页。

以坚实的学术研究为基础批评梁启超、胡适、范文澜、侯外庐、翦伯赞等的先秦诸子研究是十分重要的，也是十分必要的。除了关注学术争议的观点差异之外，也应当注意郭沫若在学术争议中所坚持的学术立场和史学方法，以更加明了地审视《十批判书》的撰述动机和学术旨趣。

郭沫若曾就《青铜时代》和《十批判书》的写作过程及学术思路发文，从中可以清晰地看到他的学术旨趣：在历史本体论层面，郭沫若坚持"人民本位说"；在历史认识论层面，郭沫若坚持客观研究反对主观主义；在史学方法论层面，注重社会和思想的结合。

从历史本体论来看，郭沫若所主张的"人民本位"与帝制中国时期的"帝王本位"迥异。在梁启超发表《新史学》以来，民史思潮可谓出现了勃兴的局面，梁启超、严复、谭嗣同、唐才常等积极排斥君史，提倡民史。但是清末的民史思潮并没有转化为史学实践，① 真正落实民史理念的应当是马克思主义史家群体。郭沫若还进一步升华为"人民本位说"。② 这一历史观在1940年代的诸子学研究中，被郭沫若积极落实，并作为标准来评价历史人物的是非得失。正如郭沫若所言："我呢是依据道理。道理是什么呢？便是以人民为本位的这种思想。合乎这种道理便是善，反之就是恶。"③ 正是基于此，郭沫若认为孔子是站在人民利益方面的，而墨子则是站在王公大人立场的。④

从历史认识论来看，郭沫若坚持客观标准而反对主观主义。郭沫若进行学术辩论的学术态度就是"尽了客观研讨的能事"。⑤ 同样的话，郭沫若多次提及，可见郭沫若对现代史学科学态度的坚持。除了对客观态度的坚持之外，郭沫若还对主观主义的史学认识进行批判。尤其是针对近代史学极力赞扬先秦学术的态度表示不满，郭沫若认为这是犯了主观主义的错误。此外，他还从主张矫枉不宜过正，如果矫枉过正同样损害实事求是的精神。⑥ 郭沫若对现代史学精神的坚守体现了马克思主义史学优良的学风。

---

① 史文：《斥君史　倡民史：关于19世纪末期史学观变革的若干思考》，《史学理论研究》2001年第4期。
② 宁腾飞：《郭沫若"人民本位"说新探》，《郭沫若学刊》2017年第4期。
③ 郭沫若：《后记——我怎样写〈青铜时代〉和〈十批判书〉》，《郭沫若全集·历史编》（2），第482页。
④ 郭沫若：《孔墨的批判》，《郭沫若全集·历史编》（2），第125页。
⑤ 郭沫若：《孔墨的批判》，《郭沫若全集·历史编》（2），第125页。
⑥ 郭沫若：《后记——我怎样写〈青铜时代〉和〈十批判书〉》，《郭沫若全集·历史编》（2），第485、479页。

从史学方法论来看，郭沫若坚持社会与思想的结合。早在《中国古代社会研究》中，郭沫若就区分了史学整理和史学批判的不同。就先秦学术研究而言，诸子学研究普遍游离于社会之外。郭沫若对先秦史的研究则遵从先处理先秦社会史再处理先秦思想史的基本路径，对思想史研究进行社会史的解读。也就是，对古代社会加以清算，探寻了各家各派的学术立场以及各家之间的学术联系之后，再对各家进行分析和评价。如此处理先秦诸子学并非一种孤立处理的方式，避免对诸子的局部和片段思想与西方观念进行嫁接和比附。① 在此意义上，《中国古代社会研究》和《中国哲学史大纲》是方法论层面的学术辩论，而《十批判书》和《中国哲学史大纲》是对先秦学术具体认识和评价上的辩驳。郭沫若的诸子学研究除了分析传世文献之外，还借用各种社会科学的方法，如考古学、社会学、音韵学、因明学等。

郭沫若在墨学争议中所体现出来的学术旨趣也符合20世纪中国史学演进的脉络。他坚持"人民本位"的历史观念，继承了近代以来眼光向下的民史书写路向；他坚持客观求实的态度，批驳主观主义的谬误，击中了近代中国史学的弊病；他坚持社会与思想结合的方法，树立了对学术思想进行社会史处理的典范。概而言之，在墨学争议中郭沫若所体现出来的史学旨趣是适应现代史学科学精神的，也就是坚持客观的态度，阐明历史的真相。正如他自己所言："我是以一个史学家的立场来阐明各家的学说的真相。我并不是以一个宣教师的态度企图传播任何教条。"而史学家的立场就是"是什么还他个什么"。②

结 论

因为《十批判书》的撰述动机与墨学争议存在必然联系，所以深入考察墨学争议是研究《十批判书》撰述动机的根本路径。通过对郭沫若这一时期文本的仔细研读和墨学争议的考察，可以肯定的是《十批判书》的撰述动机并不仅仅针对范文澜的"工农革命说"。因为就近代中国墨学研究而言，郭沫若一方面对梁启超、胡适的墨学观点进行辩驳，另一方面还对马

---

① 郭沫若：《后记——我怎样写〈青铜时代〉和〈十批判书〉》，《郭沫若全集·历史编》（2），第470页。
② 郭沫若：《青铜时代·后记》，《郭沫若全集·历史编》（1），第611—612页。

克思主义史学阵营中的其他史家,如翦伯赞、侯外庐、杨荣国等的史学观点进行驳论。即便是论及"工农革命说",郭沫若也是把这一说法和"奴隶解放说""布尔什维克说"并列而论的。通过分析墨学争议中郭沫若的学术旨趣可知,在历史本体论上,他主张"人民本位说";在历史认识论上,坚持客观研究而反对主观主义;在史学方法论上,注重社会与思想的并重考察。所以,郭沫若《十批判书》的撰述动机是批判近代中国史学研究中主观主义的学术风气,"工农革命说"仅是辩论对象之一。

革命与乡村

人民公社初期一个生产大队的"财政史"

张海荣[*]

摘　要　人民公社成立后，作为核算单位，生产大队财务的收支调度如同人体中枢系统，在调控社员生产生活的同时，成为辅助国家有效提取农村资源的重要运行机制。个案中 18 万元左右的年集体经济体量，维系着一个拥有 3000 多农业人口、平均 1200 多名劳动力的普通生产单位的运转与开销。本文通过台账等资料，以解剖麻雀的方式，对个案队的"收""支"详情进行细致爬梳，于纷繁驳杂中透视历史时期的乡村治理，拟为相关研究反思提供些许支撑。

关键词　人民公社初期　生产大队　集体收入　集体支出

引　言

近年来，围绕着人民公社时期农村的收益分配，研究成果比较丰富。有学者着眼于基本制度分析，如对劳动工分、家庭副业等做细致梳理；[①] 有研究者采用统计学方法，对农户及生产队之间的收益差别进行了考察。[②] 这

---

[*] 北京师范大学马克思主义学院教授。
[①] 辛逸：《人民公社分配制度研究》，中共党史出版社，第 127—182 页。
[②] 黄英伟、张晋华：《人民公社时期生产队差异与农户收入：基于分层线性模型分析》，《中国经济史研究》2016 年第 3 期；〔美〕李怀印：《乡村中国纪事——集体化和改革的微观历程》，法律出版社，2010，第 186—203 页；徐卫国、黄英伟：《人民公社时期农户劳动报酬实物化及其影响——以 20 世纪 70 年代河北某生产队为例》，《中国经济史研究》2014 年第 4 期；孟庆延：《生存伦理与集体逻辑——集体化时期"倒欠户"现象的社会学考察》，《社会学研究》2012 年第 6 期。

些成果对了解集体化时期社队的经济状况有参照意义。

既有研究中，或许受材料所限，大都着眼于"三级所有、队为基础"的政策实施后的情形，缺乏对人民公社初期收入支出的重点观照。公社化之初，作为核算单位①并拥有较大规模的生产大队（有地方称生产队），其经济运行与管理情况颇值得挖掘。党和国家的战略发展蓝图当时无论怎样"宏伟"，要完成对农村资源的有效提取、保障乡村社会生产生活的稳定，依然得通过农村生产单位的收支调度来实现。特别是，欲客观认识和理解该时期农村的生产生活与治理状况，尚需围绕经济收支这一主轴，对重要历史脉络加以复原呈现。

人民公社初期生产大队财政史问题的研究理应进入我们的视野；截至目前，较完整具象地陈述此时段内生产大队财政收支及其管理的专论尚付阙如。本文拟通过较为翔实的会计账册、私人记录等资料，尽可能揭示人民公社初期生产大队的"收支"与运行，旨在于拓展乡村财政史研究的同时，增进对历史时期乡村治理的理解，也为促进相关问题的学术反思做些必要铺垫。

一　资料来源及基本情况

本文所依据的资料，主要来自冀北一位乡村中队会计保留的台账。这些资料，是公社化初期苏寺中队②与瓦房沟生产大队及社员之间财政往来的

---

① 人民公社成立后，是以生产队（即原高级社）还是生产大队（管理区）为基本核算单位，各省的政策不尽相同。比如，河南、湖南两省主张以生产大队为基本核算单位，湖北、广东两省均主张以生产队为基础。即便在同一个省份，不同层级领导也存有不同主张。大体上，县委、公社党委、大队干部（管理区）多主张以大队为基本核算单位，生产队（即高级社）支书绝大多数或者全体主张以生产队为基本核算单位［见《毛泽东关于人民公社基本核算单位问题写给各省、市、区党委第一书记的一封信》（1959年3月15日），黄道霞等主编《建国以来农业合作化史料汇编》，中共党史出版社，1992，第539页］。以生产大队为基本核算单位，统一于1961年3月中央颁布的《农村人民公社工作条例（草案）》中。个案队隶属于河北省，1958年9月人民公社成立至1961年秋后"三级所有、队为基础"的正式实施，均以生产大队为基本核算单位，也是本文所呈现的情况。

② 生产中队称谓仅存在于人民公社初期部分省份的部分地区。细言之，人民公社成立后，按地名叫某某公社，也有的叫共产主义公社；根据毛泽东在山东视察的讲话，多数地方又改称人民公社［见《目前各地并社工作的动态》（1958年8月14日），黄道霞等主编《建国以来农业合作化史料汇编》，第499页］。因工农商学兵的倡导，生产大队（作业区）被称作"营"，其下所属的各生产队为"连"；之后，军事化称谓悄然不见，"营"恢复为大队，"连"改称"中队"。而在另外一些地域，统称"生产队"。据了解，河北、江苏等省有中队（即"三级所有、队为基础"后的生产大队）称谓，在山东、湖南等地不存在这一名称。

"拷贝本"①。笔者曾多次到个案队所在的县乡档案馆查阅资料，令人遗憾的是，1958年至1962年社队财政账册资料实在有限，各类票据已无从查找。比较丰富的"备份"，便成为我们研究人民公社初期生产大队财政收益支出不可多得的史料，即：通过中队的种种信息，可对大队财政收支的脉络与详情进行爬梳整理。

苏寺生产队地处山区，地理坐标为北纬40度55分，东经116度11分，海拔815米。② 高级社时期，苏寺与黑达营组成胜利社③，属于赤城县瓦房沟乡。苏寺队时称胜利社二队，包括干沟、水沟、窑子沟、苏寺、沟门、古方（房）六个组。1958年8月，赤城县委召开县乡社三级干部会议，其间将20个乡（镇）与96个农业生产合作社合并为9个人民公社，④ 苏寺生产队隶属东风人民公社（随后改称东万口公社），其所在的瓦房沟大队在公社中名为二营。这一称谓反映出人民公社成立时，当地社队组织带着军事化色彩。

按照军事化称谓，瓦房沟营（大队）包含七个连，即瓦房沟、韩家栅、东瓦窑、苏寺、黑达营、罗车铺、千松台。1959年5月，罗车铺与千松台独立为罗车铺大队，原因是农户散落在纵深的"沟沟岔岔"中，不利于统一管理。瓦房沟大队则剩下五个生产连，也称中队或生产队、生产小队。如前述资料，若将几年间的数据加以平均，各种类型的耕地计8235亩⑤，

---

① 2015年12月在冀北赤城县城郊对原中队会计的访谈资料。据当事人讲，因为之前做过乡文书工作，知道保存过手"东西"的重要。公社化之初，因核算单位上收，中队几乎所有重要账目要上交到大队。生产大队的摊子不小，远超出先前的高级社。大队领导人大都来自外村，之前没打过交道，不是很熟悉。特别是，若大队的财政和会计留一手（撕掉一张单据，不承认上交的票款），作为中队会计，跳进黄河也洗不清，打手里过的都是钱和单据。因此，凡与大队财会有交往，均会一式两份，签字盖章后一份上交，一份自己留存；中队与所属三个生产组会计的往来账以及同社员的经济往来，或按手印或签章，同样要保留。
② 《赤城县志·地理·县城乡镇》，改革出版社，1992，第58、70页。
③ 据资料统计，胜利社由2个行政村、6个自然村组成，322户，其中农业315户，非农业7户；总人口1382人，农业人口1340人，非农业人口42人；劳动力437人。见《东万口八乡基本情况综合表（六月底统计）》（1958年9月5日），东万口公社永久卷：75-12。
④ 中共赤城县党史征编委员会：《中共赤城县党史大事记（1949—1982）》（内部资料），1994年8月，第28页。
⑤ 公社化以后，原胜利社与五三社合并为瓦房沟大队，耕地概况分别为1958年集体经营7829亩，社员自留地300亩，共计8129亩；1959年集体经营7643亩，社员自留地383亩，共计8026亩；1960年集体经营旱地7784亩，自留地368亩，小片地107亩，个人开垦292亩，共计8551亩。见《龙关县东万口公社耕地面积耕畜情况调查表》（1960年1月1日），东万口公社永久卷：75-14；《赤城县东万口公社生产队1960年底基础数字统计表》（1961年1月10日）（表一），东万口公社永久卷：75-18。

农业人员、劳动力分别为1206名和3064名。大队的行政中心在瓦房沟中队，与苏寺中队相距2.5公里。

1961年7月，经张家口地委行署批准，县委将各农村人民公社行政区划做了调整，东万口公社分为东万口、青羊沟、黑达营（后茨营子）三个公社。① 是年秋后，规模较大的个案队"一分为五"，原来的中队分别独立为五个生产大队，进入"三级所有、队为基础"的时期。

在瓦房沟大队的统计中，苏寺中队包括苏寺与沟门两个组。为方便办公共食堂，该中队自行划出一个古方组，相关财务记录有着相应体现。盘点苏寺中队的现存台账，从时间看，绝大多数为1958年12月至1961年4月份的统计数据。1961年春天，因集体丢羊风波，苏寺被列入全县"整五风"的重点，书记、队长、会计在整顿中统统被撤掉。随着中队会计的卸任，财务资料的留存也就此画上句号。

就内容看，相较于已精简化的"三账六簿"②，这批账目因中队会计有意识保留，往来过程中上报大队、下发社员等林林总总的情况大都被记录下来，不仅全面且富有线索感。总之，通过中队与大队、中队与社员之间的各种往来记录，可以理解并透视人民公社初期生产大队财政收支情况与运行机制，实证性地再现历史时期乡村生产生活及其治理脉络。

二 "打足"而微薄的收入

人民公社成立后，生产大队虽不是一级政权，但由于实行政社合一，作为生产单位，收益分配几乎完全遵循上级的政策安排。相应的，收益支出也是在层层计划的框架内进行。③ 实践中为简单易行，当时有句口号为"收入打足、开支打紧"④。

---

① 《中共赤城县党史大事记（1949—1982）》，第34页。
② 三账即"现金日记账、分类账、社员分户账"；六簿为"劳动工分簿、实物分配登记簿、财产登记簿、土肥投资登记簿、物资登记簿、现金登记簿"。
③ 国家明文规定：人民公社的生产、交换、消费和积累，都必须有计划。人民公社的计划应当纳入国家的计划，服从国家的管理。《关于人民公社若干问题的决议》（1958年12月10日），黄道霞等主编《建国以来农业合作化史料汇编》，第518页。
④ 这一口号含着深意："收入打足"是将收入尽可能做出全方位统计，不能疏漏，便于分配；开支打紧，意味着不能浪费，尽可能节约，使收入体量尽可能增大。

人民公社初期一个生产大队的"财政史"

按照财政学理论，收入形式、来源及归属是划分财政收入的几条主线。① 生产大队的财政收入可从收入来源方面加以考察。就瓦房沟队而言，尽管不乏浓浓的计划性，但囿于结构性因素（气候、土壤、河流等自然条件）的影响，其收入来源、收入规模及具体构成均带有明显的地域性特征。

（一）收入来源

财政收入的来源，即财政收入来自社会经济的哪些方面，通过什么形式集中起来。② 人民公社时期，农村财政政策体现在税收上，主要是通过低价农产品汲取农业积累促进工业化加速发展；在支出方面，除不定期划拨一些救济款及安排少量的资金支持农业生产外，国家财政很少有"用在农村教育、卫生、文化方面"的其他支出。③ 作为农村集体生产组织，生产大队不属于社会主义政权组织的基层单位，故没有财政拨款、财政转移支付等渠道的收入。

根据台账资料，瓦房沟大队的财政收入主要来自农业、林业、牧业和副业。当时，国家倡导要尽可能在农林牧副渔五业中进行全线大革命，加速林业、畜牧业、副业和渔业的发展，尽快改变农业战线的面貌。④ 该队因地处山区，没有经营水产事业的条件，渔业无从谈起；此外，机械化、电气化、水利化设施几乎为零，这决定了其收入的基本来源。

自生产大队成立至"三级所有、队为基础"的实施，几年间该队并没有出现大的自然灾害。1959年局部地方发生水涝，如苏寺中队，波及粮田309.6亩，比1958年减产6万多斤；⑤ 个案队粮食总量比1958年减产242906斤。⑥ 对比现存数据，瓦房沟大队财政收入来源有一定差别。总体来看，各项比例若按由大到小进行排列，依次为农业收入、副业收入、林业

---

① 牛永有、李互武、富永年：《财政学》，复旦大学出版社，2013，第119页。
② 牛永有、李互武、富永年：《财政学》，第118页。
③ 陈锡文主编《中国农村公共财政制度——理论·政策·实证研究》，中国发展出版社，2005，第43—44页。
④ 《关于人民公社若干问题的决议》（1958年12月10日），黄道霞等主编《建国以来农业合作化史料汇编》，第518页。
⑤ 《东风人民公社瓦房沟大队苏寺生产队五九年度粮食情况统计表·苏寺队粮食收调情况表》（1959年3月10日）、《苏寺中队估产产量计算表》（1959年9月13日）。
⑥ 《龙关县东风人民公社粮食作物产量计算表》（1958年11月30日）、《东万口公社1959年度粮食实产汇总表》（1959年12月20日），东万口公社永久卷：75-12、75-14。

收入或畜牧业收入、其他收入（见表1）。

表1　1958—1960年瓦房沟大队决算收入

单位：元，%

年份	收入项	各项收入	占总收入比重	总收入
1958	农业	110685.27	80.32	137798
	副业	23225	16.85	
	畜牧业	3888.71	2.82	
1959	农业	100365	63.29	158588
	畜牧业	8679	5.47	
	副业	33275	20.98	
	工业	2500	1.58	
	其他	13769	8.68	
1960	农业	102618	55.46	185043
	林业	18090	9.78	
	畜牧业	13762	7.44	
	副业	48557	26.24	
	渔业	0	0	
	其他	2016	1.09	

资料来源：《龙关县东风人民公社各大生产队1958年分配决算计算表》（1958年11月30日）、《东万口公社1959年度总收入统计汇总表》（1959年12月20日），东万口公社永久卷：75-14；《东万口公社1960年度收入统计汇总表》（1961年1月10日），东万口公社永久卷：75-18。

（二）收入规模与具体构成

收入来源事实上只反映了生产大队的收入概貌。比较而言，收入规模特别是具体构成，能深入反映社队生产与经营管理情况。按照人民公社有关规定，生产大队的收入构成分为农业收入（包含农林牧副渔）、运输收入、生产性劳务收入及其他收入。[①] 该队决算时，收入统计基本上遵循了相关分类。所不同的是，运输收入和生产性劳务收入一并归到副业收入中。

---

① 陈永秉：《农村人民公社统计》，农业出版社，1980，第112—113页。

人民公社初期一个生产大队的"财政史"

1958年至1960年,瓦房沟大队的年核算收入总量在13万—19万元之间,这是冀北一个拥有3000多总人口、1200多劳动力[①]的普通生产单位每年可供支出的生产生活的财力。收入规模(体量)虽小,具体构成却比较多元。

1. 农业收入

该项由粮食与农业副产品收入两部分构成。

(1)粮食收入。其来自玉米、高粱、谷子、豆子、糜黍、山药、莜麦等。根据播种面积的大小,个案队中谷子、玉米、豆子、高粱、山药为主要粮食作物,糜黍、莜麦、荞麦尤其是小麦、水稻的种植量较少,具体情况请参考表2。

表2 1958—1960年瓦房沟大队粮食种植面积与产量

单位:亩,斤

年份	项目	播种面积	亩产	共产	播种面积总计	各项作物总产量
1958	谷子	3482.3	156.57	545223.7	7789.9	1778779.2
	玉米	1890.1	413.4	781367.3		
	高粱	373.2	289.4	108004.1		
	薯类	444	265.4	117837.6		
	豆子	945.5	180.7	175801.8		
	糜黍	284.4	115.7	32905		
	莜麦	229.8	27.55	6330		
	荞麦	90.8	66.65	6051.8		
	杂豆	47.8	190	9082		
	小麦	2	30	60		

---

① 据有关统计资料,1958年个案队核算时参加分配的农业人口为3016人,劳动力为1221人;1959年参加分配的农业人口为2997人,劳动力为1205人;1960年参加分配的农业人口为3180人,劳动力为1194人。见《龙关县东万口公社农村人民公社户数人口劳力情况调查表》(1960年1月1日),赤城县档案馆藏(以下不再标明藏所),东万口公社永久卷:75-14;《赤城县东万口公社生产队1960年底基础数字统计表》(1961年1月10日),东万口公社永久卷:75-18。

续表

年份	项目	播种面积	亩产	共产	播种面积总计	各项作物总产量
1959	小麦	0			6969	1509308.5
	谷子	3054	186.6	569876.4		
	玉米	1539	367.4	565428.6		
	高粱	380	297.8	113164		
	薯类	439	174	76386		
	豆子	662	156.6	103669.2		
	杂粮（糜黍、荞麦、莜麦）	747	108.5	81049.5		
1960	小麦	5	11	55	7573	1465903
	谷子	3013	194.4	585727		
	玉米	1772	284.3	503779.6		
	高粱	461	248.4	114512		
	白薯	42	265.6	11152		
	山药	447	157	70179		
	黑豆	250	102	25500		
	黄豆	434	112.2	48695		
	小豆	213	90	19170		
	糜黍	542	135	73170		
	荞麦	31	101.3	3140		
	莜麦	252	24.5	6174		
	水稻	5	125	625		
	集体开荒	106	62	6572		

注：台账中计算有误差，表格中数据已做了校正。

资料来源：《龙关县东风人民公社各大生产队1958年分配决算计算表》（1958年11月30日），东万口公社永久卷：75-12；《东万口公社1959年度粮食实产汇总表》（1959年12月20日），东万口公社永久卷：75-14；《东万口公社六〇年包产、估产、实产统计表》（1961年1月10日），东万口公社永久卷：75-18。

在粮食收入中，谷子、玉米、豆子、高粱、山药这几项为大宗。[①] 苏寺

[①] 据1960年3月统计资料，玉米、高粱、谷子的销售价分别为每斤0.06元、0.05元、0.06元；豆子分黄豆、黑豆和小豆，价格分别为每斤0.09元、0.09元、0.08元；山药（当地为土豆）四斤折合一斤主粮，每斤约0.08元；糜黍每斤0.07元，荞麦每斤0.05元，莜麦每斤0.07元。见《1960年初粮食用度统计表》（1960年3月31日）。

中队1958年至1961年的粮食数据,同样反映了大队粮食收入的具体构成情况。该队几年来粮食平均播种面积及产量分别为:谷子718.5亩,亩产144.7斤;玉米337.8亩,亩产354斤;高粱102.6亩,亩产222.4斤;山药96.2亩,亩产145.6斤①;豆子199.5亩,亩产132.8斤;糜黍112.9亩,亩产111.5斤;因荞麦与莜麦数量很少,故忽略不计。②

按照国家当时的粮食牌价,四舍五入后玉米、高粱、谷子的销售价分别为每斤0.06元、0.05元、0.06元;豆子分黄豆、黑豆和小豆,价格分别为每斤0.09元、0.09元、0.08元;山药(当地为土豆)四斤折合一斤主粮,每斤约0.08元;糜黍每斤0.07元,荞麦每斤0.05元,莜麦每斤0.07元。③借此,1958年至1960年当地农村粮价平均每斤约0.06元;相应的,三年间个案队粮食大概收入分别为106097元、91522元、87989元④,约占总收入的77%、58%、48%。加上农业副产品收入,与表1中的数据大体吻合。

(2)农业副产品收入。在当地,农业副产品包含油料和经济作物两项,收入比较微薄。油料是胡麻、大麻籽之类,经济作物为香瓜、白麻、叶烟、蔬菜等(见表3)。

表3　1958—1960年瓦房沟大队经济作物种植面积与产量

单位:亩,斤

年份	项目	播种面积	亩产	共产	备注
1958	油料作物	胡麻	302		1852	
		菜籽	代(带)种		476	
		麻籽	代(带)种		225	
		葵花	代(带)种		300	

---

① 当地山药即土豆,当时四斤产量折合一斤粮食,145.6斤为折合后的产量。
② 根据《苏寺队1958年粮食产量情况表》(1959年1月19日)、《1959年苏寺队粮食收调情况表》(1959年3月10日)、《1959年苏寺生产队实产粮食表》(1959年10月27日)、《苏寺生产队1960年秋收预分产量核算表》(1960年9月10日)、《苏寺生产队1960年粮食产销情况表》(1960年11月21日)、《苏寺生产队1961年播种面积与留籽情况表》(1960年11月21日)相关数据整理。
③ 《1960年初粮食用度统计表》(1960年3月31日)。
④ 有确切统计资料,1960年粮食收入总计89455元[《东万口公社1960年度收入统计汇总表》(1961年1月10日),东万口公社永久卷:75-18],87989元的大概数据与确切数据存在一定出入。

续表

年份	项目	播种面积	亩产	共产	备注
1958	经济作物	白麻 62		1872	
		苇子 9.6		133 捆	苇子单位（捆）
		其他 16		20020	
1959	油料作物	胡麻 129	10.9	1406	
		菜籽 代（带）种		670	
		麻籽 17	107	1819	
	经济作物	白麻 78	36	2808	
		蔬菜 13	3961	51493	
		苇子 81	24 捆	1944 捆	苇子单位（捆）
		其他 11			
1960	油料作物	胡麻 111	47	5217	
		线麻籽 78.5	7.2	565	
		油菜籽 代（带）种		24	
		蓖麻籽 11	30.4	334.4	
	经济作物	白麻 78.5		1477	
		蔬菜 295	791	233345	
		烟叶 68	48	3264	

资料来源：《龙关县东风人民公社油料及经济作物产量计算表》（1958年11月30日），东万口公社永久卷：75-12；《东万口公社1959年度其他作物汇总表》（1959年12月20日），东万口公社永久卷：75-14；《赤城县东万口公社生产队1960年底基础数字统计表——表三：技术作物产量》（1961年1月10日），东万口公社永久卷：75-18。

  由于相关数据不完整，1958年、1959年农业副产品的具体收入尚无法计算。已知1960年这部分收入为13163元[1]，1961年计划降为8887元。[2]

---

[1]《东万口公社1960年度收入统计汇总表》（1961年1月10日），东万口公社永久卷：75-18。
[2]《1961年瓦房沟队财务收支计划》（1961年1月25日）。

即便是微调,也折射了"以粮为纲"的种植理念及当时比较严重的粮荒问题。从苏寺中队看,每项经济作物的年收入在200元左右;1960年蔬菜平均亩产为500斤①,三个组卖出辣椒1748.5斤,合计271.94元。② 在耕地总量不变的情况下,看似几千元的收入调整,意味着要压缩经济作物和油料作物的播种面积,让位于粮食生产。

粮食播种面积的增加,使农业收入构成更加偏重前者,达不到在总产值中"粮食作物只占三分之一,或者四六开"的国家要求。③ 与此同时,农业副产品播种面积的缩减,无形中影响到社员自留地的经营。材料表明,即便没被收归集体,自留地同样受到上级计划的影响。比如,1959年苏寺自留地82.4亩,60.4亩用来种植蔬菜;④ 1960年该中队社员所拥有的75.6亩自留地中,蔬菜的播种面积为49.3亩,占比依然较高,达65.2%。⑤ 种植蔬菜虽然不属于强迫命令,囿于集体瓜菜等供应缩减以及口粮不足问题,社员不得不自己种植。

2. 林业收入

林业收入是指人工种植、抚育的林产品(油桐籽、油茶籽、藤条、棕片、各种林木籽实等)和采伐竹木、出售树木的收入。⑥ 尽管坐落于山区,瓦房沟大队林业收入较少,林业生产不发达。黑达营、瓦房沟中队自然条件比较差,山坡基本石化,仅稀稀疏疏地长些低矮灌木与草。东瓦窑有一些林坡,可出售的林木尚未大面积长成,卖品有限。该大队林业收入主要来自剩余的两个中队,即韩家栅和苏寺;⑦ 此外,瓦房沟中队有点果树收入。⑧ 由于林业生产薄弱,该队曾遵照上级要求,进行植树造林。1961年1

---

① 《1960年苏寺生产队基本数字统计表》(1960年9月12日)。
② 《苏寺生产队各组辣椒卖出统计》(1960年11月1日)。
③ 《中共中央批准谭振林、廖鲁言两同志〈关于农业生产和农村人民公社的主要情况、问题和意见〉的报告》(1958年12月7日),黄道霞等主编《建国以来农业合作化史料汇编》,第514页。
④ 《苏寺队农作物播种面积统计报告表》(1959年6月)、《苏寺生产队1959年度社员自留地情况表》(1960年2月1日)。
⑤ 《苏寺生产队沟门小队1960年秋收预分产量核算表》(1960年9月10日)、《苏寺生产队苏寺小队1960年秋收预分产量核算表》(1960年9月10日)。
⑥ 陈永秉:《农村人民公社统计》,第112—113页。
⑦ 2016年7月在苏寺、瓦房沟、东瓦窑村的访谈资料。
⑧ 1958年瓦房沟队果树收入457斤(折合小米)。此数据源于档案资料记载,272斤小米的农林特产税中有部分是来自瓦房沟果树常年产量457斤计征;当时农业特产税率为10%,这意味着45.7斤是果树收获所缴纳的税额。《赤城县生产大队1958年农业税基础数字表》(1959年6月),赤城县档案馆藏,案卷号:茨营子公社长期卷1。

月统计，造林总面积5179亩，其中用材林3876亩，防护林20亩，经济林1283亩。①

台账表明，瓦房沟大队林业收入主要由加工品和非加工品构成。前者主要是柄把（锄头、铁锹、镰刀等用具的木把）、筛子（灌木条所编）、车排（行条所编）、窑柱、椽子、檩子，后者为柴火、黄瓜架、行条、树木。按时价，车排100个94元，每个0.94元；椽子924根299.78元，每根0.32元；窑柱223根84.92元，每根0.38元；行条22881根410.41元，每根0.018元；柄把213个29.82元，平均每个0.14元；筛子25个17元，每个0.68元。②

柴火、黄瓜架、树木的出售根据具体情况而定。柴火和黄瓜架按捆的大小与长短粗细计价，柴禾一捆0.3元，黄瓜架每捆0.5元。

各中队年内出产与销售多少林木产品，每项占比如何，因资料残缺尚不能做出全面分析。据苏寺队的部分记录，1960年上半年苏寺社员购买生产大队的椽子、檩子、柱子等木料，共计307.6元③，下半年五户社员买柳树做棺材与门板，计79元。④ 1960年两个月内该大队的椽子、柴火等八项产品收入1363.64元。⑤ 其时，林木产品不仅在队内销售，也有少量销往队外。这方面的记录已遗失。

3. 畜牧业收入

人民公社初期，如表1所呈现，个案队的畜牧业年收入在3000元至14000元之间。按照有关划分⑥，此项收入主要是牛羊猪肉、死牲畜的作价处理，出售牲畜皮毛以及推销牛羊和生猪所得。

就苏寺中队看，1959年拥有生猪136头，总计1008.44元（当时推销价分等，每斤0.25元或0.3元）。其中，卖给社员46头，计605.11元；卖给各组90头，计403.33元。据不完全统计，1959年苏寺中队上

---

① 《农村人民公社林业生产情况统计年报》（1961年1月1日），东万口公社永久卷：75-18。
② 《瓦房沟大队1—2月份公布账目收支情况》（1960年3月10日）、《苏寺生产队社员买社木料作价表》（1960年1—12月）。
③ 《1960年上半年度苏寺生产队社员用社木料作价表》（1960年7月1日）。
④ 《苏寺生产队社员买社木头作价表》（1960年12月26日）。
⑤ 《瓦房沟生产大队1—2月份公布账目收支情况》（1960年3月11日）。
⑥ 这部分收入包括家畜、家禽及其他小动物收入，按出售和屠宰的产品计算。家畜的繁殖和增重不能作为收入。活的家禽、家畜及其他小动物的产品，如蛋、毛、蜜、蜡等的收入。动物屠宰和死亡后的畜产品，如猪鬃、羊皮、蚕茧等收入。见陈永秉《农村人民公社统计》，第112页。

交大队卖猪款 1160.04 元，羊毛款 16.32 元，肉款 97.55 元，总计 1273.91 元。①

关于死亡牲畜的作价处理，从 1958 年人民公社成立到 1959 年 8 月底，苏寺中队在近一年的时间内交大队相关收入 95.15 元。② 1960 年部分数据显示，该中队交大队猪款 76.5 元，死牛 1 条计 66.66 元，死羊与羊皮计 45.05 元，死驴驹、牛犊计 40.14 元，牛羊猪肉款 97.9 元。③ 是年年底，苏寺生产队又上交大队处理各种肉和卖小猪款共计 93.50 元。④

畜牧业收入存在年度差异，大队畜牧业收入构成相对稳定。综合各方面，畜牧收入中，社员消费牛羊肉和死亡牲畜的作价处理占较大比重。例如，1960 年大牲畜中 632 头牛，死亡 27 头；10 匹马，死亡 2 匹；365 头毛驴，死亡 29 头；生猪 1332 头，死亡 721 头；2857 只山绵羊，死亡 180 只；1343 只山羊，死亡 114 只；640 只绵羊，死亡 66 只。⑤ 这与被访者普遍提到"那几年牲畜死得不少"的口述资料相吻合。

4. 副业收入

前已述及，个案队的副业收入并未严格遵照有关规定进行分类。占总收入 1/10 至 1/4 左右的副业收入，含着各中队的脚户收入（即拉脚运输收入）与大队皮车的运输收入（台账称之为运费）、劳务性生产收入（木匠、席匠、毡匠等工匠的劳动收入，时称为"卖工"）⑥以及代销点、缝纫组的服务性收入。该大队名副其实的副业生产经营主要是石棉矿、铁匠楼（炉）、砖瓦窑与榨油坊。

在若干收入构成中，欲给出明确占比实属困难。相关资料中，铁匠楼和木匠的劳务收入比较有章可循。

（1）铁匠楼收入。人民公社初期，个案队有两所铁匠楼：一所设在瓦

---

① 《苏寺生产队生猪处理情况表》（1959 年 5 月 26 日）、《1959 年苏寺中队与瓦房沟大队现金收支往来明细账》（1959 年 12 月 28 日）。
② 《苏寺中队死亡牲畜处理情况统计》（1958 年 9 月至 1959 年 8 月底）。
③ 《1960 年苏寺中队与瓦房沟大队现金收支往来明细账》（1960 年 12 月 20 日）。
④ 《1960 年苏寺生产队处理各种肉和卖小猪情况表》（1960 年 12 月 28 日）。
⑤ 《农村人民公社生猪发展统计年报》（1961 年 1 月 1 日）、《农村人民公社大牲畜统计年报》（1961 年 1 月 1 日）、《农村人民公社山绵羊发展统计表》（1961 年 1 月 1 日）、《农村人民公社山羊发展情况及家禽数量统计年报》（1961 年 1 月 1 日）、《农村人民公社绵羊发展情况统计年报》（1961 年 1 月 1 日），东万口公社永久卷：75-18。
⑥ 《瓦房沟大队 1-2 月份公布林业收入收支情况》（1960 年 3 月 10 日）与苏寺中队的相关账目，对此有比较详细的反映。

房沟，另一所设于苏寺。开铁匠楼（炉）有包干规定，每月定额150元，超出定额的纯收入50%归大队。①

（2）木匠"卖工"收入。作为维修农具、制作家具的手艺人，各中队均有木匠。根据苏寺中队账目，木匠劳动一天，最高收入为1.20元；其中交大队0.8元，剩下0.4元作为补贴，另外再记一个10分的工。②当然，木匠的日劳动收入非千篇一律，日补助也存在0.4元、0.2元、0.1元的差别，原因是木匠的手艺有高低之分，活的难易度也不尽相同。社员计算时更为细致，天长天短因素也会加以考量。

以1960年4月至12月的统计为例，苏寺中队的木匠多达15人，前后分别获257、566个劳动日。若按每天每人收入1元、补贴0.2元计算，该中队1960年内木匠最低卖工收入为（566+257）×（1-0.2）=658.4元。③五个中队的木匠人数与做活路数大体相当，该大队木匠卖工年收入应为3500元左右。

囿于资料不全，无法对大队各项副业的收入量做出清晰分割。1960年1月至2月份的数据显示，副业收入中运费为1776.14元、石棉矿6315.99元、铁匠楼143.48元、缝纫10.34元、代销62.28元、卖工514.84元，卖席穴子163个计款551.80元。④卖席穴子，事实上同属于生产性劳务收入，即卖工。

据此可推断，在四万多元的收入总量里，除去石棉矿收入⑤、运输收入、卖工收入占较大比重，名副其实的"副业收入"体量较小。这说明，在高度计划经济体制下，位于山区的瓦房沟大队，副业生产经营不发达。1961年该队计划在副业收入方面提升3.2个百分点，即增加6643元，⑥实际收入却有所下降。虽然国家倡导社队大搞副业，但是该队缺乏有利条件而难以兑现。

关于其他收入，台账呈现的是存款利息和杂项。1959年、1960年该大

---

① 《铁匠炉报酬记载》（1959年8月1日），中队会计流水记录本2，第1页。
② 《苏寺队两个组木匠给社员做活表》（1960年6月30日）。
③ 《苏寺生产队木匠补助领发表》（1960年8月7日）、《苏寺生产队木匠补助领发表》（1960年12月25日）。
④ 《瓦房沟生产大队1—2月份公布账目收支情况》（1960年3月11日）。
⑤ 石棉矿收入应是副业收入中的大宗，从苏寺中队1959年3—7月的出工看，社员出工10人次，所挣工分为5057分，即505.7个工。见《苏寺队社员石棉矿挣工分花名表》（1959年8月15日）。
⑥ 《1961年瓦房沟队财务收支计划》（1961年1月25日）。

队的其他收入为13769元与2016元,从1960年3月份所公布的收支账目表看,存款利息为370.65元,杂项237.04元,共计607.69元。① 1961年此项收入拟为2552元。②

综观人民公社初期瓦房沟大队收入来源及各项收入的具体构成,农作物尤其是粮食收入占绝对比重,林业、畜牧业与副业的收入均有限。这种状况,反映出集体化时期农村生产经营的主要特征——强计划与弱自主;另一方面,却成为国家高效抽取农业剩余③、保障计划经济体制顺畅运行的重要依托。

三 各种费用:"紧而驳杂"的支出(一)

财政运行的基本过程是收入和支出,收支的对称性构成财政运行的一个重要特征。也就是说,收支平衡是财政运行本身内在的客观要求。④ 在农村人民公社中,生产大队的支出同样取决于收入,年度收入多少便支出多少。从理论上讲,劳动产品和收入归全体社员所有,分配时却要兼顾国家、集体和个人三方面。

关于财政支出,可从不同角度进行分类,从动态再生产的角度,可分为投资性支出和消费性支出;从产生效益的时间,又分经常性支出与资本性支出。⑤ 为方便起见,在梳理个案队的财政支出时,笔者仍按其原初的归类统计,即"费用"和"分配"两部分(见表4)。

为增强集体生产经营的优越性,降低成本与减少浪费,领导者一再强调对生产队实行"投资包干"⑥的办法,真正做到"支出打紧"。瓦房沟大

---

① 《瓦房沟大队1-2月其他收入账目收支情况表》(1960年3月10日)。
② 《1961年瓦房沟队财务收支计划表》(1961年1月25日)。
③ 农业税按实物——粮食征收,几年间粮食作物与农业副产品产量均不低于农业总产量的10%,折合钱款1958年至1960年的农业税分别为:1958年7342.36元,占总收入5.35%〔见《龙关县东风人民公社各大生产队1958年分配决算计算表》(1958年11月30日)〕;1959年6952元,占总收入4.38%〔见《东万口公社1959年度分配决算汇总表》(1959年12月20日)〕;1960年6972元,占3.8%〔见《东万口公社1960年度收入支出统计汇总表》(1961年1月10日)〕
④ 《财政学》,第15页。
⑤ 《财政学》,第46、48页。
⑥ 《全国基本实现了农村人民公社化》(1958年9月30日),黄道霞等主编《建国以来农业合作化史料汇编》,第504页。

表 4　1958—1960 年瓦房沟大队财务支出统计

单位：元，%

年份	费用部分					分配部分						总收入
	农林牧副业生产	劳务	管理	其他	合计	占总收入比重	国家税款	公积金	公益金	社会主义建设基金	社员消费	合计	占总收入比重	
1958	28660	0	754.88	—	29414.9	21.3	7342	2844	2844	2844	86288	102162	74.1	137798
1959	—	0	—	—	36644	23.1	7844	11101	3171	0	99828	121944	76.9	158588
1960	45435	0	737	1383	47555	25.7	6972	0	1110	0	129406	137488	74.3	185043

注：1958 年国家税收 7342 元，占总收入的 5.3%；1959 年国家税款分别为农业税 6952 元，副业税 454 元，畜牧税 438 元，共计 7844 元，占总收入的 4.9%；1960 年国家税收 6972 元，占总收入的 3.8%。费用部分存在 431 元误差。① 1959 年的公积金、公益金中上交公社 5550 元，队内留用 5551 元（该公社其他 6 个大队每一个罗布铺大队上交公社 40%，自己留用 60%，其他均为各 50%）；3171 元公益金中上交公社 317 元，队内留用 2854 元，上交 10%。资料来源：《龙关县东风人民公社各大生产队 1958 年分配决算计算表》（1958 年 11 月 30 日），《东万口公社永久卷：75 - 12；《东万口公社 1959 年度分配决算汇总表》（1959 年 12 月 20 日），东万口公社永久卷：75 - 14；《东万口公社 1959 年度分配决算汇总表》（1959 年 12 月 20 日），东万口公社永久卷：75 - 14。

① 按照 1961 年瓦房沟队财务收支计划，费用部分中农林牧副业生产费 29276 元，劳务费 0 元，管理费 763 元，其他 700 元，合计 30739 元，占可支配收入 16.6%；分配部分中国家税款 6972 元，公积金 0 元，公益金 2765 元，社员消费 14519 元，合计 154948 元，占可支配收入 83.4%。见《1961 年瓦房沟队财务收支计划表》（1961 年 1 月 25 日）。

队几年间农林牧副业生产经营状况没有较大变化，费用支出项相应地未有变动，一如表5所示，变的仅是各项费用比例的高低。

(一) 农林牧副业生产费

生产费即生产成本，是简单再生产的基本保证。随着人民公社的建立，瓦房沟队实行了"三包一奖"，也称"三定一奖"[定产、定劳力、定投资（费用）、超产奖励]制度，有的地区为"四定、五定"[1]。从财务包干资料看，该队农林牧副业生产费（当地称"开支"）的年度归类统计较为清晰（见表5），具体操作颇为纷繁。

表5 1958—1960年瓦房沟队农林牧副业生产费情况

单位：元

年份	农业生产费	林业生产费	畜牧业生产费	副业生产费	各项合计
1958	13463	—	8104.61	7092.9	28660
1959	—				45048
1960	16225	260	15543	13407	45835

资料来源：《龙关县东风人民公社各大生产队1958年分配决算计算表》（1958年11月30日），东万口公社永久卷：75-12；《东万口公社1959年度分配决算汇总表》（1959年12月20日），东万口公社永久卷：75-14；《东万口公社1960年度分配决算汇总表》（1961年1月10日），东万口公社永久卷：75-18。

1. 农业生产开支

该项支出主要体现在三方面，即：农具费、种子费（籽种费）、肥料费。

（1）农具费。就农机具而言，队里承揽费用的为耘锄、双铧犁、铡刀、喷雾器、铁耙、新式犁、铁扒、木犁、犁套、水车、铡草机、柴油机、水泵[2]，薅锄、大锄、镐头等日常小农具的购置维护均由社员自掏腰包。详情可由1959年的包干费及其配置标准看出（见表6）。

---

[1] 《中共中央批转中央农村工作部关于全国农村工作部长会议的报告》（1959年2月6日），黄道霞等主编《建国以来农业合作化史料汇编》，第526页。
[2] 据1960年前两个月的统计，农机农具计325件，总价值4881.14元。见《瓦房沟生产大队1—2月公布账目收支情况表》（1960年3月10日）。

表6 1959年瓦房沟大队车套费等支出

队别	犁套费 总数（副）	每副0.5元，全年所包总费用	车套费 总数（套）	每套共2元，全年所包总费用	膏车油费 车（辆）	每辆每月共0.15元，全年所包总费用	实际包干总合计（按9个月计算）（元） 共计（元）	分三季拨付 二季	三季	四季
五个中队	111	55.5	208	416	210	378	1430.62	451.15	532.29	447.18
大队	0	0	0	0	0	0	445	38	147	260
总计	111	55.5	208	416	210	378	1875.62	489.15	679.09	707.18

资料来源：《1959年瓦房沟大队财务包干（车套费）分配计算表》（1959年4月26日）。

随着农具的增添及管理经验的积累，农具包干费的指向越发明确。各中队在使用这部分钱款时，会根据自身实际情况进行调整。1959年苏寺队全年三个季度的包干费分别为101.8元、126.8元、110.13元，社员在12月份一个月内便购置了车轴、车头、车沟欠（钩纤）、代（带）轴沟欠（钩纤）、铡床等配件，共计142.8元；① 当时，拟维护的农具种类远远超过大队配套时的考量。1960年，苏寺中队盘点登记低值易耗的农具有：头绳、单纱绳、麻绳、皮绳、鞭子、鞭梢、搭腰、箍嘴、犁铧、犁镜、料筲笤、筛子、苇席、席芡子、车排、粪箱等，共计30多种。② 这种状况，说明费用包干的可取与必然。据中队会计回顾："农机具包干费虽有季度定额，置备起来不那么死性，花销对上全年费用总数就行。但不能挪作他用，买什么、在哪儿买，都得有票据、有证明。"③

（2）籽种费。该项开支算起来相对简单。大队根据各中队农作物播种面积与每亩所需种子量和秧苗数，按时价进行加减乘除。种植过程中出于种种原因，与预留会有差别。留籽种并非丁是丁、卯是卯地精算，出入不大即可；一般要多留，以便有"备套"，为的是出问题时不"抓慌（抓狂）"，即"库里有籽、来年不慌"。④ 实际使用量总体少于留量。籽种被储

---

① 《1959年苏寺中队财务包干购买物质（资）登记表》（1959年12月31日）。
② 《苏寺生产队低值易耗品登记清查表》（1960年12月20日）。
③ 2016年8月28日在苏寺村沟门组的访谈资料。
④ 2016年8月29日在苏寺村苏寺片的访谈资料。

存在中队各组的库里①，使用时可组内和组外相互调拨，仅将留用数字上报大队。

1958年粮食收获后的籽种（按6773亩集体耕地计留），总计95880斤；②1959年平均每亩留8.36斤，7147亩耕地，籽种为59750斤（与实际数量相差一斤）。③1960年按7563亩面积留籽，平均每亩8.8斤，共留66554斤种子粮。④

关于籽种的留与用，当时有详细记录。1958年10月3日统计，刚成立后的瓦房沟大队，豆类每亩留籽8斤，莜麦每亩留籽30斤，玉米每亩留籽8斤，红高粱每亩留籽6斤，谷子每亩留籽4斤，山药（薯类）每亩留籽100斤，稻子30斤，小麦30斤，其他8斤。⑤

具体到中队，1958年底苏寺留籽13213.9斤（实际数为13214.5斤），其中谷子1284斤、玉米1601斤、高粱376.8斤、山药7633.9斤、豆子1528斤、黍子372斤、小豆418.8斤。⑥1959年该队粮籽预留为13718.2斤，计划播种耕地1517.1亩，平均每亩8.8斤。⑦翌年春天，实际使用9789.7斤，使用量比预留量少3928.5斤。⑧1960年11月，苏寺队留籽亩数1553.4亩，亩平均8.2斤，共12819斤（原资料如此，实际数应为12738斤）。⑨参考苏寺中队的留籽情况及大队的总留量，可约略算出瓦房沟大队7600多亩耕地留籽量年均不少于74000斤，折合款为4500元左右。⑩

（3）肥料费。该项费用是农业开支中的大宗。农业合作化后，农资技

---

① 中队不设粮库，各组因开办食堂，均有粮库。
② 《龙关县东风人民公社58年粮食产量消费情况表》（1958年11月30日），东万口公社永久卷：75-12。
③ 《东万口公社1959年度粮食处理情况汇总表》（1959年12月20日），东万口公社永久卷：75-14。
④ 《东万口公社1960年度人、畜、籽种留粮统计表》（1961年1月10日），东万口公社永久卷：75-18。
⑤ 《东万口东风人民公社五九年各队播种面积和籽种统计表》（1958年9月20日），东万口公社永久卷：75-12。
⑥ 《苏寺生产队粮食情况统计表》（1959年7月10日）。
⑦ 《1959年苏寺中队粮食产留分明细账》（1959年10月22日至11月6日）。
⑧ 《苏寺生产队春季播种使用籽种汇总表》（1960年4月29日）。
⑨ 《苏寺生产队1960年粮食产销情况表》（1960年11月21日）。
⑩ 经济作物和油料作物的籽种占比太小，可忽略不计。比如，苏寺中队1960年领辣椒籽17.3斤，共计17.3元；茄籽1.7斤，每斤0.76元，共计1.3元。见《苏寺生产队各组领籽款登记》（1960年6月26日）；社员卖给社里茄子苗18400株，每100株0.30元，共计55.20元。见《苏寺生产队社员卖给社里茄子苗统计表》（1960年8月1日）。

术部门提倡使用化肥,农民有顾虑,担心使用化肥会坏田,故用者寥寥;再者,购买化肥毕竟要多花钱。公社化初期,该大队耕地施用的均为农家肥。为保障耕地有肥可施,凡是劳动力每年必须投入"任务肥",也称"劳力代(带)肥"①。劳力带肥指标分三个等级,即:男整劳力、男半劳力与女劳力。② 按计划,80%的耕地使用肥料,公社化初期该队平均播种面积按7400亩计,施肥地应为5920亩左右(资料中1961年为6072亩)。③

为此,大队每年制定并预发肥料包干费。④ 包干费不足以支付社员的总投入,⑤ 对于超出部分,通常在年终分配时依等级和数量折合钱款支付。就苏寺中队看,1958年社员投资肥料3532.12元,实摊任务肥844.5元,扣除任务费后应获得补发款2756.13元(准确数据为2687.62元)。⑥ 1959年截至8月21日,社员所投鸡粪、拾粪、炕土、圈粪、坑肥共计1667.96元,减去劳力带肥款,总计873.79元。⑦

---

① 与初级社时期劳力带肥不同,当时劳力所投入的肥料要记工分,并以工分分粮;考虑到土地报酬的高低,劳力带肥不能过高,否则土地分红部分的报酬就降低。集体化以后,劳力带肥必须投入,每年有相对固定的计算标准,这部分不给报酬。
② 劳力带肥每年不尽相同。从苏寺中队看,1959年男整劳力每人5元,男半劳力每人3元,女劳力每人1元。
③ 《1961年瓦房沟队成本包干计算表二》(1961年1月25日)。
④ 1961年瓦房沟大队肥料包干费计划为4857.60元,每亩包款0.8元;其中,苏寺中队肥料支出包干费为1028元。见《1961年瓦房沟队成本包干计算表二》(1961年1月25日)。
⑤ 当时,除劳力带肥外,根据施肥地亩,按照肥料来源定任务,以此督促社员尽可能积肥。1959年8月,苏寺中队积肥任务分配依据是:1804亩地(包括休闲地、自留地在内),每亩平均30牛车;当年集体和农户牛圈积肥4750车、羊圈积肥2300车、猪圈积肥3950车、厕所250车、土化肥600车、绿肥870车、其他13130车,合计25890车。除此之外,还缺28230车。分配任务是牛圈4800车、羊圈1500车、猪圈5300车、厕所2400车、绿肥3500车、烧草木灰肥500车。该队进一步细化为:(1)牛圈:大群牛的圈每月200车,小群每月100车;(2)羊圈:每月每群50车;(3)猪圈:每圈5天1车,每月6车;(4)厕所:每户10天1车,每月3车;(5)绿肥:根据劳力又根据资源;(6)其他是找齐数。见《苏寺生产队积肥任务分配表》(1959年8月5日)。
⑥ 《苏寺队58年决算与59年重新决算对照表》(1959年6月16日)。
⑦ 高级社时期,苏寺作为胜利社二队,支付社员积肥款已形成一套制度,除鸡粪纯按斤计算外,其他肥料均按车分等计算,每年有微调。人民公社化以后,一般情况下,鸡粪每斤为0.005元;四个等级的肥料:一等每车0.35元,二等每车0.3元,三等每车0.2元,四等每车0.1元。见《苏寺队58年决算与59年重新决算对照表》(1959年6月16日)。需要指出的是,固氮菌肥当时实在有限,胜利社时期,苏寺仅酿制10.5车,每车0.15元,合计1.57元。见《胜利社二队社员投资肥料总计表二季》(1958年8月)。固氮菌肥属于有些技术含量的人工肥,当地并不习惯,所以各中队均不怎么酿造。表格中的鸡粪为每斤0.005元,其他各项以车为单位按平均数进行计算。

苏寺中队上报集体耕地1538亩，施肥地1230亩，数年间社员投资肥料费年均2000元左右①；照此估算，五个中队施肥地年均肥料费在10000元左右。加上农机具和籽种费年均6000—7000元，农业生产开支恰接近于13000—16000元左右。

2. 林业生产开支

砍伐人员的补助、购置伐木工具及其他必要装备是当时的林业开支项。1960年1—2月支出为224.07元。② 这部分费用较小，1960年花费为260元，1961年的计划费用与上年相同。③

3. 畜牧业生产开支

畜牧业生产费涉及牲畜用盐、饲料、青干草、医药花费及杂支（饲养员的灯油费与补助）。1958—1960年，瓦房沟大队牛、骡、马、驴、羊等牲畜有增有减（部分数据见表7），相应的费用有所变化。

表7 1958—1960年瓦房沟大队牲畜统计表

年份	大牲畜（匹、头）						家畜（头、只）				家禽（只）	
	马	骡子	牛		驴		猪		羊		鸡鸭	兔
			公养	私养	公养	私养	公养	私养	公养	私养	私养	私养
1958												
1959	10	4	520	117		388	229	1102	1798	185	3743	335
1960	8	3	632		365		201	532	2857			

资料来源：《东万口公社1959年度基本数字汇总表》（1959年12月20日），东万口公社永久卷：75-14；《赤城县东万口公社生产队1960年底基础数字统计表》（1961年1月10日），东万口公社永久卷：75-18。

（1）牲畜用盐与饲养员灯油费。在现存台账中，牛羊倌灯油与牲畜用盐的年包干费较为清晰。这两部分的计算方式是：灯油费＝灯的盏数×每月每盏可用款数×月份，牲畜用盐费＝牲畜数×每月每种牲畜用盐量×每斤盐的价钱×月份。牛的用盐分为两个等级：一个是劳力牛（干活），每月

---

① 《苏寺中队社员投资肥料情况和按劳力代（带）肥情况表》（1959年8月21日）、《1960年度瓦房沟大队苏寺生产队和社员经济往来分户核对汇总表》（1961年1月25日）、《苏寺中队1960年肥料情况表》（1960年9月5日）。
② 《瓦房沟生产大队1—2月份公布收支账目表》（1960年3月10日）。当地伐木基本集中于冬季1—2月份，此时树木干枯，便于操作。
③ 《1961年瓦房沟队财务收支计划》（1961年1月25日）。

可用盐0.4斤，不劳动的每月仅用0.1斤。其他牲畜不分等级。待中队各组领取该项目物资时，也会做微调（见表8）。

表8 1960年苏寺队下发各组牲口用盐表

1960年发出日期	领取单位	需用盐									合计用盐（斤）
		牛			驴			羊			
2月18日		头数	标准	小计（斤）	头数	标准	小计（斤）	只数	标准	小计（斤）	
2月18日	苏寺	38	0.38	14.5	14	0.38	5.3	135	0.2	27	46.8
2月18日	水沟	14	0.38	5.3	3	0.38	1.1				6.4
2月18日	窑沟	12	0.38	4.6	7	0.38	2.7	109	0.2	22	29.3
2月18日	干沟	16	0.38	6	12	0.38	4.6	82	0.2	16.4	27
2月18日	沟门	42	0.38	16	12	0.38	4.6	140	0.2	28	48.6
2月18日	古方	29	0.38	11	17	0.38	6.5	120	0.2	24	41.5

资料来源：《1960年苏寺队下发各组牲口用盐表》（1960年2月18日）。

1959年瓦房沟大队畜牧用盐与灯油9个月包干费539.85元（注：实际应为537.7元）[1]，1960年全年包干费为540.6元。[2] 从队别看，1960年牲畜用盐和饲养员灯油包干费分别为：瓦房沟中队78元，苏寺中队134元，黑达营中队113元，韩家栅中队101元，东瓦窑中队99元。1961年1月该项包干费有所调整，瓦房沟中队是87元，苏寺中队151元，黑达营中队120元，韩家栅中队157元，东瓦窑中队141元。除瓦房沟中队较少外，其他四个中队包干费的份额相差不大。[3]

（2）饲养员补助。饲养员分为牛倌、马倌、羊倌等。在个案队，享有补助的全是羊倌。"羊倌不仅专职，整年风里来雨里去，关键是放羊为技术活。放得好，羊只滋生多，一年四季会接二连三地产下青草羔、冬糕、双糕。"[4]

---

[1] 《1959年瓦房沟大队财务包干（畜牧用盐、灯油）登记表》（1959年4月26日）。
[2] 《1959年瓦房沟大队畜牧包干费计算表》（1959年4月1日）、《1960年瓦房沟大队畜牧包干费计算表》（1960年1月26日）、《1961年瓦房沟队成本包干计算表二》（1961年1月25日）。
[3] 《1960年瓦房沟大队畜牧包干统计表》（1960年1月20日）、《1961年瓦房沟大队畜牧包干统计表》（1961年1月25日）。
[4] 2016年8月27日在苏寺村的访谈资料。

就苏寺中队看，饲养员的补贴又分为补助与奖励两部分。如1959年苏寺饲养员半年内8人受奖励，共20元；① 全年奖励11位放羊人，分为8元、5元、3元、2元四个等级，奖励款共计40元；8月至10月三个月补助9人，共40.5元；② 此外，羊倌③获得过节（端午节）补助，10人中每人0.5元，共5元。④

（3）牲畜医药费。该费用是牛、驴、猪等牲畜生病时的花费，相关数据存留得较少。1959年苏寺中队牲畜治病费40.66元，⑤ 详细情况见表9。

表9　1959年苏寺中队牲畜医药花费明细

单位：元

时间	用途	费用
1959年2月1日	买白酒四两灌牲口	0.27
	买麻黄素1盒	0.60
	治马牛药费	1.60
	古方组、苏寺组治猪买药	2.65
	苏寺组灌牛用款	2.25
	苏寺组治驴用款	0.65
	古方组、苏寺组治牲口用药	12.1
1959年6月4日	沟门治牛用酒费	0.46
	苏寺治驴费用	1.82
	沟门治牛费用	3.0
1959年12月20日	治牛用药	15.26
合计		40.66

资料来源：《1959年苏寺中队牲畜医药花费流水账》（1959年2月至12月）。

1960年1—2月，瓦房沟大队两个月畜牧医药费为23.06元。⑥ 参照苏寺中队的年度费用，各中队牲畜医药费年均应该在数百元左右。

---

① 《苏寺队饲养员奖励花名表》（1959年6月1日）。
② 《苏寺队羊倌领补助表》（1959年9月15日）、《苏寺队羊倌领补助表》（1959年10月10日）。羊倌10人分三个等级领补助，分别为3元、2元与1元。
③ 羊倌为笼统称谓。计算补助款时分得很细。羊倌包括主放羊人和陪伴者，即羊倌和羊伴；一般情况下，羊倌每月补助为2元，羊伴补助1元。
④ 《苏寺队领发羊倌过节补助花名表》（1959年6月20日）。
⑤ 《1959年苏寺中队与瓦房沟大队现金收支往来明细》（1959年2月至12月20日）。
⑥ 《瓦房沟大队1—2月公布收支账目表》（1960年3月10日）。

(4) 饲料费。在养殖牲畜过程中,饲料费为畜牧业开支的最大项。个案队的饲料多为高粱、豆子、玉米,使用时段集中于冬春。饲料的留存,依每年实有牲畜状况,大队计算后向各中队下达数量。计算时,大牲畜牛马驴通常按照劳役和非劳役标准进行定量。猪料和羊料,根据老弱、公母与大小平均搭配。在公社统计中,1958 年末劳役的牛和驴,每头留料 150 斤,不劳役的则留 60 斤;肉猪每头留 60 斤饲料;家禽每只 2 斤。① 1960 年牲畜饲料平均标准为:骡马每匹留 500 斤,牛驴每头留 150 斤,猪每头留 50 斤,羊每只留 3 斤。②

与有关规定不同的是,各中队留粮时标准稍有变化。如 1959 年苏寺中队留牛与驴的饲料,并没有作劳役和非劳役的区分,均为 128 斤(见表 10);鸡鸭等家禽留量按 1 斤标准。饲料留量在队与队之间有高低之分,即便同一中队,也存在年度差别。苏寺中队 1958 年至 1960 年饲料粮分别占总产量的 19.8%、15.3%、13.9%。③

表 10　1959 年 3 月苏寺队牲畜饲料标准表

项目			人民公社				社员（私人喂养）				合计		
			单位	数量	留量标准	小计（斤）	单位	数量	留量标准	小计（斤）	单位	数量	留量标准	合计（斤）
饲料	马	劳役	头	2	500	1000	头	0	500	0	头	2	500	1000
		种马	头	1	1000	1000	头	0	1000	0	头	1	1000	1000
	牛	劳役	头	46	128	5888	头	0	128	0	头	46	128	5888
		不劳役	头	70	128	8960	头	35	128	4480	头	105	128	13440
	驴	劳役	头	23	128	2944	头	7	128	896	头	30	128	3840
		不劳役	头	8	128	1024	头	22	128	2816	头	30	128	3840
	羊	公母羊	只	434	3	1302	只	95	3	285	只	529	3	1587
		美利奴	只	0	100	0	只	0	100	0	只	0	100	0

---

① 《东万口乡东风人民公社五八年至五九年九月底人畜消费统计表》(1958 年 10 月 15 日),东万口公社永久卷:75-12。
② 《东万口公社 1960 年人、畜、籽种留粮统计表》(1961 年 1 月 10 日),东万口公社永久卷:75-18。
③ 《苏寺队粮食收调情况表》(1959 年 3 月 10 日)、《苏寺队粮食产需购供情况表》(1959 年 10 月 27 日)、《苏寺生产队 1960 年粮食产销情况表》(1960 年 11 月 21 日)。

人民公社初期一个生产大队的"财政史"

续表

项目		人民公社			社员（私人喂养）				合计			
		单位	数量	留量标准	小计（斤）	单位	数量	留量标准	小计（斤）	单位	数量	留量标准	合计（斤）
饲料	猪 公猪	口	0	150	0	口	1	150	150	口	1	150	150
	肉猪	口	89	120	10680	口	163	120	19560	口	252	120	30240
	母猪	口	22	150	3300	口	6	150	900	口	28	150	4200
	家禽 鸡	只	0	1	0	只	521	1	521	只	521	1	521
	鸭	只	0	1	0	只	1	1	1	只	1	1	1
	兔	只				只				只			
总计													65707

资料来源：《苏寺队人畜消费计算标准表》（1959年3月10日）。

影响饲料多少的主要因素是粮食产量与牲畜的数量。1958年因粮食丰收，瓦房沟大队饲料留存216207斤；[1] 1959年粮食歉收，饲料减少3万多斤，即183479斤；[2] 由于饥荒，1960年饲料留量大大减少，共计41756斤。[3] 三年饲料粮相加，数量为441442斤。若按每斤0.06元计算，折合钱款26486.5元。可见，在大队畜牧业开支中饲料费每年占将近一半。

（5）饲草[4]费。饲养牛马驴羊等牲畜，青干草与饲料同等重要，草费因之成为畜牧业开支中的又一大宗。人民公社化以后，随着粮食吃紧与饲料的逐渐减少，上级号召各生产队多打草，每年规定劳力社员要完成大量饲草任务。除劳力带草部分（即打草的任务分）不给报酬，超出部分以工分

---

[1] 《龙关县东风人民公社58年粮食产量消费情况表》（1958年11月30日），东万口公社永久卷：75-12。
[2] 《东万口公社1959年度粮食处理情况汇总表》（1959年12月20日），东万口公社永久卷：75-14。
[3] 《东万口公社1960年人、畜、籽种留粮统计表》（1961年1月10日），东万口公社永久卷：75-18。
[4] 当地饲草为牲畜可食用的各种青草、羊叶、玉米秸、黍秸。社员出售的玉米秸与黍秸源于自留地所产，量比较小。羊叶和各种青草在社员出售的饲草中占绝大比例。所出售的饲草，全部变干后上交。就青草而言，碗粗的小捆，10个小捆为一团，晾干后社员背到队里过秤；羊叶是喂羊的灌木叶，绿叶茂密时在山上被砍倒，初冬时节，社员将晾干的羊叶打捆背到山脚下，负责过秤的人直接到"坡跟"（当地语）评定等级与称量，然后队里直接派车拉回。

形式参与年底分红。① 收购社员自留地的饲草,直接付现金,且高于相应的工分所得。

依据苏寺队中队关于饲草的台账,当时应当承担任务草的劳动力,核定标准是男女17岁至59岁,60岁以上的劳动力仅限于男性社员(见表11)。完成任务草的男女社员,各自又分为两个等级,即整劳力与半劳力。完成劳力带草任务,男整劳力每人需要扣除200分,男半劳力每人扣150分;女整劳力与半劳力相同,每人扣除60分;60岁以上男社员每人扣100分。1960年底统计资料表明,干沟组、窑子沟组、水沟组、苏寺组、沟门组、古方组劳力带草分的总和,分别为3500分、3130分、2040分、11240分、9740分、7120分,共计36770分。②

表11 1960年瓦房沟大队苏寺生产队劳力带草情况统计表

单位:人

组别	应承担劳力 17—59岁 男 整	半	女 整	半	岁以上男整劳力	特殊原因减免劳力 17—59岁 男 整	半	女 整	半	岁以上男整劳力	实际应摊(承担)劳力 17—59岁 男 整	半	女 整	半	岁以上男整劳力	应摊劳力总计	备考
干沟	16	1	10	4	1	2	1				14		10		1		
窑子沟	13	1	9	3	1	1		1			12	1	8		1		
水沟	10	1	4	3		1	1				9		4				
苏寺	48	3	30	15	4	4	1	1			44	2	29		4		木匠一人,加在60岁以上整劳力

① 任务草是根据中队内各组所拥有的牲畜数量,具体每头需要饲草数量,按劳动力计算分摊。其中,羊叶按男整劳动力摊派,青草和干草部分女劳力有任务。以羊叶任务为例,1959年苏寺队有579只羊,每只平均需要300斤,共需要羊叶173700斤;该年135名男劳力,除去43位有其他出勤,剩下92人每人任务1890斤。见《苏寺生产队羊叶任务分配表》(1959年8月5日)。关于青草和干草,1959年苏寺中队集体作物谷子、玉米预计产草198800斤,当年有大牲畜228头,每头需要3000斤草;上调任务草60000斤后,实际亏草545200斤,此项任务由男劳力92人、女劳力30人承担,不分男女每人任务平均为青草5600斤,干草1000斤。见《苏寺生产队打草任务分配表》(1959年8月5日)。
② 《瓦房沟大队苏寺生产队各组劳力带草汇总表》(1960年12月22日)。

续表

组别	应承担劳力 17—59岁 男 整	应承担劳力 17—59岁 男 半	应承担劳力 17—59岁 女 整	应承担劳力 17—59岁 女 半	岁以上男整劳力	特殊原因减免劳力 17—59岁 男 整	特殊原因减免劳力 17—59岁 男 半	特殊原因减免劳力 17—59岁 女 整	特殊原因减免劳力 17—59岁 女 半	岁以上男整劳力	实际应摊（承担）劳力 17—59岁 男 整	实际应摊（承担）劳力 17—59岁 男 半	实际应摊（承担）劳力 17—59岁 女 整	实际应摊（承担）劳力 17—59岁 女 半	应摊劳力总计	备考
沟门	40	2	20	7	6	0.5		1		2	39.5	2	19		4	牛倌一人，加在60岁以上整劳力
古方（房）	29	3	17	7	6	3		1			26	2	17		6	木匠一人，加在60岁以上整劳力
合计	167	18	18.5	2	238.5	16		254.5								

资料来源：《瓦房沟大队苏寺生产队劳力带草情况统计表》（1960年12月27日）。

1960年头次收购社员各类草23025斤[①]，二次收购30297斤[②]。计价时，玉米秸、干草分别按一个标准计算，青草通常要划分三个等级。细言之，干草每斤0.03元，玉米秸每斤0.01元；第一等青草每斤0.02元，第二等每斤0.015元，第三等每斤0.01元。[③] 据此，年度内一个中队的饲草费要支付1000多元。相关费用可说明，在大队的畜牧业开支中，饲料费若占一半，另一半中的五分之三四会被饲草费囊括。

4. 副业生产开支

与副业收入项相对应，该队副业开支涉及运输（大车队、拉脚）、石棉矿、砖瓦厂、铁匠炉、下磨油坊、缝纫组、代销点、卖工领域。例如，1960年前两个月的支出分别为：运费2965.96元，石棉矿90.83元，瓦窑23.4元，代销点38.34元，下磨油坊242.53元，车油52.61元，铁匠楼（炉）286.06元，补助600.55元，缝纫8.45元，总计4308.73元；[④] 围绕每项的开支已难以一一还原细目，具体用途尚有迹可循。

（1）运输（拉脚）费。搞运输，首先应具备运输工具。据1960年3月

---

① 《苏寺生产队头次买社员玉米青草干草底账》（1960年3月5日）。
② 《苏寺生产队二次买社员玉米青草干草底账》（1960年4月10日至5月29日）。
③ 《苏寺队收买社员饲草表》（1960年4月10日）。
④ 《瓦房沟生产大队1—2月公布收支账目表》（1960年3月10日）。

统计资料，瓦房沟大队有花轱辘皮车3辆、铁车4辆、木车208辆。[①] 1961年1月统计，胶轮车3辆，铁轮车10辆，木轮车210辆。[②] 运输费用的一部分源于车辆维护与必要装备，如雨布、搭腰、口袋、赶车人的雨衣、皮袄[③]等；另一部分来自行程中车马店花销（盘费）及拉脚人的补助，详见苏寺中队部分资料（见表12）。

表12 1959年8月苏寺中队部分运输支出情况

单位：元

时间	运输项目	支出明细	
1959年2月	李树林前期拉脚114天	盘费	121.03
		补助	17.1
		装卸费	4.59
	穆永生拉脚14天	补助	1.4
1959年4月	送下磨油料	差费	6.33
1959年6月	拉煤3000斤	拉煤店费	3.3
		拉煤盘费	0.3
		拉煤补助	2.25
1959年8月	东万口至赵川送玉米	补助	16
	往东万口粮库送砖	搬运费	10.62
		拉脚人打尖费	0.1
		车辖子9块儿	3
		买鞭梢9根	4.5

资料来源：《1959年苏寺中队与瓦房沟大队来往明细账》（1959年2—8月）。

（2）石棉矿费。这部分开支主要包括开矿打眼的火药费、打桩采石的工具费、工人补助以及少量管理费等。

（3）砖瓦厂费。开砖瓦厂需要模具、烧窑燃料与泥瓦匠人。相关费用主要由工具费、柴禾费与人工补助构成，也包括灯油在内的少量办公费。

（4）铁匠炉费。打铁需要高温，由于当地不产煤，燃煤费是铁匠炉的

[①] 《瓦房沟生产大队1—2月公布收支账目表》（1960年3月10日）。
[②] 《农村人民公社主要农业生产工具和机械设备拥有量统计年报表》（1961年1月1日），东万口公社永久卷：76-18。
[③] 当地比较冷，冬天出车必须穿上厚厚的翻毛皮袄。如羊倌所穿，当时每件在40—70元之间。白羊皮袄一件70元，黑羊皮袄一件40元。见《苏寺生产队社员买皮衣羊皮花名表》（1961年2月15日）。

重要开支；铁匠及其徒弟的补助、生铁材料及塑形磨具等也在开销之中。

（5）油坊费。这方面主要是水磨等机器购买及维修费、机油费、人工补助费。

（6）代销点费。供销社经营的物品包含易存放与不易存放两种，故商品损耗成为代销点开支的主要项；此外，还包含代销员补助、场地租赁费与办公费。

（7）副业补助。卖工补助占副业开支的重头，除上述石棉矿工人、砖瓦匠、油坊手艺人与铁匠补助外，席匠与木匠的补助也是一笔不小开支。表13为1960年苏寺中队的木匠补助情况。

表13 1960年苏寺中队木匠获补助一览

单位：人，元

月份	木匠人数	补助款（每挣10分获0.2元或0.1元补助）	合计
1—3	15	64.92	
4—6	13	51.4	682.32
7—12	15	566	

资料来源：《苏寺队木匠补助领发花名表》（1960年4月10日）、《苏寺队木匠补助领发花名表》（1960年8月7日）、《苏寺队木匠补助领发花名表》（1960年12月31日）。

如果取平均数计算，一万多元的副业开支中各种用工补助超过半数。前述两个月的收支数据已说明：除运费开支外，补助为第二大项；而在运费开支中，补助款也占一定比例。

（二）管理费

根据行政和财务管理方面的需要，生产队从收入中扣留一小部分为生产服务，这部分资金便是管理费。管理费属于非生产性开支，如布置大队会议室、办公室，买办公账簿、笔墨、纸张等。

1960年瓦房沟大队办公费包干计划拟定，各中队28元，大队800元，共计940元；[①] 以9个月平均计算，计划每月办工费分别为瓦房沟中队2.7元，韩家栅3元，东瓦窑3.26元，苏寺3.12元，黑达营3元，加上大队每月所用与额外部分，共计580.72元（见表14）。

[①] 《东万口公社瓦房沟队财务包干计划计算表》（1960年1月20日）。

表14 瓦房沟大队财务包干（办公费）分配表

计划每月平均办公包干款（9个月计算）

队别	纸 张数	纸 款数(元)	墨水 瓶数	墨水 款数(元)	笔类 个数	笔类 款数(元)	灯油 个数	灯油 合款(元)	杂项 个数	杂项 合款(元)	报费 季别	报费 款数(元)	账款 1959年	账款(元)	一个月共用款(元)	全年用款(元)
瓦房沟	8	0.32	1	0.25	2	0.1	3	1.5		0.53					2.7	24.3
韩家栅	8	0.32	1	0.25	2	0.1	3	1.5		0.83					3	27
东瓦窑	9	0.36	1	0.25	3	0.15	3	1.5		1					3.26	29.34
苏寺	8	0.32	1	0.25	3	0.15	3	1.5		0.9					3.12	28.08
黑达营	9	0.36	1	0.25	3	0.15	3	1.5		0.74					3	27
大队	70	2.8	2	0.5	10	0.5	12	6		5.2	2	210		100	15	135 额外310
总计	112	4.48	7	1.75	23	1.15	27	13.5		9.2					30.08	580.72

资料来源：《瓦房沟大队财务包干（办公费）分配表》（1960年4月26日）。

人民公社初期一个生产大队的"财政史"

人民公社初期，瓦房沟大队非农业干部的补助由两部分构成：一部分为劳动日，一部分是现金（见表15）。已知1960年的管理费737元，实际剩余156.28元。相关数据表明，瓦房沟大队的管理费主要用于布置办公室及开支笔墨纸张，干部的补助不在其列。

表15　1959—1960年瓦房沟大队干部获补助统计表

年份	获补助户数	获补助人数	全年补助劳动日（个）	补助劳动日折合款（元）	补助现金（元）	两类补助共计（元）
1959	21	22	1470	720	678	1398
1960		14	2078	800	877	1677

注：1959年干部补助每个劳动日折款0.49元，1960年每个劳动日折款0.385元。
资料来源：《东万口公社1959年度烈军属、五保户、困难户、干部补助汇总表》（1959年12月20日），东万口公社永久卷：75-14；《赤城县东万口公社生产队1960年底基础数字统计表七——干部及五保户补助》（1961年1月10日），东万口公社永久卷：75-18。

四　多方分配："紧而驳杂"的支出（二）

在生产大队总收入中，扣除生产费与管理费，剩余部分为纯收入，[①] 用来分配的便是这一部分财力。根据相关数据，个案队的纯收入介于13万至16万元之间，支出项分别为国家税款、公积金、公益金及社员消费（见表16）。

表16　1958—1960年瓦房沟队财务决算分配情况

单位：元，%

年份	支出项目		小计	占可分配收入比重	可分配收入	年总收入
1958	国家税款	农业税	7342	7.2	102162	137798
		工商业税	0	0		
	公积金		2844	2.8		

[①] 人民公社初期，关于收入分配，各地存在一定差异。如湖北省规定：作为核算单位的生产队，总收入当中上交农业税7%，上缴公社10%左右，扣留本单位的积累8%（包括公积金和公益金），扣留生产费和管理费20%，供消费部分约为55%。见《中共湖北省委关于人民公社管理体制问题和粮食问题的几项规定》（1959年3月8日），黄道霞等主编《建国以来农业合作化史料汇编》，第536页。在个案队，几年间，社员消费均超过70%。

续表

年份	支出项目		小计	占可分配收入比重	可分配收入	年总收入
1958	公益金		2844	2.8	102162	137798
	社会主义建设金		2844	2.8		
	社员分配	工资	86288	84.5		
		供给				
1959	国家税款	农业税	6952	5.7	21944	158588
		工商业税	892	0.7		
	公积金		11101	9.1		
	公益金		3171	2.6		
	社员分配	工资	89846	73.7		
		供给	9982	8.2		
1960	国家税款	农业税	6490	4.7	137488	185043
		工商业税	482	0.35		
	公积金		0	0		
	公益金		1110	0.8		
	社员分配	工资	116466	84.7		
		供给	12940	9.4		

注：1959年公积金上交公社50%，即5550元；公益金上交公社10%，为317元。

资料来源：《东万口公社1959年度分配决算汇总表》（1959年12月20日），东万口公社永久卷：75-14；《赤城县东万口公社生产队1960年底基础数字统计表——各项扣留及社员消费情况》（1961年1月10日），东万口公社永久卷：75-18。

1. 国家税款

农村缴纳的国家税收，主要是农业税与工商税。公社化以后，个案队由于林牧副业收入偏低，工商业税较少。如1959年副业税438元，占总收入0.28%；畜牧业税454元，占总收入0.29%。[①]

关于农业税，自1958年全国人大颁布《农业税征收管理条例》以来，该项一直实行增产不增税。[②] 按照个案队所在的县级有关规定，农村各地以

---

① 《东万口公社1959年度分配决算汇总表》（1959年12月20日），东万口公社永久卷：75-14。
② 陈锡文主编《中国农村公共财政制度理论·政策·实证研究》，中国发展出版社，2005，第46页。

生产队为单位交纳税收，在征收品种上采取"以米分配、实物交纳、以款结算"的办法，并由粮食部门折款后上交县财政。由于各地生产条件不同，农业税率定在3%—8%。

根据表16，折成现金后的农业税，1958年至1960年，瓦房沟大队的负担分别为7.2%、5.7%及4.7%，比较符合税收政策，使人感觉不到农业税负之重。若从实物征收角度计算，农业税负担事实上并不轻，被课税的范围涉及集体耕地及其固定产量、农林特产、社员的自留地，且计征率均为10%（见表17）。

2. 公积金与公益金

公积金是农村人民公社和其他集体所有制单位用于扩大再生产的积累基金，用于购置各种农业机械、运输工具、大牲畜、兴修水利、农田基本建设等。人民公社初期，各地在向生产大队提取公积金时，差异较大；有的提取多，以致影响到社员分配。《农村人民公社工作条例（草案）》明确提出：为巩固大队所有制和发展大队经济，在今后几年内，公社一般地应少提或不提生产大队的公积金。① 个案队对公积金的提取，体现遵章法的一面。1958年提取分配收入的2.8%，1959提取9.1%，1960年未提取。

自高级社开始，征收公益金是用来发展农村文教卫生与公共福利事业。1958年与1960年瓦房沟大队的公益金分别为2844元、3171元、1110元，占可分配收入的2.8%、2.6%与0.8%。

关于生产大队的公积金与公益金，《农村人民公社工作条例（草案）》的条文规定：两者合起来，一般控制在大队可分配收入的5%左右。② 从表16来看，1960年个案队公益金和公积金两项相加，远低于政策规定。该年社员生活比较困难，公积金因之免收。1959年两项合起来占可分配收入的11.7%，内情不得而知。

据了解，当时公积金和公益金的使用比较严格。就公益金而言，经过上级核查批准，主要用于五保户、困难户照顾上。一般性优抚救济由国家下

---

① 《农村人民公社工作条例（草案）》（1961年3月），黄道霞等主编《建国以来农业合作化史料汇编》，第633页。
② 《农村人民公社工作条例（草案）》（1961年3月），黄道霞等主编《建国以来农业合作化史料汇编》，第634页。

表 17　1958—1961 年瓦房沟队农业税征收情况

年份	耕地及常产（包括特产产量）			共产		依率计征税额					其中社员自留地				种幼畜照顾减免			省自筹		全部征税税额
	耕地亩数	耕地每亩产量（斤）	合计（斤）	耕地产量（斤）	特产产量（斤）	税率（%）	税额（元）				耕地亩数	常年产量（斤）	依率计征税额（元）	头数	减免税额（元）	税额（斤）	税率（%）	总计（元）
							耕地部分	特产部分	合计										
1958	7967.64	107	855944	852765	3179	10	85277	318	85595		415.4	44448	4445	314	4710	5973	7	91303
1959	7330.5	107	787086	784364*	2722	10	78437	272	78709		415.4	44448	4445	63	945			82209
1960	7755.7	110	855849	853127	2722	10	85313	272	85585		415.4	44448	4445	94	1410			88620
1961	7709.8	107	824949	822227	2722	10	82495	272	82767		557	66270	6627					89394

* 档案资料中为 784587，存在 223 斤误差。

注：表格中 1959 年至 1961 年缺失省自筹、牲畜照顾减免等相关数据。1961 年农业税为调整前的数据，调整后的数据缺失。

资料来源：《1958—1961 年生产大队及生产队税收扣留统计》（1962 年 1 月 10 日），案卷号：浃营子公社长期卷 1。

发的专项款开支，不在公益金之内（见表18、19）。①

表18　1959—1960年瓦房沟大队烈军属、五保户、困难户补助一览

年份	项目	户数及人数	补助细目	每个劳动日0.53元、0.49元、0.54元	款项小计
1959	烈军属优待	6户（24人）	国家全年补助		192元
			劳动日（自作+优待）	自作665个	570元
				优待410个	
	五保户照顾	3户（3人）	社会照顾		0
			劳动日（自作+补助）	自作0个	0
				补助0个	
			公益金照顾		140元
	困难户照顾	4户（6人）	社会救济		40元
			劳动日（自作+补助）	自作76个	159元
				补助250个	
			公益金照顾		—
1960	烈军属优待	5户（24人）	国家全年补助（优待）		230元
			劳动日（自作+优待）	自作1261个	899元
				优待400个	
	五保户照顾	2户（4人）	国家救济		40元
			公益金照顾		50元

资料来源：《东万口公社1959年度烈军属、五保户、困难户、干部补助汇总表》（1959年12月20日），东万口公社永久卷：75-14；《东万口公社1960年困难户照顾、烈军属优待表》（1961年1月10日），东万口公社永久卷：75-18。

表19　东万口瓦房沟队1960年烈军属困难户补助劳动日

中队别	姓名	属别	全队人口	劳力 整 男	劳力 整 女	劳力 半 男	劳力 半 女	合计	大队每人平均（日）	劳动日 自作	劳动日 补助	劳动日 合计	每人平均
韩家栅	沈西江	烈	4	1				1	43	120	50	170	42

---

① 2016年底在苏寺村对原中队会计的访谈资料。1960年苏寺中队的救济款达579元。见《苏寺生产队救济款领发情况表》（1960年12月31日）。需要说明的是，1960年瓦房沟大队所管辖的五个中队均比较困难，若将五个中队救济款及大队对烈军属困难户的劳动日补助相加，无疑会超过1110元的公益金提取。这也表明，个案队的日常优抚救济非公益金支付。

99

续表

中队别	姓名	属别	全队人口	劳力 整 男	劳力 整 女	劳力 半 男	劳力 半 女	合计	大队每人平均（日）	劳动日 自作	劳动日 补助	劳动日 合计	每人平均
东瓦窑	苏张氏	烈	1						43		43	43	43
苏寺	罗正合	军	6			1	1	2	43	164	100	264	44
苏寺	马万祥	困	1			1		1	43	20	15	35	35
苏寺	张富祥	困	2			1		1	43	50	20	70	35
苏寺	张天富	困	2			1		1	43	55	20	75	37.5
瓦房沟	王德义	军	2						43	43	40	83	42
瓦房沟	李永娥	烈	1						43		43	43	43
瓦房沟	王树均	烈	1						43		20	20	20
黑队	于合	困	3				1	1	43	50	60	110	36
黑队	冀连成	困	5				1	1	43	100	70	170	34
合计	12户		28	1		4	3	8	43	602	481	1083	38

资料来源：《东万口瓦房沟队60年烈军困难户补劳日》（1960年1月19日）。

3. 社员消费

社员消费也即社员收入所得。所分配的钱款不含从公益金等项目下补助给五保户、困难户的现金和实物折价，也不包括从生产费用中付给社员的售肥款以及基本建设用工的报酬。在瓦房沟大队，社员收入分配，既有遵政策的一面，也有灵活应变的一面。

（1）工资与供给相结合的分配方式

公社化初期，按照《七里营人民公社章程草案》中的分配原则，"在保证满足公社全体人员生活基本需要的基础上，实行按劳分配的定级工资制"；同时也打出"按需分配"的旗帜。[①] 生产大队分配基本采取了工资制与供给制相结合的方式。关于1959年的分配规划，国家提议"争取做到供给部分和工资部分各一半"；还要求："吃饭不要钱"的伙食供给制或粮食

---

① 《七里营人民公社章程草案》（1958年8月），黄道霞等主编《建国以来农业合作化史料汇编》，第485页。

供给制，必须实行。粮食供给应有一个定量，定量多少，由各省、市、区自定。①1960年中央文件又做出规定：工资部分与供给部分的比例，应仍按中央原规定执行，供给部分一般不少于30%，也不要多于40%。②

几年来，瓦房沟大队在分配中并未严格遵照上级要求，由于可分配收入体量较小，相关决算数据显示，工资部分占社员消费的80%左右，供给约占20%。关于工资，中央曾规定：可分为六级至八级，最高工资可以等于最低工资的四倍，或者倍数更多一点，但不要过于悬殊。③从苏寺看，个案队的工资分七个等级④，之间差距不大，仅维系数月（见表20）。

表20 瓦房沟营苏寺连1959年度1月份工资发放情况

工资		七级 5.00		六级 4.00		五级 3.50		四级 3.00		三级 2.50		二级 1.50		一级 1.00		合计	
		人数	款数	人数	款数	人数	款数	人数	款数	人数	款数	人数	款数	人数	款数	人数	款数
苏寺	男	5	25	18	72	22	77	8	24	8	20	4	6	8	8	73	232
	女							15	45	23	57.5	11	16.5	7	7	56	126
	计	5	25	18	72	22	77	23	69	31	77.5	15	22.5	15	15	129	358
沟门	男	5	25	18	72	11	38.5	6	18	13	32.5	2	3	3	3	58	192
	女							13	39	19	47.5	8	12	9	9	49	107.5
	计	5	25	18	72	11	38.5	19	57	32	80	10	15	12	12	107	299.5
古方	男	3	15	8	32	9	31.5	4	12	5	12.5	2	3	3	3	34	109
	女					1	3.5	13	39	6	15	5	7.5	3	3	28	68
	计	3	15	8	32	10	35	17	51	11	27.5	7	10.5	6	6	62	177
合计	男	13	65	44	176	42	147	18	54	26	65	8	12	14	14	165	533

---

① 《中共中央批转中央农村工作部关于全国农村工作部长会议的报告》（1959年2月6日），黄道霞等主编《建国以来农业合作化史料汇编》，第527页。
② 《中共中央关于农村人民公社分配工作的指示》（1960年5月15日），黄道霞等主编《建国以来农业合作化史料汇编》，第603页。
③ 《关于人民公社若干问题的决议》（1958年12月10日），黄道霞等主编《建国以来农业合作化史料汇编》，第519页。
④ 访谈获悉，七级属于技术性劳动，评给木匠、铁匠等人；五六级均为能拿得起放得下的壮劳力；因此，这三个等级中没有女性劳力。

续表

工资		七级 5.00		六级 4.00		五级 3.50		四级 3.00		三级 2.50		二级 1.50		一级 1.00		合计	
		人数	款数	人数	款数	人数	款数	人数	款数	人数	款数	人数	款数	人数	款数	人数	款数
合计	女					1	3.5	41	123	48	120	24	36	19	19	133	301.5
	计	13	65	44	176	43	150.5	59	177	74	185	32	48	33	33	298	834.5

资料来源：《瓦房沟营苏寺连59年度1月份发放工资汇总表》（1959年1月24日）。

月工资制与农村生产生活不相适应，从1959年2月起，名义上按级发放月工资，实际上已按劳动工分分配，相当于月度预分红而已。[①] 1959年4月以后，评定等级不见踪影，所谓"工资"部分完全根据社员做工所得。

可见，个案队80%的"工资"部分，一如高级社时期，实行以工分制为基础的按劳分配。工分的计算，依据包工包产制度。1961年之前，包工仅限于农业（含农业杂工，见表21、表22）；1961年初，又推行到畜牧、副业领域。其中，农业包工76501.5个、畜牧包工54522个、副业包工94000个等，劳力平均201个。[②]

表21 1959年度瓦房沟大队全年总用工合计

单位：个，%

项目	各项用工	占总用工的比例	年总用工
农业用工	73324	38.2%	
林业用工	0	0	
畜牧业用工	24186	12.6%	
副业用工	22276	11.6%	
基本建设用工	8395	4.3%	
社务用工	3621	1.8%	191741
干部补助	1470	0.7%	
烈军属优待	410	0.2%	
五保户照顾	0	0	
其他用工	54884	28.6%	
义务工	3175	1.66%（资料为2.6%）	

资料来源：《东万口公社1959年度各项用工汇总表》（1959年12月20日），东万口公社永久卷：75-14。

[①] 《苏寺队发放二三月份工资情况汇总表》（1959年5月1日）。
[②] 《1961年瓦房沟队各项包工计算表》（1961年1月25日）。

人民公社初期一个生产大队的"财政史"

表22　1960年苏寺队全年农业包工与非包工情况

		农业包工的各项杂工分							合计工分
农业包工分		食堂	社务		其他				
苏寺队	轧地、刨地、磨坊、耙地、种地、锄地	烧肥、追肥、打台薯埂等	炊事员、管理员	米面加工	收粮	打柴	喂猪	加工猪料	制粉、脱皮、菜园	其他	社务检查	送信	过草	打地、挑渠、其他	铡草、垫圈、积肥、打柴、倒粪	喂牛、喂驴、喂羊	栽树、修路、挑渠	打囤整地	调根调草分	起圈搭棚	破料	打荒草、拉草叶	骟驴、剪羊毛、欧调小牛木头	编肥相(箱)筐	修学校	拣山药、看场地、修院	
小计	184055		96944								14283				98998												394280

		非农业包工分						总计工分
非包工分	水利	付业		技术		放牧		加工	开会			其他	
苏寺队	黑达营、官路等地	养鱼池	砍伐、拉脚、赶大车	石棉厂、瓦窑	割条、药材	铁匠、木匠、砭瓦匠、外木工	编匠、席匠、绳匠	放牛	放羊	油坊	大队	县社	参观、评牲口、买马	盖房、评树、造车、选柴	修道	其他	
合计	16325		45920			21213		65153		12969	3102			53489			219171

资料来源：根据《苏寺队60年1月份农业包工与非包工清理表(2月1日至2月29日)》《1960年3月份农业包工与非包工清理表(3月1日至3月31日)》……《苏寺队60年12月份农业包工与非包工清理表(12月1日至12月20日)》《1960年12月28日至1960年4月9日)》……《苏寺队60年12月份农业包工与非包工清理表(12月1日至12月20日)》《1960年12月28日至1960年1月31日)》(1960年2月25日)《苏寺队60年2月份农业包工与非包工清理表(59年12月16日至60年1月31日)》等12个表格整理。

103

就20%的供给来看，该队主要用在口粮上，而非伙食供给①；供给时按人头分年龄计算（见表23），再按相应比例分发。由于不能全部包下口粮供应，实行的是半供给制。②

表23　1959年苏寺生产队以人定量情况

年龄别		每人每日定量（两）	每月定量（斤）	全年定量（斤）
1—2岁		0.33	10	120
3—4岁		0.5	15	180
5—7岁		0.6	18	16
8—10岁		0.7	21	252
11—14岁		0.8	24	288
15—17岁		1.0	30	360
18—59岁	男	1.5	45	540
	女	1.05	31.5	378
60岁以上	男	1.05	32	383.7
	女	0.8	24	288

资料来源：《1959年苏寺生产队以人定量统计表》（1959年11月21日）。

因粮食短缺，个案队对享受供给与不享受供给的社员进行严格区分。不享受供给的主要是军官、吃公粮的教职员家属以及被管的五类分子（见表24）。

表24　1960年苏寺生产队不享受供给人员情况

不享受供给人员							总定量（斤）
军官家属		教职员家属		五类分子			
人数	定量（斤）	人数	定量（斤）	人数		定量（斤）	
彭正玉家	1（3—4岁）	180	薛凤彤家	1（5—7岁）	216	高祥涛	1（18—59岁）男	540	5836
	1（11—14岁）	288		1（8—10岁）	252	李兴章	1（18—59岁）男	540	
	1（18—59岁）	378		1（11—14岁）	288	吴德印	1（18—59岁）男	540	

---

① 粮食供给制与伙食供给制的区别在于后者包含油盐菜蔬等（条件较好的地方试行）。
② 即：一部分口粮实行供给制，另一部分口粮的代价在工资中扣除。见《关于人民公社的十八个问题》，黄道霞等主编《建国以来农业合作化史料汇编》，第559页。

人民公社初期一个生产大队的"财政史"

续表

不享受供给人员						总定量（斤）
军官家属		教职员家属		五类分子		
人数	定量（斤）	人数	定量（斤）	人数	定量（斤）	
木凤义家 1（5—7岁）	216	薛凤彤家 1（15—17岁）	360			
1（8—10岁）	252	1（18—59岁）	378			
1（60岁以上）女	288	1（60岁以上男）	360			5836
		王志彬家 1（3—4岁）	180			
		1（5—7岁）	216			
		1（11—14岁）	288			
		1（18—59岁）女	378			
节约79		节约143		节约80		

注：由于粮食短缺，当时尽可能让社员少吃粮食即所谓"节约"，不享受供给的这些人，要么是非劳动力、要么是五类分子，故属于最该"节约"粮食的人。

资料来源：《苏寺生产队不享受供给情况表》（1960年1月3日）。

（2）琐碎庞杂的"再次"分配

上述关于社员消费的分配方式及途径，并非囊括了全部"环节"，事实上还差"最后一公里"。大队核算所依据的，是各生产队的整体情况，社员个体年收入的厘定，尚需中队内再次分配。

中队再分配时，总体套用了大队的"路数"，即通过总工分先算生产队的年收入，再减去生产队的各项支出，得出当年的余和亏。通过进一步核算，用社员家庭收入部分减去其支出部分，便是每户的年度分红情况。

以1960年为例，苏寺队参加分配的是167户，囿于一一呈现的细碎，笔者做了归纳。其中，倒欠的17户，欠款411.81元。若对盈余户分段统计，50元以下的53户，50元（含）至100元的66户，100元（含）以上的29户，200元（含）以上的2户。最高收入户得270.19元，最低收入户仅获0.20元。[1]

与大队核算明显不同的是，该中队再分配时，供给部分为24%，超过大队大约4个百分点（详情见表25）。[2]

---

[1] 根据《1960年度瓦房沟大队苏寺生产队和社员经济往来分户核对表（1-8）》（1961年1月25日）整理。

[2] 《1960年度瓦房沟大队苏寺生产队和社员经济往来分户核对汇总表》（1961年1月25日）。

表25　1960年度瓦房沟大队苏寺生产队和社员经济往来分户核对汇总表

单位：个，元

苏寺队社员收入部分

	全年实挣工分	变劳动日	扣除劳动日 义务工	扣除劳动日 劳力带草	扣除劳动日 放猪	扣除劳动日 食堂	扣除劳动日 减工	扣除劳动日 合计	参加劳动日	分大队分红0.5元（在大队做工）劳日	分大队分红0.5元 合款	分小队分红(苏)0.3785元(沟)0.3757元 劳日	分小队分红 合款	工资款数合计	供给(24%) 粮食款	供给 供给款	归还投资 肥料款	归还投资 归还投资	第一次分红 现金	第一次分红 账户搜米	第一次分红 缸钱	第一次分红 牧场	第一次分红 合计	交回预支款 救济	交回预支款 二次分红	交回预支款 秋季分红	交回预支款 合计	收入部分合计
苏寺小队	329040	32904	332	1991		480	267	2323	30581	1009	504.5	29572	11193	11697.5	6638.6	1599.25		11144.98	66.18	38.56	88.12		104.74	19	27	180	226	14778.81
沟门小队	284658	28466	260	1686	53	480	267	2746	25723	588	294	25135	9443.73	9738.91	5020.85	1209.71	923.47	2068.45	21.62	71.08			92.7	25		25	50	12014.79
全中队合计	613698	61369.8	592	3677	53			5069	56304	1597	798.5	54707	20637	21436	11659.45	2809			87.8	109.64	157.86		197.44	44	27	205	276	26793.6

苏寺队社员支出部分

	预支分红 第一次分红 粮食供应	预支分红 第一次分红 铁匠炉	预支分红 第一次分红 木匠	预支分红 第一次分红 木头	预支分红 第一次分红 现金	预支分红 第一次分红 合计	预支分红 二次分红 牧厂借款	预支分红 二次分红 借支	预支分红 二次分红 合计	两次预支分红合计	第一次分红 原来预支	第一次分红 现金	第一次分红 账户搜米	第一次分红 合计	决算分红 粮食款数	决算分红 社员肥料	决算分红 用木头款	决算分红 第二次分红	决算分红 第一次分红	决算分红 账户搜米	决算分红 缸钱	决算分红 牧场	决算分红 现金	决算分红 总计	支出部分合计	盈亏 余	盈亏 欠
1959年粮款	266.00	179.95	36.80	21.20	102.90	609.85	3.00			27.08	636.93	180.00	40.28	829.41	6719.71	89.94	59.00	767.52	66.18	38.56	88.12		10.00	8796.66	9433.59		5571.95	226.73
沟门	10.00		42.30		189.70	257.46	15.46			0.08	257.46	25.00	69.36	889.72	5115.99	39.00	20.00	670.30	21.62	71.08	69.74	0.36		6899.47	7156.93		5042.94	185.08
全中队合计	276.00	179.95	79.10	21.20	292.60	867.31	18.46			27.08	894.39	205.00	109.64	1719.13	11835.70	128.94	79.00	1437.82	87.8	109.64	157.86	0.36	10.00	15696.13	16590.52		10614.89	411.81

资料来源：《1960年度瓦房沟大队苏寺生产队和社员经济往来分户核对汇总表》（1961年1月25日）。

人民公社初期一个生产大队的"财政史"

关于苏寺队的收入分配，核算后钱款怎样提取、做了哪些修改，中队会计的私人记录有所补充：

> 经过决算余10614.89元，缺411.81元，顶后（相抵后）大队应给10203.08元。大队支付超草户钱70.10元，共应给10273.18元。扣小社（原高级社）150元，给现金2000元，对信用部8123.18元。①

综上所述，与收入相比，生产大队财政支出涉及各方分成，故更具挑战性。在公社化之初的背景下，基于有限的经济体量，这一过程既需与政策对接，也要有一定的自主平衡。配比时哪怕是细微的改变，结果也会大为不同。

结束语　纷乱抑或有序——一个学术史的反思

1958年8月，随着《中共中央关于在农村建立人民公社的决议》的颁布，99%的农户在不到半年的时间里便走上政社合一的"人民公社化道路"。② 生产关系的急速变革，衍生出"五风"等一系列问题。除却社队规模差异大，称谓上也比较混乱。这种情况一直持续到《农业六十条》中关于"三级所有、队为基础"政策的实施，此时段也被学者称作"大公社时期"。③

对公社化之初的问题，学术界有过诸多讨论，④ 兹不一一列举。盘点已有研究，大体反映出这样的态势：注重"自上而下"与"自下而上"的结合，注重实证研究。若就研究方法和理念进行一些反思，由于时过境迁，研究者难免不受后人为主观念的干扰，导致观察思考的概括化与有选择性；特别是公社初期高度政治动员的时代背景，亦使研究者不由自主地着意于行政化运作，审视的眼光徘徊于农村生产生活的"非常态"与基层干部的

---

① 《苏寺中队会计的私人记录》（1961年1月27日）。
② 《关于人民公社若干问题的决议》（1958年12月10日），黄道霞等主编《建国以来农业合作化史料汇编》，第515页。
③ 辛逸：《论大公社所有制的变迁与特征》，《史学月刊》2002年第3期。
④ 罗平汉：《大锅饭：农村公共食堂始末》，四川人民出版社，2015；罗平汉：《农村人民公社史》，人民出版社，2016；凌志军：《历史不再徘徊——人民公社在中国的兴起和失败》，人民出版社，1997；等等。

"乱作为"之间，某种程度上忽视了硬币的另一面，即"失序"下的"秩序"。

个案研究表明，公社化初期乡村生产生活及其治理中存在两套机制：一是党和国家政令主导下显性的运行脉络，另一套是底层"理性"主导下乡村隐性的行动逻辑。翔实的收支以及管理实践表明，二者怎样交织，相互间合力抑或张力的大小，事实上在于基层干部如何作为，换言之，社队干部是关键变量。

需要指出的是，人民公社初期大队的支部书记中，不少人是吃皇粮的国家干部。因地缘血缘、人情世故与个性等方面的原因，他们的行事很复杂，处理政务时往往"看人下菜碟"①，进一步增加了底层治理的变数。1959年大队从苏寺中队"调粮"之事，来龙去脉值得关注。

10月份，各中队清理牲口饲料，几乎都有结余，大队拟将苏寺的调出。中队书记和队长二人胆小，不敢反驳。会计认为，苏寺社员正在挨饿，不能乖乖听令。他立即通知三个组的分会计向本组卖粮。大家都很积极，一天之内便将结余的7798.6斤玉米（账目资料见图1）处理干净，收入由中队会计送交大队。粮未调入，钱款交到，不算违规。这件事激起大队书记的不满。翌年"整五风"，其借机将整肃重点引向苏寺中队。定案时因证据充分没有栽赃，过程中却波及多人，被逼问者压力大，险些酿成人命。

可见，生产大队的"财政史"，已不是简线条的"合"与"分"的收支过程，其间交汇着上与下、左与右、内与外、权与利、公与私、善与恶等种种关系，呈现了乡村治理的"复杂生态"。借此我们应反思的是，研究集体化时期基层问题，能否尽可能以平视而非俯视的眼光来打量，并检讨研究中的得与失？如某位学者所言，在目前有关当代中国乡村社会的研究成果中，大多偏重于"自上而下"的国家视角和"自下而上"的农民视角的考察，真正从基层政权角度考察当代中国乡村社会变迁的研究成果还不多见。造成这种状况的原因除了"史观"的局限外，还有"史料"的严重匮乏。②

人民公社初期生产大队财政收支及其管理状况，为我们重新审视那段激情燃烧的岁月提供了"入场"的另一条途径。林林总总鲜活复杂的历史的呈现，无论给人感觉纷乱还是有序，研究目的不应该停留在"农业集体

---

① 当地语，即根据中队干部的脾气秉性和能力进行区别对待。
② 邓群刚：《乡村基层干部日记的搜集、整理与利用述评》，《中共党史研究》2015年第3期。

图1 1959年10月苏寺队卖给社员饲料交款汇总

化是利大于弊,还是弊大于利"这种过分属于价值层面的问题上打转,要尽可能摆脱倒放电影思维的困扰,努力走进乡村历史的纵深处去寻觅探究。只有"走进生活",才能达到"走出生活"的研究状态。① 特别是,在目前的学术研究考评机制中,整理材料往往被等同为缺乏"思想与理论"而处于边缘化的时候,认真细致地挖掘并留存历史资料,总比那些缺乏扎实立论基础、几近价值判断的"高谈阔论"要可取。

---

① 张乐天:《"走进生活"与"走出生活"——关于地域史研究的一种反思》,《中共党史研究》2017年第10期。

中共革命与一个乡村家族形象的历史变迁[*]

——鲁莒大店庄氏家族形象建构之研究

侯松涛[**]

摘 要 在由革命叙事一家独大演变为多种叙事主体介入的多维性叙事的过程中，庄氏家族经历了由"地主恶霸庄阎王"到"地方仕宦大家族"的形象转变，这种转变隐含着不同历史时期、不同叙事主体、不同建构目的所形成的多维性叙事逻辑，也隐含着革命叙事的建构、解构与重构之间的纠杂难解。在对庄氏家族形象"各取所需"式的建构中，庄氏家族的形象实际上一直经历着各种方式的剪裁与切割，在庄氏家族貌似归位实则错位、貌似清晰实则模糊的形象变迁史中，一个乡村家族的本质形象可能已经被这种"各取所需"吞噬，中共革命与家族历史内在关系的真实面相可能已经被遮蔽，这也提示着更多值得继续深入挖掘的历史关节点。

关键词 中共革命 庄氏家族 形象变迁

一 中共革命与家族变迁：一个值得关注的学术落点

在中共历史研究视角下，中共革命的进程几乎与中国每个家族都有过或多或少的交集。在此过程中，中共革命何以影响家族变迁，家族变迁又何以介入中共革命，都是非常具有学术意义的话题。在新中国建立之后，

---

[*] 本文是教育部人文社科研究项目"中共建国初期的社会舆论治理研究——以地方性档案史料为基础"（项目号：17YJA770009）阶段性成果；北京高校中国特色社会主义理论研究协同创新中心（中国政法大学）阶段性成果。

[**] 中国政法大学马克思主义学院副教授，法学博士。

传统的修纂家谱族谱被视为封建社会的糟粕而加以否定；到阶级斗争氛围日渐浓重的1960年代，编写家史曾以"向人民群众特别是青年一代进行马克思主义的阶级教育和无产阶级的革命传统教育"的工具的形式盛极一时。[①] 而在改革开放之后，各地陆续兴起大修家谱族谱之风，这在引领以家谱族谱资料为基础而形成的家族史研究新取向的同时，也为以家族史研究为基础深化和拓展中共历史的研究提供了更丰富的史料资源。

在方法论层面，关于近代以来家史的书写，几乎都难以回避"革命与家庭（或家族）"的大时代主题。也正因如此，虽然在非学术领域，家史往往成为文学、艺术作品的基本素材，但其中，书写主体的自我性更多体现为对个人及自己家族历史的褒扬，[②] 而他者的书写带来的往往是对大时代背景下家族历史变迁具体情境和复杂脉络的认知的隔膜。今天，家史的研究日渐进入学术关注视域，[③] 对家史书写的方法论讨论一直伴随着这一过程。[④] 正是于此过程中，家史书写的客观性与科学性把握正在形成，同时，已有研究经验也提示着相关研究继续深化的必要性和可能性。

本研究尝试关注的对象，是一个普通的乡村家族：山东省莒南县大店镇庄氏家族。这个家族的命运变迁与近代以来的大时代背景同样有着密不可分的关系。但根据对已有资料的初步整理，笔者发现：在中共革命的历史背景下，庄氏家族的历史包含着不同历史时期、不同叙事主体、不同建构目的的多维性叙事，这种多维性叙事所建构的庄氏家族形象，先是为人不齿的"地主恶霸庄阎王"，改革开放之后又转而成为当地引以为豪的"地方仕宦大家族"。关于庄氏家族的部分已有相关研究，确实为本研究的展开提供了启发与支撑，[⑤] 但对于中共革命背景下庄氏家族形象的这种跳跃式急转，已有研究关注或是忽略淡化，或是陷入叙事视角完全不同的史料掺杂中难以脱身，从而导致研究观点取向或是成为阶级斗争必要性与合理性的

---

① 社论：《更多更好地编写家史、村史、社史、厂史》，《前线》1963年第24期。
② 如齐邦媛的《巨流河》（三联书店，2010）。
③ 比较有代表性的近年成果如美国学者周锡瑞的《叶：百年动荡中的一个中国家庭》（史金金、朱琳菲译，山西人民出版社，2014），就是对从晚清到民国，再到共和国的时代洪流中一个家庭命运沉浮的关注。
④ 如钱茂伟《公众史学视野下的个人史书写》，《南开学报》（哲学社会科学版）2014年第4期；张廷银：《对家谱中作伪现象的认识》，《津图学刊》2003年第3期。
⑤ 如国欣《地主庄园、革命中心、历史文化名镇——大店的文化变迁》，山东大学，硕士学位论文，2012；宋祥勇：《明末至民初山东科宦家族的发展与转型——以临沂大店庄氏为例》，山东师范大学，硕士学位论文，2008。

支持者，或是成为为庄氏家族鸣冤叫屈的所谓"地主阶级代言人"。由此而起的值得思考的问题是：中共革命背景下一个乡村家族的形象变迁史，透视出怎样的历史镜像，究竟隐含着怎样的历史延续逻辑？这也将导引出一系列具有方法论意义的学术话题。

本研究所关注的庄氏家族，起家于山东省莒南县大店镇。客观而言，庄氏家族确实算是乡村读书致仕故事中的一个传奇：自明代庄谦中进士到清末庄陔兰中进士历时近300年，庄家一直延续着家族兴旺簪缨不绝的世家传说。明清两代莒南境内12名进士，8名出自庄家。庄氏明清时期科举中出进士8人，举人22人，拔贡20人，岁进士20人，附生5人，廪生40人，庠生113人，廪膳生2人，增生30人，国学生16人，太学生125人，监生9人。明清两代为官者多达144人。①

庄氏家族所在的山东省莒南县，位于山东省东南部。在1937年全面抗战爆发后中日的攻守对峙中，中共山东抗日根据地的建设日见成效。1941年析莒县南部置县，故名莒南。1942年6月起，中共山东分局、省敌工会、省参议会、八路军一一五师师部等中共领导机关驻莒南县。自此，莒南县成为中共治下山东省的党政军指挥中心，区划隶属山东抗日根据地中的滨海区。1945年8月13日，山东省政府在莒南县大店镇宣告成立。因此，莒南县有"山东的小延安""齐鲁红都"之誉。抗战期间，作为山东抗日根据地的重要组成部分，中共莒南县委于1939年建立，1941年，莒南县抗日民主政府成立，1942年起形成一片稳定控制区。控制区的中心，就是庄氏家族世代祖居的大店镇。大店，位于今莒南县城正北沭、浔河冲积平原上，古称朱陈店，后渐商贾云集，故改名大店。就是在这个号称鲁东南三大名镇之一的古镇，中共与大店庄氏家族的命运开始有了延续至今的纠结与交集。自此之后的数十年间，在包含不同历史时期、不同叙事主体、不同建构目的的多维性叙事中，形成中共革命背景下一个乡村家族的形象变迁轨迹。

二 "地主恶霸庄阎王"：革命叙事框架中的庄氏家族和形象建构

据地方文史资料所记，驻扎大店之初，中共与这个地方旺族曾经有过友

---

① 山东省莒南县地方史志编纂委员会编《莒南县志》，齐鲁书社，1998，第599页；莒南县史志办公室编纂，宋兴振主编《古镇大店》，中国出版社，2005，第47页。

好相处的时期。居业堂主庄希堂（余珍），一一五师司令部驻大店时，其家人已迁往外地，将房权卖给滨海区的"大鸡"烟社。四余堂主庄孝光，将房产捐献给了抗日政府，并作为开明士绅当选为莒南县参议员。① 在1942—1943年中共在当地进行的"减租减息"（简称"双减"）运动中，庄家多配合中共政策。庄佐辰（彤襄）将自家土地全部交公，并把四个儿子全部送进中共革命队伍。② 1944年参军高潮中，大店庄氏地主子弟一次参军的就有40多人（大店附近老龙腰村北的抗日烈士纪念塔烈士英名录中，庄氏族人占到14%）。③ 但是这种友好相处很快就在阶级斗争的风雨中支离破碎。

1943年春，莒南县被中共山东分局确定为分局实验县，接受分局和滨海区党委的双重领导。④ 1944年，根据中共山东分局的指示，莒南开始"查减"斗争。美国学者埃里克·霍弗曾经说过："那些精明得知道该怎样发动或推进一个群众运动的人，除了知道该提出何种主义纲领以外，还懂得怎样挑选一个敌人。"⑤在阶级斗争的思维之下，经营着六万多亩土地、五万六千余亩山场的庄氏家族，确实是难得的斗争素材。大店成为"查减"试点，时任莒南县群委书记、各救会会长的袁成隆（为团长）带领工作团进驻大店，配合中共大店区委，进行"查减"试点工作。直到改革开放之后，在对这段斗争的回忆中，袁成隆仍然秉承着革命叙事的思维逻辑：当时的工作团认为，减租减息运动"很不彻底"。"由于大店地主统治根深蒂固，群众没有充分发动起来，双减很不彻底，致使地主在政治上的威风还远远没有打掉，经济剥削仍很严重。"⑥ 庄氏家族被定位为"鲁东南一带最大的一个封建堡垒"，"是名不虚传的官、绅、兵、匪五位一体的典型封建堡垒"。⑦ 据此，当时的莒南县委提出"反对查减工作中的人道观念"，"打开封建堡垒"。⑧

---

① 莒南县史志办公室编纂，宋兴振主编《古镇大店》，第121页。
② 王悦振、王占魁：《古镇春秋》，匈牙利东方文化出版社，1992，第38页。
③ 莒南县史志办公室编纂，宋兴振主编《古镇大店》，第33页。
④ 1943年3月，驻扎在莒南县境内的中共山东分局为指导面上的减租减息、大生产、大参军和整个根据地建设工作，确定莒南县为中共山东分局实验县（也称减租减息即"双减"实验县），由原归滨海地委领导改为受山东分局和滨海地委双重领导。
⑤ 〔美〕埃里克·霍弗：《狂热分子》，梁永安译，广西师范大学出版社，2008，第120页。
⑥ 袁成隆：《向封建堡垒进攻》，中共莒南县委党史资料征集办公室编《莒南县党史资料》第2期，1984，第74页。
⑦ 袁成隆：《向封建堡垒进攻》，中共莒南县委党史资料征集办公室编《莒南县党史资料》第2期，第71页。
⑧ 中共莒南县委：《彻底完成查减，深入发动群众进一步推动大生产的动员布置》（1944年），莒南县档案馆藏，档案号：1-1-4，第1页。

为了发动群众，工作团还编了两首歌曲，一首是《大店地主剥削咱真苦》，一首是《谁养活谁》。①

在庄氏家族的不断繁衍扩展中，出现过一些庄氏族谱中认定为"不遵守祖训"的"骄奢淫逸，腐化堕落"子弟的荒唐作为。大店松柏堂庄屏舟，便是一个喜好养鸟放鹰的浪荡公子。民国四年（1915），庄屏舟用家里新买的毛瑟枪戏弄长工赵广兴，结果试枪走火误将赵广兴打死。②另一桩更为荒唐的事件是"出鹰殡"。大店中和堂庄善昌，喜好玩乐，是大店"第一个买自行车的人"，"好放鹰"。民国十二年（1923）正月十五，其放飞的一只鹰偷食王庄子村民魏学墩的鸡，无意中被魏学墩打死，庄善昌仗势欺人，逼着魏学墩以葬父之礼给鹰出殡，并把鹰埋在魏家门前的柴禾园里。庄果（英甫），因是庶出，成家立业时分到的地少，认为分家不公，故经常与几个兄长"借粮借款"胡搅蛮缠。庄果在庄家地位相对低下，或许是为寻求心理补偿，他不放过一切掌控权力的机会。国民党来了，他当上大店镇镇长兼民团团长；日本人来了，他当上了伪区长，并借此敲诈勒索。不但普通百姓不满，庄家各堂号也都骂他是"吸血鬼"。③

在查减斗争中，二十多年前发生的庄屏舟"试枪打死人"和庄善昌"出鹰殡"事件，成为庄氏家族阶级罪恶的典型体现。庄家有两人被确定为"罪行严重，民愤最大"的斗争重点对象，一个是"霸占群众土地"、"欺压与屠杀群众"、"勾结土匪恶势力"、"进攻抗日部队陷害抗日人员"、"伪装破坏法令"、人称"吸血鬼"的汉奸地主庄英甫；④另一个则是"人称'黑心肠'的恶霸地主庄景楼"。"他们是大店反动地主的代表人物，是大店封建堡垒的柱石。所谓'庄阎王'，主要是指这两人。"⑤1944年5月28日，在中共中央山东分局和中共滨海区委领导下，中共莒南县委组成的"双减"工作团在大店召开万人群众大会，控诉了"庄阎王"的罪行，会后平掉了被视为地主阶级罪恶的鹰坟，虽然制造鹰坟事件的庄善昌已经去世，但在平鹰坟时，庄氏家族中的中和堂族人被要求在"哀乐齐奏"中"烧纸叩头

---

① 山东省莒南县地方史志编纂委员会编《莒南县志》，第662页。
② 王悦振、王占魁：《古镇春秋》，第99页。
③ 王悦振、王占魁：《古镇春秋》，第26页。
④ 中共莒南县委：《大店大地主庄英甫罪恶记录》（约1944年），莒南县档案馆藏，档案号：1-1-4，第50页。
⑤ 袁成隆：《向封建堡垒进攻》，中共莒南县委党史资料征集办公室编《莒南县党史资料》第2期，第80页。

祭冤魂"。① 中共莒南县委对此写出长达6万字的总结，工作团团长袁成隆在滨海二地委召开的分区委书记会议上介绍了大店"查减"斗争的经验。1944年11月中共山东分局宣传部印发了《大店查减斗争总结》的小册子，发到各地。中共山东分局在机关刊物《斗争生活》上全文刊载，并发出通知将莒南县"查减"斗争经验推广到全省。

1944年查减斗争后，庄氏族长庄景楼主要以绘画、篆刻为生，《大众日报》曾刊登文章称其为"自食其力的军属"。② 1945年全县参议员选举中，庄家尚有"开明地主"庄伯才、庄孝光、庄景梁被选为县参议员。③ 但到了1947年，形势风云突变。1947年7月7日中共中央华东局发出《关于山东土改复查的新指示》（即"七七指示"），提出在老解放区进行"反奸清算"，该指示的贯彻使整个山东土改复查中"左"的倾向日趋严重。正是在1947年土改复查的暴风骤雨中，这个已经兴盛绵延400余年，号称"马行百里不吃别姓草；人行百里不宿别家店"的庄氏家族彻底倾覆。大店被斗争的地主达100多人，主要就是庄姓族人，庄果等7人"被人民政府处决"。④ 于此过程中，庄氏族人大量外迁，留居当地的多是家族中的相对贫困者和已经破落的支系。⑤

1949年以后至"文革"初，庄氏家族的庄园旧址成了国家粮库、中学、供销社及公用事业厂址，曾经的乡村大族似乎已经烟消云散。但随着1960年代阶级斗争气息的日渐浓厚，早已被抛入历史垃圾堆中的庄氏家族再次被挖掘出来，成为中共阶级斗争实践的反面典型。庄氏家族所在的大店，以庄氏家族的"阶级罪恶"为焦点，修建了阶级教育展览馆，成为教育群众"不忘阶级苦　牢记血泪仇"的阶级斗争教育基地。⑥ 1964年，为了帮助群众了解"什么是阶级、阶级压迫和剥削，什么是真正的平等，什么是真正的幸福"，"什么是苦，什么是甜"，庄氏家族"作为活生生的阶级教育

---

① 中共临沂地委党史资料征集委员会编《中共滨海区党史大事记（1921年7月到1949年9月）》，山东人民出版社，1988，第163页；中共山东分局宣传部：《大店查减斗争总结》（1943年11月5日），山东省档案馆藏，档案号：G24－1－519，第11页。
② 王悦振、王占魁：《古镇春秋》，第27页。
③ 中共莒南县委党史资料征集委员会编《中共莒南县党史大事记》，山东省出版社总社临沂分社，1989，第127页。
④ 中共莒南县委党史资料征集委员会编《中共莒南县党史大事记》，第127页。
⑤ 孙承立：《大店庄氏海外侨胞概况》，莒南县政协文史委员会编《莒南文史资料》第3辑，1993，第178页。
⑥ 李峰：《那年·那月·那人——李峰纪实摄影集》，中国出版社，2001，第18页。

材料",① 由中共莒南县委办公室编写成《大店"庄阎王"》一书，由山东人民出版社出版。在《大店"庄阎王"》一书中，庄氏家族"骑在鲁中南人民头上作威作福三百多年，犯下了滔天罪行，欠下了累累血债，当地群众对他恨之入骨"。1940年代查减到土改运动时所收集的庄氏家族成员不同时期所犯下的不同"阶级罪恶"，被汇集为一体而建构出一个标准化的"地主恶霸庄阎王"的形象，他"贪赃枉法成富豪勾官通匪害良民""敲骨吸髓地盘重""高利盘剥利滚利""投机倒把发横财""私立公堂逼供讯"，② 与刘文彩、黄世仁、南霸天、周扒皮等恶霸地主形象几无二致。在这种叙事框架中，庄氏家族是"靠当赃官刮地皮起家的"，"庄阎王的发家史，字字行行都是蘸着我们阶级兄弟的血泪写成的！"③

在关于庄氏家族的革命叙事中，其"阶级罪恶"中最典型的便是1923年的鹰坟事件。1943年的《大店查减斗争总结》中，提到魏家因此事气死了一位老人，④ 而在1964年的这本《大店"庄阎王"》的记述中，被逼着以葬父之礼给鹰出殡的魏学墩一家，前后因此死了六口人。那么到底魏家死了几口人，已经成为一笔糊涂账。另一方面，自1944年查减斗争开始，关于这一事件的革命艺术化生产就已经出现。其中最早可以追溯到1944年的京剧《平鹰坟》，据资料所记，1943年之后，山东省烟台市紫埠村成为中共解放区的一部分，1944年，中共政府方面要求春节文艺节目要加上政治内容，区政府要统一检查。正好紫埠村偶然从莒南县得到了一份《平鹰坟》的资料，就据此改编成了京剧《平鹰坟》。⑤ 相对而言，紫埠村京剧《平鹰坟》的剧情，虽然在人物上有所选择和调整，但基本上还是对相关事实的平叙。到1946年，晋冀鲁豫《人民日报》刊发了一篇名为《三千农民愤恨平鹰坟》的文章，作为注重时效性的新闻式通讯，为了配合当时中共相关政策的调整，这篇文章以"时间上的错位"将两年前即1944年发生的平鹰坟事件进行了貌似纪实性的报道，文章开始将庄氏家族不同族人不同时期的"阶级罪恶"叠加从而建构出"地主恶霸庄阎王"的形象，甚至整个庞

---

① 中共莒南县委办公室编《大店"庄阎王"》，山东人民出版社，1964，第2页。
② 中共莒南县委办公室编《大店"庄阎王"》，第1页。
③ 中共莒南县委办公室编《大店"庄阎王"》，第2页。
④ 中共山东分局宣传部：《大店查减斗争总结》(1943年11月5日)，山东省档案馆藏，档案号：G24-1-519，第11页。
⑤ 鲍明铃：《紫埠村演出〈平鹰坟〉》，《烟台晚报》2014年5月19日，第A28版。

大家族共有的土地亦被集中到一个大地主恶霸"庄阎王"身上。① 近似的思路还体现在当时《滨海农村》担任美术编辑的画家任迁乔的连环画《翻身》中。任迁乔抓住"出鹰殡"的典型事例，编绘了《翻身》连环画，塑造了恶贯满盈的"地主恶霸庄阎王"的艺术形象。1949年以后，此作品曾荣获山东文艺奖，并三次再版，在全国广为流传。② 到1977年，由山东临沂地区创作组集体参与创作，上海电影制片厂将庄氏家族的"出鹰殡事件"搬上银幕，出品了电影《平鹰坟》。在电影《平鹰坟》的叙事中，事件发生的时间从1923年改到了1937年，庄善昌放鹰的玩乐行为被改编为"地主恶霸"张万庆和他的儿子"活阎王"张继祖企图吞并石匠吕镇山的二亩六分地，就带着狗腿子故意放鹰挑衅。结果害得吕家"家破人亡"，儿子被地主杀死，妻子上吊自杀。逃走的吕镇山最后参加了共产党，回村发动群众平毁鹰坟，粉碎了张氏父子的复辟阴谋，使家乡人民获得了解放。1978年12月，电影《平鹰坟》在大店镇举行了颇具规模的首映式。③ 电影剧本的创作者主要是被称为"建国后沂蒙地区文学创作代表人物"的王火，据王火之女王凌所编《王火年谱简编》所记：1974年2月，王火出席山东省文艺创作座谈会，接受了集体创作土改戏的任务，于是到山东的曲阜、沂水、沂南、莒县、莒南、苍山、郯城、临沭、日照等地深入生活，正是在此过程中择取出了莒南县的这一典型素材，1974年秋天，以王火为主集体创作出了土改戏《换新天》，排练之后曾在内部公演，到1975年，王火继续深入生活和修改此土改戏剧本，并于1975年底开始将《换新天》进行电影剧本的修改创作，到1976年，王火在上海电影制片厂完成电影《平鹰坟》剧本的修改，此剧本在电影开拍之后选入《山东建国三十年电影文学剧本选》。④ 众所周知，于整个大中国而言，1976—1978年是政治大风向正在发生微妙变化的历史时段，而电影《平鹰坟》很大程度上仍然是"文革"时期阶级斗争思维之下的产品。电影《平鹰坟》的具体生产背景与过程，确实还需要进一步深入的学术考察。因为，就是在此之后，一方面，《平鹰坟》一直被视为革命电影中的经典之一，其中的主题曲《沂蒙山小调》一直流传至

---

① 新华社山东通讯：《三千农民愤恨平鹰坟》，《人民日报》1946年6月11日。
② 吴越：《革命叙事与乡村生态——山东"黄世仁"的精神变迁史》，《齐鲁周刊》2015年第47期。
③ 山东省莒南县地方史志编纂委员会编《莒南县志》，第44页。
④ 参见《郭沫若学刊》2014年第1期。

今；另一方面，改革开放之后的庄氏家族形象塑造发生了几乎与革命叙事完全相反的折转。

三 "地方仕宦大家族"：当代叙事中的 "世家传说" 与 "革命反问"

改革开放之后，随着阶级斗争思维的退潮，关于庄氏家族历史的叙事开始由革命叙事一家独大演变为多种叙事主体介入的多维性叙事。

在改革开放之后中国乡村修编族谱的风气兴起过程中，《庄氏族谱》于1993年开始得以再次修订。而在此过程中，旅居台湾的庄氏族人庄仲儒1988年回到家乡的着力推动起了很大作用。1991年庄仲儒再次回到大店，将由庄宿庭收藏的手抄全套清末庄氏族谱带到台北印刷，为修谱做准备。庄家此次筹集的继修族谱的费用共6万余元，有2/3为庄仲儒和庄氏另一位旅居台湾的族人庄惠鼎所出。① 关于庄氏家族历史的另一叙事主体是具有官方性质的地方文史资料。改革开放之后，尤其是莒南县当地的地方文史资料发表了大量关于莒南县大店镇庄氏家族的文章，这些文章或偏于考证，或偏于记事，与《庄氏族谱》一同重新建构起一个"读书兴家"的地方仕宦大家族形象。

其一，庄氏族人以"读书为本"，曾大力兴办文社堂。

在过去的革命叙事中，大店镇庄氏家族被定位为"最大的封建堡垒"，他们"祖祖辈辈都当官"，起家靠的是"当官为宦"。② 改革开放之后的叙事则改变了这种说法。据《庄氏族谱》和其他地方文史资料所记，庄氏祖上"明初迁莒，世业农"。③ "初时衣食不继"，"苦心农耕，勤俭度日"，"始至温饱，即督子弟志学"。第五代庄谦于明朝后期1619年中进士，授监察御史，巡按陕西，"自此，吾家书香始振"。④ 庄氏走上"读书兴家"之路。⑤ 至清代中期，庄氏第十世庄詠和第十一世庄谣连中进士，成为庄家读书兴家的又一高峰。清嘉庆四年（1799）成进士的庄詠，"一生博览群书，

---

① 参见国欣《地主庄园、革命中心、历史文化名镇——大店的文化变迁》。
② 中共山东分局宣传部：《大店查减斗争总结》（1943年11月5日），山东省档案馆藏，档案号：G24-1-519，第11页。
③ 鲁莒大店《庄氏族谱》，1993年重印，第10页。
④ 鲁莒大店《庄氏族谱》，第10页。
⑤ 王悦振、王占魁：《古镇春秋》，第28页。

尤喜理学","虽有大不得意于心之事,一展卷而诸事皆忘,故生平著作甚多"。① 庄谣与林则徐为嘉庆二十二年(1817)同榜进士,"书法造诣颇深。对中医也有一定研究"。② 到清后期,"庄氏有学问者一时仕进无望,仍在家设馆授徒,课子攻读。家贫好学者,近支资助;富裕之家,教育子弟不恋钱财,专心读书"。③ 正是于此过程中,庄家秉承儒家学说,以庄谣的"余斋忠言"十二则(戒食鸦片,戒贿买科名,戒结交官府,戒争讼,戒赌博,戒好古董,戒造华屋,戒务名不实,戒游手无业,戒损人利己)为要,④ 形成了"勤俭持家,刻苦攻读,诗书继世"的家族传统。⑤ 道光年间,庄在芳立"文昌社",嘉庆年间,双榴堂(庄恩植)结"思诚社"。"定期讲学解疑,切磋学问",且备试卷习练应试。⑥ 并为促子弟读书而兴建起多处学府,其中最具代表性的,便是因园。因园由庄氏族人建于乾隆六年(1741),位于大店东北、浔河南岸之林后村,初称林后大学,后据环境特点,取"因树成屋"之义而改称因园。系庄氏主要学府之一,占地六亩有余,设有书房、师生宿舍、食堂、藏书室等20多间。所授课程主要是书法诗词和四书五经等儒学经典,教师多从外地聘任,都是有功名的人。从乾隆年间到民国初年,因园开办将近200年。⑦ 据庄氏庄园因园碑文所记,因园"始终坚持读书继世的教育理念,为大店庄氏家族培养了大量人才"。

其二,庄氏家族近世之后与时俱进,参与兴办新学和发展工商业。

在过去的革命叙事中,庄氏家族在近代之后的继续兴盛是因为"大店地主也知道旧的吃不开了,于是举办小学,派子弟到外学习,迎合时代,学习新知识,以巩固地主统治","麻痹群众"。⑧ 据改革开放之后的相关资料所记,在近世以来的大历史变局中,这个读书兴家的传统世家大族并未抱残守缺,竟能随时而动,开始参与接受与兴办新学。庄氏十四世庄陔兰便是最具代表性的一位。庄陔兰为清末进士出身,入翰林院任编修,后又

---

① 王悦振、王占魁:《古镇春秋》,第12页。
② 王悦振、王占魁:《古镇春秋》,第13页。
③ 莒南县史志办公室编纂,宋兴振主编《古镇大店》,第29页。
④ 莒南县史志办公室编纂,宋兴振主编《古镇大店》,第47页。
⑤ 鲁莒大店《庄氏族谱》,第11页。
⑥ 山东省莒南县地方史志编纂委员会编《莒南县志》,第598页。
⑦ 山东省莒南县地方史志编纂委员会编《莒南县志》,第599页;王悦振、王占魁:《古镇春秋》,第64—65页。
⑧ 中共山东分局宣传部:《大店查减斗争总结》(1943年11月5日),山东省档案馆藏,档案号:G24-1-519,第19页。

被保送日本留学，归国后在政界曾任多职。① 另有庄余珍于光绪三十年（1904）创立朱陈中学，"开风气之先，是为莒邑教育改进之始"。1917年，庄氏族人集资在大店兴办莒地最早的小学一所。至抗日战争爆发，庄家"有日本留学生八人，其中女生一人，大学及专门学校毕业生二十一人，军警学校毕业生六人，高中、师范、旧制中学和清立高等学堂毕业生二十七人"。② 自清中期开始，标志家族尊贵显赫的庄氏堂号开始兴起，经过数百年的兴衰变迁，其中较大的72家在大店聚族而居，形成一处规模庞大的庄园群。到1940年前后，大店街西门约有79个堂号，街东门约有29个堂号。③ 自近世开始，大店庄氏堂号除经营六万多亩土地、五万六千余亩山场之外，并大力兴办实业。大堂号中都有几处生意，有些小堂号没有生意，只是经营土地。抗日战争爆发前，大店庄氏生意约计有贸易公司5处、车站2处、车行3处、当铺6处、药房（包括医院）15处、酱园9处、鸦片馆9处、赌博场5处、压会5处、油坊66处、杂货店（铺）148处。④ 山东省第一家电灯公司（济南）、山东省第一家近二百名工人的同兴煤矿（博山）、第一家林华汽车行（济南）、第一家济南《恒报》（周报）报社（主介国内外科技与商品信息），皆为庄家所办。⑤ 由此，庄家"以学兴商，以商兴学"，继续在近世的风云变幻中书写着自己的世家传说。

其三，庄氏族人秉承读书家传，人才辈出。

与革命叙事中将整个庄氏家族概化为一个"庄阎王"形象的方式不同，在改革开放之后相关资料对庄家历史的叙事中，与整个中国的大历史背景相应，自清末至抗日战争前的历史时段中，庄氏家族也在经历着内部的分化：各堂号或开发而兴，或保持如往，或衰落致贫。庄氏聚族而居的大店庄园也并不全是高宇大宅，不少低矮茅屋也点缀其间。族人的行事与志趣选择更是呈复杂面相，但秉承诗书家传的志文者仍占主流。如庄陔兰，据

---

① 王晓六口述，范奉臣整理《清末翰林庄陔兰其人其书》，莒南县政协文史委员会编《莒南文史资料》第1辑，1989，第261页。

② 庄虔玉：《大店庄氏"堂号"考》，山东省莒南县地方史志编纂委员会办公室编《莒南史志》1986年第2期，第57页；莒南县史志办公室编纂，宋兴振主编《古镇大店》，第32页。

③ 庄虔玉：《大店庄氏"堂号"考》，山东省莒南县地方史志编纂委员会办公室编《莒南史志》1986年第2期，第57页。

④ 庄虔玉：《大店庄氏堂号考略》，莒南县政协文史委员会编《莒南文史资料》第3辑，第173页；王悦振、王占魁：《古镇春秋》，第122页。

⑤ 王晓六口述，王占魁、王悦振整理《解放前的大店商业》，莒南县政协文史委员会编《莒南文史资料》第3辑，第29页。

记,其"为人忠厚,待人和蔼","平生尚俭,勤于治学,擅书法,传艺墨迹甚多,是有名的学者兼书法家"。① 民国二十三年至二十四年(1934—1935)受聘总纂《重修莒志》(据庄氏庄园庄陔兰故居碑记,是其"卖字集资负责编纂"),"因编志经费短缺,庄陔兰便定出润格鬻字,将其收入用于编志,使这一工作顺利完成"。② 1936年应聘去孔府任教,教孔家子弟德成等书法和诗词。1946年逝后葬于曲阜。③ 如大店庄氏十三世居业堂人庄余珍,光绪十一年(1885)拔贡,曾办朱陈中学,因德高望重,被公推为大店庄氏家族族长。"喜好金石收藏。"④ 另有书法家庄本悌、庄长泽、庄厚泽等,画家庄逵、庄景楼(此人正是1944年在大店"查减"中被作为恶霸典型进行斗争的庄氏族长)等,医学家庄云章、庄佑臣、庄少庚等,皆"名重一时,为世所推崇"。大店燕喜堂庄恩泽为宣统三年(1911)举人,大店第一位女留学生庄孝和之父,毕生事教,所得薪俸多用于文物收藏。1949年以后所藏文物悉数捐献国家。⑤

其四,庄氏族人对近代革命和当地社会建设有过重要贡献。

在过去的革命叙事中,庄氏家族是无恶不作、凶狠残暴的地主恶霸形象。而在改革开放之后地方性文史资料的叙事中,关于1947年的革命风暴对于庄氏家族的冲击,出现了一些暗示另一倾向的叙事。例如,在斗争会后自杀身亡的庄景楼是曾经的"军属",如果说一直名声不佳的庄果算是自作自受,庄景楼却实在冤枉。庄景楼继庄余珍之后任大店庄氏族长,"爱好绘画、篆刻"并颇有成就。其三子中长子庄宝实、三子庄宝时分别于1937年、1940年参加中共革命。但其人有个恶习,爱"撒酒疯","酒后往往好打人骂人"。群众斗争时提得最多的"罪状"正是他的这些毛病而非十恶不赦的阶级罪恶。⑥ 同样死于1947年的风暴中的庄伯才,是曾经的"开明士绅",毕业于北京大学,而且已经加入中国共产党,并在抗战期间曾先后动员自己的子女和侄儿共7人参加了革命。⑦ 被当成反革命处治的庄陔兰的侄

---

① 王晓六口述,范奉臣整理《清末翰林庄陔兰其人其书》,莒南县政协文史委员会编《莒南文史资料》第1辑,第261页。
② 王晓六口述,范奉臣整理《清末翰林庄陔兰轶事》,莒南县政协文史委员会编《莒南文史资料》第2辑,1991,第187页。
③ 王悦振、王占魁:《古镇春秋》,第21页。
④ 王悦振、王占魁:《古镇春秋》,第19页。
⑤ 王悦振、王占魁:《古镇春秋》,第20页。
⑥ 王悦振、王占魁:《古镇春秋》,第27页。
⑦ 王悦振、王占魁:《古镇春秋》,第26页。

子庄炳泰，是位"德高望重"的中医，他的被处治仅仅是因为1947年土改斗争中从其家中搜出一部收音机，结果被认为是电台。①不仅如此，据改革开放之后的相关地方资料描述，在近世的中国革命潮流中，庄氏家族中的不少志政者是顺时而进的先驱者和弄潮儿。庄余珍的孙女庄鸿翠，国民革命时期在济南上学，1926年夏在大店集市上带头喊出了"打倒居业堂""铲除庄余珍"的口号，这个"孙女'铲除'爷爷"的传说至今仍在当地流传。②大店陆吉堂庄云章，民国七年（1918）与庄大凤等人合资举办了莒南一带最早引进并使用西药的药房——道信药房。后建道圣医院，"每日门诊量达几十人次"，并从1931年开始为民众接种牛痘。1943年将医院全部作价卖给山东军区卫生部，并与大部医务人员参加了中共革命。③毕业于清华大学的庄陔兰之子庄上峰，于1944年秋莒南解放时参加中共革命。中共革命胜利后先后在多所学校任教。④大店东德兴堂庄明远（庄孝俨），1921年考取南通丝织专门学校，上学期间加入中国农工民主党，后参加国民革命，得到时任国民革军第十八军军长陈诚的赏识，并受陈诚委托到南通创办习艺工厂。此间的1932年庄明远用厂里的资金，在一处废弃的尼姑庵中办起一所贫民子弟学校，教授文化技术。⑤1936年西安事变期间与中共领导人周恩来开始接触，后逐渐倾向于接受中共，1949年9月参加第一届政协会议，新中国成立后先后任国家交通部供应局局长和财经局局长。在改革开放后的相关描述中，除少数地主家奴仗势欺人、鱼肉乡里外，庄氏家族中的多数青少年时期都受过严格的教育，是"农村中文化素质较高的群体"，⑥并对当地社会建设有过重要贡献。据改革开放之后新修纂的《庄氏族谱》所记：庄家以"热心地方公益，疏财济贫，造福乡里"为家传，在当地的文化、水利、道路、围墙避难防匪、救济灾荒等方面多有作为。⑦

---

① 王悦振、王占魁：《古镇春秋》，第24页。
② 王悦振、王占魁：《古镇春秋》，第101页；庄维林：《庄鸿翠女士反封建一例》，莒南县政协文史委员会编《莒南文史资料》第2辑，第164页。
③ 王悦振、王占魁：《古镇春秋》，第10页；庄戊刚、韩继表等：《道胜（圣）医院创办始末》，山东省莒南县地方史志编纂委员会办公室编《莒南史志》1987年第1期，第73页。
④ 王悦振、王占魁：《古镇春秋》，第46页。
⑤ 庄孝和口述，孙成立整理《庄明远先生传略》，莒南县政协文史委员会编《莒南文史资料》第2辑，第33页；王悦振、王占魁：《古镇春秋》，第32页。
⑥ 吴越：《革命叙事与乡村生态——山东"黄世仁"的精神变迁史》，《齐鲁周刊》2015年第47期。
⑦ 鲁莒大店《庄氏族谱》，第12页。

其五，部分负面事件是少数庄氏族人所为，不是主流。

庄氏家族历史上最为典型的负面事件一是庄屏舟"试枪打死人"，另一个便是庄善昌"出鹰殡"事件。关于庄屏舟"试枪打死人"事件，在改革开放之前的革命叙事中，主要描述如下：（1915年改为1920年）庄屏舟拿着枪，摆弄来摆弄去，掂量着子弹说："我不信这东西能打死人，得试试新。"这时正好长工赵广兴挑水走来，庄屏舟一看，朝着赵广兴的后心，就是一枪。只听"叭"的一声，赵广兴应声倒地，血从胸口汩汩流出，立时气绝身死。……而庄屏舟却一不着慌，二不着忙，掂着枪说："嗳！这枪还真能打死人哩！好枪，好枪！"①而在改革开放之后的叙事中，则描述如下：庄屏舟玩弄着家里新买的毛瑟枪，正好长工赵广兴挑着水走进了院子。他端着枪，嬉笑着对赵广兴说："我打死你吧？"说着就把枪瞄准了赵广兴。赵广兴挑着水一边走一边说："少爷，天快黑了，该做晚饭了，你就别闹了。"话音刚落，枪响了，赵广兴一头栽倒在地，血流如注。庄屏舟一看赵广兴被他打死了，顿时吓得浑身直打哆嗦。庄屏舟打死赵广兴虽是走火误伤，但可恨的是，他的荒唐之举伤害了一条无辜的人命。②关于庄善昌"出鹰殡"事件，革命叙事除上述的相关演绎之外，据1964年中共莒南县委办公室编写的《大店"庄阎王"》的描述，被逼着以葬父之礼给鹰出殡的魏学墩一家，前后因此死了六口人。而在改革开放之后的地方文史资料的叙事中，只是魏学墩的母亲因此事生气病死了，而且"这件事很快传到居业堂主庄希堂（余珍）耳朵里，他认为中和堂的做法有损大店庄氏家族的声誉，便命人把庄善昌的父亲庄怡叫了去狠狠地训斥了一顿。庄怡窝着一肚子火回到家中，'啪啪'打了庄善昌两耳光，然后派人送给魏学墩一些钱粮算是赔礼道歉"。③ 2000年庄氏家族续修族谱时，专门撰有《大店庄氏发展概况》，将与以上事件同类的族人所为定性为"违背祖德祖训"之行："有些族人过着寄生生活，骄奢淫逸，腐化堕落。有的吸食鸦片、海洛因，三五年间倾家荡产；有的饱有才学，不思进取，醉生梦死；有的混迹赌场，与无赖为伍，行为不端；有的游手好闲，玩物丧志，愧对乡里。凡此种种，违背祖德祖训，腐蚀子女心灵，几乎毁我家族。"④

---

① 中共莒南县委办公室编《大店"庄阎王"》，第20页。
② 王悦振、王占魁：《古镇春秋》，第99页。
③ 王悦振、王占魁：《古镇春秋》，第101页。
④ 庄维林、庄宿庭：《鲁莒大店庄氏家族族谱》，2000年继修，第22页。

可以看出，改革开放之后关于庄氏家族的当代叙事中，在重新建构起一个"读书兴家"的地方仕宦大家族形象的过程中，也不时隐现着对革命叙事的修正，并于有意无意之间形成为庄氏家族"翻案""辩白"的取向。但是，这种取向亦在有形无形中构成对曾经轰轰烈烈的中共革命的"反问"：这么一个凭借自己的力量发展起来，并为近代革命做出过贡献的地方仕宦大家族，最后却成了中共革命的对象而家族凋落，岂不是错误和冤枉？客观而言，这是革命叙事合法性论证必须面对但又稍显尴尬的问题。但在进入改革开放情境的前提下，革命叙事却以搁置和规避这一关键问题的方式开始了自己与时俱进式的调适，从而于突兀中形成革命叙事的建构、解构与重构之间纠杂难解。

四　庄氏庄园和齐鲁红都：归位还是错位？

1980年代之后，随着"市场经济"日渐进入执政的中国共产党的政治话语体系，"以×××带动当地经济发展"日渐成为地方党委和政府获取经济政绩的关键词，"地方名人经济"或"名人故里经济"模式风行一时，许多地方因此发生名人争夺战，如关于诸葛亮故里和隐居地的争夺、关于徐氏发源地的争夺等，甚至出现了"伏羲东奔西走，黄帝四海为家，诸葛到处显灵，女娲遍地开花，观音菩萨选美，齐天大圣找不到家"的乱象。[①] 在此过程中，山东省莒南县大店镇也开始挖掘当地的名人资源，历史上出了八个进士的庄氏家族自然成为首选对象。"为把资源优势转化为经济优势"，当地政府"整合旅游资源，积极打造以红色旅游、绿色生态旅游、古色文化旅游为主要内容的'三色'旅游业"。具体而言，所谓"三色旅游"，就是以山东省政府旧址、八路军一一五师司令部旧址、山东画报社旧址为主要内容的红色旅游，以马鬐山天湖风景区为主要内容的绿色生态旅游，再加上以庄氏文化为主要内容的"古色"旅游，使之成为"带动全镇经济增长的一个新亮点"。[②] 1980年代后期，为了"大力发展乡镇企业，招商引资和拓宽街道"，当地政府对庄氏庄园进行了多次的拆除和清理，庄氏庄园的原貌遗迹自此实际上几乎荡然无存。到1995年，乘纪念山东省人民政府成

[①] 刘重隆：《诸葛亮隐居地争夺战是争文化还是争政绩》，长江网，http://news.cjn.cn/cjsp/ssdj/201609/t2880208.htm，2016年9月2日。

[②] 于冲主编《山东红色之旅》，山东友谊出版社，2008，第28页。

立50周年之机,政府拨款将原"四余堂"进行搬迁、整理和维修,辟为山东省政府成立纪念馆。到2005年,为了"庆祝省政府60华诞和兴建山东红色旅游龙头景点",八路军一一五师司令部及山东省政府旧址得以全面修复。① 当地政府先后建起了八路军一一五师司令部、山东省人民政府诞生地两个纪念馆和山东省政府下属7个厅局故居以及庄陔兰故居等共410间房屋。2005年11月,山东省人民政府旧址、八路军一一五师司令部旧址被中宣部命名为第三批全国爱国主义教育示范基地。② 而这些红色文化点的承载体,便是重建后的庄氏庄园。"齐鲁红都"和"庄氏庄园"同时成为大店镇的形象标签。

于是,在今天的大店镇,便形成了这样的一个"红色"与"古色"合而为一的景点:"八路军115师司令部和山东省政府旧址暨大店庄氏庄园"景区,在这个景区里,一群青砖白墙的明清风格古建筑,展示着中共革命的红色文化;庄氏庄园"山东最美古村落""华夏第一庄园"的标签与"沂蒙红色文化圣地"的标签意味深长地并列着。于历史延续的表象而言,也可以说是庄氏家族形象的归位,或如已有研究所言"是国家意识形态在乡村社会文化变迁中的一次成功对接"。③ 改革开放之后庄氏家族自己的谱传和地方性文史资料的书写以及地方政府的实践介入似乎找到了契合点,由此形成的当代叙事,也似乎在重构和还原一个真实的庄氏家族形象。但于学术性考察而言,尚有诸多问题值得思考。

于家族史研究而言,关于家谱资料的使用尚需方法论的探讨。一方面,家谱与正史、地方志并列为中国历史文化的三大支柱。自明代私家修谱成风到清代形成"家之有庙,族之有谱"的普遍社会现象,实为后世相关研究留存了丰富史源,梁启超因此曾言:"能尽集天下之家谱,俾学者分科研究,实不朽之盛业。"④但于另一角度,在"人自为书、家自为说"的家谱书写中,所谓"标郡望"式(即将自家的发源地追溯到名门望族)的附会实

---

① 于冲主编《山东红色之旅》,第28页。
② 瑞红、建团:《大店镇 旅游开发"红、绿、古"》,《中国绿色时报》2006年7月4日,第A04版。
③ 参见国欣《地主庄园、革命中心、历史文化名镇——大店的文化变迁》。
④ 梁启超:《清代学者整理旧学之总成绩(三)》,《中国近三百年学术史》之十五,东方出版社,2004,第361页。

为常态，甚至有冒认祖宗、篡改文献、弄虚作假者。① 相较于正史的善恶并书，家谱中"扬善隐恶""为亲者讳"的取向更为明显。客观而言，家谱的形成也是制造或改造家族历史的过程。因此诸多学者亦提示了家谱资料存在的方法论危险。以庄氏家族的修谱而言，笔者自不能擅自将其归入此类。但客观上庄氏家族在改革开放之后的修谱活动中，确实有一个确定先祖、始迁祖的过程，庄氏于1993年开始的一次修谱将庄氏的先祖始祖定为战国时期的庄周，而莒南大店庄氏的始迁祖则定明朝初年的庄瑜。② 因此，于家谱与家族史研究的关系而言，尚需要深入的方法论探讨。一个关键的问题是，如果没有科学性的研究方法的导引，关于庄氏家族的研究即会陷入两种截然相反的取向：或是成为阶级斗争必要性与合理性的支持者，或是成为所谓为庄氏家族鸣冤叫屈的"地主阶级代言人"，两种取向，几乎同时可以、同时可能。也正因如此，才有了进一步深入挖掘史料和调配研究技术的重要意义。笔者同样不敢盲目地以目前所存的庄氏族谱为主要资料进行单纯的家族史书写，而只能进行其家族形象变迁史的研究。

从建构史的视角而言，于人于事的历史书写，皆不免为一种建构的过程，而这种建构过程所包藏的建构方式，则会因不同建构主体的需要与认知所及或是同一建构主体于不同时期的需要与认知所及而呈现不同甚至矛盾的人与事的整体形象，因此，于一个家族的形象变迁史而言，同样无法做"从来如此"或"真实如此"的本质主义的认知判断，而需要将其形象变迁的脉络做置于具体历史情境之中的解析。客观而言，庄氏家族的形象变迁史也是其形象的建构史。自1940年代与中共革命发生交集之后直至1970年代末，庄氏家族的形象建构是革命叙事一家独大的产物，亦是服从和服务于阶级斗争需要的产物。在改革开放之后庄氏家族形象的多维性重构过程中，地方政府机构对一度被中共革命所否定的这个家族的家谱续修活动包括形象重构予以支持甚至参与，是为走"文化搭台，经济唱戏"之路，以此媒介组织宗亲联谊，以"吸引海内外华人回家乡参加家乡建设，从而促进当地的经济发展"。③ 今天的庄氏后人，除当地有七八千人以外，旅居海外者多达两万人，当地党委政府相关领导在招商引资时千方百计找

---

① 参见张廷银《对家谱中作伪现象的认识——由挖改谱主姓氏的新安潘氏宗谱说起》，《津图学刊》2003年第3期。
② 参见国欣《地主庄园、革命中心、历史文化名镇——大店的文化变迁》。
③ 尚海滨、江华：《现代视域下的家谱价值审视》，《图书情报论坛》2010年第2期。

到庄氏家族在外有经济实力的后人,劝说他们回家乡投资兴业。① 这是一个由过去的阶级斗争需要转向经济发展需要的过程,这一过程伴随着结束革命叙事的一家独大,一个曾被革命否定的家族获得翻身机会、重新取得建构自家历史权力的心态和地方政府挖掘本地旅游资源促进当地经济发展的思路交相混杂,庄氏家族真实形象的还原与归位亦裹挟于不同需要、不同目的的重构与错位中。由历史延续回观,于地方政府而言,挖掘庄氏家族这一经济发展资源和改革开放之前挖掘出这一阶级斗争典型,一为经济政绩一为政治政绩,本质上异曲同工。在这种对庄氏家族形象"各取所需"式的建构中,庄氏家族的历史实际上一直经历着不同需要所形成的剪裁与切割,一个乡村家族的本质形象已经被这种各取所需吞噬。因此,关于中共革命背景下庄氏家族历史变迁的真实面相尚需要进一步的学术考察。"庄阎王"的形象何以产生?"读书兴家"的地方仕宦大族形象何以形成?对于中共革命背景下庄氏家族形象变迁史的梳理,或许可以使后人以独特的方式走近甚至走进历史的真实现场。

从大历史的延续而言,一个更深层次的问题是:在中共革命背景下一个乡村家族的形象变迁史中,中共革命与乡村生态形成何种形式的关系,这种关系的内在逻辑为何?在大店红色革命文化加庄氏庄园的景点中,据景区的简介,庄氏家族是"一个庞大的家族群体,产生了300个堂号,著名的有72堂号,是华夏第一庄园。家族中先后有8名进士、23名举人、20名拔贡、300多个朝廷为官者,形成明清两代的名门望族"。力图吸引游客眼球的则是"他们为什么兴盛不衰?是怎样治家理业的?在形成家族文化方面有什么特点?只有您亲临其境,才能找到您正在探寻的答案,由此使您家业兴旺"等广告风格的语言。② 在庄氏庄园的正门,题写的是庄氏十一世进士庄谣刻于大店文昌阁的对联:"读好书行好事,说好话做好人。"③在庄氏庄园景区重建的庄氏学府因园中,集中展示着清代科举内容和庄氏科学中榜者的介绍,并列有"大店庄氏功名、官职、封典一览表"。以上无不提示着当代叙事对庄氏家族"读书兴家"正形象的归位式肯定。在中国传统社会,尤其是到明一代,"学而优则仕"是乡村人家翻身上进的主要途径,一个家族的向上流动不外乎贫穷之家→温饱之家→文墨之家→簪缨之

---

① 访谈资料,2016年1月6日,大店镇庄氏后人庄××,女,1954年生。
② 参见山东省莒南县大店镇庄氏庄园景区简介。
③ 王悦振、王占魁:《古镇春秋》,第63页。

家→富贵之家。①一般而言，一个乡村家族由"农耕之家"而至"读书兴家"，最快的可能一两代即可完成，但从"读书兴家"到"诗书继世"的"书香门第"，则需要一个家族数代甚至十数代的物质与精神的积蓄与孕育，庄氏家族的几百年发展便体现于此。庄氏家传中曾有言："诗书即性命，保身保家，承先待后，胥在于是"，"辟诸一身，财者肉也，地者骨也，而读书则气脉也；有骨肉而无气脉，人胡以为生？"②在革命叙事对庄氏家族形象全面否定之后的当代复原中，庄氏家族给当地乡村文化带来的是乡村"读书兴家"传统的现代延续，但是，"就是砸锅卖铁，也要让孩子读书考大学"所表达的，③仍然仅仅是乡村对"读书兴家""金榜题名""鱼跃龙门"的现实性追求，仅仅是"万般皆下品，唯有读书高"的传统功利观念的现代延续。在曾经的历史流变和政治风雨中支离破碎的，不只是一个家族的命运，更是一个家族在"读书兴家"过程中积蓄的"诗书性命"与"读书气脉"所包含的书香门第风范和乡村读书更高境界的精神追求，传统读书功利观念的现代延续与这种无形的失去实质上仍处于错位状态。如何进行乡村读书最高境界的现代性重构？或许又需要不只一个家族而是整个社会的数代甚至十数代的物质与精神的积蓄与孕育。在历史已经延续到今天的现实背景下，这也是当下中国的乡村现代化尤其是乡村教育现状所无法逃避的本质问题。

概而言之，庄氏家族貌似归位实则错位、貌似清晰实则模糊的形象变迁史，一个乡村家族的本质形象可能已经被这种"各取所需"吞噬，中共革命与家族历史内在关系的真实面相可能已经被遮蔽，这也提示着更多值得继续深入挖掘的历史关节点。

---

① 江盈科：《雪涛小说·善变》，上海古籍出版社，2000，第34—35页。
② 鲁莒大店《庄氏族谱》，第11页。
③ 访谈资料，2016年1月5日，莒南县高家柳沟村沈××，男，1953年生；2016年1月6日，莒南县大店镇朱××，女，1953年生。

"四清"的前奏：1960年河南省开封专区"改造三类队"研究[*]

李 贵[**]

摘 要 1959年庐山会议后开展的"反右倾"斗争，中断了郑州会议以来的纠"左"进程，农村基层干部的"五风"再度泛滥。中共中央指示各地开展"三反"运动，整风整社，试图加以解决。开封专区的"三反"集中在对所谓"三类队"的改造上面，用"民主革命和社会主义革命补课"的方式，对农村基层干部进行了政治纯化。"改造三类队"虽然对基层干部的作风改善起到些许作用，但它简单地把农村工作的政策性失误归咎于阶级敌人的破坏，而未触及公社体制，因此也无助于从根本上扭转"大跃进"后期的困难局面。值得注意的是，这一运动所采取的以"对敌斗争"手段来处理农村基层干部的做法，在此后的"四清"运动中得到了全面接续和发展。

关键词 阶级斗争 改造三类队 整风整社 "四清"运动 开封专区

1959年庐山会议后，中国农村地区"共产风"、浮夸风、瞎指挥、强迫命令、干部特殊化等"五风"再度泛滥，加剧了困难形势。1960年春，中共中央对此有所察觉，认为这种困难形势的造成是阶级斗争问题，遂着手部署新一轮的整风整社运动（也称"三反"运动[①]）来遏制这一势头。

---

[*] 本文系2017年度郑州轻工业学院博士科研基金资助项目。
[**] 郑州轻工业学院马克思主义学院讲师。
[①] 新中国成立以来，"三反"运动多次开展。前两次是在中共党和国家机关内部开展的，即1951年12月至1952年10月的"反贪污、反浪费、反官僚主义"运动和1953年反对"官僚主义、命令主义、违法乱纪"为主要内容的运动。1960年3月，毛泽东再次指示在农村开展"三反"运动，以整风整社（合作化后，整风整社时有，这次由中央部署大规模运动，故本文称"新一轮"），详见文内有关论述。

1960年5—9月，河南省开封专区①的整风整社，以"民主革命和社会主义革命补课"为号召，主要内容是"改造三类队"。②在被确定为"三类队"的地区，开展了重划阶级成分、查挖漏网地富、打击坏分子、批判富裕中农等斗争，许多基层干部被当作阶级敌人来处理。这种做法，在"十二条"③下达后，进一步被肯定。这样，整风整社就与后来的"四清"运动链接了起来，成为国家"以阶级斗争为纲"解决农村问题和干部问题的新起点。

相较于土改、"四清"的广为讨论，介于两者之间、作为一个环节的农村整风整社运动学界关注不多。马英民曾对人民公社时期的整风整社进行了相对完整的阐述，④但只是一个粗线条的勾勒，主要集中于运动发生的原因和所引发结果的分析。此后有几篇论文研究了1960年底中央"十二条"下达后农村开展的整风整社，其中有宏观论述，⑤也有个案研究，⑥但可能是由于档案资料不够丰富，其对运动过程的呈现和细节的考察方面尚显不足。在观点上，上述整风整社论文及"四清"相关的一些成果，⑦大都提出了人民公社时期的整风整社是"四清"运动的预演这一论断，但一言以蔽之，缺乏详细的对比分析。就本文的研究对象"改造三类队"而言，未觅有专题成果面世。鉴于此，本文以当地档案史料为基础，对该运动在开封

---

① 1959年1月，河南省为了适应"大跃进"的需要，将行政区划做了调整。原开封专区西部的荥阳、密县、巩县、新郑、登封五县划归郑州市领导，开封和商丘两专区合并，称为开封专区。"新的开封地区，辖22个县、市，236个人民公社。"参见开封地委组织部《关于开、商地专合并工作几个问题的报告》（1959年1月5日），开封市档案馆藏，档案号：3-1-375。本文所引材料均来自新开封专区。
② 所谓"三类队"，即在"较好"与"一般"之后，那些存在问题的生产队，有的省份亦称为"落后队"。这种分类排队的工作方法源自土改时期，如山东省的一些地区在结束土改的总结中，把属于土改彻底、工作基础好的乡，称为"第一种类型乡"；把属于"历次群众运动均为恶霸地主操纵破坏，群众根本没有发动，地主封建统治根本没有打倒"等土改极不彻底的乡，称为"第三种类型乡"。参见李里峰《运动式治理：一项关于土改的政治学分析》，《福建论坛》（人文社会科学版）2010年第4期。
③ 1960年11月3日，中共中央发布《关于农村人民公社当前政策的紧急指示信》，简称"十二条"。
④ 马英民：《试述我国农村人民公社整风整社运动》，《河北大学学报》1991年第2期。
⑤ 罗平汉：《1960年底到1961年初的农村整风整社》，《现代哲学》2009年第6期。
⑥ 夏林：《"大跃进"后期江苏农村的民主革命补课运动》，《南京晓庄学院学报》2012年第1期；姜成洋：《徐水县1961年整风整社运动研究》，硕士学位论文，中共中央党校，2014。
⑦ 如高华《大饥荒与四清运动的起源》，《二十一世纪》2000年8月号，总第60期；林小波：《四清运动的起源》，《党史研究与教学》2004年第3期；李若建：《"四清"运动的潜功能》，《折射：当代中国社会变迁研究》，中山大学出版社，2009，第219—220页；等等。

专区的开展情况做一细致梳理,并将其与土改、"四清"运动做一比较,以探讨新中国成立后中共乡村治理理念的内在逻辑。

一 "改造三类队"缘起

经过1958年的反"潘、杨、王"斗争①,"左"倾指导思想在中共河南省委占据了主导地位,河南由此在"大跃进"和人民公社化运动中领跑全国,造成的损失尤为严重。发生在开封专区的"豫东事件"②使这些问题最先暴露出来。虽然在国务院和省委工作组的指导下,中共开封地委结合1959年上半年的整社工作,使"豫东事件"所波及地区的情况得以缓解,但由于省委主要领导人的"左"倾错误指导思想并未从根本上转变过来,对此事件没有进行严肃处理。特别是没有认真检查省委在粮食征购和反瞒产方面的错误,以致到1959年秋季"反右倾"运动开展起来后,这些错误又被重复并扩大,造成了更为严重的后果。

在开封专区,由于浮夸风和反瞒产,到1960年初,"有的生产队已经一个多月、50天没有吃到粮食,有的从去年(1959年)阴历8月以后,基本上没吃到粮食。开始吃青、吃玉米,搞到高粱吃高粱,搞到红薯吃红薯"。③另外,就是"共产风"再度泛滥。有些生产队干部和社员反映:"咱们垒窝,社里收蛋。现在又到去年(1959年)2月以前的时候了,又乱调开了。"④在太康县,13个公社中有10个为修建礼堂,不仅无偿调用各生产队劳力,而且搜刮群众资财,甚至扒房掘墓。这个县从1958年到1960年,因兴修水利和非生产性建设搞"一平二调",刮"共产风",共毁掉村

---

① 1958年,中共八大二次会议决定对犯了"右倾机会主义"和"反党"错误的河南省委第一书记潘复生、书记处书记杨珏、省委副秘书长王庭栋等人进行批判斗争,当时受冲击的干部、群众有20余万人。"大跃进"运动过后,潘、杨、王都得到了平反。参见张林南《关于"反潘、杨、王事件"》,中共河南省委党史研究室编《河南"大跃进"运动》,中共党史出版社,2006。

② 1959年春节前后,位于河南省东部、原商丘专区的夏邑、永城、虞城、柘城等县的部分农村,发生了比较严重的浮肿病、人畜非正常死亡和少数基层干部严重违法乱纪的事件。参见范朝敬《"豫东事件"的来龙去脉》,中共河南省委党史研究室编《河南"大跃进"运动》。

③ 《陈书记传达地委常委会议精神》(1960年3月29日),开封市档案馆藏,档案号:2-11-414。

④ 《史向生同志在省委六级干部会议上的报告》(1960年4月20日),开封市档案馆藏,档案号:2-11-405。

庄725个，扒房3万多间，涉及13万多人。①东明县城关大队由于部分干部在"大办水利"中瞎指挥，"造成大小渠道开口45次，淹坏庄稼1140亩，少收粮食228200斤；堵口浪费劳力8000个，麦秸十万余斤，稻草3000斤，各种工具111件，价值9355元；丢失损坏大小农具1757件，价值23730元"。②

若将视线扩大就会发现，开封专区出现的严重情况只是全国的缩影，此时饥荒已经大面积泛滥。面对不断恶化的形势，一些省份尝试对现行政策进行适度调整。1960年2月，中共广东省委做出了纠正人民公社错误的指示："从目前我省人民公社的发展情况来看，一般是不具备过渡的条件的。如果在目前条件尚不成熟的情况下，勉强转变，那就会违背客观规律，那就有可能重复1958年曾经犯过的'一平二调'刮'共产风'的错误。"③广东省委的这个决定是结合本省的实际情况做出的，在"反右倾"运动余波尚存的形势下，显示了很大的政治勇气和较强的实事求是精神。中共中央批转了这个文件，指示各地："仿照广东的办法，发出一个清楚通俗的指示，迅速地把缺点错误纠正过来。"④中共山东省委随后也发现了人民公社存在急于过渡的问题，中共中央在《关于山东六级干部大会情况的批示》中指出："山东发现的问题，肯定各省、各市、各自治区都有……在一些县、社中，去年三月郑州决议忘记了，去年四月上海会议十八个问题的规定也忘记了，共产风、浮夸风、命令风又都刮起来了。一些公社工作人员很狂妄，毫无纪律观点，敢于不得上级批准，一平二调。另外还有三风：贪污、浪费、官僚主义，又大发作，危害人民。"⑤

3月24日，毛泽东在天津会议上指出："今年要搞'三反'，就是反贪污，反浪费，反官僚主义。已经六七年没有反了，现在大发作。山东提出

---

① 孙保定、范吕臣：《"大跃进"期间的河南农村人民公社》，中共河南省委党史研究室编《河南"大跃进"运动》，第363页。
② 开封地委整社办公室：《东明县委关于城关、陆圈两个公社改造三类队第一步情况的简报》（1960年5月15日），开封市档案馆藏，档案号：22-1-3。
③ 中华人民共和国国家农业委员会办公厅：《农业集体化重要文件汇编（一九五八——九八一）》下册，中共中央党校出版社，1981，第313页。
④ 中华人民共和国国家农业委员会办公厅：《农业集体化重要文件汇编（一九五八——九八一）》下册，第311页。
⑤ 中华人民共和国国家农业委员会办公厅：《农业集体化重要文件汇编（一九五八——九八一）》下册，第318页。

了，震动很大。"①毛泽东紧接着起草了《关于反对官僚主义的指示》，要求各地利用省委六级干部会议和县委四级干部会议，以"三反"为中心对人民公社进行一次整顿。②

耐人寻味的是，与广东、山东等省把农村形势恶化归于各级领导在思想上"违背客观规律""急于过渡"不同，毛泽东在天津会议上对形势的估计似乎更为严峻："我们这个社会主要矛盾是什么？主要矛盾还是阶级斗争，就是资本主义道路和社会主义道路两条道路的斗争。几十年还是这个问题。"③对人民公社出现的问题，中共中央和毛泽东透过基层干部的违法乱纪现象，看到其背后是阶级斗争问题。在4月初的全国监察工作会议上，中央监委承袭了毛泽东天津会议的讲话精神，用阶级斗争思维分析农村问题："少数农村基层干部贪污浪费、浮夸、强迫命令、违法乱纪现象很严重……有些人民公社党委领导核心和基层组织严重不纯。据各地报告，农村人民公社中，落后生产队、落后支部一般占10%左右。"中央监委把这些落后队分为三种类型："一种是民主革命不彻底，地富反坏分子玩弄两面手法，混入党内，窃据要职，篡夺了领导权……第二种是社会主义革命不彻底，贫农和下中农的优势没有树立起来，富裕中农当道，或者是右倾机会主义分子当权。第三种是领导干部存有严重的资产阶级个人主义，闹不团结，作风恶劣。"要求"凡是现在还存有这一问题的地方党委，在这次三反整风运动中要下大决心，用大力量，进行民主革命和社会主义革命补课"。④所谓"民主革命和社会主义革命补课"，正与毛泽东"主要矛盾还是阶级斗争"，"几十年还是这个问题"的思路相符合。于是，改造农村落后队（河南称之为"三类队"）运动应运而生。

高效而严密的组织系统为中共领导群众运动提供了诸多便利。按照中央的上述要求，中共河南省委开始部署"三反"运动，其中"改造三类队"

---

① 中共中央文献研究室编《毛泽东年谱（1949—1976）》第4卷，中央文献出版社，2013，第360页。
② 中共中央文献研究室编《毛泽东年谱（1949—1976）》第4卷，第367页。1960年5月15日，中共中央正式发出在农村开展"三反"运动的指示。"至于开展运动的时间，由各省（区）市自行安排，中央不作统一规定。"参见中华人民共和国国家农业委员会办公厅《农业集体化重要文件汇编（一九五八——九八一）》下册，第325、327页。
③ 中共中央文献研究室编《毛泽东年谱（1949—1976）》第4卷，第361页。
④ 《中央监委关于农村党员违反纪律和少数县、社党委领导核心不纯的情况的报告》（1960年4月5日），开封市档案馆藏，档案号：2-11-387。

成为"三反"的重点。① 4月11日,省委召开六级干部会议。会上"三类"生产大队的比例被定为12.9%,省委指出:"在这些三类队里,有的是民主革命不彻底,贫农、下中农的领导优势没有真正树立起来;有的是对敌人打击的不狠,坏分子篡夺了领导权;有的是富裕中农当道,搞资本主义活动;有的是领导力量薄弱或领导干部蜕化变质,形不成领导核心……甚至有些三类队,敌我斗争还是相当尖锐的。""必须坚持贯彻阶级路线,进行扎根串联,放手发动群众,坚决依靠贫农、下中农,密切与当地积极分子相结合,迅速的以派去工作组的干部为主,组成一支强有力的领导核心,和一支有贫农、下中农组成的阶级队伍。凡是没有划过阶级成分的,坚决进行补课。"②省委书记处书记史向生在会上强调:"省、地、县要抽调二分之一的领导力量和干部力量,集中精力,首先搞好所有三类队的整风整社工作。"③在这里,河南省委对开展运动所涉及的若干重要概念缺乏明晰解释,如什么是坏分子,什么是蜕化变质分子,哪些属于富裕中农的资本主义活动等,因而给下面执行造成很多模糊地带,过火斗争便在所难免。

省委六级干部会议尚未结束,中共开封地委即于4月24日向所辖各县下达指示,要求其在5月初召开四级干部会议,部署"三反"运动。"由组织和监察部门负责迅速摸清小队长以上干部问题的底子,摸清三类队的底

---

① 关于改造"三类队"和"三反"运动的关系,中共河南省委农工部副部长崔光华说:"在三反运动中对三类大队、三类生产小队都要结合三反运动来搞。三类队的特点是:刀把子在敌人手里,如果查清了,就先把他从领导上清除出去。改造三类队要放在三反运动的前边,首先解决领导权问题,再解决干部内部问题。"也就是说在"三类队"中,先要解决敌我矛盾,再处理人民内部矛盾。参见地委整社办公室《省委农村工作部崔光华副部长关于在农村开展三反运动试点座谈会议总结》(1960年8月1日),开封市档案馆藏,档案号:22-1-1。由于担心全面开展"三反"运动会影响全省对"一平二调"问题的处理,河南省委于5月3日下达新的指示,要求各县在四级干部会议上,"已经讲了'三反'的,不要搞,没有讲的坚决不要传达。三类队不能放松,通过搞'一平二调'问题,把三类队情况查清楚。坚决不能让坏人操纵、富裕中农掌权,树立贫下中农的领导,这是阶级斗争问题"。参见《杨蔚屏同志关于抗旱保丰收和开好四级干部会议的紧急指示》(1960年5月3日),开封市档案馆藏,档案号:2-11-415。事实上,开封专区农村的"三反"运动并未全面开展起来,直到1960年11月初,中共中央"十二条"发出后,这一运动融入到了新一轮的整风整社中。而"改造三类队"则一直抓得比较紧,正如中共河南省委书记处书记杨蔚屏所说,这是阶级斗争问题,在关乎所谓"领导权"的问题上,各级党委都不敢放松。
② 《中共河南省委六级干部会议总结提纲(草稿)》(1960年4月29日),开封市档案馆藏,档案号:2-11-405。
③ 《史向生同志在省委六级干部会议上的报告》(1960年4月20日),开封市档案馆藏,档案号:2-11-405。

子,看看有多少三类队,摸清哪些是富裕中农掌握的,哪些是地主、富农及其他坏分子暗地操纵的。"①

在地委的安排下,各县的四级干部会议分别在5月2日、3日正式召开。"共到会93305人,其中四级书记14840人,三级会计37154人。"②中共沈丘县委在四级干部会议上,对全县的240个大队、2120个小队进行了排查,其中44个大队、414个小队被划为"三类队"。这些"三类队"又被进一步细分为四种类型:"一种属于地、富、反、坏势力篡夺领导权的大队13个,小队63个","二种是富裕中农当道的大队7个,小队126个","三种是蜕化变质的贫农、下中农和资本主义思想严重的人掌握了领导权,有大队11个,小队93个","四种属于领导能力弱或党员之间不团结、形不成领导核心的13个大队,132个小队"。③中共兰考县委在全县的157个大队中划出了22个"三类"大队,其中"属于民主革命不彻底,贫下中农领导优势尚未树立,敌人直接或间接掌权的16个;属于富裕中农当道的2个;属于干部不纯蜕化变质的2个;真正能力弱的2个"。④由此来看,县委基本是套用省委的规定,对本地的"三类队"做了进一步的量化。

各县相继成立了整社三反领导小组,下设整社三反办公室,来具体领导"三类队"的改造工作。5月6日,开封地委根据各县几天内汇总来的情况,判定"全区共有三类队524个,占大队总数的11.4%,其中:敌人掌握的24个,富裕中农掌握的79个,蜕化变质的35个,领导能力弱的386个"。⑤从省、地两级所划"三类队"的比例可以看出,无论是河南省委的"12.9%",还是开封地委的"11.4%",都是在中央监委"10%左右"的既定框架下划分的。开封地委在这一问题上的操作空间不大,略低于省委的划分,部分体现了其对待运动的谨慎态度。

---

① 《中共开封地委关于布置整社"三反"运动的安排》(1960年4月24日),开封市档案馆藏,档案号:2-11-431。
② 《四级干部会议简报(第二期)》(1960年5月4日),开封市档案馆藏,档案号:2-11-431。
③ 《中共沈丘县委关于农村整风整社初步总结报告》(1960年6月11日),开封市档案馆藏,档案号:2-11-467。
④ 《中共兰考县委关于整社和改造三类队工作总结报告》(1960年6月8日),兰考县档案馆藏,档案号:1-8-131。
⑤ 《中共开封地委关于召开地委常委扩大会议贯彻省委六级干部会议精神的报告》(1960年5月6日),开封市档案馆藏,档案号:2-11-431。

二 "改造三类队"运动的展开

在以土改为开端的运动式乡村治理模式中,通过派遣工作组来确保运动按照上级的意图顺利有效地开展是一种较为普遍的做法,地方党委对此驾轻就熟。1960年5月上旬,省、地、县三级均抽出干部组成工作组,奔赴农村所划定的"三类队"进行整社,开封专区"改造三类队"运动全面展开。其大体过程分为以下三步。

第一步,宣传动员,查挖"阶级敌人"。

柘城四级干部会议后,县委抽调705名干部(搞过土改的432人)进入"三类队",在动员阶段主要采取了如下措施。一是以大队为单位召开贫下中农代表会议,动员揭发"坏人坏事",对干部、五类分子、富裕中农等进行站队分析。"陈集人民公社在代表会议上挖出了漏网地主、漏网反革命分子22人。"二是成立贫下中农代表组。"这些代表组实际成为运动中最有权威的组织,运动中的重大事情都通过他们讨论解决。"三是召开各种类型的座谈会,引导社员回忆解放前如何受地主的剥削,进行阶级教育。"如对老人采取回忆对比,启发诉苦;对青年进行阶级教育、保卫社会主义的教育,或以老年人的苦进行启发,教育青年;对富裕中农进行农村阶级政策、团结生产、走社会主义道路的教育等。"[①]若将上述措施与土改时期加以比较可以发现,除斗争对象增加了"干部和富裕中农"外,其他如成立贫下中农组织[②]、对群众进行阶级教育等都非常相似。

在东明县,省委工作组进入"三类队"后,"深入食堂和社员同吃、同住、同劳动、同商量",接着从"民主革命不彻底"的角度查挖漏网地富:

[①] 开封地委整社办公室:《柘城县委关于改造三类队的经验报告》(1960年5月24日),开封市档案馆藏,档案号:22-1-3。

[②] 据林小波、郭德宏研究,华北地区在整风整社中也成立了贫下中农组织:"在1960年冬至1961年春的整风整社运动中,中共华北局根据农村阶级斗争的严重形势,在一些三类队、二类队甚至是一类队,把贫下中农组织起来,以生产大队为单位,建立贫下中农代表会议,并组织成立委员会,作为农村贫农、下中农的阶级群众组织。"参见林小波、郭德宏《"文革"的预演——"四清"运动始末》,人民出版社,2013,第92页。柘城县的这份档案说明,在整风整社运动中,河南省在1960年5月就已出现了贫下中农组织。这在笔者所见到的材料中是最早的。此后,这种做法在"四清"运动中也得到了复制。参见中华人民共和国国家农业委员会办公厅《农业集体化重要文件汇编(一九五八—一九八一)》下册,第698页。

"四清"的前奏：1960年河南省开封专区"改造三类队"研究

"城关18个自然村，土改中分了地，划了阶级，没有发动群众的占42%，分了地没划阶级的占21%，根本没有反霸土改的37%。陆圈公社于州屯大队，土改时一个干部一夜搞了18个村，全大队666户，共划地主、富农成分33户，占总户数的0.46%。仅据初步了解，即有10户漏网地主，7户漏网富农。"①从中不难发现，省委工作组的"四同"与"四清"时期"后十条"②里"工作队的成员，要尽可能地和贫、下中农同吃、同住、同劳动"的要求如出一辙。③另外，"扎根串联"、补划阶级成分、查挖漏网地富等也出现在了随后的"四清"运动中。④

第二步，对敌斗争的开展。

兰考县委派到杜庄、王庄的工作组，入村后结合张君墓公社党委提供的情况，揭发出了9个坏分子。其中有大队长1人，生产队干部2人，大队副业干部4人，这些是所谓"敌人掌权"。另外2人不是干部，但"有现行破坏活动"。接着对这些人进行"诉苦"斗争。斗争前，"彻底澄清每一个敌人的全部问题，划清界限"。然后"武装好骨干队伍"，进行"骨干站队，苦主站队，群众站队"。"工作组长作参谋，其他人参〔渗〕入群众内，作好鼓动工作。""杜庄大队杜书平（贫农）受过杜书彦（队干部——引者注）的骂，挨过杜书彦的打。经过诉苦，痛哭流涕，同时引起群众同情，对杜书彦更加痛心，恨之入骨……杜书彦一（再）推托责任，受到群起而攻之，并拿出大量事实，斗的杜只好低头认罪。"⑤在这里我们又看到了当年土改斗争的大致流程：确定阶级敌人、培养苦主、组织诉苦会……如果说有差别，则表现在"诉苦"斗争的对象由土改时的地主富农，演变为主要是那些犯有"强迫命令"、违法乱纪等错误的基层干

---

① 开封地委整社办公室：《东明县委关于城关、陆圈两个公社改造三类队第一步情况的简报》（1960年5月15日），开封市档案馆藏，档案号：22-1-3。
② 即《中共中央关于农村社会主义教育运动中一些具体政策的规定（草案）》，1963年9月。
③ 中华人民共和国国家农业委员会办公厅：《农业集体化重要文件汇编（一九五八——九八一）》下册，第698页。
④ 1964年9月18日，《中共中央关于印发〈农村社会主义教育运动中一些具体政策的规定〉（修正草案）的通知》指出："民主革命不彻底的地区，都必须认真地进行民主革命的补课工作。在土地改革时候漏划了的地主、富农，必须清查出来。"参见中华人民共和国国家农业委员会办公厅《农业集体化重要文件汇编（一九五八——一九八一）》下册，第728页。
⑤ 《张君墓公社杜庄、王庄二个三类队开展斗争情况的报告》（1960年5月24日），兰考县档案馆藏，档案号：1-8-142。

部，地富分子们则是由于"漏网"、篡夺领导权，或腐蚀干部、破坏集体生产而挨斗。

沈丘县白集公社东明湖大队，"在斗争地主徐刘氏时，一场会议就有6人现身说法。斗争地主徐顺宽时，他老婆也揭发他破坏食堂。他老婆上河工后，他领半月的饭，经常装病不生产"。通过"对敌斗争"，最后"人民的政权又回到人民手里了"，"这是我们的二次大翻身"。①东明县陆圈公社于潭砦大队，"在斗争会议上，佃户出身的生产队长于双河说：'过去认为地主养活穷人，今天才知道是穷人养活了地主。'"②这些斗争会所使用的语言，如"翻身""穷人养活了地主"等，也是当年土改时期用过的。

第三步，清理"不纯分子"，纯洁干部队伍。

斗争过后，接着就是对"敌人掌权"问题进行清理，重建基层乡村政权。而那些在"斗争中证明自己是忠诚的和有效的积极分子将被吸收进中国共产党"。③

兰考县南彰公社虎羊砦大队，"在干部中共挖出阶级敌人3名，资本主义分子5名。经过辩论和斗争，推夸[垮]了资本主义分子的威名和敌人的嚣张气焰。并依法请示逮捕的1名，农村管制生产的3名，经过斗争或辩论撤销职务的13名（其中大队会计1名，副大队长1名，生产队长3名，会计2名，事务长5名）。同时通过斗争的考验，培养和锻炼一批新的贫农和下中农的积极分子，充当了领导"。④沈丘县"通过查挖打击了五类敌人，清除了不纯分子，纯洁了干部队伍，现已处理69人，其中开除25人、撤职29人、法判13人、拘留2人，其他未处理已停职反省203人。同时，在斗争中注意培养骨干，应配大队干部620人，已配437，小队干部应配549人，已配430人"。⑤柘城县胡襄公社胡襄大队，"在运动中，共撤职犯有各

---

① 《中共沈丘县委关于农村整风整社初步总结报告》（1960年6月11日），开封市档案馆藏，档案号：2-11-467。
② 开封地委整社办公室：《东明县委关于城关、陆圈两个公社改造三类队第一步情况的简报》（1960年5月15日），开封市档案馆藏，档案号：22-1-3。
③ 麦克法夸尔、费正清主编《剑桥中华人民共和国史》下卷，中国社会科学出版社，1992，第652页。
④ 《关于富裕中农掌权三类大队的报告》（1960年6月21日），兰考县档案馆藏，档案号：1-8-131。
⑤ 《中共沈丘县委关于农村整风整社初步总结报告》（1960年6月11日），开封市档案馆藏，档案号：2-11-467。

"四清"的前奏：1960年河南省开封专区"改造三类队"研究

种错误的大小队干部33人（大队干部2人，生产队干部31人）。其中，属于漏网地富成分的4人，反革命分子1人，坏分子7人，贪污分子14人，严重违法乱纪的4人，蜕化变质的1人，富裕中农2人。除对这些直接当权派，分别予以批判斗争和依法惩处外（已捕3人），并对背后掌权的地富9人，反动富裕中农12人也分别进行了批判和斗争"。①这样，土改时期依靠政治斗争来发现和提拔基层干部的做法，在"改造三类队"运动中得以继承。通过清理"不纯分子"和提拔积极分子，乡村基层干部队伍在此番运动中经历了一次新陈代谢。

随着运动的深入，各县不断向开封地委呈送有关农村"三类队"阶级斗争形势尖锐的材料。笔者对此做了简单的归类，大致有如下几种。

一是"地富反坏分子篡夺领导权"。兰考县固阳公社"岳砦大队阶级异己分子汪好臣自幼过着不劳动的剥削生活，解放前全家五口人均不参加劳动，将土地45亩租给贫农耕种，剥削达14年，实属地主成分。而汪在土改时收买其叔父农会会长，对其包庇，划为中农成分。在58年又将其地主成分隐瞒混入党内，后任该大队治安主任，在工作中拉拢包庇敌人。从今年元月以来，利用职权给反坏分子汪小二、李明扬等六人私开证明到开封、西安等地流窜，破坏社会秩序安定和生产建设，同时以阶级报复吊打贫农社员4名"。②沈丘县"石槽公社童庄大队陈庄小队，地主徐才九抓住小队长王福成多吃多占的弱点，趁机打酒买菜，经常与干部吃喝，并到界首给王买洋车一辆，骗取领导信任，窃取队内会计职务。王又私自当众给徐摘掉地主帽子，并让其女儿任妇女队长"。③柘城县胡襄公社查出"漏网地富48户"，"胡襄大队老龙固堆生产队漏网地主李念典，竟当上了该公社管委副主任兼大队党支书"。④

二是"干部蜕化变质"。沈丘县"范营公社刘花园大队支书李成太虽系贫农成分，58年以来思想蜕化，多吃多占，59年整社算账并未改变，又多

---

① 地委整社办公室：《中共柘城县委整社办公室关于胡襄公社改造三类队组织验收情况报告的通报》（1960年8月15日），开封市档案馆藏，档案号：22-1-3。
② 《中共兰考县委员会关于固阳公社在整社工作中对于干部处理情况的报告》（1960年6月24日），开封市档案馆藏，档案号：2-11-468。
③ 《中共沈丘县委关于农村整风整社初步总结报告》（1960年6月11日），开封市档案馆藏，档案号：2-11-467。
④ 《中共柘城县委关于漏网地富意见的报告》（1960年5月20日），开封市档案馆藏，档案号：2-11-467。

占公款 101 元。勾结地主搞投机生意,获取暴利 1200 元,贪污贿赂 341 元"。①兰考县"张君墓公社杜庄大队支书梁文俊贫农成分","立场不稳,和地、富、反、坏分子不分家"。1959 年梁文俊收留"反革命分子"杜彦会,"叫杜任造纸厂厂长","又调杜的儿子,杜现生到西队担任民兵连长,又叫地主焦红勤任副业股长、保管会计,流氓丁存意任副业会计,地主赵广龙任窑业负责人,地主三青团员倪顺德专门领导运输……被管制分子李生春任菜园负责人"。"梁私自贪污大队 30 余斤粮食,贪污病号白面 40 斤,挪用公款 100 元。"②

三是"富裕中农的资本主义活动"。郸城城关公社李庄大队,"富裕中农掌握正[整]个大队领导后,资本主义思想到处泛滥,抵触国家的各项政策。郑州会议的精神拒不执行,不按国家计划种植,国家分给他 600 亩芝麻的播种任务,他只种 300 亩,800 亩棉花,只种 600 亩。并大搞投机生意,大队隐瞒 1900 斤芝麻榨油卖,20 个生产队有 9 个套购贩卖粮食"。③沈丘县冯营公社"童庄大队副支书童志刚,系富裕中农成分,工作一贯消极,抵触粮食统购统销政策。在童庄小队工作(时),59 年春季需征 53000 斤,仅完成 32000 斤,喊叫说透底了,群众没啥吃"。④兰考县"爪营公社南北庄大队支书赵兴文、生产队长崔明军支持五类分子崔黄眉大搞资本主义活动,做投机生意。贩卖菜籽谋取暴利 1800 元,买自行车 1 辆,手表 3 支,贩被面 4 个,被单 6 条,以物资拉拢的手段将东西送给干部,企图继续大搞资本主义活动"。⑤

四是"干部领导能力弱"。沈丘县"领导能力弱或党员之间不团结、形不成领导核心的 13 个大队,132 个小队。冯营公社西赵楼大队支书赵续昌工作踏实但能力弱,个人没主见,开会常找别人代替讲话,60 年全队 100

---

① 《中共沈丘县委关于农村整风整社初步总结报告》(1960 年 6 月 11 日),开封市档案馆藏,档案号:2-11-467。
② 《中共兰考县委关于三类队中蜕化变质分子情况的报告》(1960 年 6 月 8 日),兰考县档案馆藏,档案号:1-8-131。
③ 开封地委整社办公室:《郸城城关公社李庄大队是怎样由一类队变成三类队的报告》(1960 年 7 月 30 日),开封市档案馆藏,档案号:22-1-3。
④ 《中共沈丘县委关于农村整风整社初步总结报告》(1960 年 6 月 11 日),开封市档案馆藏,档案号:2-11-467。
⑤ 《中共兰考县委员会关于对富裕中农批判斗争作法的报告》(1960 年 6 月 8 日),开封市档案馆藏,档案号:2-11-467。

余亩春红薯该种未种"。①

上述各县汇报材料中所举事例,在当时情况下难免有夸大的成分,但也确实反映出干部作风存在问题。官僚主义、贪污多占、吊打社员等,用现在眼光看也很难做出正面的评价。不过诸如减少经济作物的种植、套购贩卖粮食、抵制统购统销等,都是在饥荒背景下基层干部采取的求生手段,是出于对本地村民的保护,也是对当时不合理的农村政策的一种反弹,本不应受到指责。但在"改造三类队"运动中,这些都成了他们"走资本主义道路"的罪状。另外可以明显看出,各县基本是按照既定的框架,在农村中寻找合乎上级要求的"不同类型的三类队"样本。这种情形也出现在了随后的"四清"运动中。②何以会出现此种情况?原因在于高度集中的政治体制和干部任命制度,使干部在向上级汇报工作时,往往迎合领导意志,有选择地收集材料以证明现行政策的正确性。这就导致农村的实际情况难以被上级所掌握,加大了高层纠正政策失误的难度。

综上所述,"改造三类队"基本上是按照土改时期的阶级斗争经验进行的,当年发明的各种动员和斗争方法,在此次运动中又被采用,体现了"民主革命不彻底"所进行的"补课"。然而与土改时期斗地富、分田地不同,这次要解决的是"敌人掌权"③问题,且运动中有了"资本主义分子""敌人当权派"的说法④,联系毛泽东天津会议讲话中关于"资本主义道路和社会主义道路两条道路的斗争"是"我们这个社会主要矛盾"的精神,所谓"走资本主义道路当权派"的提法已经呼之欲出。而这个新形势下阶

---

① 《中共沈丘县委关于农村整风整社初步总结报告》(1960年6月11日),开封市档案馆藏,档案号:2-11-467。
② "四清"运动中,各地向中共中央汇报了许多虚假的材料,以证明毛泽东"农村中阶级斗争形势尖锐"的判断。郭德宏指出:"(这)反过来又促进了毛泽东和中共中央对阶级斗争形势的估计,使他们对阶级斗争形势的估计更加严重。因此,当时中共中央对阶级斗争形势的估计越来越严重,是上下互相推动的结果。"参见郭德宏《"四清"运动中中共中央对阶级斗争形势估计越来越严重的原因》,《党史研究与教学》2010年第6期。
③ "敌人掌权"说法,参见《张君墓公社杜庄、王庄二个三类队开展斗争情况的报告》(1960年5月24日),兰考县档案馆藏,档案号:1-8-142。另参见《省委农村工作部崔光华副部长关于在农村开展三反运动试点座谈会议总结》(1960年8月1日),开封市档案馆藏,档案号:22-1-1。
④ 开封地委整社办公室:《柘城县委关于改造三类队的经验报告》(1960年5月24日),开封市档案馆藏,档案号:22-1-3。

级斗争的主要对象，恰是被其后"四清"运动所确认的。①

三 "改造三类队"运动的验收

经过5月、6月两个月的运动，进入7月，"三类队改造"的验收工作提上了日程。7月中旬，中共开封地委在商丘召开会议，强调："改造三类队是解决敌我矛盾问题，是一场尖锐复杂的阶级斗争。"②会议提出了"三类队"改造达标的五条标准："1. 贫农，新、老下中农和积极分子发动100%，群众发动到90%以上；2. 彻底打倒敌人，给漏网地富戴上帽子；3. 彻底批判富裕中农资本主义思想；4. 提高群众社会主义觉悟，培养大批贫农，新、老下中农积极分子，树立贫农，新、老下中农的绝对领导优势，培养一批党团员对象；5. 制定出改变三类队经济面貌规划。"③从这五条来看，突出的还是"阶级斗争要搞彻底"这一主题。地委要求各县按此标准对"三类队"进行验收，合格的要立即转入"三反"。于是，就如同土改后期的"复查运动"一样，④开封专区又接着开展了"验收三类队运动"。

永城、商丘等5县市在"三类队改造"结束以后，抽调县社干部463人，组成了56个验收工作组开展工作。永城县在验收前，"将县和公社的验收人员集中起来进行学习"。杞县为了节省时间，采取了"公社普遍验收，县里只验收好坏两头"的办法。商丘市部分公社为了能够进一步发动群众，采取了"在县和公社验收组的帮助下，运用社员代表会验收"的方法。⑤

柘城县派出县、社工作组79人，进驻胡襄公社"三类队"进行检查。

---

① 1965年1月4日，中共中央关于《农村社会主义教育运动中目前提出的一些问题》（即"二十三条"）正式确认："这次运动的重点，是整党内那些走资本主义道路的当权派。"参见中华人民共和国国家农业委员会办公厅《农业集体化重要文件汇编（一九五八——九八一）》下册，第821页。
② 地委整社办公室：《地委整风整社办公室关于地委商丘会议贯彻情况简报》（1960年7月29日），开封市档案馆藏，档案号：22-1-3。
③ 《中共兰考县委关于继续彻底改造三类队的意见》（1960年7月18日），兰考县档案馆藏，档案号：1-8-142。
④ 土改后期各地都有一个总结阶段，中南、西南称为"土改复查"，华东称为"结束土改"，西北地区叫作"总结土改"。
⑤ 地委整社办公室：《地委整风办公室关于永城、柘城等五个县市改造三类队验收座谈会议报告》（1960年8月12日），开封市档案馆藏，档案号：22-1-3。

验收组采取了"县、公社工作组、大小队干部和贫下中农代表四结合"的方法,县委概括其为"六查、六看、六站队",即"1.查三类队改造程度,看敌人是否打击彻底,进行深、透、臭站队;2.查阶级政策执行情况,看群众发动程度,进行贫下中农当家做主站队;3.查富裕中农反动言行,看活动表现,进行批判程度站队;4.查培养新生力量,看思想工作立场,进行类型站队;5.查三类队经济发展情况,看收入项目,进行计划措施站队;6.查生产、生活、看变化,进行管理好坏站队"。①

通过验收检查,各地汇报了一些新情况:"经过改造三类队,有的地主被斗后,他的孩子把住门不叫进屋,说:'你是个坏家伙,我们不给你一家。'"②有的大队呈现"贫下中农当家作主的多""干部深入生产的多""劳动出勤多"等"新气象"。③ 不足之处在于斗争还不够彻底:"据永城、民权、柘城、杞县四个县统计,2248个斗争对象,原来都汇报已经斗争结束。经过这次验收发现,没有斗服的还有85人,尚有79人该斗未斗。永城鄠城公社下桥大队漏网地主周金鼎说:'我早晚不把胡庆年(斗争他的积极分子)杀死就不解恨!'"④"由于有的三类队改造工作组本身犯有阶级立场错误,又造成个别不纯干部上台。陈庄大队冯油庄生产队汤其思(漏网富农),现在虽已下台,但仍在背后掌权。陈庄村富裕中农刘玉堂装疯卖傻,在大街上公开说:'过去我几十亩地、两头大牛,现在弄的一点也没有,房子几个大窟窿,这算啥?'工作组李主任对他进行批评,而刘竟手持铁叉把李主任腿上扎的流血。"⑤这些都被解释为尖锐的阶级斗争。

进入8月中旬,"改造三类队"工作组里的许多干部经过整个夏季的工作,"产生了厌倦情绪,想草率收兵,有的几次向县委要求回机关工作"。但开封地委不敢贸然结束运动。于是,要求各县"仿照永城的办法,将工作组干部在家的职务免去,下放到三类队任职工作。对已经结束的三类队

---

① 地委整社办公室:《中共柘城县委整社办公室关于胡襄公社改造三类队组织验收情况报告的通报》(1960年8月15日),开封市档案馆藏,档案号:22-1-3。
② 地委整社办公室:《地委整风办公室关于永城、柘城等五个县市改造三类队验收座谈会议报告》(1960年8月12日),开封市档案馆藏,档案号:22-1-3。
③ 地委整社办公室:《中共柘城县委整社办公室关于胡襄公社改造三类队组织验收情况报告的通报》(1960年8月15日),开封市档案馆藏,档案号:22-1-3。
④ 地委整社办公室:《地委整风办公室关于永城、柘城等五个县市改造三类队验收座谈会议报告》(1960年8月12日),开封市档案馆藏,档案号:22-1-3。
⑤ 地委整社办公室:《中共柘城县委整社办公室关于胡襄公社改造三类队组织验收情况报告的通报》(1960年8月15日),开封市档案馆藏,档案号:22-1-3。

进行细致的检查验收。对新挖出来的28个三类大队和172个三类小队,及时加派力量进行改造"。①

到了9月下旬,开封专区的"改造三类队"运动基本结束。地委监委书记耿化五在9月22日总结指出:"全区在732个三类大队和7138个三类小队中,打倒了敌人,批判了以富裕中农为代表的资本主义思想,树立了贫农、新老下中农的绝对领导优势。经过检查验收,75%符合省地委提出的五条标准,20%基本符合,5%的队不符合,要重新组织力量进行工作。在这个胜利的基础上,有484个生产大队转为整顿工作作风,开展了'三反'运动。"②10月中旬,中共河南省委书记吴芝圃在东明县视察时,谈及开封专区三类队改造工作,指出:"这是个阶级斗争问题。阶级斗争搞得好,贫农、下中农真正掌握领导权,是个带根本性的问题。没有这一条,什么事情都搞不好。至于在改造三类队中,在方针、政策上出了一些问题,打击面稍宽了一点,那是由于缺乏经验形成的……改造三类队的成绩是主要的。"③此为当时省、地两级对这一运动的评价。

结 论

河南省开封专区的"改造三类队"运动是在"大跃进"后期农村困难形势加剧的背景下开展的,其指导思想为"民主革命和社会主义革命补课",亦即阶级斗争的继续之意,矛头主要指向农村的基层干部。我们知道,人民公社化运动时期,随着国家权力空前深入地介入农村,对乡村社会实行全控型治理,基层干部几乎掌控了农村的一切经济政治资源,支配了农民生产生活的方方面面,无限扩大而又难以受到有效监督的权力就为他们犯错提供了土壤。在"大跃进"的情势下,一些大权在握的基层干部积极执行上级的"左"倾政策,"共产风"、浮夸风、强迫命令等"五风"问题不免大量涌现,使干群矛盾向白热化的程度发展。可以说干部"五风"的生成,有其自身素质不高的原因,但更多的是大公社制度及"大跃进"

---

① 地委整社办公室:《地委整风办公室关于永城、柘城等五个县市改造三类队验收座谈会议报告》(1960年8月12日),开封市档案馆藏,档案号:22-1-3。
② 《地委第90次电话会议记录——耿化五同志关于农村"三反"问题的指示》(1960年9月22日),开封市档案馆藏,档案号:2-11-418。
③ 《吴芝圃同志在东明县委会议上的谈话纪要》(1960年10月16日),开封市档案馆藏,档案号:2-11-430。

政策所导致的。在"改造三类队"运动中,以地富反坏分子、阶级异己分子的名义对他们进行批判斗争,不仅不完全符合事实,也体现了当时政策制定者阶级斗争思维的局限性。

另外,通过上文对开封专区"改造三类队"运动的考察,我们不难发现农村的整风整社与此前的土改、此后的"四清"运动之间存在诸多相似之处。

(1) 整风整社与土改。土改中的一些基本程序和动员手段,在开封专区"改造三类队"运动中得到了全面延续和发展,如工作组进驻;检查社队阶级状况;通过开会和访谈等形式发动群众;培养积极分子;确定打击对象;开展诉苦斗争;清理"不纯分子",提拔积极分子,重建基层政权。土改时期划分各村类型并规定比例的做法在开封专区"改造三类队"中继续存在。在土改的疾风暴雨中,地主、富农以阶级敌人的身份出现在村庄政治的舞台上,充当村民怨气的发泄对象。而阶级斗争的弦在农村整风整社中再度绷紧时,地富虽仍遭批斗,但已不是主角,滥权的乡村基层干部成为群众运动的主要斗争对象。

(2) 整风整社与"四清"。"走资本主义道路当权派"这一"四清"时期的重要概念,其提法的雏形在1960年的"改造三类队"中就已出现。两者都是中央决策层对农村基层管理中存在的问题做了阶级化的分析后开展的,主观上首先认定某种"存在",而后找具体"事实"加以验证。在中共压力型政治体制下,上下联系中单向信息流动的现象不断加重,"下级官僚争相以'比革命导师更革命'的姿态,过火地推行中央的政策,以向中央表忠输诚"。①由此使毛泽东对阶级斗争形势的判断持续升级。

举例来说,由于"改造三类队"未能有效缓解农村危机,1960年11月初,中共中央发布了"十二条",开展了更大规模的整风整社运动。根据各地提供的失真汇报,毛泽东满意地看到自己的思想在实践中获得了证明。1961年1月9日,他在中共中央政治局常委扩大会议上说,前年庐山会议,没有意识到有20%的县、社、队会烂掉,被篡夺了领导权。在"三类社"不能依靠原来的干部来整风,这些人是"假共产党、真国民党"。② 18日,他又在中共八届九中全会上强调要做调查研究,说几年来调查研究较少,对情况不甚了解,譬如农村中地主阶级复辟问题,不是我们有意给他挂上

---

① 杨大利:《大跃进与当代中国》,《二十一世纪》1998年8月号,第48期。
② 中共中央文献研究室编《毛泽东年谱(1949—1976)》第4卷,第521页。

这笔账,而是事实如此。他们打着共产党的旗子,实际搞地主阶级复辟。在出了乱子以后,我们才逐步认识到农村中的阶级斗争是地主阶级复辟。凡是三类社队大体都是与反革命有关系。他还尖锐地指出:"我们党内也有代表地主阶级、资产阶级的。"值得注意的是,他把各地"领导权落到敌人手中"的情况,判断为"大约百分之二十左右烂掉了"。①这就比头年4月中央监委认为"基层组织严重不纯""一般占10%左右"的比例增加了一倍,阶级斗争扩大化了。随着各地报告的不断递进,毛泽东和中共中央对国内阶级斗争问题的敌情判断继续升级。②1963年6月4日,毛泽东同外宾谈话时说:"我们农村经过几次整顿,总是整不好,现在找出原因了,一是过去土改不彻底,领导权并不真正在共产党手里。二是有些共产党人起了变化,名为共产党,实际上不是了。"③于是,进一步在农村开展社会主义教育运动(即"四清")势在必行。

由上可见,整风整社实际上成为继土改之后,中共"以阶级斗争为纲"乡村治理逻辑的又一重大实践,也是此后"四清"运动的模板和前奏。

---

① 《毛泽东在中共八届九中全会上的讲话》(1961年1月18日),参见薄一波《若干重大决策与事件的回顾》下卷,中共中央党校出版社,1993,第1116—1117页。关于"百分之二十左右烂掉"的判断,还可见1960年12月23日,中共中央政治局常委听取各中央局汇报农村整风整社情况时,毛泽东插话说,就全国来说,按县、社、队为单位排队,大体是三、五、二的比例,即百分之三十是好的,百分之五十是中间的,百分之二十是坏的。在坏的中间,有若干单位领导权被人家拿去了[中共中央文献研究室编《毛泽东年谱(1949—1976)》第4卷,第498—499页]。当时毛虽说了"百分之二十是坏的",但又说"在坏的中间,有若干单位领导权被人家拿去了"。可是在过年后的1月9日,他的讲话便成了"前年庐山会议,没有意识到有百分之二十的县、社、队会烂掉,被篡夺了领导权"。(同前注)这里的所谓"百分之二十"已经是全部"被篡夺了领导权"并"烂掉"了,说明他对阶级斗争形势的判断愈加严重。

② 在做出"百分之二十左右烂掉了"的估计时,毛泽东的脑际就出现过情况可能更坏的想象,1960年11月15日,他在中央机关抽调万名干部下放基层情况的报告上批示:"全国大好形势,占三分之二地区;又有大不好形势,占三分之一地区。"[中共中央文献研究室编《毛泽东年谱(1949—1976)》第4卷,第479页]及至"四清"运动开展,"三分之一"的"大不好形势",又具体严重化为"现在在农村还有近三分之一的生产队掌握在敌人及其同盟者的手里"(转引自丛进《曲折发展的岁月》,河南人民出版社,1989,第533页)。这一判断后来被刘少奇、周恩来等中共中央其他领导人认同,成为"四清"运动的重要依据。

③ 转引自张素华《60年代的社会主义教育运动》,《当代中国史研究》2001年第1期。

专题研究

中央红军长征转进黔北前大量减员原因分析

邹 铖[*]

摘 要 中央红军长征从赣南转进黔北期间出现大量减员。赣南出发时全军达86000余人，遵义会议清点时仅有37000人。导致减员的因素很多，战斗减员最容易被人想到。不过，战斗减员并不在减员中占比最大，反而是以士兵开小差与掉队等为主要原因的非战斗减员事实上占比更高。以农民为主体的士兵的乡土意识、伴随长途跋涉而至的疲劳、给养不足与患病等诸多因素促成了这一结果，这也提示着我们具体历史场域中总是充满曲折和复杂。

关键词 中央红军 长征 减员 开小差 掉队

1934年秋，第五次反"围剿"失败，中央红军主力踏上长征路途。长征，是一场异常艰难的进军，红军付出了相当大的代价。其中，中央红军从赣南转进黔北期间巨大减员，尤为引人注目。

据中革军委统计，截至1934年10月8日，准备突围西进的中央红军各军团及军委两个纵队一共有77159人。按计划，中革军委准备给各军团再补充9700人，令全军最终达到86859人。[①] 10月13日，中革军委电令各军团接收一批新补充团。[②] 因此，从赣南出发开始长征时，中央红军全军应达

---

[*] 华东师范大学历史系2013级博士研究生。
[①] 《野战军人员武器弹药供给统计表》（1934年10月8日），中国人民解放军历史资料丛书编审委员会编《红军长征·文献》，解放军出版社，1995，第82页。
[②] 《朱德关于各补充团正式拨给各兵团管辖并负责训练的指示》（1934年10月13日），中国人民解放军历史资料丛书编审委员会编《红军长征·文献》，第66—67页。

147

到 86000 余人。而据《红军长征·综述、大事记、表册》所载，遵义会议期间进行清点时，中央红军仅余 37000 人。① 用中央红军赣南出发时总人数，减去遵义会议清点时人数，得出中央红军这一时期减员达到近 50000 人。

但事实上，近 50000 人这一减员统计数字，仍与中央红军这一时期的真实减员情形存在一定差距。这是因为，用赣南出发人数减去遵义清点人数来计算减员人数，忽视了两个重要因素。其一，中央红军在遵义休整期间扩补了新兵 3000 人，② 而遵义会议清点时的统计数字很可能包括了这些新兵。其二，中央红军在行军途中扩补之新兵数被忽略。虽然现有材料无法提供中央红军行军中扩兵总数，但据长征亲历者留下的各种材料推算，数量当属不少。据红一军团第十五师师长彭绍辉日记所载，该师经过粤汉铁路时"争取五六百名新兵"，经过湘江东岸时又扩充了 120 余名新兵。③ 据红一军团第一师第三团总支书记肖锋日记所载，该团在粤汉铁路附近扩兵 300 余人，第一师与第二师在临武境内扩兵 300 余人。④ 另据时任红三军团政委杨尚昆回忆，第六师在宜章"扩大红军四五百人"。⑤ 以上所列数据，仅是中央红军行军途中展开较大规模"扩红"活动的成果。若再加上各部每天进行的零星"扩红"数，扩兵总数定还有相当增加。⑥ 所以，在这一时期，中央红军减员数必然超过 50000 人。

对于造成中央红军这一时期如此巨大减员的原因，既有研究或一笔带过，或强调战斗伤亡。只是，坚持战斗伤亡为中央红军减员主要原因的论者，并没有拿出足够的史料支撑其观点。⑦ 有鉴于此，本文尽可能充分结合国共双方军事档案、时人日记以及回忆材料，对中央红军这一时

---

① 中国人民解放军历史资料丛书编审委员会编《红军长征·综述、大事记、表册》，解放军出版社，1989，第 267 页。
② 陈云：《关于红军长征和遵义会议情况的报告》（1935 年 10 月 10 日），中共中央党史研究室第一研究部编译《联共（布）、共产国际与中国苏维埃运动（1931—1937）》第 16 册，中共党史出版社，2007，第 756 页。
③ 彭绍辉：《彭绍辉日记》，解放军出版社，1988，第 45、48 页。
④ 肖锋：《长征日记》，上海人民出版社，1979，第 14—15 页。
⑤ 《杨尚昆回忆录》，中央文献出版社，2001，第 109 页。
⑥ 关于中央红军长征途中零星"扩红"的情况，肖锋在日记中多有记录。可见肖锋《长征日记》，第 5、12、15、17、19、28—30 页。
⑦ 强调战斗减员的研究成果，可见王健英《中央红军长征途中损失惨重剖析》，《红军史疑难考辨》，中共党史出版社，2009，第 195 页。

期大量减员的原因,展开进一步分析与讨论,以期深化对这一问题的认识。

一 中央红军长征转进黔北前战斗减员有限

1934年夏以来,随着国民党中央军对中央苏区的包围圈愈收愈紧,中央红军基本丧失了从内线打破第五次"围剿"的可能性。迫不得已,中央红军主力在10月中旬从赣南突围西进,并于次年1月初到达黔北。在此期间,为阻止中央红军西进,国民党中央军和粤、湘、桂省地方实力派调集重兵,沿途展开围追堵截。所以,中央红军到达黔北之前,确在一些地域与国民党军进行过激烈的战斗,人员出现大量伤亡。如在突破国民党军第四道封锁线的湘江之战中,担任侧翼阻击的红一军团牺牲2000余人,红三军团伤亡4000余人,担任后卫的红五军团第三十四师约2000人被隔断在湘江东岸,或牺牲,或被打散。[①]不过,整体而论,中央红军从赣南突围入黔北的进军历程却显现为另一幅图景。

对国民党粤、湘、桂三省地方实力派而言,中央红军突围西进后落脚其地盘的可能性很低。在粤系眼中,广东濒临大海,回旋余地小,中央红军入粤可能性不大。[②]湖南地方实力派何键在1934年9月初判断,红六军团西进意图为"渡过湘水,窜入川黔",[③]"赣东南方面大股赤匪,将来万一西窜,亦必要经过这条路线"。[④]桂系对中央红军西进目的地的估计与何键

[①] 中国工农红军第三军团史编委会编《中国工农红军第三军团史》,国防大学出版社,1992,第330-331页;灌阳县志编委办公室编《灌阳县志》,新华出版社,1995,第525页;全州县志编纂委员会编《全州县志》,广西人民出版社,1998,第7页。

[②] 曾其清:《李扬敬进攻筠门岭红军内幕》,广州市政协文史资料研究委员会编《南天岁月——陈济棠主粤时期见闻实录》,广东人民出版社,1987,第383页。李宗仁亦回忆道:"就战略的原则来说,中央应自四方筑碉,重重围困,庶几使共军逃窜无路,整个就地消灭。如不得已要网开一面,也应将缺口开向闽、粤两省,把共军驱至沿海一带加以消灭。"[李宗仁:《堵截红军,防蒋入桂》,中国人民政治协商会议全国委员会文史资料委员会《围追堵截红军长征亲历记》编审组编(下文简称"全国政协'亲历记'编审组编")《围追堵截红军长征亲历记》(上),中国文史出版社,1991,第128页]

[③] 《何键在扩大纪念周中演讲(节录)》(1934年9月3日),中国第二历史档案馆、湖南省档案馆编《国民党军追堵红军长征档案史料选编·湖南部分》,档案出版社,1991,第25页。

[④] 《何键在扩大纪念周中报告(节录)》(1934年9月10日),中国第二历史档案馆、湖南省档案馆编《国民党军追堵红军长征档案史料选编·湖南部分》,第29页。

基本一致，即红军进入川、黔两省公算为多。① 而且，粤、湘、桂三省地方实力派深知，中共武装的存在，能够对实力强大、志在完成统一的蒋介石形成有力牵制，完全没有必要全力助蒋"剿共"。蒋介石爱将陈诚在回忆录中直言，第五次"围剿"中央苏区期间，粤、湘两省地方实力派出工不出力："江西东面的福建，十九路军驻入以前，政府素乏经营，十九路军驻入以后，即逐渐经营，为政府之患。江西南面的广东，形同割据，反抗中央，固已匪伊朝夕。江西西面的湖南，与政府同床异梦，于共党亦无所害。故共党据赣南，所虑者北面耳。"② 与蒋介石矛盾极深的桂系首领白崇禧，则在湘江之战前明确告诉部下："老蒋恨我们比恨朱毛还更甚……管他呢，有匪有我，无匪无我，我为什么顶着湿锅盖为他造机会？不如留着朱毛，我们还有发展的机会。"③因此，粤、湘、桂三省地方实力派从自身利益出发，没有以全力堵截中央红军西进。

长征前夕，中央红军与粤系达成"让路"协定。长征开始后，粤系迅速撤收军队，开放从赣南至粤北乐昌一带的道路，并严令下属："敌不向我射击，不准开枪；敌不向我袭击，不能出击。"④与此同时，中革军委也命令各部："当粤军自愿的撤退时，我军应勿追击及俘其官兵。"⑤在双方都保持"克制"的情况下，自然不会发生大的战斗。据担任中央红军前卫的红一军团第一师政委赖传珠日记所记，该师自10月21日从中央苏区突围西进，至11月10日突破国民党军第三道封锁线期间，仅在10月21日与22日与粤军交战，迅速将敌击溃；11月2日与6日与敌军有接触。⑥ 担任中央红军后卫的红五军团第十三师师长陈伯钧日记所记内容与赖传珠日记基本一致。该部自赣南出发后，直至11月2日才与敌军有接触，且"敌之行动根本不积

---

① 刘斐：《不拦头，不斩腰，只击尾的"送客"方针》，全国政协"亲历记"编审组编《围追堵截红军长征亲历记》（上），第133页。
② 陈诚：《陈诚先生回忆录——国共战争》，台北，"国史馆"，2005，第19页。
③ 汤垚：《红军长征中白崇禧"开放"湘桂边境的内幕》，马继善主编《曙前之路——红军长征在湖南》，岳麓书社，1996，第491页。
④ 秦庆钧：《严应鱼夜述与红军谈判的经过》，黄若天：《红军长征时陈济棠部队动向的片段回忆》，广州市政协文史资料研究委员会编《南天岁月——陈济棠主粤时期见闻实录》，第424、429页。
⑤ 《中革军委关于我方正与广东谈判让出西进道路，如粤军自愿撤退我军应勿追击的指示》（1934年10月26日），中国人民解放军历史资料丛书编审委员会《红军长征·文献》，第108页。
⑥ 赖传珠：《赖传珠日记》，人民出版社，1989，第3—5页。

极"。① 也正因如此，当时负责同粤系谈判的何长工事后评价道："我们和陈济棠的代表停战谈判所达成的几项协议，他还是信守的。"② 中央红军进入湘南后，粤系虽然出兵一部跟追，但两军之间始终保持相当距离，并未出现战斗。③

桂军负责守卫湘江防线全（州）、兴（安）段。为避免正面堵截中央红军西进而过度损耗并不算雄厚的实力，在湘江之战中，桂系不但把湘江防线全、兴段守军调离，让开正面而取侧击之势，而且，侧击亦非全线展开，仅仅于湘江东岸灌阳一带发动攻势，西岸兴安一带则取守势，即打尾不打头，以促中央红军快走。④ 湘江之战后，桂系虽以所部第七、十五两军编组追击部队，但战斗规模有限，多属游击战骚扰性质。⑤ 中央红军离开广西地境后，桂军停止追击。

湘军虽从第二道封锁线起参加堵截中央红军的战斗，并跟追入黔，但亦少与中央红军大战。在湘江之战前，与中央红军交战的湘军部队为第十五师、第二十三师与第六十二师。其中，第六十二师于汝城堵截并跟追中央红军至郴州。据"追剿"报告书记录，该师11月2日、3日、4日、5日、6日、12日、13日同中央红军交战，伤亡人数分别为12人、45人、134人、2人、79人、83人、123人，总计478人。⑥ 第十五师于郴州堵截并跟追中央红军入桂。但是，在郴州仅以游击战骚扰中央红军掩护部队，故伤亡人数应不多。而跟追中央红军由湘南入桂期间，战斗伤亡亦不大。11月15日、16日及23日，该师于万会桥、宜章近郊、下灌与中央红军交战，伤亡数分别是20余人、数人、100余人。⑦ 与第十五师情况类似，第二十三师亦从郴州跟追中央红军入桂，发生数次小规模战斗，伤亡数比较有限，

---

① 陈伯钧：《陈伯钧日记·文选》（上），中国财政经济出版社，2001，第157页。
② 何长工：《何长工回忆录》，解放军出版社，1987，第329页。
③ 李悦仁：《陈济棠的"保境安民"令》，全国政协"亲历记"编审组编《围追堵截红军长征亲历记》（上），第103页。
④ 刘斐：《不拦头，不斩腰，只击尾的"送客"方针》，全国政协"亲历记"编审组编《围追堵截红军长征亲历记》（上），第132—133、135—136页。
⑤ 王平：《王平回忆录》，解放军出版社，1992，第74—75页。
⑥ 《陆军第六十二师追剿朱毛匪经过报告书》（1934年10—11月），中国第二历史档案馆编《国民党军追堵红军长征档案史料选编·中央部分》（上），档案出版社，1987，第130—134页。
⑦ 《陆军第十五师湘南追堵红一方面军战斗详报》（1934年11月8日—12月18日），中国第二历史档案馆、湖南省档案馆编《国民党军追堵红军长征档案史料选编·湖南部分》，第244、246、249页。

为200余人。① 在湘江之战中，湘军以第十六师、补充总队及第六十三师第一八八旅，沿全兴公路向红一军团阻击部队发动攻击。其中，攻击主力第十六师在11月29日至12月1日的战斗中伤亡1237人。② 补充总队与第六十三师第一八八旅在11月29日、30日仅是策应、掩护第十六师。直至12月1日，补充总队才真正进入战斗，伤亡120余人。③ 因此，湘军在湘江之战中的伤亡总数很可能为1400人左右。④ 在湘江之战后展开的湘西"追剿"中，湘军第十六师、第十九师、第六十二师及第六十三师同中央红军交战。不过，现有资料仅能提供第十六师与第六十二师的伤亡人数。第十六师12月13日、14日、15日、16日在绥宁、通道与中央红军交战，伤亡数分别为21人、34人、79人、79人，总计213人。⑤ 第六十二师12月3日、13日、14日于全州、通道与中央红军交战，伤亡数分别为7人、16人、41人，总计64人。⑥ 至于第六十三师与第十九师的战斗伤亡人数，虽然现有材料未提供具体数字，但若以第十六师等部的情况为参照，伤亡亦不会太大。总体而言，在这一时期追堵中央红军战斗中，湘军的总伤亡很可能不到3000人。

地方实力派不肯出血本阻截中央红军西进，令参与"追剿"的中央军将领非常不满。第十三师师长万耀煌在日记中写道："乾初⑦谈湘省自何芝[芸]樵以下，由政治宣传起家，此次追匪，文电驰传，京沪武汉各地大报

---

① 《"剿匪"军"追剿"军总司令部"追剿"计划及第一、二期"追剿"实施经过》（1934年11月13日—12月31日），中国第二历史档案馆编《国民党军追堵红军长征档案史料选编·中央部分》（上），第198—199页。

② 《陆军第十六师于全县觉山沙子包一带剿匪各役战斗详报》（1934年11月29日—12月1日），中国第二历史档案馆编《国民党军追堵红军长征档案史料选编·中央部分》（上），第212页。

③ 李觉12月1日电告刘建绪当天伤亡300余人，因湘军主要参战者为第十六师与补充总队4个团，而第十六师当日伤亡184人，故补充总队伤亡应有120余人［《陆军第十六师于全县觉山沙子包一带剿匪各役战斗详报》（1934年11月29日—12月1日）、《剿匪军追剿军第一兵团二十三年度十二月份剿匪工作军事报告书》（1934年12月），中国第二历史档案馆编《国民党军追堵红军长征档案史料选编·中央部分》（上），第184、256页］。

④ 湘军方面称湘江之战所部"伤亡逾千"［《"剿匪"军"追剿"军总司令部"追剿"计划及第一、二期"追剿"实施经过》（1934年11月13日—12月31日），中国第二历史档案馆编《国民党军追堵红军长征档案史料选编·中央部分》（上），第201页］。

⑤ 《陆军第十六师于绥宁通道境内剿匪各战役战斗详报》（1934年12月9—18日），中国第二历史档案馆编《国民党军追堵红军长征档案史料选编·中央部分》（上），第246—248页。

⑥ 《陆军第六十二师追剿朱毛匪经过报告书》（1934年10—11月），中国第二历史档案馆编《国民党军追堵红军长征档案史料选编·中央部分》（上），第134—135页。

⑦ 周浑元，字乾初。

中央红军长征转进黔北前大量减员原因分析

几乎无日不载何键报捷之电，刘建绪、章亮基、王东原等，如何胜利，如何消灭股匪，实际除了章师在减水与匪激战一次外，其他部队概未与匪接战，王东原仅收缴落伍兵枪支若干，距匪后卫常在三四天行程以后，而报载王战功特多，东原对陈辞修殷勤备至，几乎每天都有电报往来。乾初之言，较为可信。"① 对于周浑元与万耀煌的看法，薛岳亦表示赞同，认为"湘、桂军不是我们中央军监视压迫他们，一仗也不会打呀"。②

不过，当中央军将领们指责与抱怨地方实力派堵截不力时，他们自身的表现甚至有过之而无不及。中央军"追剿"部队由吴奇伟纵队与周浑元纵队组成。其中，吴奇伟纵队从江西出发，进至贵州镇远时才与中央红军略有接触。据该部军官回忆，"薛岳部自从江西出发到进入贵阳时止，仅一个营在镇远附近与红军后卫部队有过一次小接触"。③ 而周浑元纵队虽在湘南宁远、道州直至湘桂边境之间地域同中央红军进行了一些战斗，但规模较小，伤亡不大。如第九十九师在11月23日宁远天堂圩战斗中，"伤连附一员、士兵十余"。第十三师在11月26日进占道州战斗中，"伤官长四员，士兵二十九名，阵亡士兵十二名"；在11月29日、30日永安关文市地域战斗中，"阵亡士兵二十余名"。④

由上所述，不难看出，国民党中央军和地方实力派在阻截中央红军从赣南突围西进入黔时，实际上并未与中央红军有太多激战，所付出的代价非常有限。而这就意味着，中央红军在这一时期的战斗减员，不可能太多。所以，国民党中央军"追剿"部队总指挥薛岳的幕僚李以劻事后总结道：中央红军的减员，"当然主要是长途跋涉的损耗，尤以后勤辎重部队散失最多；其次是战场损耗，特别是在湖南及湘江战役的伤亡"。⑤

---

① 万耀煌：《万耀煌将军日记》（上），台北，湖北文献社，1978，第202页。
② 李以劻：《薛岳率军追堵红军的经过》，全国政协"亲历记"编审组编《围追堵截红军长征亲历记》（上），第52页。
③ 魏鉴贤：《随薛岳所部追堵红军长征的见闻》，周朝举主编《红军黔滇驰骋·史料总汇》中集·第二分册，军事科学出版社，1990，第1833页。
④ 《陆军第九十九师剿匪实纪（节录）》（1934年10月27日—1935年11月）、《第十三师剿匪工作军事报告书（自江西兴国出发至金沙江止）》（1934年10月28日—1935年6月1日）、《"剿匪"军"追剿"军总司令部"追剿"计划及第一、第二期"追剿"实施经过》（1934年11月13日—12月31日），中国第二历史档案馆编《国民党军追堵红军长征档案史料选编·中央部分》（上），第3、11、200页。
⑤ 李以劻：《薛岳率军追堵红军的经过》，全国政协"亲历记"编审组编《围追堵截红军长征亲历记》（上），第50页。

二 非战斗减员基本原因与减员规模

（一）非战斗减员基本原因

既然长征从赣南转进黔北期间，中央红军人员损耗大多属于非战斗减员，那么，又是哪些因素直接引发如此庞大的非战斗减员呢？李以劻将之归为长途跋涉显得过于笼统，可做进一步考察。

就目前所能够搜集到的各种史料来看，当时引发中央红军各部非战斗减员的因素比较复杂。比如，有的士兵因自然环境恶劣、自身行动不慎而死亡。时任教导师特派员裴周玉回忆，有人"到了险要地段……脚踩空了或踩在虚石上跌到悬崖下丧生了"。[①] 有的士兵则被战友误伤而死亡。时任红三军团第四师第十一团团政委王平回忆，部队休息时，其警卫班中的一名战士因战友枪支走火而受伤致死。[②] 也有的士兵掉了队。时任红九军团供给部长赵镕在1934年11月15日的日记中写道："昨天又有十几名民伕掉了队，军实科长隰志良同志也没跟上来"。[③] 而总的来说，红军士兵掉队与开小差，与中央红军大量非战斗减员现象之间的关系尤其紧密。关于此，从系统性和详实程度都比较好的中央红军长征亲历者日记中，能够明显看出来。

阅读中央红军长征亲历者这一时期的日记，除可以了解中央红军日常行军、作战及住宿情况外，还能发现相当数量红军士兵掉队与开小差的记载。比如，肖锋日记对于这两种现象就有不少记录。兹引录如下。

1934年10月18日日记记下：

> 这几天队伍行动快，掉队的甚多。我负责收容队工作，经请示批准，将二十四名战士送回苏区安置。

1934年11月7日日记记下：

> 战士报告，彭营长不见了。他是湘南宜章人，乡土观念重，据分

[①] 裴周玉：《踏上艰难的征途》，中国人民解放军历史资料丛书编审委员会编《红军长征·回忆史料》第1册，解放军出版社，1990，第124页。
[②] 王平：《王平回忆录》，第66页。
[③] 赵镕：《长征日记》，山西人民出版社，1990，第158页。

析是回家了……革命路上有英雄，也有狗熊，我看这些开小差的真比狗熊还狗熊。

1934年11月20日日记记下：

道路泥泞难走，掉队很多，尤其是新战士，他们缺乏锻炼，体力不行。二连四班长刘冀生因掉队失去联系。

1934年12月10日日记记下：

今天过了几条河，翻了几座山，大家走得脚肿皮破，掉队的很多，把收容队的同志忙坏了。

1934年12月29日日记记下：

行程七十里。掉队的特多。①

与肖锋日记类似，彭绍辉日记对于这两种现象也有相当多的记录。例如，1934年10月22日日记记下：

今日夜间行动较疲劳，开小差掉队者相当多。

1934年11月12日日记记下：

行程近百里，疲劳不堪，掉队者非常严重，全师所有骡马都留在后面。以收容掉队人员。

1934年11月13日日记记下：

今日走蛮路，落伍者相当多。

---

① 肖锋：《长征日记》，第2、9、15、17、26、31页。

1934年12月5日日记记下：

今日掉队的较多。在这样连续行军、作战中，收容和巩固部队工作极为困难，须下大力做好。

1934年12月9日日记记下：

行程约七十里，全是蛮路，掉队相当严重，简直不可收拾。①

当中央红军进占遵义，第十五师整编入红一军团其他各部时，彭绍辉在日记中总结性地写下："这次长途行军是从未有过的，部队掉队也是空前的。"②

相较于肖锋和彭绍辉的日记，陈伯钧日记对这两种现象的记录更多。比如，1934年10月18日日记记下：

是夜，经过十二小时，才到达宿营地仓前，落伍人员较多，部队较疲劳。

1934年10月19日日记记下：

是晚行军除一烂木桥误我两个钟头外，落伍掉队的较少。

1934年10月20日日记记下：

是夜，因渡河组织不严，秩序较乱，所以卅七团落伍的不少。这几天全师开小差的计卅三名，是一个极端严重的问题。

1934年10月31日日记记下：

这几日卅九团逃跑现象最为严重，前后共计三、四十名。

---

① 彭绍辉：《彭绍辉日记》，第40、44—45、50—51页。
② 彭绍辉：《彭绍辉日记》，第62页。

1934 年 11 月 5 日日记记下：

近来落伍人员太多，有真正失去联络的、有借故掉队的，对我之行军计划有莫大障碍。

1934 年 11 月 6 日日记记下：

昨日各部逃亡现象极为严重。特别是卅八团有两名竟拖枪投敌。

1934 年 11 月 11 日日记记下：

去卅七团参加干部会，并解决干部中的问题。该团一营代营长李发长政治动摇，有反革命企图，决定撤职，逮捕送保卫局。

1934 年 11 月 14 日日记记下：

第一次及第二次行军，道路均不良，上高山时，路又滑又陡，污泥太深，掉队的较多，尤以卅八团为最。

1934 年 11 月 17 日日记记下：

是日我管理科长、供给部工作人员三人，及二担文件均未来。迫击炮排排长也掉了队。其他掉队人员约一百以上。

1934 年 11 月 19 日日记记下：

是晚，师部伙夫大部掉队，饭餐无着，结果都弄小锅饭吃。

1934 年 12 月 7 日日记记下：

两夜均未安寝，兼之越城主峰高耸入云，悬崖绝壁，上攀约三十里，人马困乏，沿途给养更成问题，以致落伍人员剧增，部队较乱。

1934年12月12日日记记下：

连日山地行军疲惫甚，部队除个别落伍的有增无减外，甚至整班、整排、整连（卅九团第六连）均有落伍的。①

当士兵掉队与开小差不断出现在肖锋、彭绍辉及陈伯钧的日记中时，可以说，红一军团第一师第三团、第十五师以及红五军团第十三师巩固部队所要面对的最大挑战，就是这两个问题。又因为在中央红军中，红一军团第一师和红五军团第十三师属历史较久的老部队，所以，可以说这三支部队的情况比较有代表性，在相当程度上反映了中央红军各部队之中存在的问题。换言之，红军士兵大量开小差与掉队，应是引发整个中央红军非战斗减员的基本原因。尽管掉队与开小差很可能在性质上有所区别，但实际结果却并无太大差异。"掉队的人员一天赶不上，以后也就永远赶不上了。"②

（二）非战斗减员规模估算

关于中央红军转进黔北前非战斗减员的人数，因已公开出版的战史资料缺少相关记录，现在无法做出较精确的统计。不过，结合档案、长征亲历者的日记与回忆录进行梳理与分析，还是可以得到相当提示。

根据共产国际军事顾问李德回忆，当时，红八军团、红九军团第二十二师减员"很严重，但主要不是打仗的结果，因为除了掩护战和后卫战以外，他们几乎没有参加大的战斗……警卫团，特别是后勤纵队预备师③的情况也是这样"。④ 而李德所说的"很严重"的程度，可从红九军团与教导师负责干部的回忆材料中进一步了解。裴周玉回忆，教导师过湘江后，全师人数已由赣南出发时的约6000人减至2000人。⑤ 时任红九军团政治部主任黄火青

---

① 陈伯钧：《陈伯钧日记·文选》（上），第154—158、160—161、166—167页。
② 王平：《王平回忆录》，第70页。
③ 预备师，即长征前新组建的教导师。
④〔德〕奥托·布劳恩：《中国纪事（1932—1939）》，李逵六、郑伊倩等译，现代史料编刊社，1985，第121页。
⑤ 裴周玉：《踏上艰难的征途》，中国人民解放军历史资料丛书编审委员会编《红军长征·回忆史料》第1册，第120、129页。

中央红军长征转进黔北前大量减员原因分析

回忆，红八军团在湘江之战前仅剩"一两千人"；红九军团第二十二师进入湘南后，全师人数已由赣南出发时的4000多人减至"千把人"。① 而赣南出发时，红八军团总人数达10922人，② 所以，红八军团与红九军团第二十二师湘江之战前减员已超11000人。总体而言，教导师、红八军团及红九军团第二十二师从赣南出发时总人数约21000人，抵达黔北前减员不少于15000人。

中央红军其他各部非战斗减员情况，虽不如上述三支部队那样严重，但数量也不少。先看红一军团的情况。红一军团从赣南出发西进至粤汉铁路期间，因粤系军队开放道路，战斗不多。但至粤汉铁路附近时，该军团第一师第三团已由出发时的2700余人减至1700余人，减员数超过1/3。③ 红一军团第十五师从赣南转进黔北途中与敌激战不多，如红一军团11月29—30日于湘江畔觉山铺一线进行的阻击战该师就未参加，只是12月1日渡湘江时，因湘军逼近，以一个团在湘江西岸阻击湘军，剩余两个团绕道渡江。但抵达黔北时，全师已从赣南出发时5000余人减至不足3000人。④

再看红三军团的情况。从赣南出发西进至湘桂边境期间，红三军团担任中央红军前卫。不过，与敌少有激战。时任红三军团第四师十连指导员黄超回忆道："红军第四师从江西出来到广西没有怎么打仗。"⑤ 然而，湘江战役后清点时发现，整个红三军团人员损失已接近赣南出发时实有人数的一半。红三军团从赣南出发时总人数为17805人，湘江战役中伤亡4000余人，故可大致计算出从赣南出发至湘江战役前，红三军团损失了4800人，人员损失率约为27%。⑥

然后，看红五军团的情况。中央红军突围西进后，红五军团担任全军后卫。但因国民党军尾追各部未尽全力追击，所以，需承受压力实际上不是很大。但是，该军团第三十四师进入湘南道县蒋家岭时仅余约2000人。⑦

---

① 黄火青：《一个平凡共产党员的经历》，人民出版社，1995，第84页。
② 《野战军人员武器弹药供给统计表》（1934年10月8日），中国人民解放军历史资料丛书编审委员会编《红军长征·文献》，第82页。
③ 肖锋：《长征日记》，第14页。
④ 彭绍辉：《彭绍辉日记》，第47—49、60页。
⑤ 《黄超谈话记录》，中共广西壮族自治区委员会宣传部编《红军长征过广西纪实》，广西人民出版社，2006，第384页。
⑥ 中国工农红军第三军团史编委会编《中国工农红军第三军团史》，第330—331页；《野战军人员武器弹药供给统计表》（1934年10月8日），中国人民解放军历史资料丛书编审委员会编《红军长征·文献》，第82页。
⑦ 灌阳县志编委办公室编《灌阳县志》，第525页。

红五军团赣南出发时有12168人,所以,该军团所属两个师都应达到5000人。① 两相比较,第三十四师在湘江之战前减员已有超过半数。

最后,看红九军团第三师与军团直属部队的减员情况。从赣南转进黔北期间,红九军团不承担前卫的责任,没有后卫的任务,甚至突破湘江时也以行军为主。② 但渡过湘江后,全军团总人数已由赣南出发时的11538人锐减至3000余人,③ 减员达8000人左右。考虑到前述红九军团第二十二师的减员情形,估计红九军团第三师与军团直属各单位的减员应有4000余人。

整理以上所述,可得到两条重要信息。首先,在湘江之战前,红一军团第一师第三团、红三军团及红五军团第三十四师,虽未与国民党军有大的激战,但已减员近9000人。其次,从赣南转进黔北期间,红一军团第十五师,红八、红九军团,及教导师,虽绝大多数时间都只在行军,可减员却不少于21000人。据此,能计算出红一军团第一师第三团、第十五师,红三军团,红五军团第三十四师,红八、红九军团,及教导师共减员30000人左右。其中,大多数属于非战斗减员。不过,这30000人不包括两个减员统计数,即第一,湘江之战后,红一军团第一、第二师,红三军团及红五军团第十三师的减员数。第二,湘江之战前,红一军团第一师第一、二团,第二师,及红五军团第十三师的减员数。所以,保守估计,整个中央红军从赣南转进黔北期间,非战斗减员起码有30000人。事实上,也正因如此,陈伯钧在忆及中央红军从赣南西进入黔北的历程时,痛心地说道:"在数量上,不到三个月的时间,差不多去掉了一半以上,而且战略目的没有达到……如果真正以这样大的牺牲来进行战斗,那要打多少漂亮的仗,要消灭多少敌人!"④

三 掉队与开小差的原因

通过上文梳理可知,长征转进黔北前,中央红军的非战斗减员大多源于红军士兵掉队与开小差。只不过,上文的分析与讨论仍未能完全解决所

---

① 《野战军人员武器弹药供给统计表》(1934年10月8日),中国人民解放军历史资料丛书编审委员会编《红军长征·文献》,第82页。
② 黄火青:《一个平凡共产党员的经历》,第84—85页。
③ 徐焰、马祥林:《重解长征之谜》,第114页;《野战军人员武器弹药供给统计表》(1934年10月8日),中国人民解放军历史资料丛书编审委员会编《红军长征·文献》,第82页。
④ 陈伯钧:《从第五次反"围剿"到遵义会议》,中共广西壮族自治区委员会宣传部编《红军长征过广西纪实》,第72页。

有问题,尚可进一步追问,是哪些因素诱发了红军士兵大量掉队与开小差?梳理各种涉及中央红军长征的史料后,我们发现,红军士兵浓厚的乡土意识在其中起了很大作用。

以农民为主体的红军士兵具有浓厚的乡土意识,已为既有研究所证实。[①] 随着中央红军离开赣南西进,红军士兵眷恋故土与亲人、不愿离乡远出作战的乡土意识也愈发强烈。对此,长征亲历者留下的各种材料多有提及。如王平回忆,中央红军赣南出发长征后,因"中下层干部和广大战士,他们许多人生在苏区,长在苏区,当兵后打仗也在苏区,留恋心情一时难消"。[②]

相较于王平的回忆,肖锋日记对下级军官和士兵思想活动的记录更加翔实。

1934年10月17日日记记下:

> 路过卦江时,卦江赤卫队刘队长拉着我的手问,你们往哪去?……战士们也不断问我:"总支书,队伍开到哪里去?"

1934年10月28日日记记下:

> 战士们说,打回井冈山,打回赣江东中央苏区去吧!同志们都盼望回到根据地去。

1934年11月7日日记记下:

> 上午八时继续行军,经马古村到文明圩宿营……一团已经占领上渡。从这里穿过香花岭,沿南岭山脉西走,就是湘赣苏区边境。从这打回江西该多好呀!我们想念毛主席创建的井冈山和中央根据地,想念家乡的父老兄弟姐妹们,想念无数的江西老俵!

1934年11月8日日记记下:

[①] 黄道炫:《张力与限界:中央苏区的革命(1933—1934)》,社会科学文献出版社,2011,第330—331页。

[②] 王平:《王平回忆录》,第64页。

干部、战士对目前的行军有许多问题想不通。[1]

事实上，也正是看到了这一点，1934年夏，陈诚致电蒋介石陈述"围剿"中央红军意见时，判断"匪军士兵自经我历次痛剿，外籍士兵均死亡殆尽。现有士兵均为赣籍，绝不愿离乡他窜"。[2]

不可否认，对于红军老兵而言，经过严格训练与习惯军营生活，或许可以在一定程度上抑制眷恋故土与亲人的乡土意识，服从上级命令，离乡远出作战。如肖锋在日记中就表明了自己抑制乡土意识、服从命令的坚定决心："想到我母亲眼瞎讨饭，受尽了苦，红军来了才有饭吃，红军走后，肯定又要受苦讨饭"；"说实话，我心里也想念那可怜的瞎眼母亲，但我决不能离开部队，要永远跟着共产党搞革命！""反正哪里便于消灭蒋介石，好打破敌人'围剿'，就打到哪里去"；"我们这两条腿是属于革命的，上级让往哪走，我们就往哪用劲！"[3]

但是，在经历长达一年之久的反"围剿"战争消耗后，突围西进的中央红军补充了新兵约40000人。[4] 而新兵缺乏严格的训练，不习惯军营生

---

[1] 肖锋：《长征日记》，第2、5、9—10页。
[2] 《电呈依据匪情拟进剿方略乞钧裁》（1934年6月14日），何智霖编辑《陈诚先生书信选集·与蒋中正先生往来函电》（上），台北，"国史馆"，2007，第136页。
[3] 肖锋：《长征日记》，第2、5、15、21页。
[4] 据统计，1934年10月8日，准备突围的中央红军各军团及军委两个纵队共77159人，之后，中革军委拟给各军团补充近万名新兵，全军总人数达86000余人。不过，中央红军中的新兵数量远远超过10月8日后补充的近万人。因为10月8日的统计数字77159人中也有大量新兵。不仅新成立的红八军团与教导师新兵必然占绝对多数，即便老部队也有大批新兵补入。陈伯钧1934年10月5日日记中记下：补充新战士"七百多人，将来还有一团可以补充"。红九军团作战参谋林伟在1934年9月19日、28日日记中记下："由长汀上杭两县动员来的新战士约二千人开到这里补充我军团"；"福建军区动员的新战士1600人又开到了钟屋村补充我军团"。红一、红三军团补入的新兵数量也不少。据中革军委1934年6月22日统计，红一军团所属3个师加直属队总人数为12028人，红三军团所属3个师加直属队总人数为10470人；10月8日统计，红一军团总人数达17280人，红三军团总人数达15205人。两相比较，两个军团补充新兵近万人。加之在此期间，红一、红三军团在前线与敌作战产生较大伤亡，如高虎垴战斗中红三军团伤亡1373人，驿前战斗中红三、红五军团伤亡2300余人；以及部分士兵患病与开小差，故红一、红三军团补入的新兵数超过万人。胡华估计，赣南出发长征时，中央红军内"大约有一半人是新兵"，较准确。陈伯钧：《陈伯钧日记·文选》（上），第150页；林伟：《一位老红军的长征日记》，中共党史出版社，2006，第20、24页；王健英编撰《中国共产党组织史大事纪实》第4册，广东人民出版社，2003，第951、966、971、978页；《野战军人员武器弹药供给统计表》（1934年10月8日），中国人民解放军历史资料丛书编审委员会编《红军长征·文献》，第82页；〔美〕哈里森·索尔兹伯里：《长征——前所未闻的故事》，朱晓宇译，北京联合出版公司，2015，第35页

活,多难以抑制眷恋故土与亲人的乡土意识,在行军作战中极易开小差。正如肖锋在1934年11月16日日记中所写:"一路上有五名新兵开了小差。机枪连扩红八名,掉队四名。搞革命真不容易……有的人一心牵挂父母妻儿,这些人就干不了革命。"① 中央红军的非战斗减员亦由此而生。

不过,若将中央红军大量士兵掉队与开小差的主因,仅仅归结为士兵的乡土意识,则不免忽视了问题的复杂性。其实,长征不仅是中共寻找新的生存空间的军事行动,也是对每一个参加者生理忍耐极限的挑战。

以红一军团为例。在经常于崇山峻岭中进行夜行军的情况下,该军团仍以日均32.8公里的速度,完成了从赣南至黔北间约2200公里的长途转战。② 对于配有马匹与勤务员的中共高级干部而言,应付如此高强度的行军都感觉异常吃力。时任"红章"纵队政工干部刘英回忆道:"罗迈为了防瞌睡,困了就往嘴里放辣椒。"③而徒步行进的红军中下级军官与士兵,不难想见,必定会更加辛苦。阅读长征亲历者的日记,可以发现许多关于部队疲惫情形的记录。

例如,肖锋在1934年11月4日日记中记下:

> 整天在高山峻岭中行军,得不到很大的休息,战士们十分疲劳,边走边睡,行动很慢,慢得像蜗牛爬。

1934年11月5日日记记下:

> 我们走的是山间小道,下雨路滑,战士们经常摔跤,满身泥巴,我脚上打了四个大泡,肿得老高,疼痛难受。

1934年11月6日日记记下:

> 午后四时出发,冒雨爬大王山,到九峰宿营……走了半夜,还没下完山。我十分疲劳,眼皮都睁不开。下山时因为路滑,一不留神,

---

① 肖锋:《长征日记》,第15页。
② 人民出版社编辑《中国工农红军第一方面军长征记》,人民出版社,1955,第423—427页。
③ 刘英:《在历史的激流中》,中共党史出版社,1992,第59页。

摔倒山沟深渊中去了。①

同样，在红九军团作战参谋林伟的日记中，也留下了不少关于自己与部队疲惫情形的记录。如1934年11月5日记下：

我军近日以来连续日夜行军，甚为疲劳。

1934年11月6日日记记下：

天气严寒，又风又冷，我军连续不断地走了十四小时，其间只吃了二次饭，走了一百三十里，许多人脚都走得酸痛异常，一歪一歪的。

1934年11月8日日记记下：

七点钟左右部队又出发，每天都是一百里，许多人脚都走得疼痛极了，今天夜晚行军，又风又雨，尽走小路，寒风刺耳，弄得全身湿透，大军拥挤在一条唯一的小路上，道路泥泞，在山地稻田畔上行进，前面又是三军团的大行李骡马担子，翻了几个土山坡，许多的人都跌倒在水田里滚了满身泥水，尤其有浅视眼的同志，就如同瞎子一样，跌跤最多。一个跟着一个跟进，真是饱尝风雨，老天又和我们作对，风挟着雨，雨伞都不能张开，有的被打破，只得让它淋湿，一个个打着寒噤，身体弱的同志就被淋得像落汤鸡，被冻得呼呼地打抖。

1934年11月13日日记记下：

衣服被雨打得全湿，有的同志早已没有鞋子，在凛冽的寒风里，疲劳的人们，仍然支撑着前进。

1934年11月17日日记记下：

---

① 肖锋：《长征日记》，第7—8页。

中央红军长征转进黔北前大量减员原因分析

部队不分日夜不停地前进，人们无数次地摔倒在泥泞里又爬起来走，许多人已经没有鞋子，赤着脚走路，雨伞几乎全被打破，使得身上的衣襟经常是没有干过。在寒冷里，部队没有休息，沿着公路和大道，沿着山巅和溪边，沿着一切可以走的路，艰难地移动着脚步向前。

1934年11月19日日记记下：

徒涉过几道寒冷的小河，疲倦的眼皮时常想闭着休息，为避免摔跤，逼得两眼不得不勉强睁大。振作精神继续前进，几十昼夜，少有休息。①

以上所录内容，虽仅为两位长征亲历者这一时期的部分日记，但窥一斑而见全豹，透过这些简短而质朴的文字，我们完全可以深切感受到长征中红军士兵的艰辛与疲惫的程度。

不仅如此，实际上，中央红军长征转进黔北途中，物质供给也极度匮乏。赣南出发时，每个红军士兵最多携带仅够半月所需之食粮，尔后则靠打土豪补充给养。②但是，农村中的土豪数量本就相当有限，特别是中央红军途经的山区更难寻见。时任红五军团保卫局局长欧阳毅回忆道："长征途中，改善生活就靠打土豪……但沿途地瘠民穷，这样的美事也不多。"③加之部队人数又非常多，以至于打宿营地附近的土豪所能够筹措的给养，时常连前卫部队的需求都无法满足。对此，肖锋在日记中留有不少记录，兹引录如下。

1934年10月27日日记记下：

这一带筹粮很困难。

1934年11月4日日记记下：

---

① 林伟：《一位老红军的长征日记》，第44—45、47、51、55页。
② 〔德〕奥托·布劳恩：《中国纪事（1932—1939）》，第112页；刘英：《在历史的激流中》，第56页；李坚真：《李坚真回忆录》，第73页；杨成武：《杨成武回忆录》，解放军出版社，1987，第37页；《陈献兑谈话记录》，中共广西壮族自治区委员会宣传部编《红军长征过广西纪实》，第435页。
③ 欧阳毅：《欧阳毅回忆录》，中共党史出版社，1998，第149页。

粮食也成问题，常常是吃了上顿没下顿。

1934年11月6日日记记下：

陈济棠、何键军阀真狠毒，他们妄想利用大王山的险山恶林困死饿死我们红军，那简直是做梦！我们虽然饿着肚子爬山，什么吃的也找不到，这不在乎。

1934年11月12日日记记下：

战士们说，在白区作战，比在苏区吃得好一点，就是粮食无保障，老是饱几顿，饿几顿。①

担任前卫的红一军团的给养供给尚且如此，跟进部队的困难自然更多，也更大。据李雪三回忆，红五军团依靠捡拾前卫部队残留的食物补充所需："前面的部队已经把土豪打完了。土豪家中，尚留着肉和饭的残余，五军团就再打第二次土豪，捡残余东西吃。"②不过，在前卫部队时常无法筹措足够给养的情况下，跟进部队依靠"打第二次土豪"所能够得到的补充，实际上少之又少，远远不能满足基本的需求。时任军委军事工作局党总支书记邱会作回忆道：当时"大量部队在一个比较狭窄的空间里通过，前面的把能搞到能吃的东西都吃了，后面的什么也吃不上。打土豪没有可打的，有钱也买不到粮食，后面的运输部队几乎天天饿着肚子走路。在湘南的一个山区里，一个三百多人的运输大队走错了路，两天没有进一粒米，一个个饿得昏过去躺倒了"。③ 但是，跟进部队不可能总是饿着肚子行军。生存的本能驱使红军士兵寻找一切能吃的东西。散留湘江边的红五军团干部陈献兑回忆道：出发后，"一路上，战士们没吃上一顿饱饭，没睡上一晚好觉，饿了就喝点水，或捡点红薯根生嚼充饥，甚至在溺缸内摸溺渣吃"。④

---

① 肖锋：《长征日记》，第5、8、13页。
② 李雪三：《艰苦奋斗的红五军团》（1935年11月），《李雪三将军》编委会编《李雪三将军》（上），军事科学出版社，1995，第10页。
③ 邱会作：《邱会作回忆录》（上），香港，新世纪出版社，2011，第53页。
④ 《陈献兑谈话记录》，中共广西壮族自治区委员会宣传部编《红军长征过广西纪实》，第435页。

如此一来，红军士兵不但体力日渐耗尽，体质健康也受到极大损害。国民党方面资料称，俘虏的红军士兵"形容憔悴"，"身体很瘦弱"，[①] 当属实情。这自然导致中央红军内病号的数量越来越多。时任红三军团第五师第十五团团政委罗元发等人后来谈道："这段时间里，我们只打了几个小仗，伤亡也不大，但部队十分疲劳，病号不断增多"；"运输员打赤足是普遍现象。公家没有鞋可发，运输部队几乎人人双脚溃烂，有的烂到了腿上"。[②] 而当红军士兵中体力不足与患病问题愈益严重时，掉队与开小差现象大量出现，实际上也就事所难免了。据王平等人回忆，西进途中，"部队掉队的越来越多，收容队根本没法收容"，"部队里的兵也一天比一天少了"。[③] 在这之中，新兵与运输部队的情况尤为严重。据长征亲历者们的回忆材料讲，"新兵、民伕不习惯这样的生活，很容易掉队"，"逃亡现象几乎每天都在发生"，甚至有的运输员"就躺在路旁死活不肯走了。国家保卫局的人催促威胁、以枪口逼迫也没有用"，直接抗拒行军。[④]

此外，需要注意的是，对红军士兵而言，在饥饿、患病与疲劳的状态下翻山越岭、长途跋涉，本身就很容易发生危险。据湘军报告，俘虏交代"因为两月以来，总是昼夜赶路，且沿途的百姓都走了，买不到粮食，全靠打土豪米吃。有时一天一餐，都不得饱，饿死的、拖死的、跌死的很多"。[⑤] 桂军军官的回忆材料与湘军所得情报相似，俘虏交代"有不少老弱生病的战士，拖死在路上"。[⑥] 与中央红军长征亲历者的回忆材料相对照，可以证实湘、桂军的情报比较准确。据刘英等人回忆，在行军中，有人"走着走着就走不动了，身子一歪，倒下去就无声无息"；"有人走着路睡觉，一失足跌进无底的山沟，长眠在那异乡土地上了"；"有些体弱的病号，睡着了

[①] 胡羽高：《共匪西窜记》（上），沈云龙主编《近代中国史料丛刊续编》第87册，台北，文海出版社，1982，第102页；覃琦：《尾追红六军团，阻击中央红军》，全国政协"亲历记"编审组编《围追堵截红军长征亲历记》（上），第149页。

[②] 罗元发：《罗元发回忆录》，光明日报出版社，1995，第39页；邱会作：《邱会作回忆录》（上），第53页。

[③] 王平：《王平回忆录》，第70页；罗元发：《罗元发回忆录》，第39页。

[④] 裴周玉：《踏上艰难的征途》，中国人民解放军历史资料丛书编审委员会编《红军长征·回忆史料》第1册，第122页；邱会作：《邱会作回忆录》（上），第51页。

[⑤] 《陆军第六十二师二十三年十二月份剿匪军事工作报告书》（1934年12月），中国第二历史档案馆编《国民党军追堵红军长征档案史料选编·中央部分》（上），第277页。

[⑥] 唐真如：《新桂系阻击红军长征目击记》，广西政协文史资料委员会编《新桂纪实续编》第2册，广西人民出版社，2005，第366页。

就再也醒不过来"。① 因此，正如陈伯钧在回顾这一段历史时所言，在部队减员中，"有很多人不是打死的，而是拖死的，累死的"。②

总而言之，中央红军长征转进黔北途中，乡土意识以及伴随长途行军而至的艰苦环境，乃是诱发红军士兵掉队与开小差现象大量出现的主因，进而造成部队严重的非战斗减员。

四 结语

在战争史上，一支军队的大量减员并不一定发生在敌对双方的战斗中。一场瘟疫，一场台风，抑或缺乏给养，实际上都可能造成军队人员大量损失。本文的梳理表明，长征从赣南转进黔北期间，中央红军虽同国民党军作战而出现相当数量的减员，但亦有非战斗减员的因素发生作用。个中缘由非常复杂，不无受到红军士兵掉队与开小差的影响。而掉队与开小差现象的出现，又同以农民为主体的红军士兵的乡土意识、伴随长途跋涉而至的过度疲劳与给养不足，以及患病等诸种因素有关。换言之，社会传统、自然条件以及后勤保障等因素，乃是中央红军转进黔北前大量非战斗减员的深层诱因。

进一步而言，导致中央红军长征转进黔北前大量减员的原因如此复杂，恰恰从侧面折射出中共革命发展轨迹的复杂性。一方面，中共与国民党之间的竞争与国民党内各种力量之间的竞争交织在一起。从1927年国共分裂至1949年国民党败退台湾，类似这样的例子实在太多。弱小的中共能够数次绝境逢生乃至最终胜利，这种双重竞争可谓助力之一。反之，国民党最终失败亦与这种双重竞争相关。另一方面，中共的生存与发展，不仅在极大程度上受制于国民党方面的判断与处置，诸如社会传统、经济、民族、自然条件等因素，亦时常在其间发挥作用，给整个事件平添曲折。也就是说，活跃于历史场域中的多种因素互相交织与限制，共同影响与塑造着中共革命的历史进程。超越简单的非此即彼的二元模式，将更多的因素纳入考察范围，可能更有助于深化对于中共革命历史的认知与理解。

---

① 陈伯钧：《从第五次反"围剿"到遵义会议》，中共广西壮族自治区委员会宣传部编《红军长征过广西纪实》，第72页；刘英：《在历史的激流中》，第59页；孙毅：《孙毅将军自述》，辽宁人民出版社，2001，第117、121页。

② 陈伯钧：《从第五次反"围剿"到遵义会议》，中共广西壮族自治区委员会宣传部编《红军长征过广西纪实》，第72页。

新中国成立初期刑事责任的司法根据：
特征、评价与启示[*]

彭辅顺[**]

摘　要　新中国成立初期刑事责任的司法根据包括法律根据和政策根据两个方面。它具有表现形式多样性、颁发主体多元性、鲜明的政治性、强烈的针对性、政策根据的刑法性等特征。它对于当时的社会转型、制度重构、巩固政权具有积极的意义，其实践做法对于当今刑事责任司法如何把握正确的政治方向、服务于时代的政治需求，如何正确处理好刑事政策与刑法的关系提供了经验和启示。

关键词　新中国成立初期　刑事责任　司法根据　法律根据　政策根据

犯罪人负刑事责任的根据包括立法根据和司法根据两个层面。刑事责任的司法根据是指司法机关对危害行为进行定罪处罚的实体性依据。新中国成立之初，中共中央明文废除了民国时期的六法全书，要求"人民的司法工作不能再以国民党的六法全书作依据，而应该以人民的新的法律作依据"。[①] 而此时新中国并没有刑法典，也不可能马上创制出来，因此司法机关进行定罪处刑的依据除了几部单行刑法，主要是党和政府的政策。这样刑事责任的司法根据就包括法律根据和政策根据两个方面。[②] 当今我国已经

---

[*] 本文为湖南省社会科学基金项目"新中国无刑法典时期刑事责任的司法根据研究（1949—1979）"（项目号：13YBA065）的资助成果；获法治湖南建设与区域社会治理协同创新中心平台建设支持。

[**] 湖南大学法学院副教授。

① 陈光中、曾新华：《建国初期司法改革运动述评》，《法学家》2009年第6期。

② 这可以从1979年刑法典第9条关于刑法时间效力的规定可见。该条规定，中华人民共和国成立以后本法施行以前的行为，如果当时的法律、法令、政策不认为是犯罪的，适用当时的法律、法令、政策。如果当时的法律、法令、政策认为是犯罪的，依照本法总则第四章第八节的规定应当追诉的，按照当时的法律、法令、政策追究刑事责任。显然，刑事责任的司法根据除了法律、法令，还有政策。

进入实现中华民族伟大复兴的"中国梦"时代，虽然与新中国成立初期的时代背景、国际环境、政治任务有很大不同，但以刑事政策和刑法作为刑事责任的司法根据并没有改变。刑事政策仍然在定罪处罚中发挥重要的作用。因此研究新中国成立初期刑事责任的司法根据对于当前刑事责任司法如何运用刑事政策、如何正确处理好刑事政策与刑法的关系，避免刑事政策与刑法的冲突具有重要的现实意义。

一　新中国成立初期刑事责任司法根据的特征

（一）表现形式的多样性

新中国成立初期刑事责任司法根据表现形式的多样性可以从1949年至1953年党和政府发布的一系列文件，特别是从1949年2月22日《中共中央关于废除国民党的六法全书与确立解放区的司法原则的指示》（以下简称《废六法全书指示》）和1950年11月3日《政务院关于加强人民司法工作的指示》中可见。《废六法全书指示》规定："在新的法律还没有系统地发布以前，应该以共产党的政策以及人民政府与人民解放军所发布的各种纲领、法律、条例、决议作依据。其具体的适用原则是：有纲领、法律，命令、条例、决议规定者，应从之；无纲领、法律、命令、条例、决议者，从新民主主义政策。"[①]该指示实际上是新中国成立初期刑事司法工作的指导思想。它不但指出了纲领、法律、命令、条例、决议、政策是刑事责任的司法根据，而且明确了适用法律根据与政策根据的总原则。后来《政务院关于加强人民司法工作的指示》再次强调："中国人民政协共同纲领及中央人民政府委员会、政务院、最高人民法院及其他机关所发布的许多法律、法令、指示、决定，都是人民司法工作的重要依据。"[②]可见，新中国成立初期刑事责任的司法根据由纲领、法律、命令、条例、决议、决定、指示等多种形式构成。

作为刑事责任司法根据的"纲领"，不但包括中国共产党、人民政府和人民解放军制定的含有刑事责任内容的具体纲领，而且包括1949年9月29

---

① 顾昂然：《新中国立法概述》，法律出版社，1995，第18页。
② 《政务院关于加强人民司法工作的指示》（1950年11月3日），中共中央文献研究室编《建国以来重要文献选编》第1册，中央文献出版社，1992，第452页。

日中国人民政治协商会议通过的《共同纲领》。因为《共同纲领》是具有宪法性质的新中国的建国纲领,是新中国宪法颁布前,中央人民政府的施政方针和一切党派、人民团体和个人行动必须遵守的共同准则。《共同纲领》第17条规定:"废除国民党反动政府一切压迫人民的法律、法令和司法制度,制定保护人民的法律、法令,建立人民司法制度。"①这是新中国成立初期刑事责任司法的根本指针。

作为刑事责任司法根据的"法律",主要是1950年4月13日中央人民政府颁布的《婚姻法》和1950年6月30日中央人民政府公布施行的《土地改革法》。1950年《婚姻法》是新中国的第一部法律,其个别条文规定了刑事责任,即第26条规定:"违反本法者,依法制裁。凡因干涉婚姻自由而引起被干涉者的死亡或伤害者,干涉者一律应并负刑事的责任。"《土地改革法》虽然没有刑事责任方面的专门规定,但其第13条中有"坚决破坏土地改革的犯罪分子,不得分给土地"之规定。"不得分给土地"虽然不是刑事责任的承担方式,但其是对"坚决破坏土地改革的犯罪分子"的一种制裁方式。

"条例"是刑事责任司法的法律根据的主要表现形式。新中国成立初期,中央层面颁发的作为刑事责任司法根据的"条例"有三。(1) 1951年2月21日中央人民政府委员会颁布的《中华人民共和国惩治反革命条例》。该条例对于以推翻人民民主政权、破坏人民民主事业为目的的各种反革命罪行及其刑种、刑度做出了明确的规定,而且对酌情从轻、减轻或免于处刑的情形做出了具体规定。(2) 1952年4月21日中央人民政府颁布的《中华人民共和国惩治贪污条例》是新中国成立后第一部专门惩治贪污贿赂犯罪的单行刑法。该条例明确规定了贪污罪的定义,根据情节轻重规定了贪污罪的法定刑,并对贪污罪的从重或加重处刑、从轻或减轻处刑以及缓刑、免刑的情形做出了明确规定。(3) 1951年4月19日政务院颁布的《妨害国家货币治罪暂行条例》是新中国成立后第一部由政府制定施行的专门惩治货币犯罪的单行刑事法规,也是1979年刑法出台之前我国对货币犯罪定罪处刑的唯一司法根据。该暂行条例规定了伪造货币罪,变造货币罪,贩运、行使伪造、变造的国家货币罪,破坏国家货币信用罪和持有、使用假币罪,②并对这些犯罪规定了相应的法定刑。

---

① 《中国人民政治协商会议共同纲领》(1949年9月29日),中共中央文献研究室编《建国以来重要文献选编》第1册,第5页。
② 柯葛壮主编《新中国刑事法60年》,上海社会科学院出版社,2009,第286—287页。

"指示"是刑事责任司法的政策根据的主要表现形式。新中国成立初期以"指示"形式发布的刑事责任司法根据主要有三件。(1) 1950年10月10日《中共中央关于镇压反革命活动的指示》。该指示要求，对于反革命分子，应按照"镇压与宽大相结合"的政策分别处理：对于"首要的、怙恶不悛的、在解放后特别是经过宽大处理后仍然继续作恶的反革命分子"，应依照《惩治反革命条例》加以镇压，"当杀者，应即判处死刑。当监禁和改造者，应即逮捕监禁，加以改造"。"对于罪恶较轻而又表示愿意悔改的一般特务分子和反动党团的下级党务人员，应即实行管制，加以考察"，"对于真正的胁从分子，自动坦白分子和在反对反革命的斗争中有所贡献的分子，应分别予以宽大的待遇，或给予适当的奖励"。① (2) 1950年11月3日《政务院关于加强人民司法工作的指示》。该指示指出："人民司法工作的任务，是惩罚犯罪，保护善良。"对反革命分子首先是镇压，但在镇压时有必要分别轻重，分别首要与胁从。② (3) 1952年2月9日《中共中央关于中小贪污分子分别处分问题的补充指示》。该指示要求：除对其中情节严重者应予以刑事处分外，其情节不严重者一般应免于刑事处分，而由其工作机关按其情况，予以不同程度的行政处分。

"命令"也是刑事责任司法根据的重要形式。有的"命令"是刑事责任的政策根据，有的"命令"是刑事责任的法律根据。以"命令"形式发布的刑事责任司法根据主要有1950年2月24日《政务院关于严禁鸦片烟毒的通令》和1952年5月21日《政务院严禁鸦片烟毒通令》。前者规定："从本禁令颁布之日起，全国各地不许再有贩运制造及售卖烟土毒品情事，犯者不论何人，除没收其烟土毒品外，还须从严治罪。""散存于民间之烟土毒品，应限期令其缴出，我人民政府为照顾其生活，得分别酌予补偿。如逾期不缴出者，除查出没收外，并应按其情节轻重治罪。"③ 这是新中国成立后颁布的第一个全国性的禁烟法规。后者规定：在已经禁种罂粟的地区，绝对不准再种，违者依法严惩。

---

① 《中共中央关于镇压反革命活动的指示》(1950年10月10日)，中共中央文献研究室编《建国以来重要文献选编》第1册，第421页。
② 《政务院关于加强人民司法工作的指示》(1950年11月3日)，中共中央文献研究室编《建国以来重要文献选编》第1册，第452页。
③ 《政务院关于严禁鸦片烟毒的通令》(1950年2月24日)，中共中央文献研究室编《建国以来重要文献选编》第1册，第129页。

（二）颁发主体的多元性

新中国成立到 1954 年宪法之前，系统制定统一的刑法典条件尚不具备，政权机构建设尚不够健全，各部门之间的职能划分也不明确，但百废待兴的社会对工作效率要求很高，需要处理的问题太多，而由各级机关通过发布指示、命令的方式来处理问题具有较高的效率，执行力也较强，因而在刑事责任的司法根据发布上出现了主体多元化格局。党的机关与国家机关、中央机关与地方机关、权力机关与执行机关都可以发布含有刑事责任内容的文件或指示作为刑事责任的司法根据。从 1949 年至 1953 年的文献资料来看，中共中央、中央人民政府委员会、政务院、司法部、政务院人民监察委员会、最高人民法院、公安部等中央各种机关乃至地方省级军管会和政府都发布过含有刑事责任内容的文件或指示，作为刑事责任的司法根据。

例如，在镇压反革命和"三反"运动中，1950 年 10 月 10 日《关于镇压反革命活动的指示》[①]、1951 年 5 月 8 日《关于对犯有死罪的反革命分子应采取判处死刑缓期执行政策的决定》[②]、1952 年 2 月 9 日《关于中小贪污分子分别处分问题的补充指示》[③]、1952 年 3 月 5 日《关于处理贪污浪费问题的若干规定》[④] 等文件都是中共中央发布的。《惩治反革命条例》和《惩治贪污条例》这两个单行刑法是由中央人民政府委员会颁布的。1950 年 2 月 24 日《关于禁绝鸦片烟毒的通令》、1951 年 6 月 22 日《关于没收反革命罪犯财产的规定》、1952 年 5 月 21 日《严禁鸦片烟毒通令》、1951 年 4 月 19 日《妨害国家货币治罪暂行条例》都是由政务院发布的。1952 年 1 月 8 日《关于反贪污、反浪费、反官僚主义斗争的指示》是由政务院人民监察委员会发布的。1951 年 7 月《对于走私行为情节重大人犯的处理原则》是由司法部发布的。1950 年 7 月《关于镇压反革命的指示》和 1951 年 8 月 27 日《关于清理反革命罪犯积案的指示》是由政务院和最高人民法院联合发

[①] 该指示规定了对于反革命首要分子、罪恶较轻的反革命分子、胁从分子、自动坦白分子等如何予以定罪处罚的问题。

[②] 该决定确定了死刑缓期二年执行的死刑执行措施。

[③] 该指示规定：对情节严重的中小贪污分子予以刑事处分，对情节不严重者一般应免于刑事处分。

[④] 该规定要求："对贪污分子的处理，大多数情节较轻或彻底坦白者，应从宽；少数情节严重而又拒不坦白者，应予严惩。对工商户，应区别守法户、基本守法户、半守法半违法户、严重违法户和完全违法户。处理的原则是：过去从宽、今后从严；多数从宽、少数从严；坦白从宽、抗拒从严；工业从宽、商业从严。"

布的。1952年7月17日《管制反革命分子暂行办法》是由公安部发布的。

此外，地方省级军管会或政府也发布过具有刑事责任内容的文件，作为刑事责任的司法根据。例如，上海市军事管制委员会公布的《上海市管制反革命分子暂行办法》、山西省人民政府做出的《关于贯彻〈惩治反革命条例〉的补充规定》、西南军政委员会发布的《关于禁绝鸦片烟毒的实施办法》、西北军政委员会发布的《关于禁绝鸦片烟毒的实施办法》等等。更值得一提的是，当时西南区发布的《禁绝鸦片烟毒治罪暂行条例》是新中国成立初期颁布的一系列禁毒法律法规中唯一的既有罪状描述，又有具体罪刑规定的法令。①

（三）鲜明的政治性

新中国成立初期，中共先后开展了镇压反革命运动、"三反""五反"运动等政治运动，无论是刑事责任的政策根据还是法律根据的发布，基本上是以政治运动为背景、服务于政治运动的，具有鲜明的政治性。

首先，刑事责任司法根据发布的背景和目的，表现出鲜明的政治性。例如，新中国成立初期，镇压反革命是首要的政治任务，为此，中央人民政府公布了《惩治反革命条例》。该条例第1条中就有"为惩治反革命罪犯，镇压反革命活动，巩固人民民主政权"的立法用语，显然其具有明确的"镇压反革命"的政治目的。又如，1951年秋，全国出现了惊人的贪污浪费和官僚主义现象，这种状况持续下去会对党和国家产生非常不利的影响。为此，中共开展了"三反"运动，《惩治贪污条例》就是在"三反"运动的政治背景下颁布的。

其次，刑事责任司法根据的内容，表现出鲜明的政治性。例如，《中共中央关于镇压反革命活动的指示》《中共中央关于对犯有死罪的反革命分子应大部采取判处死刑缓期执行政策的决定》《政务院、最高人民法院关于清理反革命罪犯积案的指示》《惩治反革命条例》《中央节约检查委员会关于追缴贪污分子赃款赃物的规定》等刑事责任的政策根据和法律根据，不但在名称上显示出该指示或条例的政治性，而且在内容上处处以"反革命""贪污分子"这样的政治概念为关键词，阐述如何处理反革命分子、贪污分子，镇压反革命活动，开展"三反"运动。例如，《惩治反革命条例》第

---

① 柯葛壮主编《新中国刑事法60年》，第258页。

11条规定:"以反革命为目的偷越国境者,处5年以上徒刑、无期徒刑或死刑。"第13条规定:"窝藏、包庇反革命罪犯者,处10年以下徒刑;其情节重大者,处10年以上徒刑、无期徒刑或死刑。"第19条规定:"对反革命罪犯,任何人均有向人民政府揭发、密告之权,但不得挟嫌诬告。"又如,《政务院、最高人民法院关于清理反革命罪犯积案的指示》指出"清理反革命罪犯的积案已成为当前镇压反革命运动中一个亟待解决的中心工作",并规定"处理反革命罪犯积案的量刑标准,应以《中华人民共和国惩治反革命条例》为根据,其政策为'镇压与宽大相结合'"。① 再如,《中央节约检查委员会关于追缴贪污分子赃款赃物的规定》第1条规定:"为严肃国家纪律,凡已确定为贪污分子者,其赃款赃物应予追缴,以收回国家和人民的损失。"第2条第6款规定:"贪污分子承认贪污罪行,而又自动交出贪污款物,真诚表示悔过者,得酌量减轻处罚;贪污分子虽已承认贪污罪行,但故意隐瞒、拒不交出或分散破坏贪污款物者,应酌情加重处罚。"②

(四) 很强的针对性

新中国成立初期,党和国家有关机关发布的含有刑事责任内容的指示,颁发的条例、规定或命令,基本上是专门针对解决某方面刑事责任问题而做出的,具有很强的针对性。这不但从有关指示、条例、规定或命令的文件名称可见,而且从文件里的内容可见。

首先,从新中国成立初期中央机关颁发的三个条例来看,《惩治反革命条例》、《惩治贪污条例》和《妨害国家货币治罪暂行条例》都具有惩治犯罪的特定针对性。例如,《惩治反革命条例》不但从名称上可见是专门惩治反革命的单行刑法,而且其内容规定的是有关反革命的罪与刑,可谓名副其实,其针对的特定对象非常明显。《惩治贪污条例》也是如此。从名称上可见其是专门惩治贪污犯罪的单行刑法,而且从内容来看,其规定的是贪污犯罪的罪与刑,是专门针对贪污犯罪制定的法律。《妨害国家货币治罪暂行条例》从名称上可见是专门惩治货币犯罪的条例,其内容也是有关货币犯罪的罪与刑的规定。

---

① 《政务院、最高人民法院关于清理反革命罪犯积案的指示》(1951年8月27日),中共中央文献研究室编《建国以来重要文献选编》第2册,中央文献出版社,1992,第433页。
② 《中央节约检查委员会关于追缴贪污分子赃款赃物的规定》(1952年3月31日),中共中央文献研究室编《建国以来重要文献选编》第3册,中央文献出版社,1992,第135页。

其次，从新中国成立初期发布的指示来看，含有刑事责任内容的各种指示具有很强的针对性。例如，《中共中央关于镇压反革命活动的指示》、《中共中央关于纠正镇压反革命活动的右倾偏向的指示》、《政务院、最高人民法院关于镇压反革命的指示》和《政务院、最高人民法院关于清理反革命罪犯积案的指示》是专门针对镇压反革命发出的，而《政务院人民监察委员会关于反贪污、反浪费、反官僚主义斗争的指示》和《中共中央关于中小贪污分子分别处分问题的补充指示》是专门针对"三反"运动发出的。

再次，从新中国成立初期颁发的规定或通令来看，含有刑事责任内容的规定或通令也有很强的针对性。例如，《中央节约检查委员会关于追缴贪污分子赃款赃物的规定》是专门针对贪污犯罪颁发的，《政务院关于没收反革命罪犯财产的规定》是专门针对反革命罪犯颁发的，《政务院关于严禁鸦片烟毒的通令》是专门针对毒品犯罪颁发的。

（五）政策根据的刑法性

新中国成立初期，为开展专项政治运动，党和国家有关机关发布了大量的指示或决定，这些指示或决定本来属于刑事政策层面的文件，但其中包含了刑法的内容，因而刑事责任的政策根据具有刑法性。

首先，从党的刑事政策来看，新中国成立初期中共中央及其所属机关发布的一系列指示或决定中包含着刑法的内容，甚至有的直接规定了罪与刑的适用。例如，《中共中央关于镇压反革命活动的指示》规定："对于首要分子、怙恶不悛的、在解放后特别是经过宽大处理后仍然继续作恶的反革命分子，应依照中央人民政府政务院公布的惩治反革命条例加以镇压。当杀者，应即判处死刑。当监禁和改造者，应即逮捕监禁，加以改造。"这里的"判处死刑、监禁"都是刑罚的内容，因而这个刑事政策包含刑法的内容。又如，《中共中央关于对犯有死罪的反革命分子应大部采取判处死刑缓期执行政策的决定》本来也是党的刑事政策，这可以从该决定中的如下文字表达可见："中央已决定，在共产党内，在人民解放军内，在人民政府系统内，在教育界，在工商界，在宗教界，在各民主党派和各人民团体内清出的反革命分子，除罪不至死应判有期或无期徒刑，或予管制监视者外，凡应杀分子，只杀有血债者，有引起群众愤恨的其他重大罪行例如强奸许多妇女掠夺许多财产者，以及最严重地损害国家利益者；其余，一律采取判处死刑、缓期二年执行，在缓刑期内强制劳动、以观后效的政策。这个政策是一个慎重的政策。"①这指出了该决定的政策属性，但其中的判处死刑缓期二年执行又属于刑法的内容，属于死刑犯的执行措施。

其次，从国家的刑事政策来看，政务院及其所属部门发布的指示或决定中有不少属于国家的刑事政策，但其中包含了刑法的内容。例如，《政务院、最高人民法院关于清理反革命罪犯积案的指示》规定了处理反革命罪犯积案的七种办法，其中直接规定了罪与刑的内容，即"对于有血债或其他严重的罪行非杀不足以平民愤和最严重地损害国家利益的反革命分子，应判处死刑并立即执行；对于没有血债、民愤不大和虽然严重地损害国家利益，但尚未达到最严重的程度，而又罪该处死的反革命分子，应判处死刑，缓期二年执行，强迫劳动，以观后效；凡介乎可杀与可不杀之间的分子，应一律不杀，如果杀了就是犯错误，应该按其罪恶严重的程度，判处无期或长期徒刑；对于其他确有罪行的反革命分子，应按照其罪行大小，分别判处无期徒刑或有期徒刑"。②可见该指示的刑法性非常明显。

（六）法律根据的严厉性

新中国成立初期，《惩治反革命条例》、《惩治贪污条例》和《妨害国家货币治罪暂行条例》是刑事责任的主要法律根据。这三个法律根据的严厉性主要体现在刑罚的严厉性上。而刑罚的严厉性，一方面体现在死刑的适用上，另一方面体现在加重处刑的规定上。

首先，从死刑的规定来看，三个条例对大多数犯罪规定了死刑，有的甚至规定必须适用死刑。例如，《惩治反革命条例》第3条至第13条规定的是各种反革命罪犯的罪状与法定刑，每条罪状对应的法定刑中都有死刑，甚至有个别规定的罪犯为绝对死刑，如第5条规定："持械聚众叛乱的主谋者、指挥者及其他罪恶重大者处死刑。"根据《惩治贪污条例》第3条、第6条、第9条规定，犯贪污罪（包括受贿和其他假公济私违法取利行为）、行贿罪、介绍贿赂罪以及收买、盗取国家经济情报以谋取私利，情节特别严重的，都要判处死刑。《妨害国家货币治罪暂行条例》对于以反革命为目

---

① 《中共中央关于对犯有死罪的反革命分子应大部采取判处死刑缓期执行政策的决定》（1951年5月8日），中共中央文献研究室编《建国以来重要文献选编》第2册，第256页。
② 《政务院、最高人民法院关于清理反革命罪犯积案的指示》（1951年8月27日），中共中央文献研究室编《建国以来重要文献选编》第2册，第433—434页。

的的货币犯罪，如伪造货币罪，变造货币罪，贩运、行使伪造、变造的国家货币罪和破坏国家货币信用罪均规定了死刑，甚至有个别条款规定了绝对死刑。如条例第 3 条第 1 款规定："以反革命为目的伪造国家货币者，其首要分子或情节严重者处死刑。"

其次，从加重处刑的规定来看，三个条例都有加重处刑的规定。例如，《惩治反革命条例》第 4 条后段规定："其他参与策动、勾引、收买或叛变者，处十年以下徒刑；其情节重大者，加重处刑。"《惩治贪污条例》第 4 条对"对国家和社会事业及人民安全有严重危害者""贪赃枉法者""敲诈勒索者"等 11 种情形规定了"得从重或加重处刑"；其第 6 条第 3 款对"凡胁迫或诱惑他人收受贿赂者"规定了"应从重或加重处刑"。《妨害国家货币治罪暂行条例》第 3 条、第 5 条规定：反革命罪与货币犯罪竞合时，应当以货币犯罪加重处罚。这些加重处刑规定由于未设置加重的限度，因此即便有的罪没有直接规定无期徒刑或死刑，也可能因加重处刑而适用无期徒刑或死刑。

二 对新中国成立初期刑事责任司法根据的评价

（一）新中国成立初期刑事责任司法根据的积极意义

新中国成立初期刑事责任的司法根据是在特殊历史时期依照社会转型、制度重构、巩固政权的迫切要求而创建的，具有特殊的时代意义。

第一，刑事责任的司法根据为惩治过渡时期的特定犯罪提供了依据。新中国成立初期，虽然中国共产党掌握了国家政权，但是遗留在大陆的土匪、恶霸、特务、反动党团骨干分子等反革命分子与国际上的反动势力相互勾结，疯狂进行各种破坏活动，如用印刷、投放伪钞的手段破坏新中国面临严重困难的经济，用纵火、爆炸、暗杀或制造重大破坏事故的手段破坏社会秩序等，对新生的人民民主专政政权构成了极大的威胁。与此同时，资产阶级中的不法分子为牟取暴利，用"糖衣炮弹"拉拢、腐蚀广大党员干部，一些党员干部因此而腐化堕落；以功臣自居，贪图享乐，贪污腐化、违法乱纪的现象时有发生。因此此时的反革命犯罪、贪污腐败犯罪、货币犯罪等危害国家政权稳定与经济复兴的犯罪必须惩治，才能保证新政权的稳固、新秩序的重建。而"镇压与宽大相结合""首恶者必办、胁从者不问、立功者受奖""打得稳、打得准、打得狠"等刑事政策,①以及《惩治反革命条例》《惩治贪污条例》《妨害国家货币治罪暂行条例》《管制反革命分子暂行办法》等刑事法律法规的及时颁发,为惩治这些犯罪提供了司法根据。

第二,刑事责任的司法根据为完成新中国成立初期的政治任务提供了保障。新中国成立初期,"中国共产党面临的主要任务是恢复国民经济、巩固新生政权,打破以美国为首的西方国家对新中国的封锁和包围,同时通过一系列的政策措施为向社会主义社会过渡奠定基础"。②围绕该主要政治任务,中国共产党领导的新政权先后在全国范围开展了轰轰烈烈的土地改革运动、镇压反革命运动、司法改革运动、"三反"运动、"五反"运动、反毒禁毒斗争、反假币斗争等专项政治运动或社会治理活动,这些运动的深入开展且最终顺利达到预期目标,实现从新民主主义向社会主义社会过渡,应该说,以惩治犯罪为己任的刑事司法发挥了非常重要的作用。因为当时这些运动或斗争的开展,就是要通过刑事司法活动对反革命犯罪、贪污腐败犯罪、毒品犯罪、货币犯罪等特定犯罪的惩处达到政权巩固、秩序重建的目的。而刑事责任的法律根据和政策根据的发布,为这些专项斗争的有序、有力开展,以致最终完成新中国成立初期的主要任务提供了政策和法律保障。

第三,刑事责任的司法根据为刑法典的创制奠定了基础。从1949年到1979年的30年时间里,我国的刑法典阙如。1979年刑法典的大厦是从新中国成立初期开始逐步建立起来的,其中离不开新中国成立初期刑事责任司法根据的奠基作用。首先,从刑事责任的政策根据来看,新中国成立初期的"镇压与宽大相结合"的基本刑事政策随着社会主义改造基本完成、社会主义制度初步建立而演变为"惩办与宽大相结合"的基本刑事政策,被写进了1979年刑法典的第1条,成为1979年刑法典创制的政策根据;③而对不是必须立即执行的死刑犯实行死刑缓期二年执行的政策也成为1979年刑法典第43条的内容。此外,"凡介乎可杀与可不杀之间的分子,应一律不

---

① 《中国共产党编年史》编委会编《中国共产党编年史(1950—1957)》,山西人民出版社、中共党史出版社,2002,第1765页。
② 章猷才主编《新中国成立以来重大历史事件回顾与思考》,中共中央党校出版社,2012,第1页。
③ 1979年刑法典第1条明确规定"依照惩办与宽大相结合的政策"制定本法。

杀",①成为1979年刑法典中死刑适用的政策根据。其次,从刑事责任的法律根据来看,《惩治反革命条例》中的"背叛祖国""持械聚众叛乱""聚众劫狱或组织越狱""间谍或资敌"等反革命罪行,《惩治贪污条例》中的贪污罪、行贿罪、介绍贿赂罪等罪名,以及《妨害国家货币治罪暂行条例》中的"伪造国家货币或贩运伪造的国家货币"的罪行都被吸纳进1979年刑法典。此外,虽然这些单行刑法主要规定的是特定个罪的罪与刑,但是其中包含的数罪并罚方法、共同犯罪处理、刑种适用等刑法总则内容的精神也吸纳到1979年刑法典总则中。由此可见,无论是刑事责任的政策根据还是法律根据,都为1979年刑法典的创制提供了立法实践经验,奠定了制度基础。

第四,以政策作为刑事责任的司法根据对后来的刑事责任司法产生了深远的影响。刑事政策特别是执政党的刑事政策本来不能作为定罪量刑的直接根据,因为政策毕竟不是法律,没有通过立法程序,而定罪量刑的根据只能是刑法,这是罪刑法定原则的要求。但是,新中国成立初期,中国共产党发布的大量指示或决定不仅是指导当时的刑事司法,而且是刑事责任司法的直接根据。这种将刑事政策作为刑事责任司法的根据的做法,从那时一直延续到现在。比如,"少杀、慎杀"的死刑政策现在在死刑的司法适用中仍然被强调。又如,从"镇压与宽大相结合"的刑事政策到现在的"宽严相济的刑事政策",被认为是基本刑事政策,一直属于刑事责任的司法根据。由此可见,新中国成立初期以政策作为刑事责任司法根据的做法对于我国后来刑事责任司法产生了深远的影响。

(二)新中国成立初期刑事责任司法根据的负面影响

新中国成立初期刑事责任的司法根据虽然具有上述积极的时代意义,但是对于后来刑法的发展也具有一定的负面影响,主要表现为如下两个方面。

第一,新中国成立初期刑事责任的司法根据对刑法人权保障机能实现的负面影响。刑法具有社会保护和人权保障两大基本机能。但是,新中国成立初期,为巩固新政权,建立新社会,刑事责任的政策根据乃至法律根据过于重视新社会秩序的建设与维护。或者说在社会保护与人权保障之间,社会保护是排在第一位的任务,也是第一位的刑法机能。例如,对于"镇

---

① 该政策来源于1951年8月27日《政务院、最高人民法院关于清理反革命罪犯积案的指示》。

压与宽大相结合"的刑事政策,《政务院关于加强人民司法工作的指示》强调:"人民司法工作的当前主要任务,是镇压反动,保护人民。对反革命分子来说,首先是镇压,只有镇压才能使他们服罪,只有在他们服罪之后,才能谈到宽大。宽大只能结合着镇压来进行。"[1]而镇压反革命强调的是保护社会秩序,巩固国家政权。显然,该政策体现了刑法社会保护机能的实现是主要的。又如,《惩治反革命条例》第1条开宗明义表明了该条例制定的目的是"为惩治反革命罪犯,镇压反革命活动,巩固人民民主专政"。该条例第16条还规定了类推制度,而类推是不利于保障人权的。这也说明该单行刑法要实现的主要机能是保护社会。这在当时的特殊历史条件下是无可厚非的。但这种过于重视社会保护的刑法机能理念对1979年刑法典的创制及其后来出台的一系列单行刑法带来了一定的负面影响:1979年刑法典及其后来颁布的单行刑法都过于重视对社会秩序的维护,刑法社会保护机能的实现始终处于第一位,刑法人权保障机能的实现受到限制;政治专政功能被不恰当地强调,"将刑法视为专政工具,罪名设置与刑种配置都深深打上了专政的烙印,犯罪政治化倾向明显"。[2]这不但从1979年刑法典第2条关于刑法的任务规定和第79条关于类推制度的规定可见,而且从1983年"严打"政策开始后颁发的23个单行刑法的内容可见,刑法的社会保护机能在不断加强。[3] 正如陈兴良教授所言:"在计划经济体制下,社会利益、国家利益得到充分的强调,而在一定程度上忽视或漠视个人利益。反映在刑法观念中,就是过于强调刑法的社会机能,而未将人权保障机能放在一个同等重要的应有位置上。"[4]可以说,由于受到新中国成立初期刑事责任的司法根据过于重视社会保护的影响,在新中国成立后的相当长时间内我国刑法是重社会保护、轻人权保障的。

第二,新中国成立初期刑事责任的法律根据对后来刑罚力度的影响。由于新中国成立初期刑事责任的司法根据过于强调刑法的社会保护机能,因此在"治乱世用重典"的传统理念支配下,刑事责任的法律根据上刑罚力度过大。所谓刑罚力度,是指刑罚力的强度,是刑罚对犯罪人权益剥夺

---

[1] 《政务院关于加强人民司法工作的指示》(1950年11月3日),中共中央文献研究室编《建国以来重要文献选编》第1册,第452页。
[2] 喻伟、蒋羽扬:《对新时期重刑主义的反思》,《中央检察官管理学院学报》1997年第2期。
[3] 马克昌:《刑法的机能新论》,《人民检察》2009年第8期。
[4] 陈兴良:《刑法疏议》,中国人民公安大学出版社,1997,第115页。

或限制的轻重程度。立法层面的刑罚力度主要表现在刑种的设置和法定刑的配置上。而这又从死刑和没收财产刑在个罪的配置上可见，因为死刑是剥夺犯罪人生命的刑罚方法，所以是最强力度的主刑；而"没收财产在绝大多数国家的刑法中是不存在的，有的国家甚至在宪法中明文禁止没收财产刑的设置和适用。事实上，没收财产严重波及无辜的犯罪人家属，从合理性与人道性立场上看，都是过于严厉的刑罚方法"，①所以没收财产是最强力度的附加刑。

新中国成立初期为应对反革命犯罪、贪污腐败犯罪等特定历史时期发生的犯罪，仅有的几部单行刑法对这些犯罪都配置了较多的死刑和没收财产刑。例如，《惩治反革命条例》对其规定的11种反革命犯罪的法定最高刑都是死刑，对全部犯罪都配置了没收财产刑。无论是单从死刑这种最严厉的刑罚来看，还是从所有罪名的配刑来看，该条例对反革命犯罪的刑罚力度都显得过大，重刑色彩非常明显。又如，《惩治贪污条例》规定的贪污罪、行贿罪、介绍贿赂罪和收买、盗取国家经济情报罪情节特别严重者都配置了死刑和没收财产，刑罚力度也过大。这种刑罚力度过大在当时特殊历史条件下是无可非议的。但是它对后来刑法典的刑罚配置带来了一定的负面影响，即新中国成立初期刑罚力度的历史惯性导致我国刑罚力度趋重，重刑色彩浓厚。例如，1979年刑法典基本延续了新中国成立初期单行刑法的刑罚力度，对于其分则第1章规定的12种反革命犯罪中，有9种犯罪规定了死刑；对所有的反革命犯罪都可没收财产，以至于现在的刑法分则第1章中仍然有7种危害国家安全的犯罪可适用死刑，所有的危害国家安全的犯罪都可没收财产。又如，1979年刑法典对贪污罪延续了《惩治贪污条例》的刑罚力度，规定了情节特别严重的贪污罪可以适用死刑，以至于贪污罪虽然经过单行刑法、刑法修正案的多次修改，但仍然在现行刑法中保留了死刑。正是由于新中国成立初期的这种重刑惯性，加上刑罚配置"牵一发动全局"导致的"刑罚攀比"，1979年以后陆续颁行的单行刑法不断扩张死刑罪名，以至于1997年刑法全面修订之前的刑法体系中，死刑罪名从1979年刑法典的28个扩张到74个，刑法体系带有浓厚的重刑色彩。② 在这种刑罚惯性的作用下，1979年刑法全面修订后，死刑罪名仍有68个。虽然

---

① 游伟：《我国刑事法领域中的"重刑"问题——现状、成因及弊端分析》，《法律适用》2007年第3期。

② 游伟：《重刑化的弊端与我国刑罚模式的选择》，《华东政法学院学报》2003年第2期。

历经《刑法修正案八》《刑法修正案九》两次大规模的死刑缩减，我国现行刑法中仍然有46个死刑罪名，有70余个罪名配置了没收财产刑。

三 新中国成立初期刑事责任司法根据的启示

当今，相对于新中国成立初期的刑法典阙如，我国已进入刑法典较为完善的时代，但是刑事政策仍然是刑事责任的司法根据，而作为刑事责任法律根据的刑法为适应犯罪形势的变化也仍在不断完善的路上。因此在刑事责任的司法根据中，政策应起什么作用，刑法应如何完善，刑事政策与刑法的关系应如何处理，仍是我国从依政策治国到依法治国的转型期需要面对的重大现实问题。[①] 可以说，新中国成立初期刑事责任司法根据的实践经验为上述问题的回答提供了重要的启示。

（一）以政策作为刑事责任的司法根据是新中国成立初期刑事责任司法根据的传承

从前文的阐述可见，新中国成立初期，政策是刑事责任的重要司法根据；在政府机关没有颁布法律、法令、条例等刑事法规范的情况下，政策甚至是刑事责任唯一的司法根据，即政策完全处于法律的地位决定犯罪人刑事责任的有无与大小。当今，我国虽然进入了刑法典较为完备的时代，但司法机关对行为人定罪量刑仍然要以刑事政策为根据，特别是要以宽严相济的基本刑事政策为根据。这在最高司法机关发布的一些指导性文件中有明显的体现。例如，中共中央于2006年10月通过的《关于构建社会主义和谐社会若干重大问题的决定》将宽严相济的刑事政策确定为我国维护社会治安的基本刑事司法政策后，最高人民法院于2007年1月发布了《关于为构建社会主义和谐社会提供司法保障的若干意见》，要求人民法院在刑事审判工作中贯彻宽严相济的刑事政策。为保证司法机关全面理解、贯彻宽严相济的刑事政策，最高人民法院于2010年2月又专门颁发了《关于贯彻宽严相济刑事政策的若干意见》，认为"宽严相济刑事政策是我国的基本刑事政策，贯穿于刑事立法、刑事司法和刑罚执行的全过程，是惩办与宽大相结合政策在新时期的继承、发展和完善，是司法机关惩罚犯罪，预防犯

---

① 卢建平：《刑事政策与刑法关系论纲》，《法治研究》2011年第5期。

罪，保护人民，保障人权，正确实施国家法律的指南"。"贯彻宽严相济刑事政策，要根据犯罪的具体情况，实行区别对待，做到该宽则宽，当严则严，宽严相济，罚当其罪，打击和孤立极少数，教育、感化和挽救大多数，最大限度地减少社会对立面，促进社会和谐稳定，维护国家长治久安。"此后，最高司法机关发布的一些司法解释对于以宽严相济的刑事政策为根据的定罪量刑也多有强调。例如，2010年3月最高人民法院、最高人民检察院、公安部、司法部联合发布的《关于依法惩治拐卖妇女儿童犯罪的意见》要求：对于惩治拐卖妇女、儿童犯罪，"要根据宽严相济刑事政策和罪责刑相适应的刑法基本原则，综合考虑犯罪分子在共同犯罪中的地位、作用及人身危险性的大小，依法准确量刑"。2010年12月最高人民法院《关于充分发挥刑事审判职能作用深入推进社会矛盾化解的若干意见》要求"准确把握宽严相济刑事政策，切实做到公正廉洁文明司法，充分发挥刑事审判能动作用，最大限度地化解矛盾，减少对抗，促进和谐，维护稳定"。2012年8月最高人民法院、最高人民检察院发布的《关于办理职务犯罪案件严格适用缓刑、免予刑事处罚若干问题的意见》强调对于职务犯罪案件适用缓刑、免予刑事处罚要"正确贯彻宽严相济刑事政策，充分发挥刑罚的惩治和预防功能"。2016年1月最高人民法院发布的《关于审理抢劫刑事案件适用法律若干问题的指导意见》提出了审理抢劫刑事案件的基本要求，即"坚持贯彻宽严相济刑事政策。对于多次结伙抢劫，针对农村留守妇女、儿童及老人等弱势群体实施抢劫，在抢劫中实施强奸等暴力犯罪的，要在法律规定的量刑幅度内从重判处。对于罪行严重或者具有累犯情节的抢劫犯罪分子，减刑、假释时应当从严掌握，严格控制减刑的幅度和频度。对因家庭成员就医等特定原因初次实施抢劫，主观恶性和犯罪情节相对较轻的，要与多次抢劫以及为了挥霍、赌博、吸毒等实施抢劫的案件在量刑上有所区分。对于犯罪情节较轻，或者具有法定、酌定从轻、减轻处罚情节的，坚持依法从宽处理"。这些司法解释实际上是要求各级司法机关追究刑事责任以宽严相济的刑事政策为根据。这种以刑事政策作为刑事责任司法根据的做法与新中国成立初期将政策作为刑事责任司法根据是一脉相承的。

（二）以政策作为刑事责任的司法根据有利于把握刑事司法的政治方向

"在文明社会司法发展的进程中，作为一种解决社会冲突与纠纷的重要机制，司法从来都不是价值中立的，也绝不超然于社会利益矛盾斗争的漩涡之外，而是反映特定社会阶级或利益集团的政治需要，具有鲜明政治倾向或政治性品格，进而成为社会政治斗争的重要工具。"[1]既然如此，刑事责任司法就需要把握政治方向。而以政策作为刑事责任的司法根据，有利于把握刑事司法的政治方向，服务于时代的政治需求。对此，新中国成立初期的做法提供了经验与启示。当时几部单行刑法的发布，都是先发布政策，后出台法律。例如，《惩治反革命条例》颁发之前，中共中央、政务院先后发布了《严厉镇压反革命分子的指示》《关于镇压反革命的指示》《关于镇压反革命活动的指示》《关于加强人民司法工作的指示》等一系列指导镇反运动的政策性文件，为《惩治反革命条例》的制定提供政策指引。《惩治贪污条例》出台之前，中共中央发布了《关于实行精兵简政、增产节约、反对贪污、反对浪费、反对官僚主义的决定》《关于反贪污斗争必须大张旗鼓地去进行的指示》等政策性文件来指导"三反"运动。这种"立法未动、政策先行"的做法，不但使政策成了刑事责任的司法根据，而且使政策起到了引领、指示刑事立法政治方向的作用。而刑事立法的政治方向关乎刑事司法的政治方向，因此最终是有利于保证刑事司法的政治方向的。如果说新中国成立初期在特殊历史时期需要用政策把握刑事司法的政治方向，那么现在处于社会转型期的刑法修改完善同样需要政策来把握其政治方向。因此这种政策先行于立法的做法对于当今的刑事责任的法律根据的修改完善仍然具有重要启示：党和国家的刑事政策是刑法立法的根本指导政策，刑法的修改完善应以党和国家的刑事政策为依据和基础，不与党和国家的刑事政策相抵触。这是刑法修改完善必须遵守的准则。而以刑事政策作为刑法修改完善的主要原则、依据和基础，把具体刑事政策贯彻到具体的刑法条文中，就能使党和国家的刑事政策上升为具有国家强制性的刑法规范，服务于党和国家的政治需求。

（三）以政策作为刑事责任的司法根据应处理好刑事政策与刑法的关系

诚然，政策是法律制定的依据，"刑事政策是刑法的灵魂与核心，刑法是刑事政策的条文化与定型化"[2]。但是，在刑事政策与刑法这两大刑事责任的司法根据之间，一旦颁布了刑法，就要摆正刑事政策的位置，处理好刑事政策与刑法的关系，避免刑事政策与刑法的冲突。

---

[1] 公丕祥：《董必武司法思想述要》，《法制与社会发展》2006年第1期。
[2] 卢建平、刘春花：《我国刑事政策的演进及其立法影响》，《人民检察》2011年第9期。

首先，刑事政策一旦贯彻到刑法立法当中，成为具有强制力的刑法规范，刑法就应是刑事责任的基本遵从。在刑事责任的司法根据中，刑法应高于刑事政策而适用，不能无视刑法的规定而只以刑事政策作为刑事责任的司法根据。对此，新中国成立初期《废六法全书指示》和《政务院关于加强人民司法工作的指示》明确规定："有纲领、法律、命令、条例、决议规定者，应从之；无纲领、法律、命令、条例、决议者，从新民主主义政策。"这就确立了政策与法律的基本关系，保证了刑法在刑事司法中基本根据的地位。新中国成立初期的这种做法对于全面推进依法治国的当下不无启发：刑事政策必须以法治为基本原则、必须充分尊重刑法作为刑事责任司法的基本根据地位才具有正当性。在新中国成立初期特定历史时期，由于刑法典的阙如，刑事政策有时起着刑法的作用，这是不得已而为之。但在现代法治社会，不以刑法为基础、单纯将刑事政策作为刑事责任的司法根据是违背罪刑法定原则的，也违背公民对法秩序的合理期待。

其次，有了刑法之后，刑事责任的判定不是不要刑事政策，而是刑事政策只能在刑法的范围内起作用，而且刑事政策应起推动刑法实施的作用。对此，新中国成立初期的做法为当今提供了启示。新中国成立初期《惩治反革命条例》《惩治贪污条例》等单行刑法颁布施行之后，中共中央、政务院等中央机关进一步发布有关政策性指示推动这些单行刑法的实施，从而使颁行的法律能够落实到位。新中国成立初期的政策→法律→政策的运作机制形成了刑事政策与刑法的良性互动，使二者相得益彰。这对于当今刑事责任判定中如何正确处理运用刑事政策与适用刑法的关系仍然具有启发意义：虽然在立法层面，刑事政策是刑法立法的根据和基础，但是，一旦刑事政策通过立法活动贯彻到了刑法中，在刑事司法层面就应以刑法作为刑事责任的基本依据；刑事政策作为刑事责任的根据就只能在刑法的界限内起作用，不能逾越刑法的界限。否则，就会导致刑法的价值得不到应有的发挥，损害刑法的权威，法治得不到保障。

从"无不焚之居……"这则史料谈党史研究的"求真"与"科学"[*]

游海华[**]

摘　要　"无不焚之居，无不伐之树，无不杀之鸡犬，无遗留之壮丁，闾阎不见炊烟，田野但闻鬼哭"，这则史料被众多学科的学者、著作所引用，旨在说明苏区革命后，国民党（军）对原苏区或"清剿"区实行疯狂进攻和残酷的烧、杀、抢政策。然而，检索民国文献，找到原始资料，不难发现，所有的引用者都存在言之无据（没有注明史料来源）、引用史料时空错乱和移花接木，以及曲解史料，甚至无中生有等不规范和错误之处。另外，还很可能存在拼接史料的问题。历史虽人人可述评，如小姑娘一样可任人打扮，但所有的研究均须遵循言之有据、实事求是、有一分材料说一分话等学界公认的研究规则，不能脱离"历史求真"的初衷。只有这样的革命史研究和党史研究，才可能称为"信史"，并上升到"科学"的高度。

关键词　历史求真　史料解读　实事求是　党史研究

一　学界引用"无不焚之居……"这则史料概况

1934年10月，中共中央和主力红军开始长征，国民党军逐步进占中央

---

[*] 本文系教育部人文社科基金"乡土历史资源与思想政治理论课教学研究——以《中国近现代史纲要》为例"（项目号：15JDSZK020）；浙江工商大学课堂教学创新项目"地方资源的开发利用与思想政治理论课教学——以《中国近现代史纲要》为例"（项目号：1270XJ2915118）。

[**] 浙江工商大学马克思主义学院教授，历史学博士。

苏区即赣闽边区。在此前后，南京国民政府重新取得了对南方各省革命根据地的统治权。

三年游击战争时期原苏区民众的政治生存环境，在新政权建立以后才进入史学的叙述和研究范围。中华人民共和国成立以后，逐渐成为社会科学"显学"的中共党史和革命史，在对该问题的叙述中，有一则史料被广泛引用。这则史料是：在原革命根据地内，或后来的"清剿"区内，"无不焚之居，无不伐之树，无不杀之鸡犬，无遗留之壮丁，闾阎不见炊烟，田野但闻鬼哭"。

据笔者的检索，胡华最早引用这则史料。1953年和1954年，胡华主编《中国革命史讲义》，关于三年游击战争时期原苏区民众的政治生存环境，书中记述："红军主力北上长征后、留在南方各省根据地的红军，在陈毅、项英等负责的中央分局领导下，继续坚持各根据地的斗争。国民党反动派乘红军主力转移，侵入各根据地，对根据地人民进行惨无人道的摧残。据当时国民党反动政府的报告书中供述，在'清剿'区内，'无不焚之居，无不伐之树，无不杀之鸡犬，无遗留之壮丁，闾阎不见炊烟，田野但闻鬼哭'。"①从1954年开始，该书"分编分册陆续印出"，长期"用作高等学校的党史课和现代史课的一种教材"。②

稍后，李新等人主编的《中国新民主主义通史初稿》同样引用了这则史料，书中关于三年游击战争时期原苏区民众政治生存环境的描述也更为典型和详细。该书是这样描述的："国民党匪军趁红军主力转移后，立即闯进了各根据地并开始了疯狂的烧杀。瑞金被杀的十二万人；平江被杀的十三万四千人；宁都被杀绝八千三百余户；闽西被杀绝四万余户。整个江西区和闽西区约有八十万群众被杀害。茶陵县上岩乡六十里茶山，被焚毁五十四里；平江徐家洞等六个乡的二千四百七十余栋房子，仅剩下六百五十栋；闽西有五百多个村庄被毁掉；更有的地方，如新县至麻城、罗田间，八十里内的村庄全部烧光，造成了一片荒凉的无人区。在敌人烧、杀、抢的三光政策下，南方各省的革命根据地，出现了田园荒芜、人口稀少的惨象。在当时蒋匪的报告书中曾这样供述，在所谓'清剿区'内，'无不焚之居，无不伐之树，无不杀之鸡犬，无遗留之壮丁，闾阎不见炊烟，田野但

---

① 胡华主编《中国革命史讲义》上册，中国人民大学出版社，1979，第373页和"修订说明"。
② 胡华主编《中国革命史讲义》上册，"修订说明"。

从"无不焚之居……"这则史料谈党史研究的"求真"与"科学"

闻鬼哭'。"①

李新等人是1959年全国文科教材会议后,召集许多高等院校专家集体编写《中国新民主主义通史初稿》的。该书共四卷,编写时"仍用革命史名称,但全书的体例、结构和内容都是现代史性质,成为现代史主要教材"。②据称,该书是到1980年代中期为止,"集中较多力量和时间编写的一本较为详细的专著……不少评述,至今还很有参考价值"。③

正因为该书由国内众多专家集体编写,书中关于三年游击战争时期原苏区民众政治生存环境的描述成为经典说法。这一经典说法和"无不焚之居……"这则经典史料,为"文革"以后出版的众多党史、革命史、苏区史、军事史、游击战争史、现代史、经济史等著作,甚至文学著作和高校教材所继承、征引。表1中所列举的40多种论著,都完整引用了这则经典史料。只不过,有的注明了史料来自《中国新民主主义通史初稿》一书,有的并未注明史料来源,还有的注明来自1980年代前中期孔永松、林天乙等编著的《闽赣路千里——红军转战闽赣与创建闽西革命根据地的斗争》或《中央革命根据地史要》。④ 这40多种论著,有的是党史、革命史和苏区史权威著作,如中共中央党史研究室著的《中国共产党历史》、孔永松等编著的《中央革命根据地史要》;有的是地方党史、革命史和三年游击战争史论著,如林强主编的《中共福建地方史》、中共赣州地委党史工作办公室编的《赣南人民革命史》、刘勉钰撰写的《中央苏区三年游击战争史》和《江西三年游击战争史》;有的是军事论著,如中国人民解放军江西省军区游击战材料编写组编写的《江西革命游击战争史稿》、军事科学院军事历史研究部编著的《简明中国人民解放军战史》;有的是经济史、思想政治工作论著,如陈荣华等著的《江西经济史》、刘兰兮等著的《中国近代经济史(1927—1937)》、黄小蕙的《思想政治工作70年》;有的是高校的通用教材,如王大同等编写的《中国现代史》、王文泉等主编的《中国现代史》;还有纪实文学、报告文学等,如舒麦德的《新四军征战纪实》、李镜的《大迁徙》(中国革命斗争报告文学丛书·长征卷)。这使得对苏区革命后原苏

---

① 李新等主编《中国新民主主义革命时期通史》第2卷,人民出版社,1962,第233页。
② 孟宪恒编著《史学文献检索》,陕西师范大学出版社,1991,第321页。
③ 张注洪编著《中国现代革命史史料学》,中共党史资料出版社,1987,第84页。
④ 孔永松、林天乙等编著《闽赣路千里——红军转战闽赣与创建闽西革命根据地的斗争》,上海人民出版社,1982;孔永松、林天乙等编著《中央革命根据地史要》,江西人民出版社,1985。

区民众政治生存环境的描述,以及"无不焚之居……"这则经典史料,广为流传,影响深远。

表 1　1949 年以来引用过"无不焚之居……"史料的部分论著

序号	作者或编者	书名或文章名	出版信息	页码
1	李新、彭明、孙思白、蔡尚思、陈旭麓主编	中国新民主义革命时期通史初稿(第2卷)	人民出版社,1962	233
2	胡华主编	中国革命史讲义(上册)	中国人民大学出版社,1979	373
3	中国人民解放军江西省军区游击战材料编写组	江西革命游击战争史稿(征求意见稿)	1981 年编	132
4	孔永松、林天乙编著	闽赣路千里——红军转战闽赣与创建闽西革命根据地的斗争	上海人民出版社,1982	329
5	陈枫	皖南事变本末	安徽人民出版社,1984	6
6	孔永松、林天乙、戴金生	中央革命根据地史要	江西人民出版社,1985	456
7	胡提春	中国革命史讲座	1985	214
8	王大同、陈能南、陈孝华主编	中国现代史	福建教育出版社,1985	393—394
9	张全德、王先发编著	鄂豫皖革命根据地医药卫生史简编	河南省卫生厅,1986	93
10	中共东至县委党史办公室编	东至革命史	1986	55
11	夏道汉、陈立明	江西苏区史	江西人民出版社,1987	357
12	中共商城县委党史资料征编委员会	商城革命史	河南人民出版社,1988	148
13	王文泉、赵呈元主编	中国现代史	中国矿业学院出版社,1988	289—290
14	江西省军区编,刘子明主编	江西民兵	江西人民出版社,1989	109
15	郑德荣主编	国共政权十年对峙史(1927—1937)	1990	339
16	中共中央党史研究室	中国共产党历史(上卷)	人民出版社,1991	423
17	黄小蕙	思想政治工作 70 年	国防大学出版社,1991	220
18	陆永山、李蓉编著	土地革命的枪声	吉林人民出版社,1991	119

从"无不焚之居……"这则史料谈党史研究的"求真"与"科学"

续表

序号	作者或编者	书名或文章名	出版信息	页码
19	张俊超、虞崇胜编	奋斗·挫折·胜利——中国现代史新编	武汉大学出版社，1991	131
20	军事科学院军事历史研究部编著	简明中国人民解放军战史	军事科学出版社，1992	117
21	林强主编，中共福建省委党史研究室编著	中共福建地方史（上册）	中央文献出版社，1993	574
22	刘勉玉	中央苏区三年游击战争史	江西人民出版社，1993	25—26
23	杨鹏程、左双文主编	二十世纪中国史	河北人民出版社，1993	354
24	舒麦德	新四军征战纪实	四川文艺出版社，1994	8
25	李镜	大迁徙（中国革命斗争报告文学丛书 长征卷）	解放军出版社，1995	64
26	赖金水	浅谈闽西三年游击战争得以坚持和发展的原因	中共长汀县委党史资料征集研究委员会编《汀江红旗》第3辑	198
27	郑广瑾	南方三年游击战争记	河南人民出版社，1997	191
28	中共赣州地委党史工作办公室编	赣南人民革命史	中共党史出版社，1998	348
29	中共瑞金市委党史工作办公室	瑞金人民革命史	中央文献出版社，1998	148
30	刘良	进退韬略：毛泽东在命运转折关头	福建人民出版社，1998	327
31	苏多寿、刘勉钰主编	曾山传	江西人民出版社，1999	116
32	张开泉	南国烽烟铸诗魂——陈毅赣南诗词选注，江西省文化厅革命文化史料征集工作委员会编《江西苏区文化研究》	2001	224
33	宋天泉、王增祺、谭鹏高	拂晓劲旅：中国人民解放军第二十一军征战纪实	解放军文艺出版社，2003	35
34	陈荣华、余伯流、邹耕生、施由民等	江西经济史	江西人民出版社，2004	549
35	庄春贤	陈毅在油山	中国文联出版社，2004	33
36	黄宝华、赖昌明	赣南客家与苏维埃革命	中国文联出版社，2005	136
37	黄惠运编著	江西省苏维埃政府主席曾山	中国文史出版社，2006	220
38	中共万年县委党史工作办公室编著	中共万年地方史（1926—1949）	2006	122

续表

序号	作者或编者	书名或文章名	出版信息	页码
39	李清泉	铁的新四军独有的特点和贡献,中国新四军和华中抗日根据地研究会编《铁军精神研究——新四军成立70周年纪念文集》	军事科学出版社,2007	422
40	凌翔	永远的八一军旗·星火燎原	晨光出版社,2008	521
41	刘勉钰	江西三年游击战争史	江西人民出版社,2009	70
42	刘兰兮等	中国近代经济史(1927—1937)	人民出版社,2012	57—58

注：1. 页码一栏数据是指该书引用"无不焚之居……"史料的页码。2. 王大同等主编的《中国现代史》，由华东地区上海、山东、江苏、安徽、浙江、江西、福建等六省一市8家出版社协作组织编写出版，供在职初中教师业余进修。3. 刘勉玉与刘勉钰为同一人，人名照录原书而来。

二 "无不焚之居……"这则史料的可能来源分析

必须指出的是，引用"无不焚之居……"这则史料的论著，大都使用了"供述"、"供认"、"供称"、"供出"或"不得不承认"等意思大致相同的词，意指三年游击战争时期原苏区或"清剿"区田园荒芜、人口稀少等社会经济颓败，是国民党疯狂进攻和残酷烧杀抢政策导致的，国民党（军）方面对此是认同的。

还必须指出的是，无论是最早引用"无不焚之居……"这则史料的胡华，还是李新等人编著的《中国新民主主义通史初稿》，孔永松等编著的《闽赣路千里》和《中央革命根据地史要》，以及其他论著都没有注明史料的原始来源。

尽管如此，检索表1中的40多种著作，我们还是可以得知，"无不焚之居……"这则史料可能来源于两处。一是国民党（蒋介石）的"剿匪"报告书或"清剿"报告书，如胡华、李新等著作中的说法。另一是民国报纸，如陈枫《皖南事变本末》、宋天泉等《拂晓劲旅：中国人民解放军第二十一军征战纪实》等著作中的说法。①

关于第一种说法，多年来，笔者检索和查阅了各种资料，都没有发现"剿匪"报告书或"清剿"报告书中有相应的记载。倒是1934年底和1935

---

① 陈枫：《皖南事变本末》，安徽人民出版社，1984，第6页；宋天泉、王增祺、谭鹏高：《拂晓劲旅：中国人民解放军第二十一军征战纪实》，解放军文艺出版社，2003，第35页。

从"无不焚之居……"这则史料谈党史研究的"求真"与"科学"

年初,国民政府的两份"剿匪"报告书中,有类似情况的描述。一是1934年11月的《国民政府军事委员会委员长南昌行营处理剿匪省份政治工作报告》,其在关于"收复区"即原"匪区"农村善后中"救济农村金融"小节中记述:"查剿匪各省收复县区,自经赤匪之乱,无不惨遭破坏,农村赤立,百无一有。"①一是1935年1月的《军事委员会委员长行营政治工作报告》,该报告在谈到"收复区"即原"匪区"农村金融紧急救济时论及:"赤匪逞其残酷之手段,唯以破坏为能事,凶焰所至,胥被摧残,而尤以农村受害为烈,丁壮裹胁,老弱流亡,庐舍荡然,盖藏一空,甚至鸡犬不留,农具炊器,悉被毁灭,是以收复各地,一般孑遗流亡之民几至无法生存。"②

至于第二种说法,笔者通过相关数据库检索了民国报纸,发现"无不焚之居……"这则史料最早出现于1932年10月1日的《申报》。为便于分析,将其主要内容照录如下:

> 汉口来电。各报馆均鉴。中正奉命驻汉,督剿赤匪,幸赖军民上下,同心协力,披荆斩棘,次第芟除。惟收复之区,百物荡尽,无不焚之居,无不伐之树,无遗留之鸡犬,无不杀之耕牛。总计半月以来所接前方将领报告,如豫之商城、光山、固始,皖之六安、霍邱、英山、霍山,鄂之黄安、麻城、罗田、沔阳、监利等处,皆如穷边之地,一望荒凉,不见炊烟,但闻野哭。甚或成千累万,泥首军前,鹄面鸠形,僵卧道左。批阅之下,怒然心伤。业分电三省政府赶办振款振粮,分途派员驰赴救恤,并经颁布剿匪区域减免田赋办法通饬遵行,以资安辑在案。……故甚望各人民团体慈善机关殷实富户,各竭力之所及,分途汇集巨款,以资救济……更望各学校各团体领袖及妇女界,组织视察团分批亲赴灾区视察,以明真相而谋救济……俾全国上下,怵兹惨况,共尚淳朴,力矫奢华,以恢复农村,畅销农产,为吾国人共赴之的,共循之轨,庶乎有乎,幸详加省察焉。蒋中正卅秘。③

这则通电是蒋介石拍发给上海市政府并抄送各报馆的。蒋之目的在于

---

① 《第九 关于农村善后事项》,《国民政府军事委员会委员长南昌行营处理剿匪省份政治工作报告》(1934年11月),第17页(文页)。
② 《军事委员会委员长行营政治工作报告》(1935年1月)第27—28页。
③ 《公电》,《申报》(上海)1932年10月1日,第11版。

让社会各界了解"收复区"社会经济惨状,并希望各界给予大力救济。此后,出于同样目的,1932年10月4日和11月6日、1933年11月12日、1934年12月2日的《申报》均重引了蒋这则通电的主要内容,"无不焚之居……"每次都出现于报端。①

研读这则通电的内容,不难得知,通电所反映的,实为1932年10月,鄂豫皖和湘鄂西根据地红军反"围剿"失利后,国民党军进占这两块革命根据地后所见之景象。通读电文中的描述和蒋介石"批阅之下,怒然心伤"等,笔者没有看到蒋介石和国民党有丝毫主动的"供述"、"供认"、"供称"、"供出"或"不得不承认"等态度或意思。如果不为"尊者讳",读者是不难读出蒋和国民党方面对中共苏区革命这场"匪乱"的指责的。

读罢这则通电,再对比表1中40多种引用"无不焚之居……"论著的相关论述,笔者只是不明白,从时间上看,明明是国民党军1932年第四次"围剿"中的前线报告,怎么就变成了国民党军三年游击战争时期的"清剿"报告?从地点上看,明明是国民党军占领鄂豫皖和湘鄂西根据地后的见闻,怎么就变成了国民党军对南方各省原革命根据地即"清剿"区的战后整体描述?从原始史料(通电)看,明明是国民党或蒋介石方面对红军的指责,怎么就变成了国民党或蒋介石的主动认错?从人性和党派斗争的角度看,对苏区实行疯狂进攻和残酷烧、杀、抢政策的国民党(军)怎么可能主动认错或承担责任呢?

三 只有建立在"求真"基础上的党史才是"信史"

历史是个任人打扮的小姑娘吗?李金铮认为,小姑娘是应当允许打扮的,只是看谁打扮得更加漂亮,更加符合小姑娘的形象;历史如同小姑娘一样,是一种客观存在,应当允许不同的解释;历史越辩越明,历史研究总是朝着符合历史真相的方向前进。② 确实,如同小姑娘允许打扮一样,历史研究也应当允许不同的解释。李金铮的话虽然没有言明,但是,他的上述这段话,应该包含以下意思,即历史研究应该遵循学界公认的基本规则。

---

① 《公电》,《申报》(上海)1932年10月4日,第7版;《蒋代求振电》,《申报》1932年11月6日,第14版;《剿匪宣传周第六日记》,《申报》1933年11月12日,第11版;《四川路青年会正式开始办公》,《申报》1934年12月2日,第11版。
② 李金铮:《农民何以支持与参加中共革命?》,《近代史研究》2012年第4期。

从"无不焚之居……"这则史料谈党史研究的"求真"与"科学"

如必须实事求是,言之有据,有一分材料说一分话,无材料不说话;史料解读应忠于原史料,不能曲解史料,更不能歪曲史料。

就"无不焚之居……"这则史料来说,不论"剿匪"报告书或"清剿"报告书是否有这段记载,我们基本可以判断,如果以上述历史学界公认的基本规则加以衡量,表1中40多种论著利用这则史料,对三年游击战争时期原苏区民众政治生存状态①进行阐释的行为,其不规范或错误之处是明显的:一是言之无据,没有注明史料来源,令后来的研究者难以查对;有的虽注明了转引史料(二手资料)的来源,但没有查对第一手史料,而是照搬照抄,延续错误。二是引用史料时空错乱,移花接木,将1932年国民党军进占鄂豫皖和湘鄂西根据地后的见闻,当作苏区革命后国民党军进占原革命根据地即"清剿"区的整体描述。三是曲解史料,甚至无中生有,把国民党、蒋介石看作如中国共产党一样,具有高度的批评与自我批评精神,然而实际上,原史料并不能反映出国民党、蒋介石有主动认错或承担职责的意图。

如果这份"剿匪"报告书或"清剿"报告书事实上不存在,即可能没有"无不焚之居……"这句话,则最初引用这则材料的论著还存在拼接史料的问题。从前引1932年《申报》的电文中,我们知道原史料是分离的两句话,即"百物荡尽,无不焚之居,无不伐之树,无遗留之鸡犬,无不杀之耕牛"和"穷边之地,一望荒凉,不见炊烟,但闻野哭",而后被相关学者广泛引用时,却变成了"无不焚之居,无不伐之树,无不杀之鸡犬,无遗留之壮丁,间阎不见炊烟,田野但闻鬼哭"这样一个完整的句子。

好在最新出版的权威著作《中国共产党历史》,在关于"南方红军三年游击战争"的描述中,已经完全摒弃了"无不焚之居……"这则史料及相关阐述。②这种纠错行为,不但改正了1991年版《中国共产党历史》③中使用和解读史料的错误,对于在苏区史学界、革命史学界、党史学界,乃至历史学界继续倡导实事求是的研究风气来说,也不失为一种好的垂范。

---

① 三年游击战争时期原苏区民众的政治生存状态,笔者以赣闽边区即原中央苏区为例,提供了一种解释。这个问题还可以继续讨论,也值得继续讨论。这个问题不是本文的讨论主题,但与本文讨论主题相关。参见游海华《南方三年游击战争时期赣闽边区民众政治生存状态考察》,《中共党史研究》2012年第7期。
② 中共中央党史研究室:《中国共产党历史(1921—1949)》第1卷上册,中共党史出版社,2011,第404—406页。
③ 中共中央党史研究室:《中国共产党历史》上卷,人民出版社,1991,第423页。

无论是苏区史研究、革命史研究、党史研究还是历史研究等,"历史求真"是其最主要的目标之一,① 也是其最根本的基础,尽管这可能是一个永无止境的过程。只有梳理清楚基本史实,才能在此基础上展开各种问题的讨论,以及相关价值的评判。如果与史实相距甚远,甚至南辕北辙,那一切的讨论和评判等都是纸上谈兵,没有根基。而唯有实事求是、言之有据、有一分材料说一分话的研究,才可能称为"信史",并上升到"科学"的高度。

---

① 王先明认为,史学在其孕育形成之初就是以求真为宗旨的;不断扬弃伪识和建构真知,是史学社会功能的体现;辨伪求真与实事求是,是史学学科知识体系建构的内在价值。参见王先明《史学研究的主旨在于求真》,《光明日报》2017 年 7 月 19 日,第 11 版。

学术史

人民公社研究四十年[*]

袁 芳 辛 逸[**]

摘 要 近四十年的人民公社研究可以分为两个阶段,一是前二十年,以交代公社历史脉络、总结政策得失为旨归;二是新世纪至今,人民公社研究发生从宏观研究到微观的转向。本文尝试梳理四十年公社研究的主要成果,说明公社研究由宏观向微观的变化趋势;着重归纳和介绍21世纪以来人民公社研究的新特点:研究视角下沉、研究方法多元化和史料来源的多元化;对当前公社研究中多受诟病的生搬西方概念、个案研究"碎片化"等问题进行反思。

关键词 人民公社研究 底层视角 个案研究 民间史料

人民公社是新中国史上一次重大的制度探索与社会变迁。它前承新中国成立之初的农业合作化运动,后启20世纪80年代初的农村经济体制改革,是理解中共社会主义建设方略和新中国历史变迁的关键论题。1983年撤社建乡至今的近四十年中,[①]人民公社领域的研究已取得相当的进展。从数量上看,主要的学术著作数十部,学位论文近百篇,学术文章亦不胜枚举。从内容上看,既有对人民公社历史脉络、制度演进的梳理,也有对集体化时期农民社会生活的描绘,涵盖政治、经济、社会生活的方方面面。历史学、经济学、政治学、社会学等学科的学者,分别从不同的角度对人

---

[*] 本文系中国人民大学中共党史党建研究院"中共党史学科研究发展报告"成果。
[**] 袁芳,中国人民大学马克思主义学院中国近现代史基本问题研究专业博士研究生,延安大学马克思主义学院讲师;辛逸,中国人民大学马克思主义学院教授。
[①] 1983年10月12日中共中央、国务院发出《关于实行政社分开建立乡政府的通知》,此后全国范围内"撤社建乡"工作普遍展开。

民公社进行深入挖掘，人民公社研究渐成"显学"。

综观人民公社研究的四十年，可以分为两个阶段：20世纪80年代到20世纪末，以宏观梳理历史脉络、阐释制度特征为主；21世纪以来，以微观的个案分析和对底层生活的描述为主。人民公社研究由宏观到微观的转向是整个历史学科和党史研究发展变化的缩影，代表了学界问题意识和研究路径的转变。

当前人民公社研究成果的数量之巨、范围之广，实非笔者所能全部掌握和概括，况且已有学者对人民公社的研究状况做了很有意义的梳理与总结。[①] 本文谨对40年间这项研究的主要成果进行梳理分析，概括21世纪以来人民公社研究的突出特点，在与既有研究进行对话的基础上，对今后人民公社的研究趋向提出一些粗浅的想法，疏陋之处请各位方家批评指正。

一

20世纪八九十年代的人民公社研究，多从宏观角度进行历史脉络的梳理和政策、制度的解读，为后继研究提供"元知识""元叙事"。[②] 80年代，农村经济体制改革伊始，人民公社历史书写大多是为家庭承包责任制背书。除了30多篇历史纪实性文章发表外，没有专门研究人民公社的学术著作面世。[③] 90年代中后期，随着"三农"问题备受瞩目，人民公社研究渐入佳境。其中，既有史料丰赡的历史纪实性作品，也有专门研究人民公社某项制度的学术专著及论文，涉及人民公社的历史发展、制度特征、制度绩效

---

① 有关人民公社研究综述可参见刘德军《近十年农村人民公社研究综述》，《毛泽东思想研究》2006年第2期；张寿春：《人民公社化运动及人民公社问题研究综述》，《当代中国史研究》1996年第3期；辛逸：《人民公社研究述评》，《当代中国史研究》2008年第1期；吴志军：《从"国家—社会"视角进行的人民公社史研究》，《北京党史》2009年第4期；行龙：《"自下而上"：当代中国农村社会研究的社会史视角》，《当代中国史研究》2009年第7期；葛玲：《中国乡村的社会主义之路——20世纪50年代的集体化进程研究述论》，《华中科技大学学报》2012年第2期。
② 吴志军：《人民公社宏观研究的学术史分析》，《北京党史》2010年第2期。
③ 为了彰显家庭承包责任制的优越性，一些著述对人民公社制度极尽挖苦讽刺之能事，甚至将个别地区发生的一些不具普遍性的事例作为公社的制度性缺陷而加以鞭挞。李锦：《大转折的瞬间——目击中国农村改革》，湖南人民出版社，2000；凌志军：《历史不再徘徊——人民公社在中国的兴起和失败》，人民出版社，1996；傅上伦、胡国华、冯东书、戴国强：《告别饥饿——一部尘封十八年的书稿》，人民出版社，1999；等等，均可视为这类著述之代表。

等各个方面。此外，中央和地方农业合作史料的整理和出版，也为人民公社研究进一步推进创造了条件。这一时期有关人民公社的论述大多遵循自上而下路径，以中央政策的变动过程为线索，以政治史和制度史的视角观照整个集体化时代的社会变迁。其问题意识多是把人民公社制度看作家庭承包责任制的对立面，通过总结人民公社的历史经验教训，为农村经济体制改革鸣锣开道。薄一波的观点颇具代表性："把农村人民公社化运动的失误作为一个专题加以研究，我认为更有助于加深我们对社会经济发展规律的认识，加深对科学社会主义学说和唯物主义历史观的理解，从而提高我们坚持实行以联产承包为主的责任制和统分结合的双层经营体制为核心的党的现行农村政策的自觉性。"①

20世纪最后20年的官修党史、共和国史，对人民公社论述的重点是人民公社化运动的缘起及历史经验，这为人民公社的历史书写定下基调。如《中国共产党的七十年》认为生产力的跃进必然催生生产关系向所谓更高级的形式过渡。"'大跃进'和人民公社化运动是党在探索中国自己的建设社会主义道路过程中一次严重失误。"其原因在于"对经济文化落后的大国建设社会主义的艰巨性估计不足，对于掌握经济规律和科学知识的必要性认识不足"。②官修党史注重"史论结合"，从历史中汲取"营养"，而人民公社的历史分期、制度架构和制度实践等，并不是分析的重点。后续编纂的《中国共产党历史》第2卷及《中国共产党的九十年》除了史料运用和理论分析上的丰富、细化之外，基本结论与《中国共产党的七十年》别无二致。

这一时期，研究当代中国农村社会经济变迁的著作较早地涉及了人民公社方面的问题。陈吉元、陈家骥、杨勋主编的《中国农村社会经济变迁（1949—1989）》（山西经济出版社，1993）一书的第三编，专门论述了人民公社的缘起、制度特征及演变。该书的第四编还专门研讨了"农业学大寨"运动的来龙去脉。然而，这部书忽略了人民公社化运动时期的大公社（1958—1962）与之后的小公社（1962—1983）在制度方面的明显区别，③只分析了大公社的制度特征及演变轨迹，对存续时间

---

① 薄一波：《若干重大决策与事件的回顾》（下），中共党史出版社，2008，第727页。
② 胡绳主编《中国共产党的七十年》，中共党史出版社，1991，第314—318页。
③ 大公社基本以乡、镇为基本核算单位，实行以公共食堂为重要特征的分配制度；1962年后的小公社则是"三级所有、队为基础"，基本核算单位在生产队即自然村，实行以劳动工分为主要依据的分配制度。参见辛逸《人民公社研究述评》，《当代中国史研究》2008年第1期。

更长的小公社缺少必要的介绍与评述。此外，该书以当时的先进典型山西大寨大队的流变史作为人民公社的分析个案，其代表性和说服力，似乎亦可商榷。

林蕴晖、顾训中的《人民公社狂想曲》（河南人民出版社，1995）和安贞元的《人民公社化运动研究》（中央文献出版社，2003），主要探讨了农业集体化运动与人民公社化运动之间的因果关联，视大公社为农业集体化运动演进的必然结果。它们在写到大公社制度基本确立之后就戛然而止了。将这两部作品归类于农业集体化运动的研究著作可能更符合其主旨。凌志军的《历史不再徘徊——人民公社在中国的兴起和失败》（人民出版社，1996），严格地说并非一本史学专著。正如作者所说"本书的叙述并没有按照时间的顺序，也不是依照史家通常遵循的纪事体或纪传体的惯例"。[1] 其对人民公社制度缺陷的批判，在某些方面是准确甚至可以说是深刻的，但它既没有回答公社为何"兴起"，也没有对公社的"失败"进行历史性的分析，通篇以大量的事例指出公社体制的僵硬与低效，以此来对照和显现家庭承包责任制的优越。

罗平汉的《农村人民公社史》（福建人民出版社，2003）较为完整地展示了人民公社的历史脉络。该书以翔实的史料为基础，既有对人民公社发展演进脉络的纵向概述，也有对公社时期一些重要制度和事件，诸如公共食堂、"农业六十条"、"单干风"、"四清"运动等的较为详尽的介绍，纵横相宜，史论结合，是人民公社史研究中一部重要的著作。罗著中提出的一些论断颇具价值。比如作者指出，不能全盘否定人民公社，其在支援国家的工业化，发展农业生产、农村教育、医疗保健以及社会保障等方面的积极作用值得肯定，但同时应该充分考虑到农民为上述成绩所付出的巨大代价；人民公社时期农业的发展并不能完全归功于人民公社制度，因为，"在和平建设时期，农村不论实行哪种体制，都不可能没有任何的增长"。事实上，无论是人民公社之前还是之后的历史时期，农业生产的发展都好于人民公社时期。[2] 罗平汉的另一本专著《"大锅饭"——公共食堂始末》（广西人民出版社，2001），以丰赡的材料勾勒出公共食堂的兴衰，极大地深化了人民公社的研究。

辛逸的《农村人民公社分配制度研究》（中共党史出版社，2005），对

---

[1] 凌志军：《历史不再徘徊——人民公社在中国的兴起和失败》，第272页。
[2] 罗平汉：《农村人民公社史》，第418—420页。

人民公社分配制度进行了较为全面的论述。作者认为，人民公社存续的二十多年间，作为攫取农业剩余的组织与制度保障，虽然有力地支援了当代中国的工业化建设，却是以"三农"发展的停滞不前甚至倒退为代价；而"一个国家的现代化是绕不开农民的职业化、农业的产业化和农村的城镇化的，以牺牲三农的现代化为代价的工业化，不仅不会促进现代化反而使国家的现代化徒增困难，多走弯路"。[①] 作者强调工业化与现代化的区别，认为农业大国现代化的重要内容之一是"三农"指标的改善，而不应该是其停滞不前甚至恶化。

与宏观研究的问题意识相适应，前二十年人民公社史料的搜集和整理以中央和省级文献为主。这一时期有两部大型史料集相继出版。一是由国家农业委员会办公厅编纂的《农业集体化重要文件汇编（1949—1981）》（中共中央党校出版社，1981）；另一部是由黄道霞、余展等领衔编辑的《建国以来农业合作化史料汇编》（中共党史出版社，1992）。这两部史料集虽不以人民公社为重点，在内容上也多有重复，却收集了中共中央有关人民公社的几乎所有最重要文件。

1986年5月，为促进"当代中国"丛书之一的《当代中国的农业合作制》卷的编写，该卷编辑部创刊了《中国农业合作史资料》。该刊凡51期，一直刊发到1996年11月，刊布了大量有关我国农业集体化尤其是各地方农业合作的历史资料和研究文章，其中有关人民公社的资料详尽而丰富，是人民公社史研究不可多得的资料丛刊。[②] 在此基础上撰写的专著《当代中国的农业合作制》（当代中国出版社，2002），分2编12章，详尽而又不失精辟地分析了人民公社的兴衰、演变与历史地位。同时，一些地方农业合作史专著或史料集也纷纷出版。如《山东省农业合作化史料集》（山东人民出版社，1989），《黑龙江省农业合作史》（中共党史资料出版社，1990），《贵州农业合作经济史料》（贵州人民出版社，1987），《湖北农业合作化》（中共党史出版社，1999），李林、马光耀主编《河南农村经济体制变革史》（中共党史出版社，2000），《闽北农村变革记》（福建人民出版社，1999）等。

经过近二十年的探索，人民公社研究的理论体系、研究范式和研究队

---

① 辛逸：《农村人民公社分配制度研究》，第83、78页。
② 在《中国农业合作史资料》上刊载的良篇佳作，已经结集出版。参见《当代中国的农业合作制》编辑室编《当代中国典型农业合作社史选编》上、下册，中国农业出版社，2002。

伍初具雏形，其主要特点是宏大叙事。所谓宏大叙事，是指研究视角和研究对象的"宏大"，其关注的对象是由精英人物和重大事件组成的国家的活动。宏大叙事把党和政府及其重要领导人的活动和思想，作为影响历史发展的决定性因素，侧重考察国家政策和制度的形成及实施过程及其对社会产生的影响。至于国家政策在地方遭遇的变形和调适、社会底层对历史的推进和塑造，并不在宏大叙事的范畴之内。这种自上而下的历史讲述，实际上把政党的历史、政策的历史与整体的历史画上等号，用政治史指代国家的历史。吴志军认为："人民公社史是从宏观史的研究范式起步的。在将近四分之一世纪的时间里，人民公社史的宏观研究积累了这一领域最初的'元知识'、'元叙事'或'元科学'，为更加细密化的研究提供了广阔的视阈。"[①]

以宏大叙事的方式进行人民公社的历史书写，一方面有助于人们对人民公社的历史发展、制度特征形成整体性的认识，为后继研究提供必要的基础；另一方面，其自上而下的研究路径、单一的政治史的研究视角，也为公社研究的进一步细致化和多元化留下一定的空间。

二

20世纪末以来，在西方新文化史和微观史的影响下，微观研究在党史、共和国史领域中日渐兴起。[②] 微观史学是指以缩小观察规模、进行微观分析和细致研究文献资料为基础的一种研究方法。[③] 在研究对象方面，微观研究多以县甚至县以下某个特定的地域为对象，对某个特定的人物群体或某个事件进行探讨。在研究路径方面，微观研究大多遵循自下而上的路径，考察社会底层对历史的推动和塑造。葛玲认为，地方化视野有助于展现历史

---

① 吴志军:《人民公社宏观研究的学术史分析》，《北京党史》2010年第2期。
② 党史、共和国史研究微观化体现在地域史研究和个案研究的兴起，见葛玲《中共历史研究的地方视野：兼论微观个案的适用性》，《中共历史与理论研究》第1辑，社会科学文献出版社，2015。随着个案研究的兴起，党史、共和国史叙述的重点由革命、战争、运动，转向普通人的日常生活，形成了"新革命史"的潮流。参见李金铮《向"新革命史"转型：中共革命史研究方法的反思与突破》，《中共党史研究》2010年第1期；《再议"新革命史"的理念与方法》，《中共党史研究》2016年第11期。
③ 周兵:《新文化史：历史学的文化转向》，复旦大学出版社，2012，第81页。

进程中的多层互动，呈现立体、动态的历史。① 值得一提的是，研究对象的大小并不是衡量微观研究的绝对标准，微观研究的价值不在于研究对象的微小和分析规模的狭窄，而是从微观观察中发现未曾被认识到的历史面向，从而加深对历史的理解。

21世纪以来，微观研究在党史、共和国史领域声誉日隆的同时，学界对人民公社的研究也经历了由宏观到微观的转变。人民公社研究的微观取向，是指在研究理念、研究方法和所用资料等方面的微观化和底层化，具体表现为：研究视角下沉，从国家的历史到普通农民的历史；研究方法多元化，从传统的史学方法到历史学与经济学、社会学、人类学等人文社会科学间的交流与借鉴；史料运用的地方化，从中央文件到民间史料、口述材料和地方档案的互证互通。

由国家纪事到书写农民生活史，历史主体的转变是人民公社研究微观化的首要表现。前二十年人民公社的历史叙述，以记录国家重大决策和事件为主要内容，旨在说明政策和制度的发展变迁。杜赞奇认为，历史过程并不是前因—后果的直线传递，"历史叙述结构和语言在传递过去的同时，也根据当前的需要来利用散失的历史"。② 换言之，历史的解释并不是唯一的，不同的时代、不同的需要，历史叙述方式也不相同。以国家活动为中心的宏大叙事并不能将全部历史解释一网打尽，底层农民在历史书写中同样应有一席之地。历史的主体并非只有国家、民族、政治精英，"大至文化、族群、国家，小至个人和细事，都有其独立的'主体性'"。尊重这种主体性，有助于研究向具体、深入方向发展。③

21世纪以来的人民公社研究中，历史主体由国家变为底层农民，这种微观化可以从两个角度理解。一是研究对象范围的缩小，"不把注意力集中在涵盖辽阔地域、长时段和大量民众的宏观过程，而是注意个别的、具体的事实，一个或几个事实，或地方性事件"。④ 二是研究视野下沉至底层，关注的中心不再是精英人物或重大事件，而是底层农民的日常生活。

与前二十年注重长时段、广地域的整体性研究相比，21世纪以来人

---

① 葛玲：《中共历史研究的地方视野：兼论微观个案的适用性》，《中共历史与理论研究》第1辑。
② 杜赞奇：《从民族国家拯救历史：民族主义话语与中国现代史研究》，社会科学文献出版社，2003，第3页。
③ 罗志田：《非碎无以立通：简论以碎片为基础的史学》，《近代史研究》2012年第4期。
④ 周兵：《新文化史：历史学的文化转向》，第83页。

民公社研究的对象缩小到局部,关注一个特定的地区(通常是县或县以下)或事件,即采用个案研究的方法探究人民公社制度在地方的实践。个案研究是出自法律研究的一种实践活动。在社会学中,个案研究是一种从整体上来处理一个课题的方法,它通过详细调查一件实例来了解这一实例所属的整类个体的情况。① 个案研究的对象通常是家庭、组织、社会群体和小社区。柯文指出个案研究的特殊意义:"把中国从空间上分解为较小的、较易于掌握的单位。在这个意义上,这种取向并不是以中国为中心,而是以区域、省份或是地方为中心。采取这种做法的主要依据是因为中国的区域性与地方性的变异幅度很大,要想对整体有一个轮廓更加分明,特点更加突出的了解——而不满足于平淡无味地反映各组成部分间的最小公分母——就必须标出这些变异的内容和程度。"② 需要注意的是,微观个案并非只要"局部",不要"整体",而是把对历史"整体"的认识建立在"碎片"的基础上,通过具体、细致的分析,了解构成社会整体的各个部分的内部结构与机理。微观个案的旨归是把看似局部的、孤立的现象纳入整体,反映整体的历史,即一滴水中见大海。个案研究方法在人民公社领域的运用,为研究对象、研究范畴划定清晰的边界,便于研究向纵深发展。

张乐天的《告别理想——人民公社制度研究》(东方出版中心,1998)是一项具有典型性的个案研究,通过对联民村农民生产生活的还原,展示了集体化时代的乡村社会。该书使用大量珍贵的乡土材料,包括人民公社时期联民村各农户历年的粮食和经济情况分配表,农户的家庭收支记录,以及当地一位基层干部70多本《工作笔记》,对农民的农业生产、物质分配、婚姻家庭、人际交往等生产生活进行了细致的刻画。作者并不满足于对个案的描述,提出"外部冲击—村落传统互动"模式,即外部制度的冲击与乡村传统之间的"碰撞、冲突、融和、转化、消长,导演出农村生活的活报剧,决定了农村演化的历史走向"。"公社制度与村落传统之间有融合的地方,融合可以为公社的延存与稳定提供依据;公社制度与村落传统之间存在着张力,张力可以为持续不断的阶级斗争的必要性提供理

---

① 刘光华:《新社会学词典》,知识出版社,1986,第39页。
② 柯文:《在中国发现历史:中国中心观在美国的兴起》,林同奇译,中华书局,2002,第178页。

由。公社制度内部的融合与冲突是公社制度存在的方式。"①"外部冲击—村落传统互动"模式勾连了村落与国家,使个案研究超出村史的范围,具有一定的普遍性意义。

高默波的《高家村:共和国农村生活素描》(香港中文大学出版社,2013)同样是探讨集体化时代及改革开放之初的乡村生活的个案。该书以作者的亲身经历及大量乡土材料为基础,围绕人口、土地、教育、健康、"大跃进"、"文化大革命"、生活水准、改革、文化等话题,描绘高家村半个世纪的历史变迁。作者通过对比改革开放前后两个时代中农民的生产生活,凸显集体化时期的浪漫与美好,表达"今不如昔"的观点。②书中对乡村生活细节的描写拉近了读者与村庄的距离。遗憾的是,作者一边强调"1949年以来的高家村的历史并不能代表整个中华人民共和国的历史,本书的目的也不是要概括出所有中国农村的特征",③一边以高家村的个别结论去推论和评说全国,用高家村的事例反驳所谓"知识精英"的"主流观点",不仅使研究结论与研究设想发生抵牾,也把学术研究变成"是非之争"。高著在叙述逻辑、材料互证和学术对话方面的缺憾使其学术价值大打折扣。

21世纪以来的人民公社研究,绝大多数采用了微观个案的方法。《林村的故事:一九四九年后的农村变革》《中国农民反行为研究》《受苦人的讲述:骥村历史与一种文明的逻辑》《乡村中国纪事:集体化和改革的微观历史》《记忆的性别:农村妇女和中国集体化历史》等著作,从生命史、农民行为、集体记忆等多个角度描绘了人民公社制度在乡村的实践。后文将根据上述作品的特点,分别予以介绍和分析。

研究对象的微小,并不是微观历史的全部含义,更重要的是通过微观研究获得新的发现。是否有关一个村庄、一个县或某个事件等的具体论述,并非衡量微观历史研究唯一的标准。当前微观研究的一个问题在于,仅仅缩小了研究对象的范畴,在形式上进行解剖麻雀式的分析,其结论与以往宏大叙事如出一辙。吴志军指出,一些人民公社的地方研究"往往偏重于中央政策在地方执行与变化的叙述,很多情况下呈现一种宏观党史的地方

---

① 张乐天:《告别理想——人民公社制度研究》,第6页。
② 辛逸:《〈高家村〉的"问题意识"与学术规范》,《中共党史研究》2017年第3期。
③ 高默波:《高家村:共和国农村生活素描》,第235页。

版"，产生中央史与地方史同质性的趋向。① 李怀印也对这类作品颇有微词。他认为，以"地方性史料去证明'不证自明'的结论，并没有致力于理论创新，也较少有在实证研究基础上追求真正的自主性，而是日益依赖一套借自西方的理论框架，加诸自身的研究"。② 然而，李怀印为克服这个问题做出的努力并不能算成功，其秦村研究"无论是见解还是框架和叙事逻辑都没有完全摆脱既有史学的窠臼，其对主流史学的挣脱与对新史学的探索都还是初步的"。③ 在微观研究中，比研究范畴的缩小更重要的是通过对某个地方、某种现象的细致分析，获得前所未有的发现，并将这一发现与整体历史联系起来。

除了缩小研究对象的范围，人民公社研究微观化的另一个表现是底层视角，强调把底层看作历史的主体，自下而上地建构历史。"底层"是相对于传统研究中的"上层"，即国家权力中心而言的。微观研究把社会大众看作历史的主体，旨在为底层"代言"，书写底层的历史。正如郭于华所言：我们的口述历史研究并不是要为他们制造一部历史，而是力图拓展一方"讲述"的空间，在其中，普通农民能够自主地讲述他们的经历、感受和历史评判。④ 郭于华采用口述史的方法，记述了陕北骥村农民从土地改革至改革开放四十余年历史的集体记忆，这些记忆展示出"普通农民的历史正是一部苦难的历史"。"诉苦"本是国家的一项权力技术。国家权力通过动员农民"诉苦""忆苦思甜"等仪式和技术将自己的意志嫁接到农民的日常生活中，把生活的苦凝聚、提炼为"阶级苦"，赋予"苦"以特殊的政治意义。革命便是解除苦难的过程。然而，对苦难的诉说成为农民的一种惯性，从土地改革到农业集体化仍然充斥着各种各样的苦：劳作之苦、贫穷之苦、饥饿之苦……"救苦救难的革命也有可能带来新的苦难感受"。⑤ 土地改革、农业集体化及"四清"运动等政治运动和思想改造，本是运动设计者为实现共产主义理想的一次实验，而农民对这段历史的回顾却充斥着身体和心灵的苦难。农民通过诉苦构建的历史与传统历史书写发生"分叉"，展示了

---

① 吴志军：《人民公社宏观史研究的学术分析》，《北京党史》2010年第2期。
② 李怀印：《重构近代中国——中国历史写作中的想象与真实》，中华书局，2013，第263页。
③ 辛逸：《历史学家对集体化的诉说——〈乡村中国纪事〉札记》，《中共党史研究》2014年第11期。
④ 郭于华：《受苦人的讲述——骥村历史与一种文明的逻辑》，香港中文大学出版社，2013，第13页。
⑤ 郭于华：《受苦人的讲述——骥村历史与一种文明的逻辑》，第35—38页。

历史解释的多样性。

贺萧的《记忆的性别：农村妇女和中国集体化历史》（人民出版社，2017）同样是通过农民集体记忆构建一种新的历史表述。该研究以72位陕西农村妇女的口述材料为基础，讲述了她们在新中国成立前及集体化时代的田野劳作、家庭劳动、育儿及婚姻的历史。作者将农村妇女这一被双重边缘化的群体置于研究的中心，向读者展示制度文本与地方实践之间的张力。例如，官方历史中的"大跃进运动"被妇女改称为"我们炼钢的时候""在集体食堂吃饭时"。官方历史认为，新中国成立前妇女饱受痛苦是因为封建传统把妇女禁锢在家里。而据妇女回忆，她们在新中国成立前通过逃荒、种田、集市交易等方式频繁外出，没有受到家庭的禁锢，反而积极活跃在公共空间里。到了集体化时代，尽管妇女参与到公共事务中，但劳作的辛苦、生活的艰辛仍然存在。正如贺萧指出的："即使是中央政权自认的最为行之有效的政令都必须受到千差万别的地方环境和实践的检验，在其实施的过程中会因为人为的因素和特殊情况的不同而导致在某些方面有所变通，某些方面有所加强，而某些方面有所偏转。"①

底层视角对传统研究所持的"国家"单向决定"社会"的路径进行反思，主张重新考察地方社会在历史中的主观能动性。学界对"国家—社会"关系的认识，经历了由"国家"单向决定"社会"到"国家—社会"双向互动的过程。传统研究更多地偏向国家权力自上而下对乡村秩序进行单向改造和重塑。如罗平汉所著《农村人民公社史》（福建人民出版社，2003），从国家决策的层面梳理了人民公社由建立到解体的历史过程。其暗含的逻辑是：中央的政策制度均会自上而下、不折不扣地在地方得到执行，国家权力的逻辑与历史发展的逻辑是同一的。底层视角遵循自下而上的路径建构历史。学者行龙认为自下而上的视角是"要给基层农村和广大农民更多的关注，从农村和农民的角度、从'理解同情'出发，站在地下看天上，站在地方看中央，上下贯通，左右相连，整体地全面地了解和认识这个特殊的历史时代"。② 如张乐天提出"外部冲击—村落传统互动"模式强调了国家权力与村落传统的互动。他认为，一方面，国家治理理念下的人民公

---

① 贺萧：《记忆的性别：中国农村妇女和20世纪50年代》，《当代西方汉学研究集萃：妇女史卷》，上海古籍出版社，2016，第327页。
② 行龙：《"自下而上"当代中国农村社会研究的社会史视角》，《当代中国史研究》2009年第7期。

社制度嵌入、冲击着农村传统秩序；另一方面，村落传统与之进行回应、互动。二者具备同等重要的意义和价值。① 延续着这个理念，学界对"国家—社会"互动关系已经进行了许多有益的探索。

高王凌的农民"反行为"研究说明了国家政策与乡村传统之间的相互因应、调适。传统历史对农民的书写往往是对国家政策的"热烈响应""积极拥护"，把农民作为衬托宏大叙事的背景，鲜有对农民行为和心理的描述。"反行为"把农民作为历史分析的出发点，研究农民的行为、心理及其对历史变迁的影响。"反行为"是指在中国特有的文化之下，农民擅长"不反"之"反"，即表面上顺从，实际上却通过暗地的反制弥补损失、维护自身利益，如"瞒产私分""偷粮""借粮"等。据高王凌计算，农民通过瞒、偷、借等"反行为"而获得粮食（称为"账外账"），占其总收入的1/3甚至更多。以太谷县为例，农民通过瞒产私分，人均每年能够在400斤的口粮标准之外，再获得约200斤粮食。还有的地方农民通过偷粮和借粮，能够在360斤口粮标准之外，获得150斤原粮。② 因此，农民通过瞒、偷、借等"反行为"获得的粮食，大约是其集体分配的一半。③ 正是瞒、偷、借等反行为，令农民得以在"水深没颈"的困境中生存下来。高王凌认为农民的"反行为"不仅是人民公社时期农民维持生计的技能，还持续不断地推动着农村经济体制的变革。"改革前夕，农民就已经在那里'拱'，改革之中，政策每松动一步，农民就再往前'拱'一步，再松动，再'拱'。"农民的"反行为"改变了历史、创造了历史。④ "反行为"研究强调"国家—社会"之间的相互因应与调适，展示了历史多样、动态和立体的过程。

李怀印的《乡村中国纪事：集体化和改革的微观历程》主张"从微观史的角度探究中国农民的行为模式，以及国家与乡村的复杂关系"。⑤ 该著中使用文书、台账、口述史料等民间史料，力图从农民的生活及村落固有

---

① 张乐天：《告别理想——人民公社制度研究》，第6页。
② 瞒、偷、借的现象在一个地方往往不是同时发生。瞒产私分的地方很少偷粮，而大多数偷粮很严重的地方，也较少有瞒产私分。
③ 高王凌：《中国农民反行为研究》，香港中文大学出版社，2013，第289页。
④ 高王凌：《人民公社时期中国农民"反行为"调查》，中共党史出版社，2006，第303页。笔者认为如果说农民反行为对制度有决定作用未免言过其实，但这并非本文讨论的内容，在此不做赘述。
⑤ 李怀印：《乡村中国纪事：集体化和改革的微观历程》，法律出版社，2010，第4页。

的文化传统中寻找历史的解释。李怀印在斯科特"农民道义经济学"的基础上,把农民的抵抗行为分为"正义的抵抗"[①]和"正当的抵抗"[②]。农民进行的正义的或正当的抵抗,不仅是国家权力和制度的产物,更是乡村社群内生的非正式制度与正式制度[③]交互作用的结果。作者强调,农民生活交往之中的传统惯习、身份认同、家庭关系等非正式制度是正式制度得以运作的基础,非正式制度对影响农民行为选择发挥了巨大的作用。例如,按件记工时,农民为了多挣工分而在干活时只讲数量不讲质量;但是这种偷懒和怠工有一定的底线。大多数农民对农活的质量有一种共识:"社员们通常不会像在自家的自留地上那样精雕细琢、绣花般地下功夫。但是也不会搞大呼隆,干得一团糟。"[④]农民之间的相互监督和较劲(作者谓之为"同伴压力")有效遏制了怠工,保证了农活的质量符合"大体说得过去"的标准。这一观点与一些"社会科学家尤其是经济学家"认为农民只是国家正式制度压力"目的明确的、理性的行动者",公社集体大呼隆等观点相左。正如作者所言,该书"观察农业社会所固有的价值、准则和惯例如何跟国家所强加的制度及种种要求产生互动,从而形塑村民的抉择,尤其是他们在参与当地的经济、社会和政治活动过程中的种种动机和行为"。[⑤]

应星在《村庄审判史中的道德与政治——1951—1976年中国西南一个

---

① "正义的抵抗"主要发生于20世纪50年代前期,是农民为捍卫其基本生存权进行的或公开或秘密的反抗。比如统购统销政策伊始,苏中地区的农民为抵制自己的一部分口粮被征购,"用少报收成、隐瞒粮食,或者通过分家或赠送农田来减少土地占有量及相应的统购任务,或者公开抱怨,甚至停止出工,屠宰耕牛。与此同时,为了增加从政府那里获得的粮食配额,农民们通过送礼、请客、搞不正当男女关系或者攀亲等方式,向当地干部寻求保护"。"正义的抵抗"与"革命前出于同样目的而用来对付村社领袖、衙门官吏或其他掌权者的种种手段,并没有本质的区别"。"正义的抵抗"合乎道义但并不合法。李怀印:《乡村中国纪事:集体化和改革的微观历程》,第292页。
② "正当的抵抗"集中发生于20世纪50年代后期。随着社会主义体制及其意识形态统治地位的确立,这个时期农村精英不再是传统乡绅,而是"教师、退伍军人、军属、卸任干部、医生或党员"。这些新精英"能够使用从官方媒体上学到的语言以及政府允许的形式";他们"不会公开挑战国家的政策和制度","只把矛头对准在实施政府政策或管理集体时滥用权力的当地干部,会评这些干部在发放'购粮证'时表现出的偏袒,管理合作社财务的不当,以及在增加产量、给社员分配足够粮食上的无能"。李怀印:《乡村中国纪事:集体化和改革的微观历程》,第293页。
③ 正式制度是指外加于乡村之上的组织、制度和政策。非正式制度是指人们生活交往过程中隐性的、地方性的非正式因素,如社群中的身份认同、习俗惯例、家庭关系、群体义务等。李怀印:《乡村中国纪事:集体化和改革的微观历程》,第8页。
④ 李怀印:《乡村中国纪事:集体化和改革的微观历程》,第176页。
⑤ 李怀印:《乡村中国纪事:集体化和改革的微观历程》,第4页。

山村的故事》中，通过集体化时期几个身体政治案件展示国家政策与村民意志的相互博弈。该研究通过破坏军婚案、宗派斗争事件等案件说明，以司法手段保障国家制度运行、维持社会秩序是国家职能的基本内容，但惩治谁、惩治到何种程度却"并不全是或主要不是由国家的要求和案情本身决定的，而更多地是由围绕案子及其当事人的关系状态来决定的"。[①] 由此揭示出司法审判背后潜藏的乡村生活逻辑：基层干部和村民运用斗争策略，在国家政策的掩护下宣泄昔日的积怨、捍卫自身的利益。新中国在农村对"新人"的塑造，是通过对身体的规训和惩罚实现的。这种塑造与农民日常生活中婚姻生育、饮食男女等本能紧密结合。人际关系、伦理观念等乡村传统也参与到国家塑造"新人"的过程中，"国家对新人的塑造过程同时也是农民对国家的塑造过程"。正如作者在结语中谈到的：这部村庄的历史是"一部权力与身体的纠缠史……一部村民的身体如何成为国家治理、权力讯问的对象，而村民又如何利用这种治理谋求自己利益的历史"。这一结论也可以推衍到整个集体化时代，集体化的历史是由国家权力和地方传统共同写就的。

还有学者从地方文化传统的角度说明发端于乡村社会的、自下而上的力量对历史的推动作用。传统观点单纯把农村干部看作国家权力在乡村的代理人，把干群关系看作是二元对立的。陈纳通过对人民公社干群关系的研究，说明地方传统在历史发展中的延续性、主动性。[②] 他提出文化迭变的概念，[③] 认为传统乡村文化变迁与社会制度变迁并非同步，文化制度具有一定的延续性。尽管自上而下的人民公社给乡村强加了一个社会制度层面上的突变，这个突变并未带来文化制度的变化，传统的庇护关系仍在延续。农村干部尽管是"公家人"，其现实利益仍在乡村。他们在生产管理、分配、日常生活的各个方面为村民提供庇护。干群关系仍旧依赖个人交往，以互惠互报方式维持彼此关系。其实质上仍是一种庇护关系，作者称之为"社会主义农村庇护主义"。作者通过"文化迭变"说明国家权力意志与农村基层的现实情况之间存在差距。

---

① 应星：《村庄审判史中的道德与政治——1951—1976年中国西南一个山村的故事》，知识产权出版社，2009，第115页。
② 陈纳：《传统的延续：人民公社制度下干群关系再探讨》，范丽珠、谢遐龄、刘芳：《乡土的力量——中国农村社会发展的内在动力与现代化问题》，上海人民出版社，2014，第13页。
③ 文化迭变指当社会结构性制度发生变化后，其文化制度很大程度上是传统的延续，并在传统文化的基础上逐步演变以适应新的现实。

卢晖临认为,机械地强调"国家"与"社会"的对立,会忽视农民群体内部的利益斗争。他致力于揭示在平均主义文化影响下,农民的行动是如何影响集体制度的。① 他分析了"瞒产私分""大田偷懒"等农民彼此斗争算计的现象。这些产生于农民平均主义文化的内耗行为借着"集体主义""社会主义"的意识形态,造就了公社制度的实践形态。卢著构建了"文化—行动—制度"的理论框架,通过呈现农民之间的斗争行为,说明农民基于自己的文化和经验因应制度,并有意识地建构自己的生活和制度。② 此外,还有一些研究从不同的侧面反映"国家—社会"之间的互动、博弈,③ 在此不赘述。

随着研究视角的微观化,人民公社研究由单纯的历史分析转向多学科理论与方法的交叉运用。早期的人民公社研究遵循纪事本末体的叙述方式,其内容以政治史为主,随着集体化时代的经济、文化、生活等方面进入研究者的视野,经济学、社会学、人类学等人文社会科学的理论与方法逐步得到应用。

人类学、社会学的方法在人民公社研究领域得到了广泛的运用,为研究者打开了一扇通往乡村社会的大门。田野调查是人类学的重要方法,是对一个社区及其生活方式从事长期的观察和体悟。田野调查强调对社区日常生活的直接加入。研究者不是旁观的记录者,而是长时间和当地人民生活在一起,以便将书斋中的理论同田野工作现场进行知识性贯通。④ 张乐天认为,"研究者到研究基地去走一走、看一看,生活一段时间,直接参与当地人的劳作与生活,这对于准确理解历史与现实都有难以估量的意义"。田野调查有助于研究者"身临其境",从而以"同理心"洞察研究对象的生存状态。田野调查中获得的信息,经过研究者的思考加工,被转化为新的理论。张乐天"剧场社会"概念的提出,正是源于他在田野调查中获得的灵感。当他"把访谈与回忆聚焦于生存状态和日常生活的时候,革命意识形

---

① 卢晖临:《通向集体之路——一项关于文化观念和制度形成的个案研究》,社会科学文献出版社,2015。
② 卢晖临:《通向集体之路——一项关于文化观念和制度形成的个案研究》,第11页。
③ 顾海燕:《流水账中的日常生活——以十里店文南堂账本为例》,《山西档案》2014年第6期;李佳佳:《制度变迁的逻辑:现代化进程中的国家超限与社会反抗——以人民公社制度为例》,《云南行政学院学报》2012年第3期。
④ 庄孔韶:《人类学概论》,中国人民大学出版社,2006,第6页;周大鸣:《人类学导论》,云南大学出版社,2007,第55页。

态的遮蔽慢慢消解了，生动的生活场景出现了，由此看到了更具有立体感的农村社会。其中，一些老年妇女、'看破红尘'的老年男人的回忆给了笔者特殊的启迪，激发笔者提出了'剧场社会'的概念"。① 当研究者真正近距离观察乡村社会、体会乡村自身逻辑的时候，往往能够有新的发现。郭于华的"诉苦"研究、高王凌的"反行为"研究、贺萧农村妇女的集体化记忆研究、李怀印的"秦村"研究等，莫不如此。正如黄宗智所言，通过田野调查获得的一手资料和感性认识有助于"得出不同于既有规范认识的想法，使我们有可能把平日的认识方法——从既有概念到实证——颠倒过来，认识到悖论的事实"。②

以民族志书写集体化历史的方法同样为以宏大叙事为准则的传统研究提供了启发。不被传统研究关注的个人生命史、家庭生活、集体记忆走进研究的视野，丰富了人们对人民公社的认识。民族志是源于人类学的一种定性研究的方法，是在田野调查的基础上形成的文字记录，旨在发现一个族群的文化。黄树民《林村的故事：一九四九年后的中国农村变革》以民族志的方式讲述一个党支部书记、一个村庄的故事，描绘了社会主义革命在村庄的实践形态。该书以作者与故事主人公"叶书记"两人对话的形式展开，涉及叶书记童年、求学及在"四清"、"文革"等运动中的经历，把个人、家族、村庄的命运与宏观的政治变换勾连，"将宏观的社会史与微观层次的个人史有机地合二为一"。③ "文化"是民族志探讨的核心概念。在《林村的故事：一九四九年后的中国农村变革》中，作者在展示国家政权对村民行为和意识的重新锻造的同时，也发现了村民对传统风俗文化的因袭。"如：孝顺父母、三代同堂的理念、风水、祭祖、重男轻女等等。""政府试图用高压手段来改变这些传统信仰和习俗"，可是，当"政治力量一旦松懈，农民便迅速回到上溯千百年的老路子"。④ 黄树民试图说明：新中国以来的每一次农村变革都隐约可见传统的逻辑。集体化时代的政治运动与制度变革均对传统文化形成很大的冲击，但民间文化与习俗或多或少地以多种变异的形式得以存留与延续。

---

① 张乐天：《"走进生活"与"走出生活"：关于地域史研究的一种反思》，《中共党史研究》2017年第10期。
② 黄宗智：《长江三角洲小农家庭与乡村发展》，中华书局，2000，第429页。
③ 景军：《评〈林村的故事〉》，《开放时代》1997年第3期。
④ 黄树民：《林村的故事：一九四九年后的中国农村变革》，素兰、纳日碧力戈译，三联书店，2003，第21、240页。

阎云翔同样以民族志的方式对社会制度变革与村落文化传统之间的张力进行了探讨。他在《私人生活的变革——一个中国村庄里的爱情、家庭与亲密关系（1949—1999）》中，通过对下岬村村民个人情感、欲望、隐私、夫妻关系的发掘，呈现从集体化时代到改革开放后家庭生活的变迁。"在传统家庭里，个人不过是家族血缘延续的体现；而在今日家庭中，核心家庭及其成员的幸福才是人们的关注所在。"[1]集体化制度打破了以血缘为纽带的传统家庭模式，而把个人的情感需要放在家族和血缘之上。这一家庭观念的改变是集体主义文化作用于传统家庭文化的结果。

景军的《神堂记忆：一个中国乡村的历史、权力与道德》（福建教育出版社，2013）是一部记录大川村孔姓家族历史的民族志。该研究以集体化时期大川孔庙的毁灭与重建为线索，记录孔姓家族的集体记忆。孔庙是孔姓家族的文化符号，承载了大川孔家人关于集体化时期苦难经历和恐怖记忆。孔庙在"大跃进"、批林批孔等政治运动中遭到摧毁，又在改革开放后得到重建，体现了政治运动与传统文化之间的碰撞与融合。

经济学研究方法在人民公社制度绩效问题上一展所长，使有关集体制度绩效的研究更具科学化。林毅夫认为农民在人民公社内没有"退出权"，集体劳动的监督成本高昂，因而产生大量的"偷懒"现象，造成人民公社的制度低效。[2] 换言之，林毅夫认为农民劳动投入不够，"磨洋工""搭便车"造成集体经济效率低下。张江华以1973—1978年广西百色地区一个生产队的会计资料为基础，通过博弈模型的分析得出不同的结论。他认为，一方面，在生产队内的集体劳动过程中，由于社员彼此是长期生活在一个自然村中的亲戚或邻居，监督成本并没有林毅夫认为的那样高；另一方面，工分制是一种有效的激励制度，农民为了挣工分客观上投入了足够的劳动量。集体经济低效的原因不在于劳动投入的数量不足，而在于大量的"无效劳动"。[3] 造成无效劳动的原因有三种：额定记工情况下，个体或家户为了抢工分而只关心数量不顾质量，造成无效、低效劳动；干部瞎指挥，造成人力物力的浪费；国家对农村劳动力的平调，使农民付出了劳动，而其所在生产队的物质财富却无直接的增加。无效劳动的提出，把对集体劳动

---

[1] 阎云翔：《私人生活的变革——一个中国村庄里的爱情、家庭与亲密关系（1949—1999）》，龚晓夏译，上海书店出版社，2006，第240页。
[2] 林毅夫：《制度、技术与中国农业发展》，上海人民出版社，1994，第7—8、31页。
[3] 无效劳动指个体或家户付出了劳动，而集体没有产生收益甚至产生负收益的劳动。

的讨论拓展到生产队以外，从利益博弈、政治文化等角度呈现了集体劳动的制度悲剧：每个个体都付出大量的努力与劳动，但集体行动却并不会产生相应的预期效率。作者从经济学的角度说明了制度设计与制度实践之间的矛盾。

黄英伟从工分制的角度研究农户劳动配置与集体劳动效率的问题。作者运用统计的方法分析影响农户劳动的多种因素，进而提出"劳动保留"的概念：在特定的工分制度及人口结构下，劳动者为获得最大效用，会不同程度地采取劳动保留。社员的阶级成分、家庭结构和劳动力结构、性别均是影响农户劳动配置的因素。例如，不同阶级成分劳动者的底分不同，坏成分底分较低。要达到同样的劳动收入，坏成分社员需付出更多的劳动。相对的好成分社员则有一定的劳动保留。当家庭工分达到一定数量时，付出更多的劳动带来的回报是下降的，因此劳动力多的农户会有选择性地保留劳动。他认为，工分制决定农民的劳动配置，进而决定了人民公社制度的效率。农户出于理性并不会竭尽所能地投入劳动，而是衡量收入与享受之后做出选择。[①] 劳动保留概念的提出，为人民公社生产效率低下提供了新的解释。

经济学、人口学方法的应用，使"大跃进"与饥荒研究在细节上着力更多，有助于研究的深化。刘愿参照印度学者阿玛蒂亚·森的粮食获取权理论，研究不同阶级成分的人在饥荒中的生存状况。研究发现阶级成分好的人更容易在饥荒中幸存，进而论证饥荒是农民政治权利缺失而非经济权利失败所致。[②] 范子英、石慧研究粮食主产区的饥荒问题，[③] 认为粮食主产区的饥荒与当地的工业发展紧密相关。该研究以各省粮食征购、调入调出以及工业发展的相关数据为基础，通过数据模型发现：工业"大跃进"增加了粮食需求，加上粮食包干制的约束，使得工业化发展越快的地区粮食征购越高，因而造成更为严重的饥荒。重工业比重每提高1%，将会使得饥荒年份的死亡率上升0.5‰左右。这项实证研究论证了工业发展对饥荒的作用机制，揭示了粮食主产区发生饥荒的原因。人口史学家曹树基通过计算全国各县县志的人口数量，计算1958—1962年非正常死亡的人口数量。[④] 米

[①] 黄英伟：《工分制下的农户劳动》，中国农业出版社，2011，第179页。
[②] 刘愿：《中国"大跃进"饥荒成因再辩——政治权利的视角》，《经济学》2010年第4期。
[③] 范子英、石慧：《为何大饥荒发生在粮食主产区》，《经济学》2013年第2期。
[④] 曹树基：《大饥荒：1959—1961年的中国人口》，国际时代出版有限公司，2005。

红、贾宁计算了1953年以来的正常死亡率，通过已有数据及回推数据得出非正常死亡的人数。①

目下，人类学、经济学等人文社会科学方法对人民公社的研究，大大丰富、细化了我们的认知。关于人民公社的跨学科研究已成主流。囿于笔者的学识及精力无法一一涉及，期待更多的学者从不同的学科角度对集体化时代进行探索。

对于史学研究而言，史料与方法是相辅相成的。问题意识和研究方法改变了，史料的选用亦随之改变；而新史料的发掘和使用，又必将带来对历史认识的更新。通观四十年的人民公社研究，其史料的选用经历了由"中央"到"地方"的过程：从以中央文件、领导人讲话为主到以乡村文书、台账等民间史料为主。材料的形式由文字材料拓展到实物材料、口述材料等。

如前所述，前二十年人民公社研究，其史料的选用大多来自中央一级或省一级的文件资料。21世纪以来，人民公社研究由宏大叙事转向个案研究，民间史料②随之被大量使用，成为学者们争相开掘的宝藏。例如，《告别理想——人民公社制度研究》使用的材料包括公社时期联民村各农户历年的粮食和经济情况分配表，农户的家庭收支记录，还有当地一位基层干部从1954年至1982年的70多本工作笔记。李怀印《乡村中国纪事：集体化和改革的微观历程》的材料来自江苏省松江、东台县及其所属乡镇的档案，此外还有秦村的文书台账。常见的人民公社时期的民间史料有：生产大队和生产队与各级组织或单位的往来文件、各类统计报表、乡村财务账簿、干部工作笔记等。

在乡村文字档案的搜集、整理方面，成绩突出的包括山西大学"中国社会史研究中心"、华东师范大学中国当代史研究中心，以及南开大学中国社会史研究中心。

山西大学"中国社会史研究中心"的师生，从遍布山西省50余处的田野资料采集点，收集到"集体化时代农村基层档案"130余柜，达上百万件

---

① 米红、贾宁：《中国大跃进时期的非正常死亡人口研究——基于改进的Lee - Carter分年龄死亡率预测模型》，《人口研究》2016年第1期。
② 民间史料指直接产生并被保存于民间的文献。参见邓群刚《当代中国民间文献史料的搜集、整理与利用现状综述》，《中共党史研究》2011年第9期。本文认为，民间史料在形式上，除了文字史料之外，还应包括口述史料和实物史料。

之巨。中心所藏档案基本以村庄为主，此外还有公社、灌区、供销合作社、百货公司、工厂等单位的文本资料和实物。从时间上看，大量保存的是1949年后到1982年人民公社解体这一时段的档案资料。"关于具体内容，各个地区和村庄都有自身的体系和特点，但也有着共同的特征，即大多数村庄都保留有阶级成分登记表、完整的账册资料以及上级文件，这可能是村民对档案资料选择性留存的结果。"①在占有了大量民间史料的基础上产生了包括专题论文、研究著作和课题项目在内的一系列成果。如行龙等著的《阅档读史：北方农村的集体化时代》（北京大学出版社，2011），利用部分档案资料，以图文并茂的形式，勾勒出山西农村社会在集体化时代的真实变革图景。《回望集体化：山西农村社会研究》（商务印书馆，2014）集结了该研究中心师生公开发表的有关集体化时代的研究论文。该中心申请了2012年度国家社会科学基金重大招标项目（第三批），拟计划在未来五年内影印出版100册当代山西农村基层档案资料。

南开大学中国社会史研究中心收藏了丰富的华北乡村文献资料。其中有河北省昌黎县侯家营村保存的较完整的集体化时代村级文书资料（包括"四清"阶级档案、财务账簿、干部工作笔记、村委与各级组织的往来文件等）；山西省阳城县甲口镇村委会的集体化时代村级档案；记录一位太行山区基层干部在20世纪后半期的工作、生活经历的《乔钦起工作笔记》等。在这些资料的基础上，已经形成了一批有价值的成果。这些成果"从国家权力与社会、历次政治运动和村落政治的变迁、农业与副业、生产成果分配、人口流动、新式教育和传播媒介的导入、妇女地位的变化、医疗卫生与社会保障、日常生活、村风与村干部等多个方面重新审视、评价了中国农村所走过的现代化道路"。②

华东师范大学中国当代史研究中心收藏了流散于社会的各种民间文献，包括日记、笔记、记录、信函、小报、表格、账册、课本等，主要反

---

① 详见行龙、马维强《山西大学中国社会史研究中心"集体化时代农村基层档案"述略》，《中国乡村研究》第5辑，福建教育出版社，2007，第273—289页。
② 邓群刚：《当代中国民间文献史料的搜集、整理与利用现状综述》，《中共党史研究》2011年第9期。以南开大学中国社会史研究中心所藏资料为基础的研究成果，参见张思主编《侯家营：一个华北村庄的现代历程》，天津古籍出版社，2010；吴家虎：《近代华北乡村人口的流动迁移——以河北省侯家营村为个案》，《中国农业大学学报》2007年第1期；吴家虎：《当代华北乡村人口流动迁移与乡土社会变迁——以河北省侯家营村为个案》，《现代化研究》第5辑，中国社会科学出版社，2009；何燕：《集体化时代乡村医疗卫生事业探析——以河北省昌黎县侯家营村为例》，《中国农业大学学报》2009年第4期。

映了1949年以后社会底层的政治、经济、文化状况和日常生活、人际交往、家庭关系、个人境遇等。[①] 目前整理出版的人民公社相关资料包括《河北冀县门庄公社门庄大队档案》（东方出版中心，2009）、《花岭大队表格》（东方出版中心，2011）、《一个村支书的工作笔记》（东方出版中心，2012）等。

一些私人日记的编辑出版，也为人民公社研究带来了惊喜。例如，侯永禄的《农民日记——一个农民的生存实录》（中国青年出版社，2006），记录了陕北一位普通农民整整60年的"柴米油盐"。华东师范大学中国当代史研究中心编辑的《一个村支书的工作笔记》（东方出版中心，2012）收录了河北省赤城县茨营子乡苏寺村支部书记25年的工作笔记，其内容涵盖了政治运动、农业生产、乡村生活多个方面。《一位公社女书记的日记（1972—1982）》记录了湖北省新洲县联合公社副书记高双桂十年的生活点滴，其中包括热火朝天的劳动场景、作者的心理活动，以及颇具时代特点的政治性口号。这部日记不仅是一个人的生活经历，也反映了一代人的心路历程，是时代的缩影。

除文字资料之外，口述材料的搜集整理也取得相应的进展。1997年清华大学社会学系孙立平和郭于华教授共同主持了大型研究项目"二十世纪下半期中国农村社会生活口述资料收集与研究计划"。该项目选取华北的西村、西北的骥村、东北的石湾和西南的柳坪村为调查基地，搜集整理当地的地方材料。现已收集到700多个小时的录音资料，这些资料已被应用到研究中，形成一些有价值的成果。[②] 贺萧的《记忆的性别：农村妇女和中国集体化历史》以72位陕西农村妇女的口述材料为研究基础，大大丰富了我们对陕北农村妇女生活状态的了解和认识。此外，张乐天、李怀印、黄树民均在研究中不同程度地使用了口述材料，为文字材料提供对照和补充。

史料本无优劣高下之分，研究视角不同，选用史料的方式亦不同。无论是中央文件、基层档案还是口述史料和民间文献，均有其各自的价值和缺陷。例如，口述史料提供了一种近距离观察底层生活的渠道，却无法反

[①] 郑清坡：《中国当代社会史资料建设的现状与反思》，《历史教学》2014年第8期。
[②] 如前文提到的郭于华《倾听底层：我们如何讲述苦难》，广西师范大学，2011；何江穗：《"是""非"之间：革命的大众参与——骥村清算斗争的个案研究》，北京大学，硕士学位论文，2001；等等。

映较为宏阔的历史面貌。囿于多种条件的限制,个人的叙述或回忆可能与实际情况发生偏差,或陷入"无事件境"。① 而文字史料,尽管相对系统和准确,却始终存在历史与现实的隔膜。而且,基层档案馆时常将上级发文、工作总结、情况汇报等"结果性档案"视作"永久"性文件,这些同质性文件多有重复;而能够反映底层生活细节的"过程性档案"往往得不到系统、完整和永久性留存。史料的选取与运用没有最好,只有最适合。在一项研究中往往需要使用多种史料,相互补充和验证。正如葛玲所提出的打破不同类型史料的隔膜,将史料进行互通互证。② 优秀的史学作品,是史料、方法和观点的高度契合。章清认为,应当避免对史料的盲目崇拜,史料的发掘及合理利用需要有好的问题意识来引导。"对材料的迷信,也促成所谓新材料成为引导学术的关键,甚至将新材料和好的研究等同起来。材料也无所谓新旧,甚至也无所谓第一手、第二手之优劣之分,以及档案资料和非档案资料的高下之别。新史料是否有价值,仍需审视其是否提出有意义的问题,增进对过去的理解。"③

三

近四十年的人民公社研究成绩斐然。学界对人民公社的历史脉络和基本制度架构已经有较完整和准确的理解;同时,微观研究的兴起打开了底层社会的大门,人民公社制度在地方的实践也开始呈现。无须讳言,人民公社研究学术积累的时间太短,尚未出现和形成本领域公认的核心概念、经典著作、解释框架和代表人物。学界尚需更大的耐心和更大的努力,以期出现更多优秀学者和有影响力的作品。今后人民公社的研究尚需在以下几个方面做出调整和努力。

大量人民公社的个案研究,其质量参差不齐。好的个案是以小见大,通过地方化的观察视角,探究人民公社制度的本质及其运作。如《告别理想——人民公社制度研究》不仅细致入微地刻画了人民公社制度下浙江北

---

① 方慧容:《"无事件境"与生活世界中的真实——西村农民土地改革时期社会生活的记忆》,杨念群主编《空间·记忆·社会转型——"新社会史"研究论文精选集》,上海人民出版社,2001,第467—586页。
② 葛玲:《史料互通与中共地域史研究的深化》,《中共党史研究》2017年第10期。
③ 章清:《碎片化的历史学:理解与反省》,《近代史研究》2012年第5期。

部农民的生活,进而提出"外部冲击—村落传统互动"模式。[1] 这一模式勾连村落与国家,使个案研究具有一定的普遍性意义。当前,学者们对个案研究青睐有加,硕、博士学位论文中绝大部分集体化研究都是以个案为基础的。[2] 但这类学位论文大都没有摆脱两个窠臼:一是缺乏对整体历史的关怀而易"碎片化";二是缺乏思想性,用乡土材料反复证明传统宏大叙事中的既有结论。

个案研究的"碎片化"问题曾在学界掀起了热烈的讨论,[3]笔者认为,当前的确有部分研究存在"只见树木不见森林"的问题,其原因不在于使用了个案研究的方法,而是对个案的思想深度发掘不够,没有提出具有普遍意义的新见解。例如,《高家村:共和国农村生活素描》对农村医疗教育、集体劳动、文化生活等乡村生活的细节均有生动的刻画,但仅停留于作者对乡村生活的经验和体会,既缺乏对"整体"历史的关照,也未形成能够进行拓展延伸的理论模型。这一研究路径的前途也许只是个案数量的增加,很难对中国乡村史研究提供实质性的助益。个案研究旨在"通过详细地调查一件实例来了解这一实例所属的整类个体的情况"。[4] 对一个微小的研究对象进行细致入微的研究,只是第一步,还应在更广的地域、更长的时段中审视个案,把从个案中获得的经验与既有认识相联系,以更充分和完整地证明或证伪既有结论。就人民公社史而言,个案研究不是一味停留在对某个村或某个地方性事件的历史叙述,而是通过一个村庄、一个事件观察不同历史主体之间的冲突与妥协,以及制度设计与制度实践之间的张力,在展示历史多样性的同时,更深刻地揭示历史的本质。

微观研究的价值在于通过地方化的知识和视角,获得宏大叙事难以获

---

[1] 张乐天:《告别理想——人民公社制度研究》,第6页。
[2] 王玉贵:《人民公社研究》,博士学位论文,苏州大学,2000;厉娜:《虚幻的崛起——毛泽东推荐的农业先进典型李村述论》,硕士学位论文,中国人民大学,2006;李伟:《二十世纪五十年代中国农业"大跃进"运动研究——以山东省为例》,硕士学位论文,中国人民大学,2006;孙东方:《中国农村社会主义教育运动研究(1957—1962)——以山东省昌潍专区为个案》,硕士学位论文,中国人民大学,2007;王俊斌:《改造农民:中国农业合作化运动研究——以山西省保德县为中心》,博士学位论文,首都师范大学,2009;吴帆:《底层理性与人民公社的兴起与维持——基于湖北省大冶县矿山公社档案的研究(1957—1964)》,博士学位论文,华中科技大学,2013;李屿洪:《农村人民公社收益分配研究——以侯家营村和下孔村为例》,博士学位论文,南开大学,2013。
[3] 《近代史研究》2012年第4期、第5期曾组织了专门的讨论。
[4] G. 邓肯·米切尔:《新社会学词典》,上海译文出版社,1987,第40页。

得的认识。因此,仅是机械地把地方历史和整体历史粘合起来,而没有获得新的认知,还不能算作成功的个案研究。例如,学位论文中关于某地人民公社化运动或"大跃进"研究,虽然运用了地方材料或口述,并把事件在地方的发展与宏观政策对应起来,但"只不过是在形式上将上述两种写作模式捏合在了一起","'宏大叙事'和'民族志'相互隔绝、互不兼容甚至互相排斥"。① 这类研究通过"中央决策—地方传达—乡村落实"的叙述逻辑,硬性建构个案与宏观历史之间的关系。其本质是将地方史料填充传统"宏大叙事"的分析框架,"无非是用地方材料对传统结论的再一次证明"。② 在个案研究中,独创性的观点和第一手的材料都是不可或缺的,也是同样重要的,如此才能避免将微观研究流于形式的尴尬。

毋庸讳言,少数人民公社研究盲目搬用其他学科的新概念或理论模型,同样造成研究的同质化,也无助于新思想的产生。随着历史学对人类学、社会学理论与方法的借鉴,一些新的概念和模式在公社历史研究中得以应用。就乡村研究而言,如"差序格局""基层市场""道义经济""内卷化"等概念和理论对体察乡村社会的机理有巨大帮助。概念、模式是对事物特质和逻辑进行的抽象与归纳。其优点是有利于从纷繁复杂的线索中归纳事物的本质,便于人们理解和使用;其缺点是放大了共同点,抹杀或忽略差异性,以同一的视角解释历史,易于遮蔽历史的多样性、复杂性。当前一种比较流行的做法是,引入一个概念或理论框架,将其生拉硬拽地与历史过程相嵌套,让鲜活复杂的乡土材料适应框架,以材料证明概念或得出模式化的结论。例如,继黄宗智、杜赞奇两位学者引用、借鉴美国人类学家吉尔茨提出的"内卷化"概念并获得普遍的认可后,"内卷化"概念得到高频率的使用。文化内卷化、教育内卷化、组织内卷化、地方政权内卷化等不一而足。这种概念使用的泛化一方面求同而去异,掩盖事物本身的特性和规律,有曲解、误读之嫌;另一方面,复制已有概念或理论的逻辑,严格地说并不能称作思想的创新。学者桑兵在谈到治史的方法时认为:"治史不宜归纳,只能贯通。……不能用自然科学或社会科学的原理来强求史料与史实的类似并由相似性加以连贯。历史规律,恰在于个别事实依照时空顺序彼此联系的无限延伸之中。"因而,历史学在借鉴其他社会科学的概念

---

① 辛逸:《历史学家对集体化的诉说——〈乡村中国纪事〉札记》,《中共党史研究》2014年第11期。
② 桑兵:《治学的门径与取法》,社会科学文献出版社,2014,第61页。

和模式时,应抱着审慎的态度。

史学研究的创新依赖于新材料、新方法及新思想,其中比较重要的是新方法的发现。因为,一定程度上讲,"方法就是思想"。[1] 通观近四十年的人民公社研究,很突出的特点是研究方法的转换。当传统人民公社研究难以取得大的突破时,转换研究方法,借鉴人类学、社会学等人文社会科学的理论和方法也许会走向新的高度和境界。如前所述,《告别理想——人民公社制度研究》《林村的故事:一九四九年后的中国农村变革》《中国农民反行为研究》等研究所取得的成果,已经能够说明跨学科研究中的人民公社史具有极大的魅力。未来,如何深化历史学对人类学、社会学的理解与借鉴,以人类学、社会学等学科的方法书写人民公社史,实现和促进多学科之间的深度合作,尚需要不断在实践中探索与磨合。

---

[1] 辛逸:《人民公社研究述评》,《当代中国史研究》2008年第1期。

近十年来国内学界关于冷战时期中国与周边国家关系研究述评[*]

董 洁[**]

摘 要 冷战时期中国与周边国家关系研究是由中国学者提出并开拓出的冷战国际史研究中的新兴领域。近十年来,由于档案的解密和年轻学者的加入,该研究在深度上和广度上均有所拓展,中国学者在中苏关系、朝鲜战争、中朝关系、越南战争等方面取得的研究成果已处于世界前列。但该研究的进一步拓宽与加深亦受到几个问题的制约:一手档案依旧难寻,国别研究缺乏,研究成果仍以解读档案和史实叙述为主。未来中国学者需从理论与方法论方面取得突破。

关键词 中国 周边国家 冷战国际史 跨学科

冷战时期中国与周边国家关系研究是近些年由中国学者提出并开拓出的冷战国际史研究中的新兴领域。"冷战时期中国与周边国家关系研究"这一提法正式提出较晚,但相关研究早已起步,自冷战国际史研究兴起以来,中国学者便将冷战时期中美对抗与中苏结盟、中苏关系破裂与中美关系缓和作为一个整体,展开对中美关系、中苏关系、美日关系、中日关系、朝鲜战争、台海危机、越南战争、冷战与中国的周边关系等问题的研究。这些研究清晰呈现中国学者的问题意识、史学基础和研究方法上的特色,表明中国学者已经开始参与讨论国际冷战史研究中仍然存在争论或者相对薄弱的课题。本文意在对近十年来中国学术界在此研究领域的进展状况、代

---

[*] 本文系作者承担的中国人民大学中共党史党建研究院"中共党史学科研究发展报告"成果,在撰写过程中得到华东师范大学冷战国际史研究中心沈志华教授、梁志教授的大力帮助,在此表示感谢。

[**] 中共中央党校中共党史教研部副教授。

表性成果和观点、存在问题及发展趋势加以评述。[①]

一 兴起背景与发展历程

冷战时期中国与周边国家关系研究从属与冷战国际史研究范畴。冷战国际史或者说国际冷战史研究开始于20世纪90年代。1991年，美国威尔逊国际学者中心（The Woodrow Wilson International Center for Scholars）成立了冷战国际史项目（The Cold War International History Project），同时创办了专业刊物《冷战国际史项目公报》（*CWIHP Bulletin*）。1997年，美国著名冷战史专家约翰·路易斯·加迪斯（John Lewis Gaddis）提出"冷战史新研究"（The New Cold War History）的学术潮流。其基本特征是：在冷战结束赋予研究者的全新时空框架内，利用多国多边档案，挣脱"美国中心论"的传统羁绊，重点关注"第二世界"和"第三世界"，并重新认识意识形态在冷战中发挥的作用。[②]

中国学者在冷战史新研究兴起初期就参与到这一学术潮流中。"冷战国际史新研究"倡导的"国际冷战史"或者"冷战国际史"的研究范式，得到国内学者认同。中国学者结合自身的学术积累和档案优势，突出学术研究的现实关怀，对冷战的历史演进、冷战在亚洲、冷战在第三世界等加以探讨。经过二十多年研究积累，中国的冷战史研究取得了长足进步，中国学者在中苏关系、朝鲜战争、中朝关系、越南战争等方面取得的研究成果已处于世界前列。[③]

冷战时期中国与周边国家关系研究即是在此背景下起步。2002年8月，

[①] 本文评论的范围限定于2008年以来中国学者及旅居国外的华人学者在中国大陆正式出版的相关学术论著，不包括中国香港、澳门、台湾地区的出版物。2008年以前相关学术综述情况可参见白建才、田华《二十年来我国学术界对冷战史的研究》，《世界历史》1999年第2期；崔丕：《中国学术界对国际冷战史研究的现状和课题》，《冷战国际史研究》第6辑，世界知识出版社，2008；夏亚峰、刘磊：《冷战国际史研究在中国——对过去20年研究的评述》，《冷战国际史研究》第7辑，世界知识出版社，2008；徐蓝：《中国战后国际关系史研究30年》，《冷战国际史研究》第8辑，世界知识出版社，2009；梁志：《近十余年中国冷战研究新气象》，《世界历史》2012年第4期。

[②] 陈兼、余伟民：《"冷战史新研究"：缘起、学术特征及其批判》，《历史研究》2003年第3期。

[③] 冷战史国际史研究在中国发展的具体历程参见夏亚峰、刘磊《冷战国际史研究在中国——对过去20年研究的评述》，《冷战国际史研究》第7辑。

由北京大学现代史料中心、华东师范大学国际冷战史研究中心及北京东城东方历史学会共同举办了"冷战中的中国与周边关系"国际学术会议,这是目前可知的、中国国内召开的首个关于冷战时期中国与周边国家关系研究的学术会议。会议对"周边"的概念和范围进行了界定,认为所谓"周边国家"不仅指在陆路和海路上与中国相接壤的国家,还包括对中国的国家安全和战略产生重大影响的国家。会议围绕冷战时期中国与周边国家关系的历史回顾、冷战时期中国外交变动的原因特征和趋势、冷战时期中国与周边关系的重要个案研究几个主题展开讨论。①

在此之后,国内又召开过数次中国与周边关系研究相关的学术会议,如"冷战转型:1960—1980年代的中国与变化中的世界"(2006年12月)、"多维视角下的亚洲冷战"(2010年3月)、"冷战与中国"(2011年3月)、"冷战时期的中朝关系"(2011年10月)、"亚洲的冷战:历史和影响"(2012年3月)、"冷战国际史研究视野下的当代中国"(2013年3月),"冷战时期中国与周边国家关系"(2013年10月)等。

正是在与国内外学者的互动交流中,以华东师范大学冷战国际史研究中心主任、历史系终身教授沈志华为代表的一批长期致力于冷战史研究领域的中国学者深感开展冷战时期中国与周边国家关系研究的紧迫性和必要性,认为其将成为中国冷战国际史研究中一个新的"学术发力点"。②

沈志华教授在推动这一研究领域发展的进程中发挥了重要作用。2009年,沈志华教授承担了中国国际战略研究基金会资助项目——朝鲜半岛问题(历史部分)的课题研究工作,③ 对中朝关系的历史脉络加以梳理。课题组利用当时最新解密的中国外交部档案、苏联档案、东欧档案等,完成了一份长达15万字的研究报告,内容涵盖1949年至1965年的中朝关系。报告得到国内多个职能部门赞誉,不少部门在反馈意见中表示,报告中的许多历史情况此前闻所未闻。这让沈志华教授颇受触动,由此将视角拓展至朝鲜之外的其他周边国家,结果令他大为吃惊,当时的中国与周边国家关系研究,除个别双边关系外,基本史实构建的工作也尚未起步,学术上进

---

① 戴超武:《冷战中的中国与周边关系国际学术研讨会综述》,《历史研究》2003年第3期。学术会议的论文后集辑成书出版,参见牛大勇、沈志华《冷战与中国周边的关系》,世界知识出版社,2004。

② 沈志华教授语,笔者对沈志华教授的采访,2018年1月20日。

③ 笔者也参与了这个项目的研究。

行开拓创新的空间极为广阔。

除有填补学术空白的重大意义之外，这项研究还有着满足战略需求的现实价值。中国与周边国家的关系涉及中国的国家利益和国家安全，不仅关系到中国边境安全和国家形象，还关系到中国同周边国家关系的走向，对中国稳定边疆地区的政治经济局势、遏制和打击民族分离主义势力都具有极其重要的战略意义。中国是世界上邻国最多的国家之一。很长一段时间以来，边界冲突（包括陆疆和海疆）、侨民权利、少数民族与周边国家关系、边境贸易等一直是中国政府面对的重要问题。现实问题的出现大多具有其历史根源，仅就现状谈现状的"献计献策"，大多难以触及问题的本质，也难以提出真正具有前瞻意义的建议。战略决策亟须基础性研究提供支撑作用。"一带一路"倡议的提出和实施更加凸显出深入了解周边国家国情及其对华关系历史演变规律的迫切需要。

2013年9月，华东师范大学冷战国际史研究中心和国际关系与地区发展研究院联合成立周边合作与发展协同创新中心，并获得上海市教育委员会批准成为上海市高校智库。周边合作与发展协同创新中心是以"国家急需、世界一流"为总要求，以中国周边地区的和平发展与安全战略问题为研究重点，以实现和谐、平等、文明、繁荣的环陆海周边环境为努力方向，以周边研究的新知识体系构建和学科建设为基础，以机制体制改革为建设重点，以提升周边研究的创新能力为突破口，围绕着国家和社会的重大而紧迫的需求，提供高效咨政服务的新型高端智库。[①]

2015年3月，在中央领导的直接关怀下，经全国哲学社会科学规划领导小组批准，国家社会科学基金特别委托项目"中国周边国家对华关系档案收集及历史研究"正式立项，华东师范大学为课题承担方，沈志华教授任首席专家。华东师范大学冷战国际史研究中心在原有研究人员的基础上组织成立了华东师范大学周边国家研究院，将中国与周边国家关系研究作为今后十年甚至更长时间的主攻方向。

短短几年时间内，华东师范大学周边国家研究院先后与新疆、云南、广西、广东、福建、内蒙古、吉林等地的高校和研究机构建立了周边国家及边疆问题研究的合作关系，同时在档案搜集整理汇编方面也取得丰硕的成果。截至2017年5月项目第一期子课题结项，已搜集到俄罗斯、蒙古、

---

① 梁志：《华东师范大学冷战国际史研究中心与中国冷战史研究》，《近现代国际关系史研究》第13辑，世界知识出版社，2017。

朝鲜、韩国、日本、越南、柬埔寨、马来西亚、泰国、缅甸、印度、美国、英国、法国、澳大利亚等国相关原始档案数万件约20万页。具体包括：俄国档案中有关中国周边国家对华关系档案，蒙古国涉及中国和中蒙、苏蒙关系的档案，美国档案中有关心理战略委员会及中国海外宣传的档案，美国档案中有关中朝关系和朝鲜问题档案，美国国家档案馆有关泰国与中国关系的档案，英国档案中有关泰国对华关系档案，英国档案中有关中马、中新关系档案，英国有关阿富汗与巴基斯坦问题的档案文献，澳大利亚国家档案馆有关新加坡、马来西亚、泰国对华关系档案，法国档案中有关印度支那三国的档案，韩国外交部档案中有关东南亚国家及其对华关系档案，马来西亚国家档案馆对华贸易及政治关系档案，泰国国家档案馆藏泰国对华关系，柬埔寨档案中有关中国和朝鲜档案，缅甸国家档案馆有关对外关系档案，越南报纸（《远东日报》《新越华报》）有关中国资料，越南国家第二档案馆有关中越贸易、援助文件，印度尼赫鲁图书馆的杜德文件、尼赫鲁文件、潘特文件，印度国家档案馆有关中国的档案，日本、美国等关于钓鱼岛问题的档案，日本外务省外交史料馆有关中日关系档案。已经整理翻译成中文的档案集共计10卷46辑1193万字，具体包括：苏联卷20辑、朝鲜卷12辑、缅甸卷2辑、越南卷2辑、柬埔寨卷1辑、印度卷2辑、日本卷3辑、马来西亚卷1辑、泰国卷1辑、阿巴边界的"黑洞"问题2辑。这些档案集计划在近期出版，并与学界同人实现资源共享。

在重视利用多国多边档案的"冷战史新研究"范式下，这批档案的面世，无疑能更好地推动中国学术界的冷战时期中国与周边国家关系研究走向下一个十年。

二　代表性成果及主要观点

近十年来，由于档案的解密和年轻学者的加入，冷战时期中国与周边国家关系研究无论是在深度上还是在广度上均有所拓展，涌现出相当数量的学术成果，本文选取其中具有代表性的成果加以评述。

（一）冷战与中国外交

1949年新中国成立时，冷战格局已经形成，新中国外交从一开始就被置于冷战背景之下。关于冷战与新中国外交的内在联系，此处重点介绍北京大学国际关系学院牛军教授所著的《冷战与新中国外交的缘起（1945—1955）》（修订版，社会科学文献出版社，2013）一书。该书把新中国外交缘起的历史过程，置于国际冷战、革命与建国、意识形态三种因素相互联结、相互影响的历史结构之中，揭示这些事件不断发生的外部和内部条件，从而界定这一时期中国领导人一系列重大决策和对外行为的动机与效果，由此得出新中国外交是在国内政治机制和政治进程与冷战国际体系等两大结构的互动中产生、演变和发展的结论。该书最大的学术特色在于，作者以深厚的功力构建起一个历史框架，串起中国对外关系发生的一系列重大事件，包括中苏结盟、中美对抗、援越抗法、抗美援朝、印支停战谈判、台海危机、参加日内瓦会议和万隆会议等，系统提出新观点，同时亦细致发掘和利用了大量原始档案，对一些基本史实加以矫正，在其细致缜密的叙述中，不乏对历史事实的独到思考。该书是了解新中国外交的"打底"之作。

（二）冷战时期中国与周边国家关系的个案研究

1. 中国与苏联

中苏关系研究一直是冷战时期中国与周边国家关系研究中的重中之重。新中国成立后，中苏关系从友好同盟到分裂，甚至发生边境武装冲突，再到20世纪80年代中后期实现关系正常化，中苏关系不仅对两国各自的国内政治、经济、文化、社会有着深刻的影响，也对冷战的加剧、转型和终结有着深刻的影响。苏联档案的公开、中国相关史料的披露，以及美国外交文件的解密，都为开展这方面研究提供了前所未有的便利。

就中苏关系史综合性论著方面，近十年来的代表性成果首推沈志华教授专著《无奈的选择：冷战与中苏同盟的命运（1945—1959）》（社会科学文献出版社，2013）[①]，这是作者继《中苏关系史纲》后推出的又一鸿篇巨

[①] 此书在出版问世前，沈志华教授已在国内学术刊物上发表了数篇相关主题论文，包括：《求之不易的会面：中苏两党领导人之间的试探与沟通——关于中苏同盟建立之背景和基础的再讨论（之一）》，《华东师范大学学报》（哲学社会科学版）2009年第1期；《从西柏坡到莫斯科：毛泽东宣布向苏联"一边倒"——关于中苏同盟建立之背景和基础的再讨论（之二）》，《中共党史研究》2009年第4期；《难以弥合的裂痕——苏联对中印冲突的立场及中苏分歧公开化（1959—1960）》，《清华大学学报》（哲学社会科学版）2009年第6期；《无奈的选择：中苏同盟建立的曲折历程（1944—1950）》，《近代史研究》2010年第6期；与李丹慧合作的《结构失衡：中苏同盟破裂的深层原因》，《探索与争鸣》2012年第10期；等等。

制。该书用上下两册近百万字的篇幅详细考察和梳理了中苏同盟起源、建立和发展直至中苏分歧出现的历史过程。和以往涉及这段历史的著作相比，该书具有以下几个突出特点：首先是引用的史料来源丰富且极为扎实，不仅包含国内外的一手档案文献，还包含作为中苏关系历史变化的当事人和见证人的回忆录、日记以及直接采访记录；其次是对这段历史中涉及的很多重大历史事件，特别是一些历史细节做了重新考证，厘清了很多史实；再次是以更为开阔的视野对中苏关系演变的历史做出新诠释，书中既有对全球冷战进程的观照，又有对中苏双方，特别是中国内政与外交相互作用的探究，还有对中苏关系特殊结构的分析。书中提出了一些富有见地的新观点，比如对于中苏结盟起源，作者认为，二战结束前后的一段时间，中共和苏共既没有结盟的愿望，也没有结盟的行动，毛泽东开始曾设想依靠美国的帮助，而苏联最初看中的合作伙伴是蒋介石，后来，美国对国民党的支持以及蒋介石的反苏倾向，迫使中共和苏共走到了一起，特别是在冷战态势逐步形成的背景之下，三国四方关系的格局才固定下来。因此，中国内战的爆发并非冷战的结果，不过冷战格局的出现对于中国内战的结果确实存在很大影响。在某种意义上讲，中苏同盟和美蒋同盟都是最后关头迫不得已的选择，由此可知，意识形态并非中苏同盟建立的根本原因。从中苏结盟的过程看，这种无奈的选择从一开始就埋下了同盟破裂的隐患。书中对中苏同盟破裂深层原因的剖析同样值得关注。相对以往学术界关于中苏分裂原因的两种解释——"意识形态分歧论"和"国家利益冲突论"，作者提出"结构失衡"是导致中苏破裂的决定性因素，具体含义有二：其一，社会主义阵营领导结构发生变化以后，中苏两党平起平坐，争夺话语权就成为中苏两党解决彼此之间路线和政策分歧的基本手段，而目标则在于国际共运的主导权；其二，党际关系掩盖甚至替代了国家关系，在这种结构中，从本质上讲没有主权意识，没有平等观念。作者对主导中苏关系内在逻辑的归纳颇具创新性和启发性。

20世纪60年代初，中苏同盟分裂表面化、公开化，中苏两党关于意识形态的论战如火如荼。1964年10月，苏共中央发生权力更替，勃列日涅夫取代赫鲁晓夫成为苏共中央第一书记。赫鲁晓夫的下台，似乎给中苏两党关系的和解带来了新机遇。毛泽东派周恩来赴莫斯科与苏共新领导人进行接触及会谈。关于中苏两党是否把握住了这次和解机遇，李丹慧的《失去的机遇？——赫鲁晓夫下台后中苏两党和解的新尝试》（《社会科学战线》

2009年第8期）一文以中俄两国新解密档案为史料基础，对苏联领导集团更迭后毛泽东寻求与苏方接触的目的，中苏双方为实现新的团结启动会谈的方针立场，其间发生的马利诺夫斯基事件等问题，进行考察和客观评估。文章认为，毛泽东决定派周恩来率团访苏，是要在维护国际共运团结问题上抢占主动，但为周恩来确定的谈判方针却是要"推"苏共否定二十大，另起炉灶，向中共的方针靠拢。苏共新领导人则希望利用这一轮会谈，在不放弃自己原则立场的前提下，先务实地求同存异。两党会谈之前的马利诺夫斯基事件让毛泽东更坚定了中共谈判立场的不可调和性，苏共则以拒绝自己否定自己作为回应，谈判破裂。到1964年，中苏双方做出原则性让步的基础不复存在，谈判的基本立场也无调和余地，两党真正和解的机遇实际已没有了，所以也无所谓失去。曹广金的两篇论文《勃列日涅夫执政初期中苏和解的尝试与失败探析》（《中共党史研究》2012年第1期）、《勃列日涅夫执政初期对华和解政策探析》（与谢勇合作，《中共党史研究》2013年第10期）则从苏联的角度对这一问题加以探讨，认为苏共制定对华和解政策的目的是恢复中苏关系，但并未在双方所争论的原则问题上有所改变。因此，这一政策不仅没有实现初衷，反而使苏共陷入了企图摆脱承担中苏分裂责任嫌疑的困境。

关于20世纪80年代的中苏关系，尤其是此期间发生的中苏关系正常化，因为档案有限，研究存在一定难度，但依然有学者尝试涉及。牛军的《二十世纪八十年代中苏关系研究》（《中共党史研究》2011年第5期）认为这一时期的中苏关系主要是围绕两个相互交织的过程展开的。其一是两国不断寻求国家关系正常化的原则、基础，并通过谈判和交往逐步累积共识；其二是双方同时在全球、地区和双边三个层次展开战略博弈。1989年5月中苏峰会实现两国关系正常化是这两个过程演变的结果。苏联解体后中苏关系能够平稳过渡到中俄关系这一事实表明，两国关系已有相当稳固的基础。牛军的另一篇文章《"告别冷战"：中国实现中苏关系正常化的历史含义》（《历史研究》2008年第1期）认为中苏关系正常化的进程反映了中国对外政策逐步摆脱冷战时期形成的战略思维框架，以及中国决策层在改革开放中逐步形成和丰富起来的外交新理念。中国领导人提出了"中国特色社会主义道路"，并选择了"独立自主的不结盟的和平外交"，标志着自20世纪50年代末以来，中国的国家发展战略与外交政策终于又一次实现了根本性的协调，其结果就是"告别冷战"。两篇文章的分析均基于史实，但文章的立足点又不仅限于史实的重构，作者力图从中国与冷战关系的角度，搭建起中苏关系叙事的大框架。孙艳玲的《中苏关系正常化与邓小平对苏外交决策》（《冷战国际史研究》第 8 辑）和《中国外交政策的调整与中苏关系正常化》（《中共党史研究》2009 年第 2 期）则使用中俄两国档案进行实证性研究，条分缕析地考察了 20 世纪 80 年代中苏两国关系实现正常化的历史过程。

中苏两国间的经济关系作为中苏关系中的一个重要组成部分，也颇受一些学者关注。沈志华的《苏联专家在中国（1948—1960）》（中国国际广播出版社，2003，新华出版社，2009）深入研究了新中国成立前后中苏经济合作以及在华苏联专家等问题。姚昱的《20 世纪 50 年代初的中苏橡胶贸易》（《史学月刊》2010 年第 10 期）利用中国地方档案还原了 20 世纪 50 年代初中国在橡胶种植和采购方面向苏联提供援助的基本历史事实。汪振友的《20 世纪 60 年代初期苏联驻华商务机构撤销问题的历史考察》（《当代中国史研究》2014 年第 6 期）对 60 年代中国要求苏联关闭其驻新疆、黑龙江等四地的使领馆的历史事件加以考察分析。谷继坤的《中国工人"赴苏援建"问题的历史考察（1954—1963）》（《中共党史研究》2013 年第 10 期）讨论了 1954—1963 年 2000 多名中国工人赴苏援建的政策变化与基本状况。

文化交流是观察中苏关系的又一崭新视角。李滨、杨京霞的《苏联专家在中国人民大学（1950—1957）》（《冷战国际史研究》第 10 辑，世界知识出版社，2010）和耿化敏、吴起民的《苏联专家与新中国高校政治理论课程的建立》（《中共党史研究》2016 年第 6 期）均以中国人民大学为例，探讨苏联专家在中国大学组建中的作用。赵阳辉、朱亚宗的《苏联专家与中国军校的创办——对军事工程学院档案的考析》（《冷战国际史研究》第 10 辑）与杨爱华的《1960 年苏联援华军事专家撤走情况及影响》（《当代中国史研究》2012 年第 6 期）聚焦中国国防建设领域的苏联专家角色。游览的《中苏关系走向破裂的见证者——20 世纪 60 年代中国留苏学生的历史考察》（《中共党史研究》2014 年第 10 期）和马薏莉、刘文楠的《两个革命之间：在苏联的中国留学生（1948—1966）》（《冷战国际史研究》第 10 辑）考察中国留苏学生的留学境遇，认为留苏学生的政治使命超过了其学业的价值。何东晖、刘西普的《〈钢铁是怎样炼成的〉：苏联教育小说与两代中国读者》和陈庭梅、韩长青、李倩的《苏联电影的引进及其对塑造毛泽东时代中国的意义（1949—1976）》（《冷战国际史研究》第10辑）则从小说、电影的角度考察苏联文化对中国的影响。这些文章均选择中苏关系演进中易被忽略的环节进行研究，视角新颖，材料丰富，内容有趣。

中苏关系研究从政治史向经济史、文化史、社会史的拓展，反映了近年来冷战国际史研究视角从"精英"转向民间的趋势，对还原中苏关系具有重要的补充和启发意义。

2. 中国与朝鲜半岛关系

关于冷战时期中国与朝鲜半岛关系的研究，除了起步较早并且至今都热度不减的朝鲜战争研究之外，近年来，中国学者又将研究领域拓展到中朝关系以及朝鲜半岛"南方三角"——韩美日同盟关系。

关于朝鲜战争的研究，沈志华《毛泽东、斯大林与朝鲜战争》（珍藏本，广东人民出版社，2013）是了解朝鲜战争史、中苏关系史、冷战国际史必不可少的著作。该书曾于2003年、2007年先后出版过第一版和修订版，2013年出版的珍藏本和前两版相比，在材料、内容、观点上均有所出新。作者将修订版中的八篇余论融入珍藏本正文中，对书中内容做了重大修改，在使用大量新材料的基础上，对部分内容做出更加详细的阐释，对部分内容进行了简化压缩。书中大部分内容为全新研究成果，对国内外学术界探讨的诸多热点问题提出全新观点。可以说，珍藏本几乎就是新著。以书中最为核心的斯大林同意金日成发动战争的决策动机为例，与修订版最大的不同之处，珍藏本对国内外学术界的三种主流看法，即"艾奇逊宣言说"、"让美国身陷亚洲战争说"以及"斯大林革命理想说"予以驳斥，在此基础之上给出合理的推断：斯大林批准金日成在朝鲜半岛动手属于一种例外。斯大林看重的是战争的发动，而不是战争的结果。毕竟，不管怎样他都可实现预定的目标：若取胜，则可获得仁川和釜山等出海口和不冻港，若失利，则东北亚的紧张局势会迫使中国要求苏联军队留驻旅顺、大连，根据中苏双方的协定，一旦出现战争或危机局势，苏联军队有权使用中长铁路。至于斯大林的决策与中苏关系间的关联，珍藏本给出了一个全新的观点，认为斯大林由于在中苏同盟条约谈判中遭受损失，"产生一种对毛泽东的报复心理"。书中的这些推断都建立在整理和解读最为翔实和丰富的史料基础之上。笔者认为，该书仍是迄今为止国内学术界有关朝鲜战争研究最好的著作之一。

牛军的《朝鲜停战谁主沉浮？——中苏朝联盟与中国对停战谈判的政

策》(《国际政治研究》2013年第4期)一文聚焦1951年6月到1953年7月的停战谈判,认为朝鲜停战不仅是交战双方斗争与对抗的结果,也是两大阵营内部决策结构和矛盾的产物,交战的两个阵营内部的问题与研究军事形势和力量对比同等重要。文章承袭了作者的一贯文风,惯于在大历史的框架下解读历史事件。

除了上述中苏朝互动关系的视角,还有中国学者从美国、中美关系的视角考察这场战争。陈少铭的《美国在新中国出兵朝鲜问题上的判断与决策——以美国中央情报局的情报评估为中心的考察》(《中共党史研究》2013年第4期)利用美国中情局的解密档案,考察美国的判断和决策过程,并由此得出结论:中情局的情报评估并不是美国决策的决定性因素,对中苏关系的错误认识是美国政府战略误判的根本原因,安全受到威胁是新中国出兵朝鲜的决定性因素。邓峰的《追求霸权:杜鲁门政府对朝鲜停战谈判的政策》(《中共党史研究》2009年第4期)则对同一时期杜鲁门政府的政策加以考察,认为在朝鲜停战谈判前和谈判进行中,杜鲁门政府均未考虑通过谈判结束战争。因为朝鲜的热战持续下去,美国国会才批准了来自行政部门的巨额军事预算。在雄厚的财力基础上,杜鲁门政府欲使美国对外政策军事化,从而实现夺取全球霸权的战略目标。为避免来自各方面的压力,华盛顿决策者使用各种手段掩盖其战略企图,寻找能引起国内外舆论认可其拖延谈判的理由,为其僵化的谈判政策辩护。特别是,美国利用战俘遣返问题故意拖延停战谈判,成为该谈判久拖不决的真正缘由。冯东兴、任东来的《1958年中国从朝鲜撤军与中美外交交涉》(《当代中国史研究》2010年第2期)则对战争的后续遗留问题——撤军加以探讨,文章认为在中美关于撤军的外交交涉中,美国借助自己在联合国的优势地位,实现了不从朝鲜半岛撤军的目标。

朝鲜战争研究的日益深入,也催生其研究进入到多层次、多侧面进行更精微考察和剖析的阶段,比如考察战争期间中国国内的社会动员。侯松涛的两篇文章《诉苦与动员:抗美援朝运动中的诉苦运动》(《党史研究与教学》2012年第5期)和《"牛缰绳"与"帝国主义":朝鲜战争的中国乡村映像(1950—1953)——以山东郯城县相关史料为中心的考察》(《冷战国际史研究》第17辑,世界知识出版社,2014)即是其中代表。前者分析抗美援朝运动中的诉苦运动,认为诉苦在抗美援朝运动中的动员效能大大增强,同时诉苦本身的内涵得以扩展。在抗美援朝运动中,诉苦不仅影响到普通民众各种政治观念的重构,也扩展了这种政治观念重构的内涵。后者以一个县的史料为基础,观察朝鲜战争爆发后,中国乡村百姓在抗美援朝动员参军运动中的认知反应,以及面对冷战格局形成后的第一场热战,新中国的国家权力对乡村社会的渗透情况。文章从一起村民为抵制参军而自杀的事件为切入点,以层层剥开的方式,逐渐展开了强政府大运动与弱家庭小社会冲撞、磨合的画卷。吴淑丽的《抗美援朝运动对乡村社会的影响——以聊城县为中心的考察》(《中共党史研究》2017年第6期)同样以地方档案馆的档案为基础,探究该运动对乡村社会带来的深刻影响。指出政府以抗美援朝为契机,开始强化"国家观念",推行"一切都要问政治"的方针政策,乡村社会中新一轮的"政治化"倾向逐渐增强。这些研究无疑拓展了朝鲜战争研究的维度,事实上,只有把这场战争放入全维视野中进行观照,这场战争的全貌才能更为真实完整地显现出来。

关于中国与朝鲜的研究。一段时期内,朝鲜问题和中朝关系是敏感话题,不仅在政治领域和外交领域,在学术界,也是讳莫如深,学者们大多竭力避免踏入这块是非之地。[①] 中朝关系由此给人一种扑朔迷离的感觉。在朝核问题不断升温、朝鲜半岛局势不断恶化的当下,中国对朝鲜的政策逐渐陷入一种进退维谷的窘境。作为中国调整对朝政策的一个必要环节,将中朝关系的历史叙事放置在真实、客观的史实基础上,建构和掌控符合历史真相并有利于现实中国战略目标的"历史话语权",成为当务之急。以客观、多维、丰富的史料为现实决策提供历史经验,也是中国学者应具备的学术担当。

尽管中朝关系研究具有特殊性、敏感性,研究成果不易发表,但在一些国内学者坚持不懈的共同努力下,仍然开拓出了一片天地。

自2012年以来,沈志华教授先后在国内一流期刊上发表数篇中朝关系论文:《同命相连:朝鲜共产党人融入中共的历史过程(1919—1936)》(《社会科学战线》2015年第2期)、《试论八十八旅与中苏朝三角关系——抗日战争期间国际反法西斯联盟一瞥》(《近代史研究》2015年第4期)、《若即若离:战后中朝两党关系的初步形成(1945—1950)》(《近代史研究》2016年第2期)、《试论朝鲜战争期间的中朝同盟关系》(《历史教学问题》2012年第1期)、《破镜重圆:1965—1969年的中朝关系》[《华东师范

[①] 沈志华:《最后的"天朝":毛泽东、金日成与中朝关系(1945年至1976年)》(上、下),香港中文大学出版社,2017,第xxii页。

大学学报》（哲学社会科学版）2016年第4期]、《面对历史机遇：中美关系和解与中朝关系（1971—1974）》[《华东师范大学学报》（哲学社会科学版）2014年第1期]、《中朝关系史研究中的几个重要问题》[《清华大学学报》（哲学社会科学版）2018年第1期]，① 在前期研究成果的基础之上，又再接再厉推出了一部中朝关系史领域的扛鼎之作——《最后的"天朝"：毛泽东、金日成与中朝关系（1945年至1976年）》②。沈志华教授延续其一贯的治学风格，将朝鲜、中国以及与两国交往的各个国家的档案文献进行收集、整理和解读，详细叙述了中朝之间自1945年中国抗战胜利到1976年毛泽东去世为止的交往历史。沈志华教授试图通过对史实的厘清，总结毛泽东时代中朝关系的基本特征，其结论是：毛泽东时代中朝关系基本特征的认识可以从三条并行不悖且具有内在逻辑关系的线索展开，即中国传统的宗藩观念与朝鲜提倡的"主体思想"及反"事大主义"之间的博弈，冷战的国际背景下不对称同盟中大国与小国关系的特殊现象，以及共产党领导的社会主义国家之间关系的结构性弊病。沈志华教授关于中朝关系内在逻辑的归纳具有较强的原创性和启发性。

华东师范大学余伟民教授的《苏联与中朝关系（1945—1958）》（《冷战国际史》第16辑，世界知识出版社，2013）认为当代中朝关系的形成和确立与二战后社会主义国家同盟体系及国际共运的党际关系结构密切相关，而苏联因素在其中发挥了重要作用。美国长岛大学教授夏亚峰的《革命与缓和：中美和解进程中的中国对朝政策（1970—1975）》（《冷战国际史》第16辑）利用中国、美国及东欧国家的档案文献资料，审视中美关系缓和进程中中国对朝鲜政策的演变，剖析朝鲜不满中国解冻对美关系的同时，依然维系与中国良好关系的原因，以及中朝两国共同利益及潜在分歧之所在等问题。这两篇文章从不同侧面展示了冷战背景下，朝鲜在大国的夹缝中求生存的状态。

除政治关系外，中朝经济关系同样值得研究。众所周知，中国自20世纪50年代起向朝鲜提供各种类型的援助（以经济援助为主），并在自身困

---

① 因为一些特殊原因，沈志华教授还有一些关于中朝关系的论文未能在国内发表，如朝鲜"八月事件"、中国从朝鲜撤军、中朝边界纠纷等，而发表在了海外的学术刊物上，如香港中文大学期刊《二十一世纪》。

② 该书于2017年由香港中文大学出版社出版，由于出版地为香港，原本不在本文的评述范围内，但因为该书开山之作的学术价值，故破例介绍。

难重重的情况下仍竭力援助朝鲜,这种单向援助甚至在冷战结束后仍未中断。要想弄清中国援助朝鲜的动机、效果和影响,依然要从厘清史实入手。沈志华和笔者合写的《朝鲜战后重建与中国的经济援助(1954—1960)》(《中共党史研究》2011年第3期)以及笔者的《中苏分裂后中国对朝鲜的经济援助(1961—1965)》(《外交评论》2014年第4期)两篇论文考察了中国对朝鲜经济援助的历史细节,总结出中国对朝援助呈现尽己所能和"只算政治账、不算经济账"两大特点,认为冷战中两大阵营的存在和中苏关系的演变,决定了朝鲜在争取外援上能够处于有利地位。然而从经济援助对中朝政治关系的影响来看,中国援助的效果并不理想。此外,还有学者充分挖掘了地方档案馆史料,对中朝经济往来的缩影——朝鲜实习生问题加以探讨。笔者的《对在京朝鲜实习生的历史考察:基本状况及政策变化》[《华东师范大学学报》(哲学社会科学版)2011年第6期]和梁志的《作为政治任务的技术培训:以在沪朝鲜实习生为例(1953—1959)》(《党史研究与教学》2016年第3期)分别考察了京沪两地培训朝鲜实习生的情况,两文发现一个共同规律:中朝两党兄弟相称时,中国对朝鲜实习生给予种种优待,甚至愿意容忍朝鲜选派实习生工作中出现的违约行为和疏漏之处;中朝两党关系疏离时,中国则反过来追究朝鲜派遣实习生过程中不当之举的法律责任。个案研究进一步证明了沈志华教授提出的影响中朝关系的社会主义国家间关系的结构性弊病,即党际关系超越国家关系。

关于中国与韩国的研究。中韩两国于1992年建交,从这个时间点来看,中韩两国在冷战时期并不存在真正意义上的双边关系,这也是目前可见的中韩关系史著作中几乎均不涉及冷战时期两国互动的原因所在。实际上,冷战时期,中韩两国间虽然没有建立正式的外交关系,但两国间的贸易接触从20世纪70年代中期即已开始。从目前已解密的韩国外交档案可知,中国在70年代中期曾通过香港的贸易公司向韩国出口辣椒、从韩国进口红参,而韩国在中美缓和后一直密切关注中国的动向。笔者以为,冷战时期中国与韩国贸易接触、韩国对中国的认知、韩国对中朝关系的评估、中国对韩美军事同盟的看法、朝鲜半岛南北关系与中朝关系的内在关联等问题,都极具研究价值。

3. 中国与日本

日本是中国的重要邻国,时至今日,中日关系走向依然对东亚局势乃至国际局势产生重要影响。中日关系研究在冷战结束后较为活跃,不仅一系列通史性著作陆续问世,[①] 还有不少专题研究,涉及台湾问题与中日关系、日本政府开发援助等。近十年间,由于中日关系趋冷,相关研究大不如前,其中,利用多国档案的研究成果更是少之又少。笔者查阅近十年的相关学术期刊,试从其中挑选出以下几篇作为代表:

史桂芳的《从日本外务省解密档案看中日关系发展中的"求同存异"》(《当代中国史研究》2011年第6期)和徐显芬的《二战后日本提供援助与中国放弃赔偿间关系的再探讨》[《武汉大学学报》(人文科学版) 2017年第6期]皆以日本外交档案为史料基础,前者考察中日外交关系的基本历史脉络,后者分析日本提供对华援助与中国放弃战争赔偿之间的内在情感纠葛。石善涛的《中苏同盟与新中国成立初期的对日政策》(《当代中国史研究》2012年第6期)和牛大勇的《中美解冻关系时对日本问题的考量与角力》(《美国研究》2014年第5期)将中国对日政策置于中苏关系和中美关系背景下探讨。

实际上,冷战时期中日关系研究具备很好的史料条件。据笔者所知,日本外务省外交史料馆现已解密的档案内容就涉及:中日领导人互访(1972—1985)、中国恢复联合国代表权问题、日中邦交正常化、日中和平友好条约签订、日中部长级会谈(1980—1981)、日中投资保护协定签订20世纪(1981—1988)、日本对中国政府援助(1978—1979)及对台湾当局的援助问题(1960年代中后期到70年代初期)、钓鱼岛问题(涵盖19世纪末到20世纪70年代末的相关史料)、日中海洋问题(包括渔业、大陆架问题谈判等内容)等。从档案内容的丰富程度可以推知,冷战时期中日关系的研究未来大有可为。

4. 中国与东南亚

冷战时期,东南亚地区因为先后爆发过两次印度支那战争而成为亚洲冷战的焦点,尤其是第二次印度支那战争(也称越南战争),由于中国、美国和苏联的先后卷入,围绕这场战争展开的各方政策博弈以及与之相关的双边关系走向都成为冷战史学者关注的问题。

[①] 田桓主编《战后中日关系史年表1945—1993》,社会科学文献出版社,1994;田桓主编《战后中日关系史(1945—1995)》,社会科学文献出版社,2002;吴学文主编《中日关系(1945—1994)》,时事出版社,1995;金熙德:《中日关系——复交三十年的思考》,世界知识出版社,2002;徐之先主编《中日关系三十年(1972—2002)》,时事出版社,2002;史桂芳:《战后中日关系史》,当代世界出版社,2005;等等。

关于第一次印度支那战争的研究。关于第一次印度支那战争期间中国相关政策的变化，李丹慧的《日内瓦会议上中国解决印支问题方针再探讨》（《中共党史研究》2013年第8期）通过对奠边府战役中期越南人民军实力情况及美国东南亚政策调整等情况的考察，提出新论点：美国无意直接军事卷入战争，而以建立东南亚集体防御联盟为主要目标。中国看出美国不可能大举干涉印支战争，故将解决印支问题的核心目标从防止美国扩大战争转变为阻止美国以搞军事基地、军事同盟为手段插足印支。日内瓦协议约束了美国的行为，也约束了中越结盟的可能，中立的老挝、柬埔寨成为美英法与中国冷战对峙的缓冲垫。牛军的《论1954年中国对印度支那停战政策的缘起与演变》（《冷战国际史研究》第21辑，世界知识出版社，2016）一文通过对大量中外史料的梳理、解读和深入剖析，得出一个新结论，即20世纪50年代初，中国决策层形成一项主要针对东南亚地区的政策，这项政策的一个内容为建立区域集体安全体系，并为此争取改善与一些亚洲国家的双边关系，甚至设想建立双边和多边的互不侵犯条约。该文从中国的东南亚地区政策变化这一更为宽广的角度切入考察，因而更为深入地揭示了中国停战政策发生变化的原因和主要动力。牛军的另一篇文章《中国援越抗法政策再探讨》（《外交评论》2012年第3期）则通过叙述"援越抗法"行动的起因、根本原则、主要动力和丰富内涵，分析冷战时期中国的东亚政策、援外政策和对印度支那政策，文章认为在革命意识形态、中苏同盟与地缘安全观等因素互动的过程中，支援东亚地区革命运动和推广中国革命经验等因素在"援越抗法"中起着至关重要的作用，中国对外援助之道义原则的提出、形成和主要行为模式等，均与此直接相关。

关于第二次印度支那战争（越南战争）的研究。关于越南战争与中美关系，有两本专著值得一提，吕桂霞的《遏制与对抗：越南战争期间的中美关系》（社会科学文献出版社，2007）以越南战争为切入点，对中美两国关系变化走向进行研究，分析中美关系发生演变的原因及其对世界格局和国际政治的影响，是一部较为完整研究越南战争期间中美关系的著作。中山大学潘一宁教授的《中美在印度支那的对抗（1954—1973）——越南战争的国际关系史》（中山大学出版社，2011）视野更为开阔，从全球观的角度重构以中美对抗为主线的越南战争国际关系史。

关于越南战争期间的中国政策，牛军的《安全的革命：中国援越抗美政策的缘起与形成（1960—1965）》（《冷战国际史研究》第23辑，世界知识出版社，2017）深入考察了 1960—1965 年中国援越抗美政策酝酿、形成和演变的过程，提出新的重要论断：维护国家安全并不是或并不始终是中国援越抗美政策确立及演变的首要动力。地缘安全利益的考虑不只推动中国加强援越，也在深层次上强有力地约束着中国的政策选项和诸多外交行为。中国领导人并不打算因援越而与美国作战，他们虽然对世界革命充满憧憬和期待，但并未想过要以中国的安全为代价，"安全的革命"是中国援越抗美政策及围绕其展开的外交行动背后的战略逻辑和根本性指导原则，也是解读和评价中国领导人在之后各阶段的选择和相关对外行为的重要线索。作者的这一结论，对于审视和评估中国 20 世纪六七十年代革命外交与务实外交并行的历史，具有重要的指导意义。

关于越南战争期间美国对华政策，翟强的《越南战争和约翰逊对华政策》（《冷战国际关系研究》第 7 辑）详细考察了约翰逊政府 1965 年升级越战和调整对华政策全过程，认为约翰逊总统之所以不早不晚地选择在 1965 年 8 月放宽对华旅行限制，与他当时在越南奉行战争升级的政策密切相关。1965 年上半年，约翰逊一方面直接向南越派出军队，将越南战争美国化，另一方面又不希望美国这次干涉越南又一次引起一场中美直接军事对抗。因此，他在进行决策时要不断考虑如何打消中国对美国升级战争的疑虑，为了避免中国错判美国在越南的意图，约翰逊选择在 1965 年 8 月对中国做出希望改善美中关系的举动。针对不少学者关于约翰逊"不可能考虑改变对华政策，因为遏制中国是约翰逊越南战争政策的一个主要目标"的论点，文章指出，历史往往会以出人意料的方式发展。约翰逊干涉越南的最终目的是遏制共产主义势力在东南亚的扩展，中国是其主要遏制对象，但他又希望避免朝鲜战争悲剧的重演，其结果是，在增加对越军事介入的同时，向中国发出善意信号，做出妥协举动。文章提出，尽管中美关系在约翰逊执政时期没有得到改善，但约翰逊为解冻美中关系而做的那些初步的破冰尝试，为后来尼克松总统在对华政策上的突破做了准备和铺垫。

越南战争背景下，中国与越南、老挝、柬埔寨各国的关系也是中国学者的关注点。关于中越关系，潘一宁的《越南战争后期中越关系的演变（1968—1972）》（《南洋问题研究》2008 年第 3 期）认为越战后期，由于中越两国国家安全利益的不对称性及关注点的差异，中越"同志加兄弟"关系出现越来越大的裂痕，至 1972 年初，当中美关系实现突破性改善时，中越关系便发生实质性变化，两国对立已基本上不可避免。邵笑的两篇论文

《论中国对越美和谈态度的转变及其对中越关系的影响（1968—1971年）》（《当代中国史研究》2012年第2期）和《中美会谈与越美和谈——兼论越南战争期间的中美越三角关系（1971—1972）》（《中共党史研究》2014年第4期）讨论中美缓和对中越关系的影响。此外中国学者在中越关系研究中也开始突破传统外交史研究，引入文化、社会的视角，如陈德军、杨健璎的《1965年来沪越南留学生考述》（《当代中国史研究》2017年第2期）和刘建林的《援越抗美时期中国对越南民主共和国的教育援助——以"九·二"学校为考察中心》（《当代中国史研究》2016年第5期）都属于这样的尝试。

关于中柬关系。翟强的两篇文章《中柬"特殊关系"的形成（1954—1965）》（《南洋问题研究》2013年第1期）和《周恩来与中柬合作关系的建立（1954—1965年）》[《南开学报》（哲学社会科学版）2014年第1期]聚焦1954—1965年的中柬关系。在这一时期，两国关系经历了一个从彼此缺乏了解到在国际事务中密切合作的过程。前一篇论文认为，中国这一时期对柬埔寨的争取，主要出于打破美国对中国的孤立和封锁，防止柬埔寨加入美国组织的"反华包围圈"的考量，此外，中国领导人也希望通过柬埔寨来扩大中国在亚非中立国家中的影响。后一篇认为中柬关系之所以能够成为同时期中国周边外交中的一个亮点，周恩来的个人因素发挥了重要作用。

关于中老关系。潘一宁的《中国争取老挝中立的外交（1954—1957）》（《东南亚研究》2014年第2期）利用中国近年来开放的外交档案，比照美国外交档案，重建和分析了这一时期中国为争取老挝中立而积极展开外交活动的过程和原因，反映了50年代中后期中美在东南亚的激烈争夺。冯一鸣的《"革命"与"中立"之间：中国对老挝初期政策探析——以第二次日内瓦会议筹备阶段为核心的考察》（《冷战国际史研究》第21辑）同样利用中国外交部档案，从中国外交角度，重点考察老挝局势趋紧至第二次日内瓦会议初期中国对老挝政策的嬗变经过及相关考量，认为20世纪60年代初的中国对老挝政策，是将对自身安全的优先审度作为决定中国政策的首要因素。

冷战时期中国对东南亚政策不仅关乎越南、柬埔寨、老挝三国，还涉及其他东南亚国家，如缅甸、泰国、菲律宾、马来西亚等，受限于语言及档案障碍，相关研究仍显薄弱，这也是未来需要着力加强的。梁志的《一九四九年至一九五三年的中缅关系再探讨》(《中共党史研究》2016年第5期)一文考察了新中国成立初期的中缅关系,指出两国最初疏离的关系,因为50年代中期彼此的经贸需求出现改善契机,由此可见,意识形态差异和地缘政治因素虽一度阻碍中缅关系的发展,但国家利益需要最终还是促使两国走向和平共处。张小欣的《新兴力量运动会的缘起与中国和印尼的关系》(《当代中国史研究》2014年第2期)以见微知著的笔力,通过一次运动会反映中印关系强化及中国在东南亚的政策。

5. 中国与印度

20世纪80年代中期以来,中国学者关于冷战时期的中印关系和中印边界问题的探讨趋于学术化,取得了一定成果,也产生了一定国际影响。但从研究成果看,依然极少利用业已解密的多国档案文献,特别是中国外交部的档案及印度方面的档案。[①] 中国外交部档案馆从2004年到2008年陆续开放的三批外交档案,其中有关中印关系的档案为数甚多,涉及1949—1965年中印两国的政治、经济、文化、边界争端的文献。印度外交部及尼赫鲁档案馆也藏有相当数量的相关文献,这些档案为进一步研究和探讨印度独立后和新中国成立后中印关系的发展提供了丰富的文献资料。

中印边界问题是国内外学术界持续关注的学术课题,也是涉及中印两国核心利益的高度敏感的政治问题。2017年中印之间长达两个多月的边境对峙,更加凸显这一学术研究的现实价值。戴超武教授充分利用最新解密史料,发表多篇有分量的学术论文。他的《中国对印度占领"麦克马洪线"以南地区的反应及其意义(1951—1954)》及其续篇(《中共党史研究》2014年第12期、2015年第1期)主要利用中国外交部档案和印度的相关文献,详细考察了印度占领"麦克马洪线"以南地区后中共中央采取"暂维现状"政策的历史过程,将中国做出这种反应的原因归结为,与当时中印关系的结构和本质密切相关,与中国发展同周边国家关系的战略选择有关,也与新中国成立之初中央对西藏政策的重心有关。戴超武的另一篇文章《中国和印度有关地图边界画法的交涉及其意义(1950—1962)》(《中共党史研究》2017年第5期)对中印两国围绕边界地图画法的交涉过程进行系统探讨,分析两国处理边界争端的不同态度和政策。以中印边界问题为中心展开的大国政治博弈同样值得研究。戴超武的《中缅边界问题与尼赫鲁

---

① 戴超武:《中印边界问题学术史述评》,《史学月刊》2014年第10期。

的干预及其战略意义》(《中共党史研究》2016年第11期)对尼赫鲁干预中缅边界问题及其战略意图进行论述,由于"麦克马洪线"的东段涉及中缅边界北段的划定,尼赫鲁试图通过支持缅甸依照"麦克马洪线"来划定中缅边界北段,从而达到确认中印边界东段"麦克马洪线"的合法性之目的。在中缅边界谈判的过程中,尼赫鲁不仅向缅甸提供有关西姆拉会议和"麦克马洪线"的文献资料,多次向缅方通报同中国领导人会谈边界问题的情报,还接受缅方建议,向中国施加压力。尼赫鲁的干预是印度宏大的国家安全战略目标的体现,目的是扩大和巩固印度的支配力。

除中印两国的解密档案外,来自俄罗斯、英国、日本等国的档案也为中国学者开展相关学术研究和创新提供了丰富的文献资料。如戴超武的《关于1962年中印边界冲突和中苏分裂的若干问题》(《当代世界与社会主义》2010年第4期)利用俄罗斯解密档案,考察中苏分裂进程在中印边界问题中所起到的重要作用。孟庆龙的《中印边界冲突中的英国因素》(《当代中国史研究》2015年第1期)则考察了中印边界冲突中英国因素的影响。

除边界问题外,中国学者对中印关系研究中或忽视,或研究不够,或存有谬误的领域也进行深入探讨。戴超武的《印度对西藏地方的贸易管制和禁运与中国的反应和政策(1950—1962)》(上、下,《中共党史研究》2013年第6、7期)通过研究印度在此期间对西藏实施的贸易管制和禁运政策,以揭示印度所谓"对华友好"的政策实质。他的《中国对印度战俘的处理与中印交涉(1962—1963)——基于中国外交部档案的考察》(《冷战国际史研究》第15辑,世界知识出版社,2013)以中国外交部新解密档案文件为史料基础,深入细致地考察了1962年中印边界自卫反击作战后,中国对印度战俘的处理,以及中印之间就战俘问题进行交涉的情况。文章对印度在中国处理战俘的若干问题上的有关指责,进行符合历史事实的论证,澄清印度方面对有关重大问题的不实之词。这也是笔者目前为止看到的关于此问题最翔实的考证。刘磊的《1954年中印西藏协定与建国初期中国对印度政策》(《冷战国际史研究》第15辑)和朱广亮的《中印两国关于1954年"中印协定"期满失效问题的外交交涉》(《党史研究与教学》2012年第1期)考察了"中印协定"对中印关系的影响。

中国学者关于中印边界、印度对西藏的贸易管制和禁运、中印围绕商务代理处存废的交涉等问题的研究,是在历史事实的基础上,为冷战时期的中印关系史构建了一个叙事结构。当然,为进一步认知中印关系,依然有很多重大问题有待中国学者展开研究，如印度对西藏地区的经济制裁、亚非国家对中印边界冲突的调停、苏联对印度的经济及军事援助、英美等西方国家对印度的军事援助、印度核计划的发展、日本在1962年中印边境战争后对印度的经济援助等。

6. 中国与其他周边国家

关于中国与巴基斯坦的研究。中巴关系研究的起步得力于中国外交部档案的开放，不过国内相关的研究仍很有限。韩晓青的专著《新中国睦邻外交的典范——中巴关系研究（1951—1965）》（人民出版社，2015）、论文《中国与巴基斯坦解决双边陆地边界问题外交谈判的历史考察》（《当代中国史研究》2011年第6期）以及邓红英《巴基斯坦政府对中印边界冲突的反应及其变化》（《当代中国史探究》2017年第1期）是为代表。

关于中国与阿富汗的研究。张安的两篇文章《1960年中阿边界谈判搁浅之谜探析》（《党史研究与教学》2012年第5期）和《二十世纪六十年代中阿边界谈判的历史考察》（《中共党史研究》2016年第4期），均以中国外交部解密档案为基础，对中阿边界谈判的历史过程进行考察。顿时春的《20世纪五六十年代我国处理在新疆的巴基斯坦、阿富汗侨民问题的经过》（《当代中国史探究》2017年第1期）论述了新中国成立后的侨民政策。

关于中国与蒙古的研究。谷继坤的《中国工人"赴蒙援建"问题的历史考察（1949—1973）》（《中共党史研究》2015年第4期）利用中国外交部档案和地方档案以及相关当事人的年谱、文稿、回忆录，对中国工人赴蒙援建一事进行研究，中国赴蒙援建工人的命运，从根本上受中苏关系变化的影响。中苏矛盾和分歧的公开化，导致夹在中苏之间的蒙古地位渐趋重要，一度成为中苏争取的对象。蒙古选择倒向苏联并公开追随苏联反对中国，中蒙关系恶化，导致中国工人最终撤离蒙古。金泉的《"政经分离"：冷战时期中蒙贸易关系的历史考察》（《冷战国际史研究》第21辑）综合利用中蒙两国档案，回顾了始于20世纪50年代到90年代中蒙贸易的发展过程，勾勒冷战时期中蒙贸易关系的特征及原因。认为中蒙贸易存在"政经分离"的特征，而造成这一现象的原因是中蒙两国特殊的地缘政治关系、贸易结构的互补性以及各自国内环境的影响。金泉的另一篇文章《蒙古国的蒙中关系史研究——20世纪60年代以来蒙古国蒙中关系史研究的几个热点问题》（《冷战国际是研究》第23辑）梳理总结了蒙古国学界蒙中关系史研究中的焦点问题、主要学术成果、研究趋势及存在的不足，对于了解蒙古国相关学术动态极有裨益。

中国与周边国家关系的研究中，除以上所列国家和地区，还有相当一部分国家，其相关研究一片空白，换言之，还有大片学术"处女地"等待学者开垦。

三 存在问题与发展趋势

从上述挂一漏万的叙述中可以看出，近十年来，冷战时期中国与周边国家关系研究在既有基础上取得了明显进步，主要体现在：第一，积极关注国际学术界的研究动态和档案资料的解密，力争使研究与国际学术界接轨，同时体现中国学者的研究特色；第二，积极提倡并致力于撰写史料基础扎实、选题有价值、论点较中肯的"功底型"论著；第三，一批资深学者在自己相对稳定的研究领域取得了站在国际学术前沿的优秀成果，一批中青年学者成长迅速，成为重要的学术后备力量。

但是，在肯定进步的同时，也应该意识到，未来这一领域研究拓宽加深仍受到几个问题的制约。

首先，一手档案依旧难寻。历史研究须以史料为基础。二十年来，冷战国际史研究能够在数量和质量上获得长足进展，与多边档案的运用是分不开的。而中国与周边国家研究之所以困难重重，就在于中国国内档案不易看，周边很多国家的档案又很难获得。这种难寻包括以下几种状况：一是毁于战乱，如柬埔寨档案由于红色高棉时期遭到严重破坏，西哈努克时期、朗诺时期以及民主柬埔寨时期的几乎全部档案文献都毁于一旦；二是管理混乱，比如巴基斯坦和阿富汗的档案管理很不专业，档案大多"沉睡"在私人家中或政府部门文献室；三是查阅困难，比如印度的两个主要档案馆——印度国家档案馆和尼赫鲁纪念馆暨图书馆，外国学者（不特指中国学者）访问，需要同时出具印度邀请单位和访问者国籍所在国的使领馆介绍信。尽管华东师范大学中国与周边国家研究院正在进行的档案搜集工作，试图以群策群力的方式缓解档案缺失问题，但"巧妇难为无米之炊"，档案难寻，始终是未来制约研究的一大瓶颈。

其次，周边国家的国别研究缺乏。研究任何双边关系，都需对两国情况有所掌握和了解，包括政治、经济、文化、社会、军事乃至主要历史人物等，方能对两国互动行为有更深入的分析，所谓知己知彼。以中苏关系史为例，中国学者之所以能够在该领域取得国际学术界瞩目和认可的成果，一个重要原因在于，由于中苏两国的特殊关系，中国国内先后出版了大批苏联研究相关论著，中国学者对苏联的了解和认知的程度要高于西方学者（主要指欧美英语学界的学者），很多中苏关系专家本身就是苏联史专家。反观苏联以外的其他周边国家，且不论巴基斯坦、阿富汗、尼泊尔这样"冷门"的国家，中国学者知之甚少，即便是朝鲜、越南这样曾经关系"火热"的社会主义"兄弟"国家，中国学者也知之不多。由于对对象国情况的不了解，中国学者的研究往往只能以中国为中心展开，从而大大限制了研究视野。

再次，研究成果仍以解读档案和史实叙述为主。本文所列举的代表性成果中，尽管不乏理论视野宏大的上乘之作，但就整体而言，大部分的研究成果仍停留在对历史过程考察叙述的阶段。当然，对于某些史实尚不清晰的双边关系而言，这样的基础性研究是极有必要和有意义的。但对于某些基础较好的研究领域，如果研究继续满足于"一事一议"，主要任务只是再现事件的来龙去脉、决策的制定过程，而缺乏对国家行为主体动机及国际关系规律的解读，久而久之，学术水平恐会停滞不前。

要突破上述问题的制约，笔者以为，中国与周边国家关系研究需在理论与方法论方面取得进展。

第一，引入跨学科的理论和方法。在研究中借鉴国际关系学、社会学、政治学、文化研究、心理学等学科的理论与方法，这些理论可以为历史研究提供全新的分析框架，促使历史学家提出新的更有价值的问题，发现档案史料的多重意义，拓展研究视野，即发现新领域、提出新问题、挖掘新材料和建立新解释。实际上，中国学者在近年来兴起的冷战史研究新领域——"经济冷战""文化冷战"等方面已有所建树，一些年轻学者的研究也开始涉及社会史、科技史内容，讨论跨国界民族流动、边境地区国家构建、科技交流、种族和民族等问题。第二，以大历史观考察双边关系。任何一对双边关系都处于国际关系互动的系统之中，受到诸多因素影响。以冷战时期中印关系为例，其中涉及西藏问题、中巴关系、中尼关系、印巴关系、中国对南亚战略、印度在南亚的地区战略、印度的整体国家安全观、美苏在南亚的利益等。双边关系的研究不妨从大历史观的角度，借助国际关系理论中的结构性理论，从决策者、国家、地区乃至国际社会几个层面加以分析，其分析结果可能更具有条理性和思辨性。

近十年来国内学界关于冷战时期中国与周边国家关系研究述评

冷战时期中国与周边国家关系研究是冷战国际史研究中新的发力点,随着中国国际地位的提升,"一带一路"倡议的实施,这项研究的现实价值会进一步凸显。将历史和现状贯通起来,从历史演进的规律把握现状的本质和未来发展趋势,也是这项研究的生命力所在。

学位论文选登

土地革命战争初期中共对革命形式的探索（1927—1929）[*]

周家彬[**]

摘　要　1927年国共合作全面破裂后，中共学习和模仿俄国革命经验，尝试将马列主义关于暴动的学说与中国革命相结合，发起南昌暴动、秋收暴动和广州暴动，开始创建苏维埃政权。三大暴动未能推翻国民党政权，却孕育出武装割据这一新的革命形式。最初，中共试图在武装割据基础上建立苏维埃政权，将武装割据与暴动结合，使之成为暴动的辅助手段，但遭到共产国际的强烈反对。在共产国际指导下，中共"六大"重新确认了暴动的正统地位，制定了分散武装的方针。但这一方针的执行并不顺利，遭到了部分地方党组织的质疑甚至抵制。"中东路事件"后，武装割据地位重新上升。

关键词　革命形式　群众暴动　军事暴动　武装割据

中共从成立之日起就有一套革命的理论设计，夺取政权的方式是这一理论的重要组成部分。土地革命战争时期，中共主要采用了两大革命形式：暴动与武装割据，前者根据主体的不同又分为军事暴动与群众暴动。对于中共而言，军事暴动的典型代表是南昌暴动，秋收暴动则被视为群众暴动。目前学界关于土地革命战争初期中共武装斗争的实践过程研究较多，但对

---

[*] 本文以笔者的中国人民大学博士学位论文《"双化"互动：国际共运视角下的中共革命形式演变（1927—1937）》（导师：杨德山教授，答辩日期：2017年5月）的部分章节为基础增补而成，受到中国人民大学"中央高校建设世界一流大学（学科）和特色发展引导专项资金"（项目号：15XNLG07）的支持。

[**] 中国人民大学马克思主义学院中共党史系讲师。

土地革命战争初期中共对革命形式的探索（1927—1929）

中共革命形式理论探索过程的研究较少。

在军事暴动与群众暴动关系问题上，一些研究仅从文件出发，未能真实反映二者的关系。例如根据当时中共中央文件规定"在宣布与国民党的武汉政府破裂之后，立刻决定民众武装暴动的新政策，规定湘鄂粤赣的四省秋收暴动的计划"，"叶挺军队的南昌暴动，便是这一民众暴动，推翻'军阀国民党'的政权之总政策中的一个计划"，部分研究者便认为南昌起义是秋收起义的一个组成部分，两者相互配合。[1] 随着可利用材料的增多，越来越多的研究者意识到事实并非如此。通过对各方材料的分析，杨奎松认为南昌暴动与秋收暴动并不是相互配合、相互支援的，在实际的操作过程中"无论是以秋收暴动响应南昌事变，还是以南昌事变帮助秋收暴动，结果都没有做到"。可惜的是，杨奎松并未重视军事暴动这种革命形式，他认为中共独立领导革命"自然而然地要选择群众暴动的形式"，因此将主要的精力集中于探讨中共群众暴动问题上，认为军事暴动存在缺乏群众性的"严重缺陷"，而将军事暴动与群众暴动相互独立的过程看作中共不断调整政策向着既定的群众暴动目标前进的过程。[2] 但实际上，中共独立领导革命之初选择了军事暴动为主、群众暴动为辅的革命形式，共产国际也对此大加赞赏，军事暴动的失败才造就了群众暴动后来的地位。

此外，在武装割据问题上，许多研究者聚焦于中央苏区，将武装割据的发展视为以毛泽东为代表的正确意见反对中央错误方针的结果，将这段历史视为全党逐渐接受毛泽东正确思想的过程，对于具体的历史细节，特别是中共中央从反对武装割据转向支持武装割据的具体背景、原因和过程分析不足。武装割据问题包括两个小问题：谁开创了武装割据，武装割据为何被确定为中共主要的革命形式。对于第一个问题，中外研究者都将目光长期聚焦于毛泽东及其开创的井冈山根据地。史华慈将武装割据视为"毛主义战略"，认为这是毛泽东"不顾马克思列宁主义的教条"开创的独特战略，也是中共成功的关键。[3] 当时不管赞成"毛主义"观点与否，竹内实、魏特夫等人均将毛泽东视为武装割据这一革命形式的开创者。1980年

---

[1] 凌家传：《南昌起义和秋收起义的关系》，《南昌大学学报》1985年第2期。
[2] 杨奎松：《"中间地带"的革命：国际大背景下看中共成功之道》，山西人民出版社，2010，第169—170页。
[3] 〔美〕本杰明·史华慈：《中国的共产主义与毛泽东的崛起》，陈玮译，中国人民大学出版社，2013，第152—162页。

代至今，中国学界对鄂豫皖等根据地的研究逐渐动摇了这一观点。研究者们从各根据地的发展过程入手，描绘出一幅各根据地独立发展的场景，还有人意识到1927年11月中共临时中央政治局扩大会议召开时就已经提出发展武装割据问题，此时井冈山根据地尚未创建，这一经验很大程度上来源于长江局和湖北、湖南等中共省一级党组织。① 关于武装割据如何成为中共最主要的革命形式，现有研究有三种解释。一是"毛泽东抗争说"，即中共将武装割据作为主要革命形式得益于毛泽东反抗中央的方针。国外这一观点的代表就是史华慈等"毛主义"支持者。史华慈认为，毛泽东与中共中央在此问题上一直存在分歧，中央由于暴动的一系列失败于1934年迁入苏区，标志着武装割据取代暴动成为主要革命形式。② 1945年中共中央通过的《关于若干历史问题的决议》也持此观点。③ 二是"共产国际安排说"，如萧作梁主张斯大林在"四一二"政变后制定了中共武装割据的策略，④ 英国学者迪克·威尔逊认为1927年底共产国际就已经决定在中国发展武装割据。⑤ 1980年代末，斯坦福大学出版了一套关于各国共产党历史的丛书，其中《中国共产党历史》一书提出，1928年初共产国际执行委员会第九次全会已经确立了武装割据的路线。⑥ 三是"毛泽东与共产国际共同推进说"。杨奎松在《马克思主义中国化的历史进程》中指出，毛泽东抵制了中共中央关于解散武装的指示，1930年斯大林和共产国际开始对武装割据表示支持，两个因素共同推动中共中央调整策略，1931年中华苏维埃共和国的成

---

① 鲍明荣：《商南起义》，《武汉大学学报》1980年第4期；胡中秋：《试论黄麻暴动》，《江汉论坛》1988年第2期；刘照德、杨宗焕、燕天友：《确山农民暴动及其意义》，《驻马店师专学报》1989年第2期；谭克绳、张秋实：《湖北秋收暴动述论》，《华中师范大学学报》1989年第4期；谭克绳：《鄂豫皖革命根据地的创立》，《华中师范大学学报》1980年第4期；陈士农、林浣芬：《具有地方特点的工农武装割据政策——柴山保根据地的开辟初探》，《河南师范大学报》1981年第1期；任放：《试论鄂豫边党组织"工农武装割据"思想的形成》，《江汉大学学报》1984年第1期；侯德范：《试论鄂豫边"工农武装割据"》，《郑州大学学报》1992年第4期；蒋相炎、单国新、傅振刚：《商城起义和豫东南革命根据地的创建》，《史学月刊》1980年第1期。
② 〔美〕本杰明·史华慈：《中国的共产主义与毛泽东的崛起》，第149页。
③ 《毛泽东选集》第3卷，人民出版社，1992，第959—969页。
④ Hsiao Tso-Liang, *Power Relations within the Chinese Communist Movement, 1930 – 1934：A Study of Documents*, Seattle：University of Washington Press, 1961, pp. 160 – 165.
⑤ Dick Wilson, *The Long March, 1935：The Epic of Chinese Communism's Survival*, New York：the Viking Press, 1972, p. 21.
⑥ Stephen Uhalley Jr., *A History of the Chinese Communist Party*, Stanford：Hover Institution Press, 1988, p. 38.

土地革命战争初期中共对革命形式的探索（1927—1929）

立标志着武装割据的确立。①杨奎松已经意识到中共在 1930 年之前没有大规模创建武装割据的打算，但没有对 1930 年前后中共的计划发生逆转的原因进行分析，仅列举变化的表现和描述变化的过程。这三种观点都将中共中央作为一个被动的接受者，或在与下级的关系中被牵着鼻子走，或在与共产国际的关系中亦步亦趋，或二者同时发生。群众暴动如何成为中共主要的革命形式，中共对武装割据的态度发生了怎样的变化，中共中央是否一直扮演着消极、被动的角色？本文试从 1927 年至 1929 年中共对革命形式认识的转变入手，对上述问题进行探讨。

一　土地革命战争前中共对革命形式的认识

十月革命开创了无产阶级政党通过暴动夺取政权的先河，随着共产国际的建立，暴动被推向整个国际共运，中国共产党创建后也逐渐将其作为中国应采取的革命形式。随着大革命的发展，中共对军事因素日益重视，这导致土地革命战争初期党内出现军事暴动与群众暴动的分野。

群众暴动是共产国际认可的各国应取的革命形式。共产国际二大通过的《共产国际章程》强调，"伟大的俄国无产阶级革命是世界历史上第一次获得胜利的社会主义革命，共产国际全心全意地维护它所取得的成就，并号召全世界无产者走同样的道路"。②中共创建初期对革命形式的认识逐渐向共产国际靠拢，在此过程中接受俄国革命经验，确立了暴动的正统地位。从酝酿建立中国共产党开始，中国的共产主义者们就开始思考采取何种革命形式夺取政权的问题。1921 年中共一大纲领规定将工农劳动者和士兵组织起来，利用革命军队支援工人群众暴动夺取政权。③中共一大纲领是充分借鉴俄国革命经验的结果，群众暴动成为中共长期推崇的夺取政权的革命形式。

国共合作开始后，中共曾将群众暴动作为国民革命夺取政权的方式，积极地推进群众运动改造国民党。鉴于俄国群众暴动的经验，马林认为中国革命"历来单偏重于军事活动一方面，或者是一个大错误"，在他眼中，

---

① 杨奎松：《马克思主义中国化的历史进程》，河南人民出版社，1994，第 95—102 页。
② 王学东主编《国际共产主义运动历史文献》第 30 卷，中央编译出版社，2012，第 679—680 页。
③ 中央档案馆编《中共中央文件选集》第 1 册，中共中央党校出版社，1991，第 3—5 页。

中国革命缺少的不是军队而是有规则、有计划、有组织的宣传和群众动员，革命的重点在于争取群众而非发展军事力量。① 陈独秀更是在《论暗杀暴动及不合作》等文章中提出，在长时间的民众运动中逐渐发展"有组织有系统有计划科学的暴动"，暴动主体是普通民众而非军队、土匪等职业或半职业的军事力量。② 这种暴动不是零散的、"一时的暴动"，而是类似于"十月革命"的暴动，即通过一次精心策划的大规模行动一举夺得政权。

群众暴动的思想在党内获得了广泛的支持。如恽代英在《中国革命与世界革命》中表示，依赖军事力量、过度强调军队"是危险的"，"若专只是靠兵来推倒军阀，兵亦容易受人利用，而不能完成革命的工作"。相比之下，群众运动更为关键，"我们最要是急于运动一般农人、工人乃至于游民"，让他们产生革命的觉悟，一起推翻军阀。③

中共这一思想与国民党依靠广东作为根据地发展实力、力行军事北伐的思想有根本性冲突。陈独秀等人曾联名致信孙中山，希望孙放弃用武力攻占地盘、夺取政权的想法，专注于动员群众"从人民中建立的新军队将用新的方法和新的友好精神捍卫民国"。④ 张国焘曾批评国民党的军事运动"只图占领一二省组织一个所谓革命政府"，"把全中国的革命变成南方局部的革命"，国民党应放弃在广东或福建组织"不稳固的革命政府"，而应集中精力发动群众运动，组织一个全国范围的群众性政党。⑤

1923年10月马林被调回莫斯科，鲍罗廷作为俄共（布）⑥代表被派往中国。⑦ 此后，中共党内围绕革命形式问题的分歧日渐显现。苏俄决定中共与国民党合作后，一直担心军事力量弱小的孙中山失去广州这块根据地，巩固广州的局势就成为鲍罗廷此行的一个关键任务。⑧ 与马林强调宣传不

---

① 《国民运动革命军和革命宣传》，《向导》1922年第9期。
② 任建树主编《陈独秀著作选编》第3卷，上海人民出版社，2014，第16页。
③ 《恽代英文集》上卷，人民出版社，1984，第553—554页。
④ 中共中央党史研究室第一研究译《共产国际、联共（布）与中国革命档案资料丛书》第2卷，北京图书馆出版社，1997，第495页。
⑤ 盛仁学编《张国焘问题研究资料》，四川人民出版社，1982，第205—207页。
⑥ 全名为俄国共产党（布尔什维克），1925年12月改称全联盟共产党（布尔什维克），简称联共（布）。
⑦ 中共中央党史研究室第一研究部译《共产国际、联共（布）与中国革命档案资料丛书》第1卷，第265—266页。
⑧ 中共中央党史研究室第一研究部译《共产国际、联共（布）与中国革命档案资料丛书》第1卷，第391—392页。

土地革命战争初期中共对革命形式的探索（1927—1929）

同，鲍罗廷认为中国革命缺乏的是"军事精神"。[①] 为了巩固广州，鲍罗廷不断强调军事问题的重要性，帮助国民党开办了黄埔军校，希望以此加强孙中山的军事实力。广州党组织拥护鲍罗廷的主张。与此同时，中共中央迁往上海，继续发展群众运动。

随着国民革命的发展，军事因素的重要性不断上升，国际方面对军事问题的看法出现分歧。国共合作初期，鲍罗廷决定扶植蒋介石掌握的国民革命军第一军，使其成为国民革命的中心力量，中共则通过担任各级军队的党代表牢牢掌控国民革命军，不再另外花费精力发展自己的军事力量。[②] 共产国际对鲍罗廷将中共行动限制在政治运动的做法感到不满。1925年7月，共产国际东方部政治书记瓦西里耶夫直接致信中共中央，要求中共在发展工农运动的同时注意组建工人纠察队和农军，他指出中国境内的军队基本上都是农民部队，因此着重强调；"中国革命的命运，归根到底取决于中国农民在当前的武装搏斗中站在哪一边。"[③] 俄共（布）中央对于中共发展军事力量持消极态度，他们比较偏向于鲍罗廷的观点，对于"红色部队的问题眼下仍不作决定"，不断推迟中共发展军事力量的计划。[④] 因此共产国际东方部制定《关于中国共产党军事工作的指示草案》采取了折中的态度：一方面指示中共应该建立农军和工人纠察队，成立专门领导军事工作的军事部；另一方面又强调中共要把最大的注意力放在组建国民党部队和冯玉祥的军队上，并规定农军和工人纠察队应该附属于非党组织农民协会与工会，中共对于这些力量要进行秘密而非公开领导。[⑤]

中共党内对军事问题也出现不同意见，一部分人赞成国民党依靠军事力量向外拓展，另一部分人则坚持以群众运动为主。以北伐战争为例，中共北京地区党组织"坚定不移地主张进行北伐"，[⑥] 广东党组织对北伐也积

[①] 李玉贞译《鲍罗廷在中国的有关资料》，中国社会科学出版社，1983，第2页。
[②] 上海人民出版社党史资料丛刊编辑部编《党史资料丛刊》1983年第4辑，上海人民出版社，1983，第22—23页。
[③] 中共中央党史研究室第一研究部译《共产国际、联共（布）与中国革命档案资料丛书》第1卷，第638—642页。
[④] 中共中央党史研究室第一研究部译《共产国际、联共（布）与中国革命档案资料丛书》第1卷，第643页。
[⑤] 中共中央党史研究室第一研究部译《共产国际、联共（布）与中国革命档案资料丛书》第1卷，第657—663页。
[⑥] 中共中央党史研究室第一研究部译《共产国际、联共（布）与中国革命档案资料丛书》第3卷，北京图书馆出版社，1998，第303页。

极支持，① 中共中央特别是陈独秀则反对北伐，认为北伐群众基础不牢，"没有在农民和工人组织中牢牢扎根"。② 陈独秀在《论国民政府之北伐》一文中重申其所理解的国民革命应是建立在民众觉醒的基础上，国民革命必须是民众了解民族革命内涵之后的自觉行动，或者说是一种"自求解放"的革命，北伐可能导致民众"坐待北伐军之到来"，不利于民众的觉醒，并不能代表民族革命的全部意义，甚至"完全失了近代革命的意义"，"即有相当的成功，也只是军事投机之胜利，而不是革命的胜利"。③ 对陈独秀而言，国民革命的基础是民众而非军队，北伐"须有坚固的民众基础"。此外，在革命形式问题上，陈独秀仍旧坚持军队配合群众暴动，认为国民革命胜利的一个前提是"民众的暴动已经非有充分的准备不可"，不相信单纯依靠军队作战能取得胜利。④ 鲍罗廷反对陈独秀，认为如果这一文章是纲领性的，"那么它是错误的"，维经斯基则支持陈独秀。⑤ 1926年7月，中共中央扩大执行委员会继续讨论北伐问题，陈独秀、彭述之持鲜明的反对态度，瞿秋白、谭平山、张国焘则支持北伐。⑥ 会议最终通过的《军事运动议决案》再次确认了群众暴动这一革命形式的主导性地位，申明"本党是无产阶级革命的党，随时都须准备武装暴动的党"，党的基本任务在于发展工农群众势力，"有条理的准备武装暴动的经验"，批评党内业已存在的注重职业军人轻视工农势力的观点。⑦ 军事问题上的分歧为土地革命战争初期中共内部围绕军事暴动与群众暴动所发生的争执埋下伏笔。

二 土地革命战争初期的两种暴动

虽然中共很早就确立了暴动的正统地位，但由于党内在是否倚重军队上一直存在争议，因此在土地革命初期中共内部在具体如何执行暴动上出现分歧：一派非常重视军队的作用，支持直接利用军队发动军事暴动夺取

---

① 张国焘：《我的回忆》第2册，现代史料编刊社，1980，第133页。
② 中共中央党史研究室第一研究部译《共产国际、联共（布）与中国革命档案资料丛书》第3卷，第309页。
③ 任建树主编《陈独秀著作选编》第4卷，上海人民出版社，2014，第105页。
④ 任建树主编《陈独秀著作选编》第4卷，第113页。
⑤ 中共中央党史研究室第一研究部译《共产国际、联共（布）与中国革命档案资料丛书》第3卷，第390、392页。
⑥ 张国焘：《我的回忆》第2册，第136页。
⑦ 中央档案馆编《中共中央文件选集》第2册，中共中央党校出版社，1991，第227—228页。

土地革命战争初期中共对革命形式的探索（1927—1929）

政权；另一派则强调军队是革命的辅助，觉悟的革命群众才是革命的主力，军队的作用在于发动群众，只有群众的暴动才能夺取政权，支持发动群众暴动推翻国民党政权。

1927年7月国共合作全面破裂，中共策划并发动了南昌暴动和秋收暴动，前者是典型的军事暴动，后者则是群众暴动。虽然在中共最初的计划中军事暴动与群众暴动都很重要，但二者之间也有差异和分工：军事暴动是中共主要依靠的对象，相比之下群众暴动则是配合军事暴动的辅助力量。正如张国焘所言，"我们剩下的可靠资本只是叶挺所统率的一师和周士第的独立团，这个部队正开往南昌"，中共"很珍视这点资本，希望以此为主干再配合各地的农民武装，竖起反抗的旗帜"。[①] 当时甚至有人提议把中央移到南昌，由中央直接指挥南昌暴动。[②]

八七会议前，中共计划南下占领广东再举北伐，即主要通过军事暴动夺取张发奎手中的军事力量，随后再逐步发展群众运动，壮大自身实力。[③] 中共整个战略的核心是在广东创建根据地，而实现这个目标的关键则是南昌暴动军。因此，在最初的布局中，南昌暴动是主力，秋收暴动只是配合性的力量。暴动前担任国民党省党部执行委员兼南昌部部长的邓鹤鸣在九江一见到瞿秋白，就认为是"发动工人农民迎接起义并配合作战的"，[④] 这也证明了将军事暴动作为主力这种观点在党内的广泛性。

受到最初计划的影响，南昌暴动主要领导人并不重视群众力量。由于担心土地革命会引起军队分化，谭平山表示反对没收地主土地。[⑤] 前委虽然否定了谭平山不没收地主土地的主张，但南昌起义军一开始打出的口号仅为"没收二百亩以上大地主土地"，[⑥] 这相比共产国际所谓"没收大、中地主的土地"的要求算是大退步了。[⑦] 实际上，南昌暴动军在行军途中无法停下来搞土地革命，这一暴动最后被张太雷等中央领导人批评为"与土地革

[①] 张国焘：《我的回忆》第2册，第269页。
[②] 中央档案馆编《中共党史报告选编》，中共中央党校出版社，1982，第262页。
[③] 中共中央党史研究室第一研究部译《共产国际、联共（布）与中国革命档案资料丛书》第7卷，中央文献出版社，2002，第47页。
[④] 沈谦芳主编《亲历南昌起义》，江西人民出版社，2007，第238页。
[⑤] 中央档案馆编《南昌起义（资料选辑）》，中共中央党校出版社，1981，第36页。
[⑥] 中央档案馆编《南昌起义（资料选辑）》，第36页。
[⑦] 中共中央党史研究室第一研究部译《共产国际、联共（布）与中国革命档案资料丛书》第4卷，北京图书馆出版社，1998，第298—299页。

命毫无关系"。① 同时，在筹措军费方面，前委接受了谭平山"只要有钱，不问政策"的建议，采取了摊派政策，并不顾及此项措施在群众中的政治影响。②

八七会议后，军事暴动与群众暴动的关系出现了戏剧性的变化。新中央在罗明纳兹的影响下确立了立即发动土地革命的方针，试图将军事暴动为主、群众暴动为辅的布局转变为群众暴动为主、军事暴动为辅，并调整了秋收暴动计划，希望让两湖成为革命中心，削弱"南下"战略的地位。与此同时，联共（布）中央以及与中共中央失去联系的南昌暴动军仍旧坚持以暴动军为中心，希望在广东创建革命根据地。

秋收暴动计划在制定之初遵循了军事暴动为主、群众暴动为辅的原则。1927年8月3日，罗亦农提出《湘鄂粤赣四省农民秋收暴动大纲》，以在广东创建根据地和支援南昌暴动军两项任务为核心，对秋收暴动中四省的农民运动做出了分工：湖北由于距离较远，主要发挥牵制作用；湘南与目的地广东接壤，因此划归广东革命委员会管理，准备响应暴动军；鉴于南昌军正在江西，中央要求江西省委鼓动农民加入暴动大军；在目的地广东，中共中央对群众力量没有多大的幻想，大纲规定南昌暴动军未达到的地方群众主要夺取乡村政权，暴动军到达后再夺取县政权。③ 从秋收暴动最初的计划来看，基本设想与依赖军队先取广东再举北伐的战略是一致的。

中共中央在八七会议上形成了立即开展土地革命的方针，军事暴动与群众暴动的关系开始发生变化。8月7日，中共中央在汉口召开紧急会议，罗明纳兹在其起草的《中国共产党中央执行委员会告全党党员书》中批评中央存在"机会主义"错误，强调"党的群众是我们的力量之源泉"，认为农民暴动是"解决土地问题的最好的方法"，要立即发展土地革命，坚决反对谭平山等人在土地革命上"等一等"的观点。④ 李维汉、毛泽东、邓中夏、罗亦农、任弼时纷纷表态支持发动土地革命。瞿秋白批评全党"缺乏平民的精神"，他强调"要从土地革命中造出新的力量来"，而在此过程中"军队则完全是帮助土地革命"。⑤ 蔡和森更是提议讨论南昌暴动领导人反对

---

① 中央档案馆编《南昌起义（资料选辑）》，第11页。
② 中央档案馆编《南昌起义（资料选辑）》，第38—40页。
③ 中央档案馆编《中共中央文件选集》第3册，第242—243页。
④ 中央档案馆编《中共中央文件选集》第3册，第254页。
⑤ 《瞿秋白文集（政治理论编）》第5卷，人民出版社，1995，第1—2页。

土地革命战争初期中共对革命形式的探索（1927—1929）

土地革命的错误，他认为南昌暴动未能掀起农民运动的发展是严重的失误，鉴于前敌军委主要负责人还有怀疑土地革命的问题，蔡和森提出"应注意指导人问题"。①考虑到南昌暴动军正在前线浴血奋战，大会并未过多地批评其违反土地革命的行为。但此次大会后，参与南昌暴动的三名政治局常务委员——周恩来、张国焘、李立三被降为政治局候补委员，这也体现了中央此时对南昌暴动的态度。

八七会议后，中共中央开始调整秋收暴动的计划。中央对群众暴动的定位不再限于配合，而是不断提升两湖暴动的地位，强调两湖是革命中心。因此，两省的任务也就由支援南昌暴动转变为夺取本省政权、发展土地革命。以八七会议为转折，中共中央开始更加自信地追求"农民的总暴动"，②逐渐放弃了依靠暴动军的想法。

8月9日，中共中央致信湖南省委，要求以湘南暴动推动全省农民暴动的发展，"规复全省政权"，并强调湘南计划是全省暴动计划的一部分，只有在全省暴动之下，湘南计划才有意义。③这就与之前将湘南划入广东的部署完全不同。8月初，唐生智发动对南京国民政府的东征，宁汉之间剑拔弩张。8月19日，湖南省委向中央建议利用此时机，以长沙为起点，湘南、湘西一起发起暴动，夺取整个湖南省。④ 23日，中央同意了湖南省委以长沙为暴动起点的计划，指示湖南暴动分两点发起：以长沙为一发动点，集中力量攻取长沙；同时以湘南为另一发动点，联合湘中的部分力量攻击唐生智，尽力夺取其武装，然后向长沙发展，取得政权。⑤ 8月29日中央临时政治局常委会通过《两湖暴动计划决议案》，对整个两湖部署做出调整。中央认为两湖现在"纯是一个暴动的局面"，要求两湖省委领导工农群众立即实行暴动，推翻武汉政府与唐生智的政权，建立平民革命政权。同时中央提醒两湖省委"土地革命必须依靠真正的农民的群众力量"，单纯依靠军队的行动而忽略农民力量的行为是军事冒险、军事投机。⑥此外，中央还多次指示广东省委不要等叶、贺军队到达，而应该立即"发展普遍的暴动"。⑦中

---

① 中央档案馆编《中共党史报告选编》，第142页。
② 中央档案馆编《中共中央文件选集》第3册，第295页。
③ 中央档案馆编《秋收起义（资料选辑）》，中共中央党校出版社，1982，第12页。
④ 中央档案馆编《秋收起义（资料选辑）》，第14页。
⑤ 中央档案馆编《秋收起义（资料选辑）》，第21—22页。
⑥ 中央档案馆编《中共中央文件选集》第3册，第363—368页。
⑦ 中央档案馆编《中共中央文件选集》第3册，第374页。

央此时迫切希望树立群众暴动的主导地位。

暴动军开出南昌后就与中共中央失去了联系，二者处于相互隔绝的状态。① 在此情况下，南昌暴动领导者以创建新的革命中心为己任，以谭平山为首的中国国民党革命委员会，自我标榜为"领导革命的唯一机关"，② 视自身为革命唯一的中心与指导者。而罗明纳兹、瞿秋白等新中共中央领导则坐镇湖北，期望将两湖的农民暴动塑造为革命中心。从暴动军离开南昌到叶、贺在广东遭遇失败这段时期，由于受到秋收暴动计划调整的影响，以南昌暴动为代表的军事暴动同以秋收暴动为代表的群众暴动没有实现相互配合，反而呈现各自独立发展的趋势，二者在主辅的定位中出现了相互竞争的局面。

此时共产国际、联共（布）中央并不知晓中共的策略调整，甚至在海陆丰起义、鄂南农民起义与湘赣边界起义发起之后，联共（布）中央都未意识到中共试图制造新的革命中心。③ 9月14日，苏联工农红军参谋部第四局举行专门的会议讨论南昌起义问题。参会人员对中国革命的认识还停留在《湘鄂粤赣四省农民秋收暴动大纲》阶段，他们仍旧认为中共的战略部署是先全力南下广东，再北上收复湖南。与会者对秋收暴动的认识还也停留在大纲对各省的分工，因此他们只是关注与广东根据地息息相关的广东与湘南之秋收暴动。④ 共产国际与联共（布）中央带着实用主义的眼光看待中国革命，他们知道中国政治的逻辑就是军事力量决定一切，即使在得知两湖暴动的消息后，他们的注意力仍旧集中在南昌暴动军与广东根据地前途等问题上，秋收暴动一直遭受冷遇。⑤

然而，南昌暴动军进入广东不足一月就遭到重创，中共攻占广东的军事计划失败。受此影响，军事暴动在党内被批评为"军事投机"。

---

① 参见中央档案馆编《南昌起义（资料选辑）》，第4页。
② 南昌八一纪念馆编《南昌起义》，中共党史资料出版社，1987，第25页。
③ 联共（布）与中共中央的认识差异很可能是通信问题造成的，联共（布）中央政治局曾于9月20日给罗明纳兹发去一封电报，但直到29日罗明纳兹都没有回复。可见中共中央与联共（布）的通信周期在9天以上，联共（布）很可能此时还没有收到8月29日中共中央通过的《两湖暴动计划决议案》。参见中共中央党史研究室第一研究部译《共产国际、联共（布）与中国革命档案资料丛书》第7卷，第118页。
④ 中共中央党史研究室第一研究部译《共产国际、联共（布）与中国革命档案资料丛书》第7卷，第40页。
⑤ 1927年9月20日沃林在给共产国际执行委员会的书面报告中提到了湖北与湖南暴动的问题，说明此时共产国际、联共（布）已经知晓了两湖暴动，但此报告的标题为《叶挺和贺龙的暴动与广东革命运动的前景》，仍旧以南昌部队为核心问题。参见中共中央党史研究室第一研究部译《共产国际、联共（布）与中国革命档案资料丛书》第7卷，第73—86页。

土地革命战争初期中共对革命形式的探索（1927—1929）

三 共产国际和中共的认识分歧

军事暴动失败的同时，群众暴动也不断受挫。中共过高地估计了群众暴动的威力，暴动发起后各地多以失败告终，情况稍好的地方如井冈山地区逐步转向武装割据。瞿秋白等中共领导人很快就接受了武装割据这一全新的革命形式，并将之融入暴动中，发展出"割据—暴动"的革命方法，将割据作为发动暴动的手段加以运用。武装割据虽使中共的武装斗争策略得以延续，但其负面影响为中共带来不小的麻烦，不仅中共内部对武装割据造成的负面效果深感担忧，就连共产国际也开始批评武装割据，要求中共做出改变，将武装割据转变为日常斗争。

秋收暴动开始初期，中共将"游击战"作为农村地区发起暴动的辅助性工具，希望在群众暴动的基础上组织游击队，扩大活动范围，激发更广大区域的农民暴动。按中共的话讲，游击战争是"农村中群众斗争一直到武装暴动的总过程中的一种斗争方式"。[①] 在这一计划中，游击队的任务不是停留在某地发展，而是从一地流动到另一地，不断地刺激群众暴动。共产国际在很久之前就将农民军队建设经验和游击战经验传授给中共，如1925年7月瓦西里耶夫给中共中央的信中就曾介绍俄国革命中组织农民武装的经验，提醒中共学习"俄国农民游击战的经验"。[②]

继军事暴动后，中共又一次遭遇了挫折。群众暴动发起后，中共面临的是农民不愿离开家乡、地方武装无法调动等一系列问题，最终利用游击战流动式扩大暴动的设想宣告失败。一些地方党组织纷纷选择武装割据，抛弃流动作战。[③] 中共党内开始承认武装割据的合理性，并将之纳入暴动的范畴。1927年10月29日，罗亦农起草了《长江局最近政治决议案》，认为虽然目前革命局势是高涨的，却遭受了巨大的打击，"暂时不能有总的爆发"。因此，当前的策略并非立即推行总暴动，而是为总暴动做准备，要求

---

① 中央档案馆编《中共中央文件选集》第4册，中共中央党校出版社，1991，第61页。
② 农民军队的组织、战斗、后勤各方面都有经验介绍，如提醒中共农民武装要有"起码的辎重、卫生服务部门"，"每支部队都应当拥有可以用于补充和扩大部队的预备队"，要求中共"运用俄国农民游击战的经验"，区分流动部队与驻守部队等。参见中共中央党史研究室第一研究部译《共产国际、联共（布）与中国革命档案资料丛书》第1卷，第641—642页。
③ 详细内容参见拙作《中共武装割据策略从流动作战到本地发展的转变》，《党史研究与教学》2013年第5期。

所属各级党组织"动员大批党与团的同志前往指导","占据县城或割占数县以为各地土地革命发展之村镇"。① 瞿秋白也赞成武装割据。在《武装暴动的问题》一文中，瞿秋白提出中国"没有组织成全国家中央集权政府的能力"，革命不能通过夺取全国的政治中心"一击而中"的可能性，因而具有分散性的特点。在此背景下各地的斗争"必须进于革命地域之建立"，海陆丰便是"从游击战争，进一步而创立革命的地域"的榜样，认为"现在各地的农民暴动的斗争方式，必须确切的了解游击战争的意义，和明显的树立创造革命地域的目标"，希望在割据的基础上逐步发展暴动。②

1927年11月初，中共中央临时政治局扩大会议通过罗明纳兹起草的《中国现状与党的任务决议案》，重申中共应发展游击战，"不去费力建立大规模的军队"，也"不去占领县城或巨大的地域"，而应利用少而精干的"暴动军"，"经常不断的袭击政府的军队或地主的武装"，激发农民参与暴动的热情，尽可能地扩大暴动的规模，争取实现大范围内农民的"总暴动"，同时对固守和割据的观念进行了批判，将专注于占领县城的行为界定为投机取巧的军事机会主义。③ 但在给地方的实际指示中，中共中央并未遵循罗明纳兹的设计。例如同年11月15日给两湖省委的指示信中，中央要求两湖"集中力量割据某县或数县"，湖北"应当在极短的时间内"割据公安、石首、天门、麻城等地，湖南应割据湘西、湘南和湘北各数县，并将罗亦农起草的《长江局最近政治决议案》一道附送，足见中共中央对利用武装割据发展暴动的思路是基本认可的。④

1927年底广州暴动的失败让中共意识到中国革命尚不具备总暴动的可能性，武装割据由短期内发动暴动的辅助手段演变为长期发展的目标，武装割据与暴动的关系由"割据—总暴动"转变为"割据—准备总暴动"。1928年1月8日，中共中央取消了原先制定的农历新年前后在湖南、湖北两省举行总暴动的计划。⑤ 1928年1月12日中央发布第28号通告《论武装暴动政策的意义》，明确提出"农民暴动中游击战争的胜利，其目的当然在于创立革命的地域"，将武装割据视为暴动的必然产物，要求各级党组织在

---

① 《罗亦农文集》，人民出版社，1999，第299—300页。
② 《瞿秋白文集（政治理论编）》第5卷，第156、160—161页。
③ 中央档案馆编《中共中央文件选集》第3册，第455—456页。
④ 中央档案馆编《中共中央文件选集》第3册，第522页。
⑤ 刘小中、丁言模：《瞿秋白年谱详编》，中央文献出版社，2008，第262—263页。

土地革命战争初期中共对革命形式的探索（1927—1929）

"某一区域"取得优势后，立即创立"农民割据"，组织割据的政权机关——农民代表会议苏维埃，再图扩大斗争、推动其他区域的农民暴动和武装割据，"进而创立一省或几省的总暴动的局面"。①

中共中央逐渐将新的计划向下贯彻。以湖北、江西为例，1928年1月，中央就两湖问题发出指示，要求两湖地区"加紧农民群众的切身争斗，以至围攻县城，进于割据的局面"，最好能"切实造成全省恐惶与割据的局面"。② 1月上旬，湖北省委在省内第16号通告中还在号召"全省工农群众总暴动"，布置各地农军包围武汉。③ 随后，湖北省委围绕中央新的策略发布《中共湖北省委关于湖北总暴动策略讨论大纲》，以"在农村中准备暴动"的新提法取代直接推进总暴动的号召，指示各级下属组织"须以最大限度的努力，计划工作，迅速实现鄂南、鄂东、鄂中三区域的割据的局面，依次以及鄂西、鄂北的割据"，要求在上述地区实现武装割据后组织工农兵代表苏维埃，组建革命政权，巩固割据成果。④ 江西甚至直接提出暴动的布置需要建立在"几个中心区域造成割据的局面"的基础上。⑤

中共发展武装割据的想法获得了共产国际部分成员的支持，如红色工会国际驻华代表米特凯维奇曾致信共产国际执行委员会，指出中国革命"除了为建立苏维埃政权和取得政权而斗争外，没有任何其他出路"。所谓建立苏维埃即是通过暴动实现武装割据，因此米特凯维奇呼吁共产国际支持中国农村地区游击战的发展，将其一步步建成类似于海陆丰的武装割据，建立"随着苏维埃政权的巩固而不断向新的地区推进的军事力量"。⑥ 但总的来看，共产国际领导层反对发展武装割据，十分警惕游击战中出现的烧杀现象和农民化倾向，依旧希望中共坚持暴动的道路。

1927年底，湖北暴动军一把火烧掉了汉川县系马口全镇的三分之二，其中很大一部分是普通老百姓的房子，而非革命斗争对象土豪劣绅的财产。此举引发了居民的反感，一般人误以为"共产党只杀人，烧房子、要钱"。

---

① 中央档案馆编《中共中央文件选集》第4册，第62页。
② 中央档案馆编《中共中央文件选集》第4册，第72、74页。
③ 中央档案馆、湖北省档案馆编印《湖北革命历史文件汇集（省委文件，1928年）》，1984，第99、102页。
④ 中央档案馆、湖北省档案馆编印《湖北革命历史文件汇集（省委文件，1928年）》，第175页。
⑤ 中央档案馆、江西省档案馆编印《江西革命历史文件汇集（省委文件，1927年—1928年）》，1986，第233页。
⑥ 中共中央党史研究室第一研究部译《共产国际、联共（布）与中国革命档案资料丛书》第7卷，第287—288页。

省委巡视员批评汉川"整个游击队脱离了群众",有"无形匪化的危机",湖北省委专门致信汉川县委,认为其游击战争"客观上不能完全表现无产阶级的科学的革命行动"。①之后,湖北省委常委会通过《关于各县工作决议案》,严肃批评"游击战争变为非群众的纯党员游击的黑夜的军事行动",游击队"变为流寇式的"。有些地方甚至军队凌驾于党之上,出现"有军无党"的现象。②1928年初,湖北省委常委贺昌向中央反映湖北游击战和武装割据中出现的问题,提出"湖北党很有农民化的倾向",与无产阶级的革命目标背道而驰,"目前应坚决的执行改组,同时训练大批的武汉工人下乡"。③

1928年1月中共中央就曾批评一些地方的游击战,指出在许多地方"游击队作战又几乎成了简单的杀人放火",这意味着"不是无产阶级政党能领导农民与非阶级化的贫民,却是无产阶级的政党被非无产阶级化的游民式'策略'所领导了"。④同年3月中央在第37号通告中点名批评湖北省汉川县的烧杀行动,强调这一行动"代表了落后的农民的意识",认为各地的武装斗争"一般的还停滞在杀人放火的游击战争状况而不能有更广大更深入的发展",流露出对乡村武装斗争的担忧。⑤

湖北的情况并非个案。福建省委曾向中共中央汇报永定暴动的过程,指出永定暴动中许多农民出于解决饥饿和劫掠财产目的"想攻入县城,把城内人烧杀一番",完全不顾革命的政治意义和建设政权、平分土地等内容。福建省委认为这"根本是落后的农民意识的表现"。⑥又如广东省委曾批评海陆丰等地区为了生存在财政上"完全采取饥不择食的办法",对自耕农都以剥夺的方式筹款,导致地方群众将红色武装视为"赤色土匪",此举"将断送党的生命"。⑦再如据曾志回忆,湘南暴动后,为了阻止敌人进攻,

---

① 参见中央档案馆、湖北省档案馆编印《湖北革命历史文件汇集(省委文件,1926年—1927年)》,1983,第395、400页;中央档案馆、湖北省档案馆编印《湖北革命历史文件汇集(省委文件,1928年)》,第257—258页。

② 中央档案馆、湖北省档案馆编印《湖北革命历史文件汇集(省委文件,1928年)》,第230、235、237页。

③ 中央档案馆、湖北省档案馆编印《湖北革命历史文件汇集(省委文件,1928年)》,第314—315页。

④ 中央档案馆编《中共中央文件选集》第4册,第65—66页。

⑤ 中央档案馆编《中共中央文件选集》第4册,第151—152页。

⑥ 中央档案馆、福建省档案馆编印《福建革命历史文件汇集(省委文件,1928年)》(下),1984,第63、151页。

⑦ 中央档案馆、广东省档案馆编印《广东革命历史文件汇集(省委文件,1929年)》第1册,1982,第168页。

土地革命战争初期中共对革命形式的探索（1927—1929）

湘南特委提出将宜章到耒阳之间200多公里长的公路两侧5里内的城镇和乡村"一律撤至偏远的农村"，并将房子烧得"片瓦不留"。① 部分游击队还出现过干部强奸妇女的情况。② 除此以外，武装割据还存在固守的倾向，不愿推动革命向外发展。共产国际曾接到报告称赤色割据区域有自我隔绝的现象，"为了自卫，农民建立了红军，但是这个（农民）军队不是始终都愿意走出自己的地区，并且进攻政策与它格格不入"。③

面对上述情况，中共与共产国际内部在武装割据问题上出现了分歧。一部分人如瞿秋白、周恩来和米特凯维奇、米夫等支持发展武装割据，另一部分人如张国焘、斯大林和布哈林等则对武装割据持消极态度。

共产国际内部围绕中共的游击战和武装割据产生了截然相反的两种意见。支持方如红色工会国际驻华代表米特凯维奇，于1928年2月向红色工会国际总书记、共产国际执行委员会委员洛佐夫斯基写信，反映中国党内革命情绪高涨，"部分同志要求立即再举行暴动"。米特凯维奇认为不应打击中共的积极性更不应推迟暴动的时间，只有"最大限度地开展农民暴动"才能逐渐恢复元气，现在是"过于小心谨慎了"。④ 又如米夫曾致信布哈林，建议中共"占领能够作为运动根据地的某个地区并在那里巩固下来"，"以最快的速度将所有革命部队集结在上述根据地"，将中共党、团员也集中于此地，并向该区域提供资金、装备、人才等多方面的支援，具体为100万银元现金、包括通信器材在内的各种军事设备以及"掌握各种武器的专家"与军事顾问等。⑤

这个提议遭到了共产国际领导人布哈林的反对，他对武装割据持消极态度。几乎与米特凯维奇同步，1928年2月，曾担任共产国际执行委员会国际联络部驻华代表的阿尔布列赫特致信共产国际执委，认为"党内几个月来已经存在着一些很不健康的现象"，集中表现在偏重武装斗争轻视群众工作上，中共党内普遍存在"英雄主义"精神，"组织和教育群众方面的日常工作几乎没有进行"。针对游击战和武装割据阿尔布列赫特向共产国际执

---

① 曾志：《百战归来认此身：曾志回忆录》，广东人民出版社，1999，第52页。
② 中央档案馆、湖北省档案馆编印《湖北革命历史文件汇集（特委文件，1927年—1934年）》，1985，第132页。
③ 中共中央党史研究室第一研究部译《共产国际、联共（布）与中国革命档案资料丛书》第7卷，第510页。
④ 中共中央党史研究室第一研究部译《共产国际、联共（布）与中国革命档案资料丛书》第7卷，第365、371—372页。
⑤ 中共中央党史研究室第一研究部译《共产国际、联共（布）与中国革命档案资料丛书》第7卷，第397—398页。

委列举了三条弊端：一是没有稳定的后勤供给，军队"就成了农民的很大负担"；二是许多军队是"半土匪出身"，长期发展下去有土匪化的倾向，在他眼中，就连井冈山也有此问题；三是军事行动容易引起敌人对农民的报复行动，影响党在农民中的威望。① 这些观点与湖北、福建和广东等地反映的情况基本一致，构成了阿尔布列赫特等人反对武装割据的重要论据，颇具代表性。就连武装割据的支持者米夫也不得不承认，中国的乡村游击战存在"许多缺点"，"缺乏组织性"，"游击运动有毁坏城市和无目的烧杀等倾向"，"经常与农民群众没有足够和必要的联系"，群众对中共的军事行动常常持旁观态度，"认为这些行动纯属土匪行动"。② 斯大林曾当面向周恩来、瞿秋白等中共领导人表示反对发展武装割据，认为"农民游击战争并非暴动"，即使有些地方取得政权也"不能持久"，更不可能逐渐发展成一省或数省的割据，游击战可以继续存在，但其重点在于宣传革命。斯大林还强调了农民需要接受工人的领导，乡村游击战要配合城市的斗争。③

除了上述问题外，中共还面临一个更为严重的威胁，即党的非无产阶级化，或党的农民化趋势。到1928年，中共党内工人比例已经下滑到10%左右，农民比例上升到76%左右。④ 在此之前，工人长期是党内的主要力量，如一年以前中共"五大"召开时，党内的工人还占据着53.8%，远远超过农民所占比例18.7%，1926年时农民比例更低，仅有11.75%。⑤ 现在，中共党内阶级成分发生了颠覆性的变化，使中共在改造成分上面临着极大的压力，这也是共产国际和中共内部反对继续游击战争和武装割据的重要原因，他们担心中共会从无产阶级政党滑向农民党。

就当时而言，反对武装割据的意见是主流，共产国际希望中共将准备暴动阶段的重点由乡村武装割据转移到群众运动特别是城市工人运动上。1928年2月，共产国际执行委员会第九次全会否定了罗明纳兹的理论，重申中国的革命还是资产阶级民主革命，叫停中共的暴动计划，指出"全国

---

① 中共中央党史研究室第一研究部译《共产国际、联共（布）与中国革命档案资料丛书》第7卷，第355—358页。
② 〔苏〕米夫：《米夫关于中国革命言论》，王福曾译，人民出版社，1986，第106—107页。
③ 中共中央党史研究室第一研究部译《共产国际、联共（布）与中国革命档案资料丛书》第7卷，第478—482页。
④ 中央档案馆编《中共中央文件选集》第4册，第443页。
⑤ 中共中央党史研究室第一研究部译《共产国际、联共（布）与中国革命档案资料丛书》第5卷，北京图书馆出版社，1998，第360页。

土地革命战争初期中共对革命形式的探索（1927—1929）

范围内还没有出现群众革命运动的新高潮"，农村的武装斗争只有在工人运动的高潮中才能走向胜利，目前湖南、湖北等省份出现的"零星分散、互不联系的游击战争""注定要失败"，中共应重新部署工作，将注意力转移到以工人运动为核心的"日常斗争"中。共产国际要求中共将主要的精力集中于发展工人组织、工人运动，以此克服业已出现的农民意识泛滥的问题，保证无产阶级领导权和革命的正确方向。①

中共党内虽然有人对武装割据持反对意见，但中共第六次全国代表大会以前，支持武装割据的意见处于主导性地位。1928年4月下旬，周恩来在谈论共产国际《关于中国问题的决议》时，虽然承认中央有轻视城市工作的问题，但认为"中国革命因为农民占了一个重要的因素，所以与俄国的不同"，应继续发展武装割据。② 这也代表了中共对武装割据的基本态度。1928年4月30日，中央在第44号通告中一方面表示原则上同意共产国际执委九中全会决议的"一般方针"，批评党内存在的农民意识和"烧杀主义"，承认恢复日常斗争、群众运动，"建立城市乡村的群众组织"是党"最重要的工作"，城市工人运动则是重中之重；另一方面则提出"客观上农民自发的暴动是在发展"，乡村斗争"一开始便不能不很快的转入武装的斗争"，委婉地拒绝了共产国际的指示。中共还在国际层面积极争取对游击战和武装割据的支持。例如1928年5月中共致信农民国际执行委员会，对武装割据区域给予高度评价，特别是针对海陆丰地区，称其为"有史以来第一次开展群众性革命农民运动和第一次开展反对地主、豪绅和军阀政权斗争的地区"，农民第一次用"黎民百姓的办法"夺取土地，"消灭了农村所有封建关系残余"，希望获得国际方面"比以往任何时候都更多的援助"。③

四 武装割据地位的波动

中共六大接受了共产国际对武装割据的态度，开始转变工作部署，对

---

① 中国社会科学院近代史研究所翻译室编译《共产国际有关中国革命的文献资料》第1辑，中国社会科学出版社，1981，第350—353页。
② 中共中央文献研究室编《周恩来年谱（1989—1949）》，中央文献出版社，1998，第142—143页。
③ 中共中央党史研究室第一研究部译《共产国际、联共（布）与中国革命档案资料丛书》第7卷，第453—455页。

"武装"和"割据"都采取了限制措施：在"武装"问题上实行分散军事力量进入乡村的方针，反对大规模的武装集中；在"割据"问题上反对建立县级及县级以上的苏维埃政权，大力推进农协及与农协地位相同的"乡村苏维埃"。

中共六大与会者对总体形势的判断基本一致，认同中国革命还未出现高潮。在革命形式的认识上，由于尚未出现可替代性选项，群众暴动仍被视为夺取政权理所当然的方式，城市工作、工人运动则被认为是准备群众暴动的重要基础。但部分代表仍然主张发展武装割据，将其归为群众暴动的准备阶段，建议壮大游击队，组建苏维埃政权。与会代表围绕武装割据和苏维埃政权问题发生激烈争执。

共产国际主要领导人布哈林作为国际代表重申共产国际执委会九次全会的决议，提醒中共革命形势已经发生了转变，由"暴动转变到集聚力量"，党的中心工作是通过日常斗争重新赢得群众的支持，特别是壮大工人的力量，"夺取他们的信仰"，中共应清理党组织中各种问题，"预备真正的斗争"。布哈林援引列宁的话劝说中共代表，强调"农民饥饿着，农民不愿开战，工人也饿着，应当先用力量使他们兴奋起来，以后再进攻"，反对红军的集中式发展，更反对中共长期盘踞一地建立武装割据。出于担心红军对驻扎区域的农民造成过重的经济负担，以致引发农民的反对，布哈林建议将红军分散到不同的地方以减轻农民的经济压力。① 在布哈林看来，一方面出于工作调整，中共需要进行资源的重新配置，将原本大量投入武装割据的人力、物力、财力转移到群众运动特别是城市工人运动上；另一方面重新获得群众的支持是中国革命的主要任务，武装割据仅仅是次要任务，当武装割据可能引发农民反感，威胁"夺取群众"这一主要任务时，需要中共服从于主要任务。另外，武装力量和苏维埃政权是联系在一起的，没有武装力量做依靠，局部的、区域性的苏维埃政权也就完全丧失了建立或维持的可能。布哈林的意见暗示中共在暴动之前不要尝试建立区域性的苏维埃政权。

面对布哈林的提议，六大代表莫衷一是，支持者有之，反对者亦有之。支持者如张国焘认为偏远乡村的割据是自古以来"中国统治阶级政权薄弱的地方的农民斗争的一种方式"，并不适合现代革命。由于远离城市和工人

---

① 中共中央党史研究室第一研究部译《共产国际、联共（布）与中国革命档案资料丛书》第11卷，中央文献出版社，2002，第153、157—158、179—181页。

土地革命战争初期中共对革命形式的探索（1927—1929）

阶级，通过割据发展革命的想法不切实际，"一省或数省割据之说，目前实是幻想"，只有在革命高涨、暴动大作的情况下才能出现一省或数省的首先胜利。① 反对者们一方面承认布哈林提出的城市领导作用、工人运动优先地位，另一方面则坚持中共应不断扩大武装割据，发展红色武装力量。例如周恩来表示"游击战争得不到城市工人的领导"以及由此引发的农民意识、烧杀倾向是中国游击战和武装割据必须克服的弊端。但周恩来对武装割据特别是井冈山的成绩大加赞赏，认为它可能代表着今后中国革命的道路与方向，在中共特殊的政治、经济环境下割据有生存和发展的可能性，特别是南部的湖南、江西诸省应在割据的基础上建立红军和苏维埃政权。②

面对周恩来等党内主要领导人的反对意见，中共中央虽最终接受了布哈林的主张，限制武装割据持的发展，对武装割据基础上业已创立的苏维埃，中共六大"并不将他看作革命政权"，"还警告不可对它估价过高"。③ 但可能是为了照顾反对者的感情，也可能是担心挫伤国内革命者的积极性，六大通过的各项正式决议案在武装割据和苏维埃政权问题上采取了模糊的态度和措辞。

六大《政治议决案》指出，中共现存的武装力量和革命根据地是革命发展的重要动力，更是推动将来革命新高潮的助力，因此中共应支持游击战和武装割据的发展，引导农民创建苏维埃政权。看似对武装割据和建立苏维埃政权做出了肯定性的评价。④ 但六大通过的具体指导农民运动的文件《农民运动决议案》却规定，中国农民运动的主要任务是"夺取广大的农民群众在其影响之下"。那么如何夺取群众呢？决议案的核心是恢复大革命时期南方各省普遍建立的农民协会（以下简称农会），认为全党"应努力于农协的扩大与巩固"，通过农会鼓动、领导农民的日常斗争而非武装斗争，以此"团聚成千百万的农民群众"。对于业已存在的游击队等农民武装，决议案要求将其归于各地基层农会指导，同时加强城市和县城中工会对各地农会的领导，形成工会—农会—游击队的领导关系，含蓄地表达了对扩大游击队规模和武装割据范围的反对，希望将武装割据严格限制在乡村，归层

---

① 张国焘：《革命形式与目前工作重心》，《党的文献》1988年第1期。
② 中共中央党史研究室第一研究部编《中共六大代表回忆录》，中共党史出版社，2014，第10页；周恩来：《革命的性质和形势》，《党的文献》1988年第1期；周恩来：《在六大讨论政治报告时的发言》，《党的文献》2008年第3期。
③ 张国焘：《我的回忆》第2册，第386页。
④ 中央档案馆编《中共中央文件选集》第4册，第313、314、322页。

级较低的农民协会领导。① 此外,《军事工作决议案》规定农民群众游击运动尚处于准备阶段,"本党目前在农村军事工作的根本路线应当是蓄积和准备力量以实行将来的革命斗争",只有在暴动胜利后才应组建红军,即"工农夺取政权后建立红军"。② 对此,周恩来后来评价六大"不重视农村武装割据,搞军队和政权"。③

虽然武装割据在中国南方各省已经出现,但对中共而言,暴动毫无疑问仍是占据正统地位的革命形式。正如六大《政治议决案》强调"必须用武装暴动革命的方法,推翻了帝国主义的统治和地主军阀及资产阶级国民党的政权",党的任务是"准备武装暴动""宣传武装暴动",不管是工人运动、农民运动或是兵士运动都是围绕准备暴动进行的,未来的苏维埃政权也要通过暴动才能建立。④ 武装割据虽然被允许存在,但其前景不被看好,发展被限制在乡村。共产国际"六大"还规定暴动是中国革命的"唯一道路"。⑤

六大代表陆续回国后,新中央的正式组建。1928年9月12日,新中央发布第1号通告,强调"今年秋收斗争,应该是发动并团聚极广大的群众扫除对国民党改良政策的幻想,更坚决群众推翻地主豪绅阶级的统治的认识与决心",即以宣传鼓动为主,逐步将工作重心从武装斗争中转移到日常斗争。

随后,根据六大通过的《职工运动决议案》和组织问题的相关决议案,中央重新划定了全国和各省工作的中心区域,规定全国的中心是上海、武汉、天津、唐山、香港和广州等工业交通中心,广东的中心是香港、广州、佛山等地,湖北的中心是武昌、汉口、汉阳等地,湖南的中心是长沙、安源、水口山等地,福建的中心是厦门、福州、漳州等地,江西的中心是南昌、九江、景德镇等地。中共中央指出,在农村运动大力发展、城市运动日渐消沉的背景下,"党的组织显然有离开无产阶级的危险","只有在这些工人中心,才能建立党的无产阶级的基础",才能保障无产阶级领导权的实行,"党要把人力财力相当集中在这些中心区域",农民运动要服从工人运

---

① 中央档案馆编《中共中央文件选集》第4册,第359—363页。
② 中央档案馆编《中共中央文件选集》第4册,第489—490页;《周恩来军事文选》第1卷,人民出版社,1997,第57页。
③ 《周恩来选集》,人民出版社,1980,第180页。
④ 中央档案馆编《中共中央文件选集》第4册,第299、313页。
⑤ 王学东主编《国际共产主义运动历史文献》第48卷,中央编译出版社,2013,第445页。

动的发展。①

随后，中共中央逐步着手敦促省委、特委等地方党组织接受六大决议，转变工作方向。以湖南为例，1928年10月，中央通过《关于湖南工作决议案》，指示湖南省委"打破依赖红军的观点，艰苦的加紧对群众的组织教育工作"。决议案提出湘赣边界的割据与"这一区域苏维埃政权的正式建立"，"必然与全省总暴动联系在一块，至少要在全省总暴动的前夜，不然则是一种幻想"，敦促湖南省委结束湘赣边境割据局面的幻想，完成工作重心的转移。② 11月，湖南省委通过《湖南工作计划大纲》，承认"党的总路线是争取群众，党要用一切力量去加紧团结收集和统一无产阶级的群众"，表示日常斗争是工作的重点，职工运动而非武装斗争是湖南目前第一个中心工作，开始逐步转变工作计划。③

六大后中共的转向十分剧烈，在各项新的工作中，工人运动、农民日常斗争等进行得较为顺利，分散各地乡村武装则难以推行，一些地区甚至出现了抵制。1929年2月，新中央致信毛泽东等人，要求毛泽东等人重新认识自己的任务和责任，将日常斗争和工人运动作为革命的中心问题，遵从分散军队的指示，将红四军按照每队不超过500人的规模"分编我们的武装力量散入各乡村去"，并指示毛泽东、朱德"有离开部队来中央的需要"，认为"朱毛两同志离开部队不仅不会有更大的损失且更利便于部队分编计划的进行"。④ 这就是历史上著名的"二月来信"。在此之前，毛泽东就曾向中央汇报井冈山的情况，称"粮食衣服已不成大问题"，红四军不存在蜕变为土匪的可能性，不一定需要分散武装，且分散武装后，"敌人能集中大量军力来打红军"，红军面临被消灭的危险，"我们的经验，分兵几乎没有一次不失败，集中兵力以击小于我或等于我或稍大于我之敌，则往往胜利"。⑤ 收到"二月来信"后，毛泽东意识到中央分散红军的主要原因并不是出于对粮食、弹药等后勤补给问题的担忧，而是将其作为恢复城市工人运动的必要步骤。在回复中央的信中，毛泽东赞成中央以城市工人运动为主的工作调整，承认工人运动的发展、产业支部的建立是关乎中共阶级基

---

① 中央档案馆编《中共中央文件选集》第4册，第641、643—644页。
② 中央档案馆编《中共中央文件选集》第4册，第625—626页。
③ 中央档案馆、湖南省档案馆编印《湖南革命历史文件汇集（省委文件，1928年）》，第229—234页。
④ 中央档案馆编印《中共中央文件选集》第5册，中共中央党校出版社，1991，第34—37页。
⑤ 《毛泽东选集》第1卷，人民出版社，1991，第67、80页。

础的重大问题，也是组织方面最重要的任务，但认为武装割据的壮大和发展不仅不会对城市工作造成负面影响，反而能推动革命形势的发展、"促成革命潮流高涨"，因此不应轻言放弃，中央"对客观形势及主观力量都太悲观了"，对农民"超过工人的导领"的担忧纯属多虑，拒绝了中央分散武装的指示。①

1929年下半年的"中东路事件"扭转了中共的工作重心。在"武装拥护苏联"的推动下，共产国际和中共对武装的策略由分散削弱转变到集中式发展，建立红军和苏维埃政权的任务被提上日程。在共产国际的要求下，全党工作经历了剧烈转轨，从争取群众转到建设武装，由日常斗争为主转到以武装斗争为主，这才催生了1930年代的各大革命根据地，武装割据此后渐渐成为主导性的革命形式。

1929年5月27日，哈尔滨警方以"查禁赤党"为名搜查苏联驻哈尔滨领事馆。7月10日，东北当局强行解除中东路苏方正副局长等人职务，动用军警控制中东路。10—11月，东北当局与苏联之间爆发军事战争。6月初，联共（布）中央政治局内就有人提出"在满洲边界上举行军事示威"，但遭到否定。② 虽然"保卫苏联"一直是共产国际和联共（布）的头等大事，他们却希望尽量避免战争，为国内建设赢得时间。在共产国际的最初计划中，"保卫苏联"的方式主要是群众运动。例如，1927年5月共产国际执委第八次全会通过的《共产国际在反对战争和战争危险中的任务》明确提出，"在反战斗争中，布尔什维主义把重心放在群众运动和群众工作上"，"在工厂、工会、农村和军队中的群众工作，这就是共产党人在战前和在战时为了变战争为国内战争而应该做的工作"，即主要通过宣传鼓动争取群众的支持，"带领群众上街，争取变帝国主义战争为国内战争"。③ 共产国际"六大"通过的《共产国际纲领》也强调"在无产阶级专政和联合苏联的口号下，开展最英勇坚决的群众运动"，以此实现"保卫苏联"的口号。④

7月东北当局对中东路采取强制措施后，远东局约谈周恩来、项英等中共领导，提出"组织、扩大和发动游击战"等问题，希望中共准备以武装

---

① 中央档案馆编《中共中央文件选集》第5册，第673—674页。
② 中共中央党史研究室第一研究部译《共产国际、联共（布）与中国革命档案资料丛书》第8卷，中央文献出版社，2002，第134页。
③ 〔匈〕贝拉·库恩编《共产国际文件汇编》第2册，中国人民大学编译室译，三联书店，1965，第434—435页。
④ 王学东主编《国际共产主义运动历史文献》第48卷，第309页。

土地革命战争初期中共对革命形式的探索（1927—1929）

保卫苏联。① 共产国际也就武装保卫苏联的问题对中共做了指示。②"武装拥护苏联""武装保护苏联"的口号开始出现并逐步取代"保卫苏联""拥护苏联"，成为中共的核心口号。

为了将"武装拥护苏联"的口号落到实处，中共中央进行了一系列的调整。8月，中央就着手再次调整武装策略，开始考虑以集中发展代替之前的方针，要求各地"有计划的发展群众武装，扩大红军组织"，严厉地批评了分散红四军指挥权的中央特派员刘安恭。③ 1929年9月18日，中央发布第49号通告，强调"日常斗争很易于走向武装的冲突，所以在斗争发动起来的时候，必须准备着武装冲突"，"原则上要采取坚决进攻的战略，要肃清一切保守的观念"，各级党组织须提高对武装力量重要性的认识，尽快建立并扩大红军。④ "九月来信"就是在这个大背景下发出的。

"中东路事件"构成了中共武装割据发展的重要转折点。据笔者统计，1928—1930年中共在湖北、湖南、广东和江西四省建立县级政权的数量变化呈现V字形，1928年中共在上述四省建立了48个县级政权，1929年35个，1930年76个。1929年的数量低于1928年，远低于1930年，处于V字的底端。⑤ 1929年数量下降很大程度上就是因为中共"六大"策略的调整，而1930年政权数量的急剧增长则是受到"中东路事件"的直接影响。

---

① 中共中央党史研究室第一研究部译《共产国际、联共（布）与中国革命档案资料丛书》第8卷，第255—256页。
② 参见中央档案馆、福建省档案馆编印《福建革命历史文件汇集（省委文件，1929年）》（下），1984，第79—80页；中央档案馆编《中共中央文件选集》第5册，第412—413页。
③ 中共中央文献研究室编《周恩来年谱（1989—1949）》，第170页；中央档案馆《中共中央文件选集》第5册，第424页；中共江西省委党史研究室、中共赣州市委党史工作办公室、中共龙岩市委党史研究室编《中央革命根据地历史资料文库·党的系统》第1册，中央文献出版社、江西人民出版社，2011，第602页。
④ 中央档案馆编《中共中央文件选集》第5册，第467—468页。
⑤ 参见中共湖北省委组织部、中共湖北省委党史资料征集编研委员会、湖北省档案馆编《中国共产党湖北省组织史资料（1920秋—1987.11）》，湖北人民出版社，1991，第99—105页；中共湖南省组织资料编纂领导小组编印《中国共产党湖南省组织史资料（1920年冬—1949年9月）》第1册，1993，第113—121页；中共广东省委组织部、中共广东省委党史研究室、广东省档案馆编《中国共产党广东省组织史资料》上册，中共党史出版社，1994，第206—221页；中共江西省委组织部、中共江西省委党史资料征集委员会、江西省档案局编《中国共产党江西省组织史资料（1922—1987）》第1卷，中共党史出版社，1999，第175—194页。

结　语

　　军事暴动与群众暴动的关系，反映到实践上就是南昌暴动与秋收暴动的关系，二者的关系经历了三个阶段的变化：从南昌暴动发起到中共中央通过《两湖暴动计划决议案》为第一阶段，中共计划以南昌暴动为主、秋收暴动为辅；从《两湖暴动计划决议案》通过到南昌暴动军失败为第二阶段，南昌暴动与秋收暴动在实践中出现了各自独立发展、相互竞争的复杂局面；南昌暴动军在广东失败后为第三阶段，南昌暴动被批评为军事投机而遭到否定，群众暴动则得到了中央的认可。群众暴动与武装割据的关系更为复杂，中共中央曾希望以武装割据作为群众暴动的补充，但遭到了共产国际的否定，中共"六大"对武装割据采取了种种限制措施，但许多地方党组织对中央的决议提出了质疑，分散武装的方针也没有全部实施。1929年7月"中东路事件"爆发后，共产国际将该事件视为帝国主义进攻苏联的信号，中共打出"武装拥护苏联"的旗号，对武装割据的态度由限制转向扶持，希望借此牵制国民政府。此后，武装割据迅速发展，逐步成为主导性的革命形式。1927—1929年的短短两年内，中共对革命形式的认识经历了数次变化。在此过程中，作为策略具体执行者的地方党组织发挥了重要作用。但总的来看，共产国际、中共中央在革命形式的调整中发挥着主要作用。中共中央在很多问题上发挥着至关重要的作用，在中央与地方的关系问题上，中共作为一个中央集权的政党，下级对上级的倒逼作用非常有限，中央往往处于主导地位。

从泄密事件到政治工具[*]

——中美关系视角下的"美亚事件"研究

张 虹[**]

摘 要 中美关系的发展和演变在一般的历史规律下也有其复杂性和偶然性。在传统的中美关系研究中,以美国对华政策和国共关系为视角的研究已经力透纸背。本文着重在一个丰富和连贯的历史画面中解读中美关系变动的复杂原因和动力,并把"美亚事件"作为认识和理解冷战时期中共、国民党和美国三方对彼此复杂的认知框架的一把钥匙,以党史研究的视角厘清"美亚事件"的过程及影响,为重新思考和理解中美关系的变与不变提供重要信息,补充国共关于国际关系重大决策和视野转变的逻辑链条。并认为"美亚事件"通过中美之间的不对等关系影响了国共对美策略及心态,通过自身从间谍案件到政治工具的性质转变对中美意识形态的行为范式产生潜在影响。

关键词 "美亚事件" 中美关系 抗战后期 麦卡锡主义

一 国内外"美亚事件"研究状况

1945年6月26日,中共通过广播向美国播发了《解放日报》前一天刊登的一篇时评,题为《从六人逮捕案看美国对华政策的两条路线》,指出

---

[*] 本文以笔者的中国人民大学博士学位论文《〈美亚〉事件研究——基于中美关系的视角》(导师:杨凤城教授,答辩日期:2017年12月)的部分章节为基础增补而成。

[**] 北京理工大学马克思主义学院讲师。

《美亚》杂志案是"中美关系的分水岭"。①蒋介石在 6 月 8 日的日记中也写道:"美政府昨已将勾共排华专事攻讦我政府者六人以泄露机密罪逮捕。其中有旧为驻华使馆之三等秘书谢伟思,此为共最得力之人。而去年史迪威与共勾结,亦为其所主持。此六人逮捕以后,美国对华政策乃可渐次明朗,其阻碍亦可逐一而除,而其对俄政策之坚强亦可从此窥见矣。此实为外交形势转优之关键也。"②文中所谓"六人逮捕案",即"美亚事件"(Amerasia Case)。这起拉开冷战序幕的第一个大型间谍案,如今已鲜有人提起。历史学家在论述这段时间的历史时偶有提及,也仅仅是表明这一件事件目前的"身份"是有人推荐其进入经过挑选的"历史事实俱乐部"。③ 实际情况是,与其发生在同一时期历史事件太过于戏剧性,诸如史迪威(Joseph W. Stilwell)被召回,从赫尔利(Patrick J. Hurley)到马歇尔(George C. Marshall)的调停失败,旧金山联席会议召开,中国抗日战场的胜利等,以致"美亚事件"在一流历史学家和研究领域并未得到过多的关注。

所谓"美亚事件",指的是 1945 年 6 月,美国联邦调查局以窥探秘密文件,并监视陆军部海军作战参谋处及战时情报局内的机要文件为由,将前驻华使馆二等秘书谢伟思(John S. Service)、国务院中国司专员拉森(Emmanuel S. Larsen)、美国海军情报处上尉罗斯(Andrew Roth)、《美亚》杂志主编贾菲(Philip J. Jaffe)和编辑米切尔(Kate Mitchell)以及《太阳报》记者盖恩(Mark Gayn)六人逮捕的间谍案。该事件与中美关系、美苏冷战、美国政治与社会均有着较为密切的关系。

1945 年 2 月,美国战略情报局南亚地区负责人在 1945 年 1 月 26 日刊发的《美亚》杂志上读到一篇题为《英国对亚洲政策》("British Imperial Policy in Asia")的文章。其中一章提到英国在泰国的活动,这正好是他的工作内容。让他震惊的是,他在文章中发现了自己的报告内容,而这些内容只有国务院和军事情报机构的相关专家才能接触到。比如文章中提到的泰国摄政王比里·帕侬荣(Nui Pridi Phanomyong)在泰国的抗日活动,在当时尚属机密。在此之前,他已经收到过来自英国情报机构的同僚的提醒,《美亚》杂志发表此类主题的文章绝非例行公事那么简单。美国战略情报局负

---

① 《从六人逮捕案看美国对华政策的两条路线》,《解放日报》1945 年 6 月 25 日。
② 蒋介石日记(手稿),1945 年 6 月 8 日,斯坦福大学胡佛研究所藏。藏所同,下略。此处谢伟思应该是前美驻华使馆二等秘书。
③ 卡尔:《历史是什么》,刘恒译,商务印书馆,2007,第 94 页。

责人决定对此事进行追查。3月11日,战略情报局组织了一个五人小组对《美亚》杂志的办公室进行了秘密搜查,发现了大量政府文件,其中有几份标有"绝密"字样。①

此时旧金山联席会议正在召开,中共派董必武出席会议。大会闭幕之后,董必武来到纽约,会见了当地的华人华侨,拜访了史沫特莱、史迪威的女儿和赛珍珠等人。② 此外,还与贾菲等人有过接触。此事大大触动了联邦调查局的神经,使得案件的逮捕行动加速。③ 联邦调查局的调查过程涉及了与泄露文件有关的大量部门及其人员,包括美国陆军部、国务院、战略情报处、邮政和电报局、海军情报处等。经过司法局审讯,只有贾菲承认有罪,谢伟思等人由于证据不足于9月被释放。④

第一本严谨考证"美亚事件"的学术著作是厄尔·莱瑟姆所著《华盛顿的共产主义争论:从罗斯福新政到麦卡锡主义》。⑤ 莱瑟姆以冷战序幕为时代背景,把注意力放在了泰丁斯委员会的听证记录上。他特别强调案件的听证记录和证词,在仔细分析后认为无论是"美亚案"中的间谍,还是国务院的安全问题都是子虚乌有。此外,作者并没有对案件本身的影响做深入探讨。

直接以"美亚事件"作为考察对象的学术著作,首先是谢伟思所著《美亚论集:美中关系史上若干问题》⑥,作者以当事人的身份回顾了"美亚事件"发生的前前后后,并就当时的美中关系及赫尔利外交政策提出了自

---

① Harvey Klehr & Ronald Radosh, *The Amerasia Spy Case: Prelude to Maccarthyism*, The University of North Carolina Press, 1996, p. 3.
② 聂菊荪、吴大羽主编《董必武年谱》,中央文献出版社,1991,第223—225页;杨瑞广:《董必武出席联合国制宪会议始末》,《党的文献》2006年第2期;邝治中:《纽约唐人街》,上海译文出版社,1982,第151页。
③ Report Made at New York City, May 2, 1945, FBI File 100-267360-211, Box 116, Folder 10; Attention: Inspector M. E. Gurnea, May 17, 1945, FBI File 100-267360, Box 117, Folder 4; Report Made at Washington, D. C., May 26, 1945, FBI File 100-267360-273, Box 117, Folder 6, all in Jaffe Papers, Special Collection Department, Robert W. Woodruff Library, Emory University, Atlanta, Georgia. 或可参见 Harvey Klehr & Ronald Radosh, *The Amerasia Spy Case: Prelude to Maccarthyism*, The University of North Carolina Press, 1996, p. 63。
④ Report of a Subcommittee of the United States Senate Committee on Foreign Relations, 81st Congress, 2nd Session, RG46 General Files of the Tydings Committee, National Archives and Records Administration, Maryland. 122.
⑤ Earl Lathem, *The Communist Controversy in Washington: From the New Deal to McCarthy*, Cambridge: Harvard University Press, 1966.
⑥ John Service, *The Amerasia Papers: Some Problems in the History of US-China Relations*, Berkeley: University of California, 1971.

己的看法。该书论述了抗日战争后期美国对华政策的形成、演变、实施及其后果，披露了国民党政府内外政策的一些内幕；详尽地介绍了在延安、华北等根据地实地考察的情况，如实记录了他与中国共产党一些领导人的谈话。谢伟思此书是针对1970年由美国国内安全委员会出版的《美亚文件：中国灾难的线索》一书而做出的回应。该书把谢伟思作为"美亚案"的主要嫌疑人，并以谢伟思从延安发回国务院的报告为主要材料，进一步认为谢伟思等人应该对美国在抗战时期在中国的政策失败负责。谢伟思列举了以上观点中的种种漏洞，认为这是对他的无端指责。谢伟思的著作从某种程度上说是他为自己的辩解，但是他对抗战后期美国对华政策的解读是客观的。

其次是哈维·克莱尔和罗纳德·拉多什所著《麦卡锡序幕：美亚间谍案》。作者是第一个接触到联邦调查局所藏"美亚事件"档案的人，做了大量的口述工作，采访了"美亚事件"的当事人，依托于工作单位埃默里大学所藏的案件主角贾菲的100多盒档案，基本厘清了"美亚事件"的发生脉络和细节问题。但是过分注重庞大的档案材料和中文资料的阙如，使得研究陷入案件本身，并没有注意到案件对当时的公共舆论、对直接利益相关方和对遥远的东方所产生的影响。① 这本书来源于作者在1986年《新共和》(New Republic)杂志上的文章《且看怎么做手脚——"美亚案"不为人知的故事》。文章通过解密的联邦调查局窃听录音文稿，认为"中国国民党和谢伟思是明不携手暗合作，避开法律程序，免得让国民党和谢伟思都难看"，而且确有"操纵此案的高层阴谋"。② 20世纪90年代初，"维诺纳计划"(Venona Project)③ 秘密文件解密后，作者把这篇文章扩展成为描写

---

① Harvey Klehr and Ronald Radosh, *The Amerasia Spy Case: Prelude to McCarthyism*, Chapel Hill: University of North Carolina Press, 1996.

② Harvey Klehr and Ronald Radosh, "Anatomy of a Fix: The Untold Story of Ameriasia Case," *The New Republic*, April 21, 1986, p. 18.

③ "维诺纳计划"是美国和英国的情报机构联手进行的一项长期的秘密情报收集和分析任务，目的在于截获和破译苏联情报机关所发出的消息。1943年，美国怀疑苏联与德国私下缔结秘密条约，便实施了一项代号为"维诺纳"的计划，旨在截获并破译苏联驻美使馆与苏联之间的往来电报。令美国惊讶的是，在计划实施的多年中，美国获悉了大量苏联在美间谍的人员资料情报，共涉及349人，其中包括美国人。这些间谍打入美国社会各个部门，职务较高者中竟然有美财政部长助理及总统顾问，另外还有打入"曼哈顿计划"（原子弹研究项目）的，甚至在"维诺纳计划"内部也发现了苏联间谍。参考海因斯（John Earl Haynes）《维诺纳计划》，吴研研、吴锡林等译，群众出版社，2004。

间谍案件的专著,进一步认为贾菲打算把情报交给苏联谍报人员。但是笔者仔细研究《麦卡锡序幕:美亚间谍案》一书所使用的参考资料,并没有发现贾菲传递情报的实际证据。

另外一部关于"美亚事件"的著作,是美国国内安全委员会于1970年出版的《美亚文件:中国灾难的线索》,分为上下两卷。① 这两卷书是在中美华沙大使级会谈取得转折之时,美国右翼势力和院外援华活动者为阻挠中美关系所出版的。实际上,谢伟思的评价为:"在库比克博士和国内安全小组委员会出版的这本篇幅庞大的书中,除了我当初同《美亚》杂志稍有瓜葛,而在事隔25年之后却奇迹般地变成了案件的'主角'之外,没有任何新东西……库比克博士通过艰苦努力,的确把我起草的100份文件收集到了一处,但这些文件的大多数只不过是我的私人文件,它们从未出现在美亚杂志社,因此与《美亚》杂志案毫无关系……人们希望能够得出这样的结论,即库比克博士把我的私人文件和研究材料当作在美亚杂志社办公室查获的材料对待时,不过是犯了一个错误,但是库比克博士显然知道档案记载的情况,他不会那么糊涂,恰恰相反,《美亚》文件的出版所采用的精心策划的方式清楚地表明,他早已准备和反复提到这些论断是蓄意蒙骗读者。"②现在,这两卷书连同"美亚事件"在联邦调查局和司法局的档案一起,都藏于华盛顿的国家档案馆。正如编者在文件集的前言中说的那样,这些资料很少被人想起,仅仅为感兴趣的人们提供一点历史资料。③

第一个把"美亚事件"置于中美关系视域下进行研究的是日本学者山极晃。他在《中美关系的历史性展开(1941—1979)》一书中不仅认为"美亚事件"是中共反美路线确立的重要步骤,还谈到了"美亚事件"与中美历史上的三次转折。他认为,"美亚事件"作为一个莫须有的间谍事件,在冷战初期、麦卡锡主义时期和中美邦交正常化时期被提起并非偶然,是美

---

① Anthony Kubek, *The Ameraisa Papers: A Clue to the Catastrophe of China*, Prepared by Sbucommittee to the Administration of the Internal Security Act and Other Internal Security Laws of the Committee on the Judiciary, United States Senate, Washington: U. S. Government Printing Office, 1970.

② John Service, *The Ameraisa Papers: Some Problems in the History of US - China Relations*, Berkeley: University of California, 1971, p. 16.

③ Anthony Kubek, *The Ameraisa Papers: A Clue to the Catastrophe of China*, Prepared by Sbucommittee to the Administration of the Internal Security Act and Other Internal Security Laws of the Committee on the Judiciary, United States Senate, Washington: U. S. Government Printing Office, 1970, p. 3.

国当局急于正视亚洲现实，利用民众反共情绪和心理的必然结果。① 山极晃的研究和观点对笔者很有启发。遗憾的是，山极晃由于未能看到中美的一手档案材料，仅利用已出版的相关著作做了简要分析。这也是笔者决定继续此研究的原因之一。

目前来看，美国学者是研究"美亚事件"的主要群体。在已有研究中，对事件过程的描述和一手资料的运用值得肯定。但是也存在两个很大的问题。第一，他们虽然是在讨论"美亚事件"，但是其背景和讨论的重点是美国政府的对华政策，很少讨论中国政府的对美政策。即使不得不谈到后者时，最多也是一笔带过，很少能够提出细致的叙述或深入的分析。但是，两国关系是一个双方互动的关系。"反应—反反应—再反应"的行为模式，是任何想要阐述外交关系的学者必须掌握的方法。因此，只以一方的目光去研究事件本身，就无法让读者们了解事件背后两国丰富又错综复杂的互动内容。换言之，他们只讲了故事的一半。第二，由于这种研究的侧重，他们并没有参考中国的资料以充实叙述内容。有的甚至连最基本的史实叙述都有错误。中文资料的完全不被引用，最后不但导致他们的史实叙述缺乏完整性和平衡性，也必然损害到分析的客观性和合理性。

二 "美亚事件"的缘起与中共和美国的早期接触

斯诺是1936年首位进入陕北苏区访问的外国记者，他向世界所做的关于红军长征和中国共产党的报道，被公认为迄今为止最具价值和最有影响力的报道。② 斯诺在《西行漫记》中对于长征路线的准确复原和对长征精神的高度总结，都来自他在陕北的所见所闻以及对中共领导人采访谈话的实际感受。在陕北的三个多月里，斯诺对于中共和中国政局的很多疑问都得到了解答。周恩来对斯诺说："无论走到哪里，红军的首要任务都是在工农

---

① 山极晃：《中美关系的历史性展开（1941—1979）》，鹿锡俊译，社会科学文献出版社，2001。
② 密苏里大学特藏馆（LaBudde Special Collections）收藏开放的斯诺档案，系由斯诺本人生前各个时期收集、整理和保存的文件，共69盒，包含718个文件夹、173份图片资料、49盘录音、1200英尺合计1600段电影胶片，涵盖了斯诺的家庭、求学、旅行、交往、个人传记及晚年生涯等方面，与海内外现在已经开放和刊行的档案文献相比具有很强的个人档案特色，对于研究近代历史人物和中美外交重大事件，具有很高的价值。

群众中宣传我们的革命理念。"①在与斯诺的彻夜长谈中，毛泽东介绍了红军的发展历程和农村革命根据地建设的历史，说："长征的宣传作用是巨大的。四川、云南和贵州这些地区的工农群众不知道红军和我们的革命理念，但是长征之后，他们了解了。再也没有反对红军的言论可以欺骗他们。革命的火种在二万里长征中被播种，并结出丰硕的果实。"在向斯诺详细描绘了红军长征的全景和艰难险阻之后，毛泽东总结长征胜利的原因是："首先是由于党的正确领导，其次是由于我们优秀干部和骨干领导，第三要归功于红军战士的勇猛战斗，第四是人民群众的支持和帮助。"②

与斯诺的交往，是中国共产党人与美国接触的第一步。继斯诺之后，又有十几位西方国家的记者陆续访问了各抗日根据地，1937 年 1 月史沫特莱（Agnes Smedley）到达延安，此后还有摄影记者哈里·邓纳姆（Harry Dunham）和斯诺夫人海伦·斯诺（Helen Snow），掀起了一股介绍中国共产党及其领导的政权和军队的热潮。"人们都试图到延安去，不仅有好奇的外国人，还有数以百计的中国知识分子、大学教授和学生。"③

1937 年，《美亚》杂志主编贾菲和美国外交政策协会远东问题专家毕恩来（Aurther Bisson）④来到北平。毕恩来同太平洋协会（IPR）有联系，辗转找到了当时也在北平的拉铁摩尔（Owen Lattimore）⑤。他们问拉铁摩尔是

---

① Edgar Snow Diary#12, July 9, 1936, Folder 121, Edgar Snow Papers, University of Missouri - Kansas City Archives.
② The Long March, Interview with Mao, Oct 11, 1936, Folder 123, Edgar Snow Papers, University of Missouri - Kansas City Archives.
③ Owen Lattimore and Fujiko Isono, *China Memoirs: Chiang Kai-shek and the War against Japan*, Tokyo: University of Tokyo Press, 1990, p. 56. 中文译本见矶野富士子整理《蒋介石的美国顾问——欧文·拉铁摩尔回忆录》，吴心伯译，复旦大学出版社，1996。
④ 1937 年，毕恩来得到洛克菲勒基金会的资助，对当时引人瞩目的中日关系进行专题研究。当年初，他在日本进行了 1 个多月的考察，尔后又在日本占领下的朝鲜和中国东北短暂停留，于 3 月来到北平。通过在日本、朝鲜和中国东北的实地考察，毕恩来对日本的侵略野心和战争气焰有了深刻了解，因此他最关心的问题就是中国是否已做好抵抗日本侵略的准备，特别是国共两党能否消除十年内战造成的对立，重新团结起来。
⑤ 拉铁摩尔是研究中国边疆问题不能绕过的重要人物，他不仅从边疆解释中国历史，以一种内部主义视角审视中国亚洲内陆边疆社会，而且注意集矢于农耕文明与草原文明间互动往来的拉锯状态，将双方之边疆视为这两种文明的黏合剂，表现出将中国内地的王朝循环与草原游牧社会的历史循环两大系统联合起来考察的运思取向，对于我们消解冲击—反应模式具有启发意义。参考拉铁摩尔《中国的亚洲内陆边疆》，唐晓峰译，江苏人民出版社，2014。拉铁摩尔由于其《太平洋事务》主编、《美亚》杂志编委会成员以及"中国通"的身份，在 1950 年代的麦卡锡主义风暴中遭受迫害，被迫移居英国。

否愿意同他们一道去延安时，拉铁摩尔表示很感兴趣。贾菲以前从来没有到过中国，毕恩来虽然在中国当过教师，但也只能讲点很有限的汉语。他们对于中国内地的旅行一无所知，所以找拉铁摩尔作为向导和翻译。《泰晤士报》此前曾邀请拉铁摩尔就西安事变一事做介绍，但是拉铁摩尔限于不了解情况婉拒了。他正迫切想知道延安发生了什么，或正在发生什么。由于同行的贾菲和毕恩来与《美亚》杂志都有关联，而拉铁摩尔此前已经是该杂志的编委，因此拉铁摩尔称他们的队伍为"美亚小组"。①

贾菲出生于乌克兰。1905年，年仅10岁的他随母亲来到纽约与父亲团聚。他父亲是在前一年刚移民到美国的。跟许多欧洲移民一样，他们住在纽约市的下东区。年轻时，贾菲曾在一个小广告公司当信差。公司老板叫亚历山大·纽马克（Alexander Newmark），是个社会主义者。1918年，贾菲娶了纽马克的女儿，然后重返大学，在拿到英国文学硕士学位后，于1923年成为美国公民。其后，他投资一家文具销售公司做股东；再后来，他盘下了这家公司，搞多元经营。又过了10年，尽管遇到了经济大萧条，贾菲的贺卡公司却蒸蒸日上，他成了一个富翁。②

拉铁摩尔找到斯诺，斯诺给了他去延安的地址。当时国民党对延安的封锁已经比较宽松，因此信件可以通过普通邮政寄去。拉铁摩尔写信去往延安，得到的答复是："欢迎你们来。"在到达延安之前，拉铁摩尔对中共的看法是："中共只是中国历史上屡见不鲜的农民起义在20世纪的表现形式……他也不认为中共是苏联的傀儡和工具。当时中共还在西南地区，他认为中共所处的地理位置使其无法同苏联密切联系，尽管他们当中有苏联归来的学生。"③拉铁摩尔的这一认识有其特殊的研究背景。不同于西方"中国通"的冲击—反应解释模式，拉铁摩尔以一种内部主义视角审视中国亚洲内陆边疆社会，所以从中共的地理位置和土地革命政策判断，拉铁摩尔认为中共并不是苏联共产主义的一部分，至少中共的活动和政策都不受控于苏联。

拉铁摩尔、毕恩来、贾菲及其妻子一行四人于1937年5月17日从北平

---

① Owen Lattimore and Fujiko Isono, *China Memoirs: Chiang Kai-shek and the War against Japan*, Tokyo: University of Tokyo Press, 1990, p. 57.
② Jaffe's Unprinted Autobiography, Philip Jaffe Papers, Box 1, Folder 2, Special Collection Department, Robert W. Woodruff Library, Emory University, pp. 1 – 10.
③ Owen Lattimore and Fujiko Isono, *China Memoirs: Chiang Kai-shek and the War against Japan*, Tokyo: University of Tokyo Press, 1990, p. 58.

出发，途经石家庄，在太原短暂停留，很顺利地到达了延安。"我们受到了非常友好的接待。"①令他们吃惊的是，毛泽东竟然愿意花上数小时与几个素不相识的美国人交谈，虽然毛泽东还不知道眼前的这些人是否能够胜任写关于中共的东西。"重要的红军领袖都在那里。一连串的采访、讨论、晚饭和午饭的谈话，参观访问，摆姿势照相，诸如此类的事情，他们一概听凭我们摆布。"②他们提出的问题相当简单，但是毛泽东愿意实事求是地以最简单的术语跟他们交谈。鉴于有做记者的经历，拉铁摩尔认为，这些中共领导人懂得怎样谈话才能使美国报纸有利地引述他们的言论，"他们非常聪明，知道自己的经历将吸引全世界的反帝人士，他们让自己的故事显得朴实无华，防止会见者弄错或夸大其词，尽最大努力使其具有吸引力，他们知道即便有某些差错，任何关于中共的故事注定对他们利大于弊。换句话说，在那种情况下，任何宣传都是有益的。因此他们表现出无限的耐心"。③

　　毛泽东的坦诚给贾菲等人留下了深刻印象。④"美亚小组"还分别采访了朱德、博古和周恩来，了解了红军的发展历史和中共在抗战中的军事策略，听博古介绍了边区的土地改革和税收、民主选举等，拉铁摩尔还专门向博古请教了解放区的少数民族情况以及民族政策。当天晚上，"美亚小组"拜访了周恩来。据毕恩来回忆，周恩来当天使用英语和他们交谈，并谈了一些关于国共谈判和中共协调的情况，提供了非常详细的资料。⑤ 6月24日上午，"美亚小组"在红军指战员大会上发表了演讲。随后，一行人离开延安，中共领导人和他们一一握手告别。在从延安返回西安的路上，拉铁摩尔询问司机希尔关于延安之行的想法。希尔回答："我曾见过很多国民党知识分子，也曾跟军阀有过来往，几乎跟各阶层的中国人打过交道。但

---

① Owen Lattimore and Fujiko Isono, *China Memoirs: Chiang Kai-shek and the War against Japan*, Tokyo: University of Tokyo Press, 1990, p. 60.
② 孙国林：《红都延安的神秘来客系列之七——蜂拥而至的外国人》，《党史博采（纪实）》2013年第1期，第29页。
③ Owen Lattimore and Fujiko Isono, *China Memoirs: Chiang Kai-shek and the War against Japan*, Tokyo: University of Tokyo Press, 1990, p. 58.
④ Jaffe's Unprinted Autobiography, Philip Jaffe Papers, Box 1, Folder 2, Special Collection Department, Robert W. Woodruff Library, Emory University, 201.
⑤ 毕森（毕恩来）：《抗日战争前夜的延安之行》，张星星等译，东北工学院出版社，1991，第44页。英文版见 T. A. Bisson, *Yenan in June 1937, Talks with the Commiunist Leaders*, University of California Press, Berkeley, 1973。

是在延安，我第一次看到一位能领导中国的人。"①

《美亚》杂志的创办及其内容与中共有着深厚的渊源。中共著名经济学家、国际活动家冀朝鼎是《美亚》的创办人之一，是《美亚》主编贾菲的表妹夫，是"美亚事件"嫌疑人谢伟思在重庆美驻华使馆工作时的室友。②贾菲回忆："通过冀朝鼎，我在 20 世纪 30 年代初加入了美国共产主义运动，成为一名追随者。他是第一个在美国致力于共产主义事业特别是中国共产主义的中国学生，他也是我接受马克思主义并将之作为人生价值观的指导者。"③贾菲第一次见到冀朝鼎是在 1929 年。在此后超过 15 年的时间里，冀朝鼎和贾菲是亲密的朋友和密切的政治伙伴。他们合作创办了《中国日报》和《美亚》杂志。当然，贾菲并不会想到，冀朝鼎随后会成为国民政府财政部长孔祥熙的经济顾问，更不会想到他同时为周恩来工作，是中共的地下工作者。

冀朝鼎出现在贾菲政治前途选择的一个关键时期。据贾菲回忆，"在政治舞台上，我看到共产主义运动在托洛茨基派和洛维斯塔尼派之间分裂。我看到社会党被共产党视为'社会法西斯'，被一大群美国知识分子视为软弱和无用。为了弄清我的政治方向，我在学校注册了一个学期的课程。我们都是社会主义社团的成员，我非常活跃"。在 1931 年，参加了类似课程大约四个月，贾菲得出的结论是，一个主要基于反对执政党的活动没有任何政治意义。因此，贾菲与洛维斯塔尼派和他们的学校断绝了联系。④

冀朝鼎知道贾菲的政治不满和迷失方向后，对他说："既然你已经试过了，为什么不试试我们呢？"他首先介绍贾菲加入了太平洋学会（IPR）。刚加入不久，贾菲就开始为组织官方刊物做一些编辑工作。他说："在共产主义世界里，我找到了一个美国左派的家，在那里，像许多其他失去的知识

---

① Owen Lattimore and Fujiko Isono, *China Memoirs: Chiang Kai-shek and the War against Japan*, Tokyo: University of Tokyo Press, 1990, p. 60.
② The Ameraisa Case from 1945 to the Present, Box 1, Folder 5, Philip Jaffe Papers, Special Collection Department, Robert W. Woodruff Library, Emory University, 2. 在重庆，谢伟思的住所是美国财政部驻重庆代表阿德勒（Sol Adler）的公寓。公寓原是孔祥熙私宅，上下三层，位于市中心。顶层住着孔祥熙的贴身顾问冀朝鼎，谢伟思住二层，一层住着中国货币稳定委员会的英国籍委员。
③ The Ameraisa Case from 1945 to the Present, Box 1, Folder 5, Philip Jaffe Papers, Special Collection Department, Robert W. Woodruff Library, Emory University, 2.
④ The Ameraisa Case from 1945 to the Present, Box 1, Folder 5, Philip Jaffe Papers, Special Collection Department, Robert W. Woodruff Library, Emory University, 3.

分子和潜在的知识分子一样,我的作品吸引了大量的听众,并且享受着被志同道合者包围的舒适位置。"随后,冀朝鼎又把贾菲纳入"中美之友"组织,并担任执行秘书,参与编辑《今日中国》。几乎在一夜之间,贾菲跻身为中国问题专家。①

1936年10月,太平洋关系协会在加州举行会议。此协会成立于1925年,到1936年时已成为美国最重要的远东智库,包括几个对太平洋地区感兴趣的国家议会议员和一个位于纽约的国际委员会。会议期间,大家讨论决定出版一本比《今日中国》更有学术地位的杂志。《美亚》诞生了。贾菲称自己是"一个对远东事务感兴趣的美国商人学生"。因为,在中国研究领域的刻苦研究之外,他的邮寄贺卡公司成了美国最大的公司之一。这让他有财力支持一份小众杂志。②

冀朝鼎在《美亚》用了真名,但并没有对《美亚》投入多少精力。③1937年初,当冀朝鼎加入《美亚》编辑委员会时,他被任命为知识产权国际秘书处的研究员。1941年,由英美两国出资,中英美三方组成了"平准基金委员会",④冀朝鼎担任平准基金委员会秘书长。该基金会的日常工作实际上由冀朝鼎处理。由于冀朝鼎的才干和活动能力,他把中英美三方的关系都处理得很好,由此得到孔祥熙的赏识。1944年,冀朝鼎被孔祥熙任命为外汇管理委员会秘书长和他的私人秘书。⑤

出于政治原因,冀朝鼎在1941年1月之后辞去了《美亚》编辑部的职务。贾菲说:"在最初的编辑委员会中,只有冀和太平洋关系学会美国理事会执行秘书弗雷德里克·菲尔德(Field)可能是共产党员。我虽然不是党员,但肯定是一个与美国共产党关系非常密切的人,这让很多人以为我是党员。但无论是党,还是其他任何组织或个人,都不能向我发号施令。我

---

① The Ameraisa Case from 1945 to the Present, Box 1, Folder 5, Philip Jaffe Papers, Special Collection Department, Robert W. Woodruff Library, Emory University, 3.
② The Ameraisa Case from 1945 to the Present, Box 1, Folder 5, Philip Jaffe Papers, Special Collection Department, Robert W. Woodruff Library, Emory University, 10.
③ 冀朝鼎曾担任美共机关报《工人日报》和《今日中国》的编辑,并以"理查德·敦平"(Doonping)的笔名写了不少介绍马列主义的文章。
④ 抗战爆发后,由于投机活动的屡禁不止,国际收支逆差以及通货膨胀的影响,外汇市场汇率迅速跌落,国民政府为维持法币币值,为抗战争取一个良好的经济环境,开始实施外汇管制政策。在经历了数次失败后,国民政府商请英美政府成立中英美平准基金委员会,管理中国外汇市场。
⑤ 曾俊伟:《杰出的国际活动家——冀朝鼎》,《党史博览》2002年第3期。

知道《美亚》的特点是什么。相反,我相信,我一直在保护美国杂志编辑的政治多样性,以及在从美国、中国、日本来的大量投稿中进行选择保持学术标准。然而,这并不是说《美亚》没有编辑的观点。在最初的四年里,《美亚》的政治方向,无论是编辑自己写的,还是其他人写的,都是反日的。"①

冀朝鼎在中共的特殊地位在后来成为众所周知的"秘密"。前文提到,虽然冀朝鼎是《美亚》杂志的创办人之一,但是贾菲否认《美亚》杂志受冀朝鼎的实际影响。不过,由于冀朝鼎的特殊身份,《美亚》杂志创办的初衷和立场在历次政治风波中不得不引人遐想。

《美亚》对抗日根据地的报道主要集中在中共的抗日斗争、根据地建设和国共统一战线三个方面。杂志对于中共抗日斗争的报道比较有代表性的是美国学生米勒(Clinton Miller)对于晋察冀根据地军事策略的报道。他在文章中报道了中共在晋察冀边区欣欣向荣的氛围,这对当时正在北平攻读历史学位、有机会深入根据地的他震撼不已。此外,当时访问过延安的著名英国教师林迈可也在文章中详细介绍了晋察冀根据地和中共军队的作战情况。除了军事活动外,林迈可还对根据地的经济建设和政权建设做了详细阐述,对中共的选举政策和税收政策都有涉猎。他在文章中甚至认为在中共的领导下,中国华北农村已经从一个非常落后的地区变为中国最先进的区域。②

汉斯·希伯曾以"亚细亚人"为笔名多次在《美亚》上发表文章。他的《长江三角洲的游击战》一文论述了新四军在游击战十分难展开的情况下争取当地人民群众的支持,并在丰富的游击战经验支持下建立了游击作战区。他在《亚洲中部的敌后》一文中对新四军在苏北根据地政治、经济、文化方面争取新民主的斗争进行了论述。他认为中共的阶级分析方法和由此建立的政权组织以及新民主主义运动在世界历史上都是绝无仅有的。这不仅是由中国独特的国情所决定的,也只有在中国的现实中才能解释。③

对皖南事变的关注是《美亚》杂志报道中共的一个高潮。皖南事变的

---

① The Ameraisa Case from 1945 to the Present, Box 1, Folder 5, Philip Jaffe Papers, Special Collection Department, Robert W. Woodruff Library, Emory University, 11.

② *Ameraisa*, 29, Dec., 1944.

③ *Ameraisa*, June, 1941.

消息一传到美国，杂志就迅速组织编辑对真相进行披露，并从1941年3月起接连发表多篇有关于国共斗争和统一战线破裂的文章。其中最具有影响力的是安娜·路易斯·斯特朗撰写的《中国的国共危机》。斯特朗本人手握大量国民党消极抗日和制造摩擦的材料，结合皖南事变起草成文后发表在《美亚》上。她指出，皖南事变是国民党内不抵抗派投降主义路线的表现，也是出于部分人对于中共武装力量不断壮大的恐惧。斯特朗在对皖南事变的报道中揭露了国民党政府和军队在抗日战争的种种行径，并呼吁国际社会关注国共斗争，防止内战爆发。此外，《美亚》还刊登了《叶挺将军传》和新四军的一些近况。

《美亚》之所以引人注目，与其对中共的同情和支持密不可分。杂志的立场就是呼吁美国政府对中共予以援助。其刊登的《以中国的游击区作为反攻的基地》《东江游击纵队与太平洋的战略》等文章在国际上也具有一定的影响力。杂志不仅为西方读者提供了中共的信息，还成为政府部门的内参，如"日本在我国东北的经济侵略机构满洲铁路株式会社就藏有这份杂志"。[1]

从1944年中至1945年抗战结束，对中共比较重要的外事活动一是中外记者团访问边区，二是美军观察组派驻延安，三是美国总统特使赫尔利斡旋国共谈判。[2] 1944年1月9日，董必武接到周恩来来电，其中指示"对国际人士的交往应该注意区别，有的只做一般交流，有的可交换情报，但必须注意机密"。[3]美军在参战后不久，其驻华外交官和军队中的一些人就对国民党表示不满；另一方面又从八路军驻重庆办事处和去过共产党地区的外国人那里得知了解放区的一些情况，从而对中共产生了极大的兴趣。他们从加速反法西斯战争的进程和维护美国的利益出发，认为周恩来的意见是可行的，建议美国政府实行富有弹性的现实主义的对华政策，改变其全力支持国民党的对华政策，与中国共产党领导的抗日军队建立联系。[4] 1月21日深夜，毛泽东试探性地对苏联军情局驻延安代表孙平说："对中国来说，美国的政策是一个至关重要的问题。"在没有听到反对意见的情况下，延安

---

[1] 冯承柏、黄振华：《〈美亚〉杂志与抗日根据地》，《历史教学》1986年9月28日。
[2] 胡乔木：《胡乔木回忆毛泽东》，人民出版社，1994，第331页。
[3] 聂菊荪、吴大羽主编《董必武年谱》，第197页。
[4] 中共陕西省委党史研究室编《中外记者团和美军观察组在延安》，陕西人民出版社，1995，第3页。

展开了对美外交攻势。① 2月中旬，董必武同美国记者斯坦因等谈话，邀请外国记者前往中共所在区域考察。②

中共同美国关系的发展在1944年美军观察组进驻延安前后到达高潮。延安美军观察组的顺利进驻首先得益于当时的国际大背景。苏联于1943年5月解散了共产国际，虽然其本意是推进反法西斯战争的进程，加快反法西斯同盟的协作以尽快结束战争，但是各国共产党，包括中共在内，少了共产国际的桎梏，拥有了更大的自主权。1943年的第三次国共危机中，美国政府再次表达了不希望国共内战的信号，这也使得中共有理由相信美国会在国共谈判中保持客观的立场。③ 这一时期，中共宣传方面对美国极尽赞赏。在世界反法西斯战争的大潮流中，中共中央表达了对这一主流价值的认同。

不管美军观察组的报告怎么说，美国政府不会把供应武器问题与中国的政治前途分开来看。毛泽东得到武器之后是否仍会听从摆布，美国政府并不那么有把握。美国观察组就是为了研究向八路军和新四军供应武器有关的情况，才到特区来的。美国国内在这一点上有两种不同意见。保守一些的美国政客害怕与毛泽东领导的中国共产党结盟，力主更进一步加强蒋介石政权。以谢伟思为代表持另一种政见的那批人则认为，全中国正处于革命动荡之中，只帮助蒋介石太冒险了，必须做出合适的政治决策，寻找新盟友。而中国共产党会是一个合适的、容易打交道的伙伴。毛泽东领导集团对苏联和共产主义的态度，是做出这种合适的政策决策时要考虑的关键问题。谢伟思一直努力设法使他的同僚相信，不必害怕"革命词藻"。"美亚事件"正是基于上述背景拉开序幕的。

三 "美亚事件"的爆发与美国公共舆论的转向

《纽约时报》在事发当天即报道了"美亚事件"的最新消息，并使用了

---

① 孙平（彼得·弗拉基米洛夫）:《延安日记》，东方出版社，2004，第109页；Peter Vladimi-ov, *China's Special Area, 1943—1945*, Bombay: Allied Publishers, 1974；吕迅:《大棋局中的国共关系》，社会科学文献出版社，2015，第18页。
② 聂菊荪、吴大羽主编《董必武年谱》，第198页。
③ 牛军:《从延安走向世界：中国共产党对外关系的起源》，中共党史出版社，2008，第142—144页。

"间谍"的字眼。① 随着事件的发酵,各家报纸和广播电台的报道越来越鲜明地反映出左右两派在"美亚案"及其国内外影响上的深刻分歧。

自由派报纸质疑该案的合法性。《新纽约邮报》发表一篇题为《是间谍还是受害者》的社论,要求弄清楚副国务卿格鲁所做的陈述。文章称,如果政府部门打算就这些标有"机密"或"绝密"文件一事对新闻界大动干戈,那么将会有相当一部分出版界同行被送进监狱。"所以我们很疑惑,被捕的这几位真的把他们手里的情报通过国外的政府来攻击我们的国家吗?或者他们掌握了一些对国务卿格鲁不利的信息,政府部门有选择地认为这些信息属于机密?两种行为都处于间谍法案的制裁之下。但是第一种才是真正的间谍,第二种则是记者们的日常行为。讨论外交政策在没有任何背景材料时是行不通的。《美亚》最近一期(6月9日出版),由贾菲和米切尔编辑,对于格鲁的亲日政策进行了深入研究。文章指出:远东政策的视角开始从中国慢慢转向日本。杜曼(Eugene Dooman)是格鲁在日本的代表。可以预见,杜曼将在其远东事务局局长的特别助理任上进一步推动格鲁对日本实行更加友好的政策。格鲁是否利用间谍法案来排除与其政策相左的异己?这样的话他就涉嫌侵犯美国的新闻和言论自由。如果格鲁对《美亚》的制裁是由于他们曝光了他的亲日政策,那么任何一家发表相似观点的美国报社都有可能成为下一个被制裁的对象。这样的政策性文件一般都被贴上'机密'的字样,那么我们对于信息的报道和了解就会滞后,这对我们的新闻自由也是一种讽刺。"②

《美亚》的编辑米切尔否认《美亚》曾经复印过任何威胁国际安全的文件,并认为他的行为属于"新闻自由"。新闻工作者通过某种渠道获取背景知识和相关情报,才能对当前局势有更准确的分析和判断。有记者认为,所有政治评论版的记者都知道获取信息的特殊渠道,肯定不是等待官方发布消息。很多标有"机密"或者"绝密"字样的文件在一般意义上都没有什么保守秘密的价值。③ 米切尔接着写道,"让我们进一步审视案情和几位嫌疑人,来看看他们为什么受到逮捕。《纽约时报》的标题是《FBI认定六位为间谍》。但是助理国务卿格鲁在陈述案情的时候仅仅说'机密文件被未授权的人掌握'。这是否就意味着外国势力窃取了政府文件,或者仅仅是一

---

① *New York Times*, June 7, 1945.
② "Spies or Victims?" *New York Past*, June 8, 1945.
③ *NY World - Telegram*, June 8, 1945.

些报纸的记者通过政府机构获得了相关文件？如果是前者，那是间谍罪无疑。如果是后者，这是一个约定俗成的习惯。我们被告知在我们自身报道的领域内拥有最高级别的知情权"。

所以，在新闻界引起的争论是关于机密文件和新闻自由的讨论。第一，国务院只反对引发舆论对它政策的批评的泄露。第二，对于"秘密"文件可否公开的裁决和判定是随意而没有标准的。记者们认为：与我们有业务往来的官员会认为和记者的交往有危险，而记者也难以获得工作赖以维持的信息和情报。所以，"六人被捕案"的真实意图可能是："恐吓那些不同意国务院政策的官员，使他们缄默，并为检举发表引起对国务院批评的情报的报纸和记者打下了基础。"

针对"六人被捕案"引起新闻界恐慌，助理国务卿霍尔姆斯（Julius S. Holmes）发表了如下声明：事件并不意味着政府部门对新闻出版业的信息公开政策将会有任何变动。鉴于以往政府对出版业的政策，此次事件并不会为出版自由带来多大影响。国务卿格鲁也强调，对六人进行逮捕是基于其触犯法律和不忠诚行为，是针对重要机密信息被未授权的人使用的情况。引人遐想的是，被捕的几位出版界人士都曾发表过对国务院政策的批评言论。①

事件期间，全国各地的斯克里普斯-霍华德报业旗下的报纸都刊载了题为《共产党使史迪威和蒋介石反目》的头条。报道说，谢伟思秘访延安是"造成史迪威和蒋介石决裂的原因"。另外，"从国务院及其他政府档案失窃的秘密军警资料以及政策资料，被用来鼓动美国反对蒋介石委员长，支持中国共产党"。②有经验的中国问题观察员看得出来，这些莫须有的指控反映了国民党的舆论宣传。不久后，源自国民党中央通讯社的报道出现在世界各地的报纸上。这些报道如谢伟思所说，称他为"日本间谍"。③ 联邦调查局把关于"美亚案"的报纸剪报，又把广播评论转录为文字稿，全部放进档案里。胡佛称："一些被窃情报全文出现在了《美亚》杂志上。"

也有报道从"美亚事件"来看政府的政策走向。如《六人被捕案背后》

---

① *PM*, 8, June, 1945.
② Frederick Woltman, "Reds Caused Stilwell and Chiang Break ," *San Francisco News*, June 8, 1945.
③ John S. Service, *Oral History*, p. 316.

一文首先提出的就是："依据间谍法被控制的六人，他们的行为并不涉及间谍。为什么认定保密文件很难？因为无论是出版业还是国会人员都认为信息保密越来越成为一句笑谈。所有机构都利用保密文件的借口，尤其是军事机密，来把自身部门的信息封锁起来以免引起不必要的舆论危机。这些文件大多数都无关紧要。没有明确的标准认定哪些文件属于'机密'，哪些属于'绝密'或者'最高机密'。有时候同样一份文件在这个部门是机密，在另外一个部门就可以公开。除了审查委员会之外没有一个部门可以决定文件的秘密级别。审查委员会通过包括有秘密信息文章的审核本身就说明这些信息属于公众，没有触犯保密条例。这种保密规则带来的结果是，很多工作敬业和观点独立的媒体人往往跟踪和掌握大量重要信息。他们想要的并不是军事机密，他们披露的是他们认为重要的政治事实。他们如何获取这些材料？这就涉及另外一个讳莫如深的事情。对公众的消息在政府不同意见人士中是一件私人的不公开的事情。有些人乐于和那些有独特见解和寻找好的故事的报道者和评论家们分享一些机密信息。我们经常在报纸上读到一些引人入胜的内容，但是没有政府部门追究任何人的责任。把视线转移到这个案件上。我们不在事实清楚前做任何判定，我们想提醒读者的是，只有法庭才能判定一个人有罪，而不是耸人听闻的标题。另外一方面，政府在实际上正陷于对远东政策的矛盾中，一个明显的趋势是对日本缓和，对中国重新评估。有些官员认为我们应该支持蒋介石打压共产党。这是一个很沉重的话题——蒋介石和史迪威的决裂迫在眉睫。众所周知，政府部门中的很多人都到过中国，回来之后会对国民党颇有微词，对共产党评价很高。这次的逮捕行动也许能使这一部分人闭嘴。"[1]

所以，在题为《六人被捕案使国务院政策亚洲政策亮红灯》的文章中，作者认为，所谓"六人被捕案"将公众视线引入国务院内部的深层矛盾。问题的核心是美国现在是否会对亚洲采取像欧洲一样的政策，植入民主。事件的一个事实是被逮捕的国务院人员都是与现行美国政策持不同意见的人。[2]

6月中旬，全国各地的报刊开始批评这次抓捕行动。斯克里普斯－霍华德报业的一个记者提醒联邦调查局，他们办的这个案子已经变成了一场公关灾难。《柯利尔氏》旗下的杂志更是大张旗鼓地发表了马克·盖恩的文

---

[1] *PM*, June 8, 1945.

[2] *Chicago Sun*, June 7, 1945.

章，批评美国对日政策和前大使约瑟夫·格鲁。该杂志标榜说，写这篇文章是参考了从秘密政府渠道获得的秘密信息。纽约报业协会（New York Newspaper Guild）谴责这次抓捕，认为这是在有意堵塞源头，不让从政府获取信息；而从政府获得消息对于负责任的新闻传播活动和理智的公共政策研讨而言是极为重要的。一项全国性调查显示，67%的报纸编辑认为，"美亚案"与宪法第一修正案是相抵触的，还说政府的文件分类体系"死板，不合理"。①

在批评者们看来，贾菲的行为和其他许多有良心的记者所做的事情相比，并没有很大的不同。他们认为，对贾菲的逮捕，是因为他批判了政府的亚洲政策，而国务院对这种批判十分警惕。②

在此过程中，不乏一些报纸杂志刊登小道消息，期望引起"红色恐慌"。题为《间谍案主编通共，5名共犯归案》的报道称，被逮捕的六人中有人已经准备好离境，被窃文件被杂志用来向中共示好。政府不排除这些文件已经由贾菲交由共产党头目，并运送出国。③ 题为《间谍网联系美国红色分子》的报道称，贾菲这个共产主义积极分子有获取战争情报的特殊渠道。文中特意强调贾菲除了是个富有的商人之外，还是共产主义运动和活动的出资人，此外还出任杰弗逊学院社会学教师，杰弗逊学院是一所共产主义政治团体的官方学校。④

不管是肯定对六人逮捕的一方，还是否定的一方，都从事件的处理过程中嗅到一种政治气味。一方面有人认为，同其他新闻界人士获取资料的做法相比，贾菲的行为并未超出多少范围，却被煞有介事地当作重大的间谍事件，遭到大规模的搜查与逮捕。这种做法使人怀疑：是不是为了压制对政府的亚洲政策持批判态度的《美亚》，抑或出于对《美亚》的某种偏见？另一方面有人认为，如此重大的泄密事件，以如此轻微的处分收场，令人怀疑是不是因为司法当局或政府受到了某种政治压力。这样，事件结审以后，围绕事件的政治反响反而更加扩大。尤其是随着冷战的加剧，出现了更多关于苏联间谍的讨论。

---

① Harvey Klehr and Ronald Radosh, *The Amerasia Spy Case: Prelude to McCarthyism*, Chapel Hill: University of North Carolina Press, 1996, p. 100.
② Ross Y. Koen, *The China Lobby in American Politics*, 1960, p. 72.
③ *N. Y. Sun*, June 7, 1945.
④ *NY World – Telegram*, June 7, 1945.

比如,《海军内部安插红色分子》一文提到在美苏同是反法西斯联盟成员的时候,很多海军人员在明知道是共产主义分子的情况下依然被任命。[1] 政府和海军部门对秘密文件管理松懈导致情报出现在亲共杂志上,引起了白宫司法委员会的怀疑,又重新启动对"美亚事件"的听证。听证的目的是想知道,司法部审理案件的过程和结果是否出于自愿而非受到苏联方面的胁迫。[2]

司法部重启"美亚案"的审理之后,1945年12月5日,司法部外交关系委员会(Foreign Relations Committee)传唤赫尔利出庭作证。赫尔利抓住这次机会证明政府内部的苏联同情者在怂恿美国对中共进行军事支援一事上功不可没。赫尔利认为他1945年辞职的直接原因就是国务院内部远东事务方面的左倾分子决心要对中共的军事力量进行武装和训练。这次披露还显示,随着赫尔利的辞职,远东事务方面的左倾日益严重,很多美国军事机构暗中为内蒙古和张家口一带的中共机构培训现代战争的策略和新式武器的使用。这种情形得到了前飞虎队成员陈纳德的证实。赫尔利把自己的辞职归咎于国务院远东司艾奇逊在1945年2月的一个想法:把中共的武装力量打造成一支胜利之师。赫尔利对记者说,艾奇逊的目的就是让中共代替蒋介石。赫尔利怀疑,谢伟思就是艾奇逊在国务院幕后团队中重要的一员。[3]

赫尔利在接受调查时声称,美国国务院中"共产主义支持者和帝国主义支持者"各成一派,通过鼓吹武装中共,并向媒体"泄露"重要信息,破坏了美国在中国的政策。他指控美国国务院并提供了相关文件。[4] 在这些文件中,有赫尔利自己的一些报告,以及艾奇逊、戴维斯和谢伟思的一些报告,其中许多都包含了美军观察组对中国情况的评论。文件中确实指出了美军观察组和大使馆之间的分歧。虽然赫尔利从未真正加入"麦卡锡"阵营,他也"不认为我们应该与任何反对共产主义的人作战",而且从严格意义上看,他对当时一些参议员的行为非常不认可,但是他将自己置于民族主义的大潮之中,通过支持共和党的右派,以及他在1946年、

---

[1] *Chicago Tribune Press Service*, June 3, 1946.
[2] "Amerasia Probe Centers on Leak," *N. Y Journal - American Washington Bureau*, June 3, 1946.
[3] "Amerasia Probe Calls Hurley," *N. Y Journal - American Washington Bureau*, June 3, 1946.
[4] Statement by Hurley to the Foreign Relations Committee, Dec. 5, 1945, and Unpublished Copy of Investigation of Far Eastern Policy, U. S. Senate Committee on Foreign Relations, Dec. 5, 6, 7, 10, 1945, Box 104, Hurley Papers.

1948年和1952年的政治运动中发表的言论，至少间接地支持了麦卡锡主义。①

在事件发生之时，舆论关于案件合法性讨论和新闻自由的讨论，尚在理性的范围之内。大家的关注点是被查抄的《美亚》杂志和被逮捕的嫌疑人都是与政府内部一些人士持不同政见的人，政府这种行为是否只反对引发舆论对其政策的批评的泄露，这就使事件的合法性受到质疑。此外，媒体普遍认为对于"秘密"文件可否公开的裁决和判定是随意而没有标准的。如果政府不能拿出可信的证据证明当事人的间谍行为，那么就涉嫌妨碍新闻自由。

随着事件的发酵，公众继而关注政府内部的分歧和亚洲政策、中国的国共关系。人们注意到，美国政府在实际上正陷于对亚洲政策的矛盾中。"美亚事件"将公众视线引入国务院内部的深层矛盾。问题的核心是美国现在是否会对亚洲采取像欧洲一样的政策——植入民主。

冷战大幕拉开之后，美国对苏联和共产主义的疑惧剧增，新闻报道开始出现一些非理性的煽动和一些不真实的猜测。"红色分子""内部间谍"这样的字眼开始见诸报端。大家怀疑，如此重大的泄密事件，以如此轻微的处分收场，是不是因为司法当局或政府受到了某种政治压力。"美亚事件"已经深深卷入美国国内关于中国政策的争论，继而是反美意识形态民族主义的大潮，已经从一个刑事案件转变为政治工具。

四 "美亚事件"与中美关系的转折

"美亚事件"发生的时间，恰逢赫尔利调停国共关系和反法西斯战争胜利的前夕。在此事件发生之前，从珍珠港事件到1943年开罗会议召开，中美关系处在一个快速发展的时期。1944年，由于美国压迫中国出动远征军以及提出史迪威指挥权要求，中美之间发生了较大的冲突。史迪威事件以美国的退让而告终。史迪威被召回后，中美关系有所缓和。蒋介石在1945年元旦日记中谈到外交策略时，虽然对美国有诸多不满和猜忌，例如要担心美国在东亚实行孤立主义政策，减少或者中断对抗日战争的支援和对国民党的支持；对中美关系没有信心，要时刻警惕俄国离间中美关系，导致

---

① Russell D. Buhite, J. Patrick, *Hurley and American Foreign Policy*, Cornell University Press, 1973, p. 285.

中断中美合作；甚至为矛盾冲突进一步升级，爆发新的世界大战而忧虑。但是"联英美"的总方针没有变，也没有条件改变。①

赫尔利出任美国驻华大使之后，蒋介石就一些国内外政治问题经常与赫尔利商谈，赫尔利也基本持认同态度。赫尔利对蒋介石的态度与史迪威截然不同，虽然他没有"强迫"中共和蒋介石达成协议的手段，但是他一直坚信自己的正确性并幻想美国能"强迫"中共对蒋介石妥协。② 1945年1月，美国撤回史迪威的得力助手窦恩（Frank Dom），蒋认为这是美国善意的表现。③ "美军已自动撤除窦恩，此人为史迪威手下第一骄横侮华之人，美援华之诚意又进一步。"所以，蒋认为此时是离间中共和美国关系的机会，"对共匪策略：如何使美国了解其阴险，为第一要务"。蒋在1945年认为开年最令他宽慰的事情就是"美国对我之表示其政策似已完全改变"。④可以看出，蒋对于这一段时期与美国的合作充满期待。但是美国同情中共的记者和外交官们对中共的赞赏，使得蒋在考虑与中共的交涉问题时也常常顾虑美国的看法。⑤

"美亚事件"首先得到了蒋介石的极大关注。1945年6月8日事件发生后，蒋在日记中写道："美此实为外交形势转优之关键也。"蒋对事件的发生了解准确、及时。尤其是被他点名的谢伟思，不仅历来欣赏中共，为中共说话，以前还是史迪威的部下，此人被捕，蒋心中大快。于是一口气写下"美对华政策可逐一明朗""障碍亦可逐一扫除""对俄政策坚强"等少见的乐观话语。蒋对新任的杜鲁门政府在对待中共强硬的态度上大为赞赏，于是分析"美亚事件"是外交形势转优的标志，称之为"转优之关键"。在日记中，蒋还收集了各大报纸对"美亚事件"的全面报道，这在蒋的日记中也是不多见的。足见蒋对于此事件的重视，以及对下一步中美关系发展方向的期待。其中，蒋存日记剪报包括有关美国政府部门对"美亚事件"

---

① 蒋介石日记（手稿），1945年元旦。
② Russell D. Buhite, J. Patrick, *Hurley and American Foreign Policy*, Cornell University Press, 1973, p. 194.
③ Barbara W. Tuchman, *Sand against the Wind: Stilwell and the American Experience in China, 1911-45*, New York: Macmillan, 1970; 梁敬錞：《史迪威事件》，商务印书馆，1973；齐锡生：《剑拔弩张的盟友：太平洋战争期间的中美军事合作关系（1941—1945）》，社会科学文献出版社，2012。
④ 蒋介石日记（手稿），1945年1月5日、7日"一周反省录"。
⑤ 蒋介石日记（手稿），1945年1月10日。

的声明和调查情况①、有关"美亚案"当事人的背景介绍等。在了解案件情况，追踪了案件被捕者的详细背景后，蒋在剪报的边缘批示："美间谍案官方证据甚充分。"② 在"美亚事件"于1950年卷入麦卡锡主义风波之中时，蒋又给他在华盛顿的代理人发电报暗示："这次重新调查，任何新发现都会大大地影响政治机构。"③

发表于《解放日报》的《从六人逮捕案看美国政府对华在政策的两条路线》一文是中共首次在官方刊物上批评美国政策。中共认为，"美亚事件"不是偶然事件，其发生与美国对华政策有着密切的关系。院外援华集团的活动和美国绥靖派合力，使美国的对华政策产生争论：一条路线是承认中国的民主力量，主张与中共合作，促进民主合作，另一条路线是只承认"反民主及其反动头子与杀人魔王蒋介石，认为他就是中国"。而"美亚事件"的发生证明第二条路线在美国内部日益占据重要的位置。④

从"六人逮捕案"一文开始，中共连连发声，批评美国现时的外交政策。《解放日报》先后于1945年7月11日、13日、20日发表了《评蒋介石参政会演说——赫尔利蒋介石的双簧似将破产》、《赫尔利政策的危险》和《再评赫尔利政策》的时评，其中前两篇由毛泽东亲自撰写。文章再次批评赫尔利4月在华盛顿的讲话，并认为蒋之所以敢在四届国民参政会上说中共必须先将军队交给他，然后政府才承认中共"合法地位"，都是赫尔利在背后撑腰。而赫尔利、蒋介石的行为，"不管他们怎样吹得像煞有介事，总之是要牺牲中国人民的利益，进一步破坏中国人民的团结，安放下中国大规模内战的地雷，从而也破坏美国人民及其他同盟国人民的反法西斯战争和战后和平共处的共同利益"。⑤ 时评还认为，以美国驻华大使赫尔利为代表的美国对华政策，越来越明显地造成了中国内战的危机。"一九四四年十一月，赫尔利以罗斯福私人代表的资格来到延安的时候，他曾经赞同中

---

① "美亚事件"引起美国舆论一片哗然，事发当天即登上各大报纸头条。《纽约时报》的标题为《美亚杂志间谍事件爆发》，《纽约世界电讯报》的标题为《间谍网连线美国赤色分子，秘密战争数据泄露牵出共产党人贾菲等五人》，《纽约邮报》的标题为《FBI抓捕六大间谍，两人藏身国务院；机密被盗，海军军官与两位编辑同时被拘》。参见 New York Times, June 7, 1945; New York World–Telegram, June 8, 1945; New York Past, June 8, 1945.
② 蒋介石日记（手稿），1945年7月30日。
③ 《中国代理人于1950年5月24日发给蒋的电报》，转引自罗斯·Y.凯恩《美国政治中的"院外援华集团"》，张晓贝等译，商务印书馆，1984，第81页。
④ 《解放日报》1945年6月25日。
⑤ 《评蒋介石参政会演说——赫尔利蒋介石的双簧似将破产》，《解放日报》1945年7月11日。

共方面提出的废止国民党一党专政、成立民主的联合政府的计划。但是他后来变卦了，赫尔利背叛了他在延安所说的话。这样一种变卦，露骨地表现于四月二日赫尔利在华盛顿所发表的声明。"几乎同时，中共中央开始改变对美政策，通知各地对美方人员加强防范，并决定立即开始为内战做准备。

中共对"美亚事件"做出敏感反应有充分的理由。首先，《美亚》是主张中国民主化的进步杂志。其次，"美亚事件"的嫌疑人之一谢伟思刚刚作为美军观察组的重要成员，结束在延安的访问回到华盛顿。在1945年3月谢伟思第二次访问延安的时候，毛泽东在与谢伟思的谈话中反复强调中共希望与美国合作，并希望发展长期关系。① 所以，谢伟思是带着中共对美国的示好回到华府的。据当时一起在延安的观察组成员有吉幸治（Koji Ariyoshi）说，中共在听到谢伟思受命回国时，曾期待美国政府是为了重新考虑中国政策而召回谢伟思。② 但是谢伟思回国之后旋即被捕，并且是以"通共"及"泄露情报"的间谍罪名被捕的，这让中共意识到美国政府内部对华政策意见的不统一。③ 中共认为，这一事件是"借口泄露秘密而逮捕同情中国人民抗战民主事业的人士"，结合赫尔利1945年5月在华盛顿关于支持国民党政府的讲话，更觉得此事件需要"深刻注意"。④

"美亚事件"的发生确实在一定程度上缓和了蒋介石对美国的不信任和猜忌，在短时期内甚至使他产生了"外交形势转优"的错觉，也为他一直以来耿耿于怀的史迪威事件出了胸中之气。另外，如前文所述，"美亚事件"也确如蒋所料，在中共和美国之间加深了矛盾和冲突。这也是中共一步步放弃对美幻想的重要一步。

1950年3月，众议院决定重启"美亚案"调查。密歇根共和党议员唐德罗（Grorge A. Dondero）于1950年3月30日提议对"美亚案"进行重审。他介绍调查将有一个两党共同组成的小组委员会构成，并拨款一万美元专项资金。唐德罗提到《华盛顿每日邮报》的一篇文章，里面说

---

① John S. Service, *The Amerasia Papers: Some Problems in the History of US – China Relations*, 1971, pp. 218 – 229.
② 《美国和中共接触的历史证言》，《朝日杂志》1972年3月17日。转引自山极晃《中美关系的历史性展开（1941—1979）》，第246页。
③ 此外，中共如此反应的另外一个原因可能是"美亚小组"的延安之行。
④ 《美国〈美亚杂志〉编辑等六人横遭美国当局逮捕——美亚杂志曾站在美国人民立场，批评美国反动派的错误对华政策》，《解放日报》1945年6月17日。

到司法局当时负责逮捕行动的主管，现在是嫌疑人亲属法律公司的成员。考虑到在此涉及海军部和国务院泄密事件的案件重要性，并涉及前外交官谢伟思，议员请求重审案件。1950年3月31日，威斯康辛共和党议员麦卡锡也指出，法官在案件过后从米切尔叔叔的公司里谋到了很好的差事。①

除了对当时草草收场的案件结果表示质疑之外，两位议员还讨论了谢伟思案。麦卡锡在参议院调查国务院内部红色活动之前宣读了他的16页证词。② 他们怀疑"美亚案"的审理受到了政治操纵。谢伟思被捕后，得到了国务院顾问和一些著名说客的支持，包括后来的国务卿居里等。③ 当时的政治压力和舆论都偏向谢伟思。麦卡锡议员还在1950年5月4日宣称《美亚》杂志在1945年向苏联透露了原子弹爆炸的秘密。在第一次原子弹爆炸之前，原子弹的数据被《美亚》相关人传递给苏联。但是FBI和其他部门没有找到相关证据。④

对麦卡锡攻击国务院最表欢迎的是院外援华集团。美国院外援华集团的主要组织机构是"百万人委员会"。百万人委员会在冷战时期是美国最有力量的政治压力集团，它的院外活动做得非常成功。由于它的很多领袖本身就是国会议员，形成国会内所谓的"中国帮"，利用职务便利，乐意充当百万人委员会与国会之间的联络人。从其成立之日起一直到1966年，百万人委员会曾经多次获得参众议院绝大多数议员对其宣言的支持，年复一年地确保国会通过反对中华人民共和国在联合国的代表权决议案，成功征集到一百万人的签名支持其事业，确保马歇尔计划资金和军事援助计划继续对国民党的支持。⑤

1950年，当麦卡锡刚把"美亚事件"提出时，蒋介石在华盛顿的代理人发给他一封电报暗示说，正在进行的这次"重新调查"的任何发现，都

---

① FBI Files on Amerasia Affair, A UPA Collection from LexisNexis, 2005, 中国国家图书馆（缩微），Reel 7, 381.
② FBI Files on Amerasia Affair, A UPA Collection from LexisNexis, 2005, 中国国家图书馆（缩微），Reel 7, 382.
③ FBI Files on Amerasia Affair, A UPA Collection from LexisNexis, 2005, 中国国家图书馆（缩微），Reel 7, 347.
④ FBI Files on Amerasia Affair, A UPA Collection from LexisNexis, 2005, 中国国家图书馆（缩微），From Ladd to Hoover, May 4, 1950. Reel 7, 466.
⑤ Nancy B. Tucker, *Taiwan, Hong Kong, and the United States, 1945 - 1992*, New York: Twayne Publishers, 1994, p. 22.

将"大大地影响政治机构"。① 院外援华集团的观点对国务院的远东问题专家产生了影响,他们的目的就是要解雇中国问题专家并抨击他们的政策。第一个被解雇的职位较低的中国问题专家就是谢伟思。"美亚事件"发生后,谢伟思屡次遭到忠诚委员会的调查,最终于1951年被革职。把谢伟思从国务院开除,是亲蒋势力的一大胜利。随后,又有三位中国问题专家于1951年7月12日被停职。美军观察组成员范宣德和戴维斯也先后被传唤调查。②

中美大使级会谈从1955年8月1日开始到1970年中断,长达15年,其间会谈136次。③ 其中,最后两次中美华沙大使级会谈是中美关系解冻的开端。④ 此时,在美院外援华活动团和美国政府内部支持台湾的势力筹划出版了《美亚文件——通往中国灾难的线索》一书,准备再次利用意识形态的攻势在中美改善关系之时发挥效用。⑤ 该书对"美亚事件"的定义是:"这一事件系由同国际共产主义具有悠久而深刻关系的人们主办的一家极其亲共的杂志社,获取并复制政府的高度机密文件的事件。"作者把当时社会舆论对案件的质疑再次提出,认为声势浩大、性质严重的间谍案件,最终所有嫌疑人都被释放,仅有两人被罚款,事件的经过及其处理都非常可疑。谢伟思给国务院的报告占了此书相当大的篇幅。这些文件的搜集毫无疑问是全面细致的,但是作者列举此部分内容的目的并不是还原历史真相,而是从谢伟思的报告中突出他的亲共政策,突出谢伟思等人一贯支持和同情中共的主张和态度。由于大量罗列一手资料,作者的立场和观点表面上是令人信服的,但是究其本质,还是与赫尔利和麦卡锡等人一样,是在为美国政策的失败和国民党辩护。⑥

1974年莫斯科国际关系出版社出版了一本名为《美亚事件:关于中国的问题在美国政治冲突》的书。⑦ 苏联也希望借用"美亚事件"攻击美国对

---

① 《中国代理人于1950年5月24日发给蒋的电报》,转引自罗斯·Y. 凯恩《美国政治中的"院外援华集团"》,第81页。
② 详情参见罗斯·Y. 凯恩《美国政治中的"院外援华集团"》,第182—220页。
③ 王炳南:《中美会谈九年回顾》,世界知识出版社,1985,第2页。
④ 骆亦粟:《70年代中美关系解冻的开端——对中美最后两次大使级会谈的回顾》,《外交评论》2000年第4期,第23—26页。
⑤ U. S. Senate, Committee on the Judiciary, Senate Internal Security Sub-committee, *The Ameraisa Papers: A Clue to the Catastrophe of China*, Washington: Government Printing Office, 1970.
⑥ *Ameraisa Papers*, 113.
⑦ Delo "Amereisha": Politicheskie stolknoveniia v SShA problemam Kitai, by V. B. Vorontsov.

华政策，阻止美国这一头号意识形态的敌人和中国接触。虽然二者的努力似乎都是徒劳，但从某种意义上来说，这本书反映了这一时期苏联对中美关系的看法。该书作者沃龙佐夫（V. B. Vorontsov）[①]认为，20世纪40年代，美国对中国及其政治力量的巨大影响被一群"中国通"专家和记者的著作所推进，他们以《美亚》杂志为中心形成一个小团体。这群人包括埃德加·斯诺、贾菲、斯特朗、拉铁摩尔等。作者使用了美国汉学家的研究和回忆录以及其他一些文件分析评论美国统治集团内部政治斗争，以及第二次世界大战后中国社会政治发展的前景。沃龙佐夫认为由于当时世界反法西斯运动风靡世界，中共的反法西斯斗争也在相当程度上提高了其地位和权威。此外，作者认为应反思以往国民党单方面抗战的观点，认为中国各方面的力量，包括中共都进行了有力抗日。这也是中印缅战区的盟军总司令史迪威一直坚持的观点。[②]

沃龙佐夫指出，美国对中国人民民主革命胜利的反应并不一致。首先，美国的进步力量呼吁华盛顿承认中国的新政权。然而，美国统治集团的所作所为更符合他们的"冷战"概念，美国政府明确表示承认台湾的蒋介石政权。《美亚》杂志所涉及的美国对中共的政策，是美国对华政策的主要症结所在。60年代末70年代初，美国开始转变对中共的外交政策。尼克松访华之后两国关系密切的趋势得到加强。中国领导人在北京接待美国总统时，期望中美关系实现正常化，以加强中国在国际舞台上的大国地位，并对苏联和其他社会主义国家施加压力。

五 结论

"美亚事件"的情节和其中角色是由冷战和中美关系的发展现实所共同设计和选择的。在联邦调查局决定对《美亚》杂志的办公室进行搜查时，并不会预见到此案会涉及刚从延安归来的谢伟思；在亲日副国务卿格鲁开记者招待会对"美亚案"夸大其词时，美国的媒体记者并不会想到此事会导致大洋彼岸中共和国民党最高领导人的对美策略发生变化；更不会想到对一份专事远东状况的杂志进行查抄之后会给麦卡锡主义和院外援华活动

[①] 沃龙佐夫是苏联著名的美国外交政策研究者，相关著作有《美国在太平洋的政策，1941—1950》《来自阿肯色州的参议员》等。
[②] Delo "Amereisha": Politicheskie stolknoveniia v SShA problemam Kitai, by V. B. Vorontsov.

集团大做文章的机会。可以说,"美亚事件"的真相与其被认定的真相已经相去甚远,而其在冷战意识形态对抗的大背景下被赋予的意义也更为复杂深远。

法国年鉴学派的代表人物布罗代尔认为:"要谨慎对待事件:不要只考虑短时段,不要相信最吵闹的演员才是最可靠的——还存在着其他比较安静的演员。"①就本文的研究来说,"美亚事件"的发生只是一瞬间,事件本身对整个历史进程只起到微小的作用。在抗战后期、20世纪50年代和70年代通过各方对事件的解读和利用,事件性质的变化以"反应—反反应—再反应"的方式对国、共、美、苏四方产生的策略心态转变起到直接的作用。由此而反映和波及的中美外交传统和美国意识形态行为范式对这一时期中美历史发展的基础和深层结构产生了潜在影响。

"美亚事件"是冷战伊始美国第一个大型间谍案,也是迄今为止,司法部对涉及共产主义活动提起上诉唯一一次因证据不足而失败的案例。这影响了美国处理类似问题的方式。美国政府,包括国务院、司法部和军部,甚至联邦调查局在处理类似问题时持更加审慎的态度。声势浩大的"美亚事件"以大部分嫌疑人被无罪释放、两人被少量罚款的宣判结果草草收场,不仅令观者怀疑其中的阴谋,还让大家对事件产生的合法性提出质疑。与"美亚事件"爆发伊始,在证据不足的情况下就批捕和密集召开新闻发布会的情况不同,此后美国政府对间谍事件倾向于低调处理,有时甚至因滞后而导致嫌疑人出逃。

"美亚事件"的本质是美国政府内部政策矛盾的表面化。通过"美亚事件"及一众相关的"中国通",在麦卡锡主义的狂潮中政府内部关于中国政策的争论被禁言,政策失败的罪责被成功转移。由此,"美亚事件"通过中美同盟之间的不对等关系,以及自身从间谍案到政治工具的性质转变而对中美关系产生了直接作用和潜在影响。

---

① 布罗代尔:《论历史》,刘北成、周立红译,北京大学出版社,2008,第47页。

Contents

Marxist Historian

"The Old Historians" in the New Age: A Case Study on the Institute for Modern History at China Academy of Science during the 17-year Era after the Founding of the PRC　　*Zhao Qingyun* / 1

Abstract: As China's political situation has been overwhelmingly changed since 1949, the discipline of history and historical study has also experienced a transformation of "smashing the old and establishing the new". The Institute of Modern History at CAS continued and carried out the Yan'an tradition of historical studies and with its founding in 1950 the IMH called for cutting off the links with "the old discipline of history", cultivating new generation of researchers, and building up the legacy of Marxist historical studies. In fact, however, during the 17 -year period, the IMH recruited a great number of the so-called "old historians", who played significant roles in collecting and compiling historical materials, setting foundation for early development of the IMH. The coexistence of the "old" and the "new" in the IMH provides valuable sample for contemporary historiography. From the experience and situation of the old historians in this period, we could see that these people identified with the new regime based on nationalist emotion. But they also needed to face the distance between the new and the old and to bare the inner struggle in their mindset. Sometimes they might feel lost and unfitted, yet in general they managed to survive this uneasy path.

Keywords: old historians; Institute of Modern History at CAS; new age

The Historical Research Plans in the 17-year Era of the PRC

Chu Zhuwu / 24

Abstract: Since the founding of PRC, as the initiation of national economic construction, the discipline of historical study was more and more in need of plan. In the 17 -year period, China has made three different research plans, i. e. a 12 -year one, a 5 -year one, and a 3 -year one. Although few of these plans were fully carried out, they still had high extent of value in terms of literature and academic studies due to their certain timing characteristics.

Keywords: 17 -year period; historical studies; philosophy & social sciences; plans

A Tentative Study on the Motives of Guo Moruo's Writing of *Ten Critiques*

Ning Tengfei / 49

Abstract: Gun Moruo's *Ten Critiques* is one of the great pieces of Marxist historians on the thoughts of ancient China. About the writing motive, existing studies tend to argue that this essay is targeted at Fan Wenlan's arguments of worker-peasant-revolution. However, after a detailed examination, it becomes clearer that Guo Moruo criticised historians like Liang Qichao and Hu Shi on their research of Mozi in the warrior era on the one hand, and he also disagreed with other Marxist historians including Fan Wenlan, Jian Bozan, Hou Wailu, and Yang Guorong on the same theme. In his argument, Guo Moruo proposed a people-first position in terms of historical ontology; a focus on objective study rather than subjectivism in terms of historical epistemology; and paralleled emphasis on society and thoughts in terms of historical methodology. Therefore, the writing motive for *Ten Critiques* is to criticize the academic trends in the discipline of Chinese history and the argument of worker-peasant-revolution is just one of them.

Keywords: *Ten Critiques*; Guo Moruo; argument on Mozi; subjectivism

Revolution & Villages in China

The Financial History of a Production Brigade in Early People's Commune Era *Zhang Hairong* / 65

Abstract: Since the founding of the People's Commune all over China in late 1950s, production brigades as the accounting units have become one of the most significant operational channels for the state to squeeze rural resources while coordinating commune members' personal life. This article examines the daily financial running of a production brigade with annual total income of 180,000 RMB encompassing a total population of 3,000 and a labor personnel of 1,100. With detailed examination of the brigade's financial material, this article seeks to understand the its operational mechanism in order to further grasp the dynamics of rural governance in socialist China and to provide a basis for related academic discussions in the future.

Keywords: early era of people's commune; production brigade; financial revenue and expenditure

The Communist Revolution and the Historical Change of a Village Family's Image: A Case Study on Image Construction of the Zhuang Family at Dadian of Luju *Hou Songtao* / 110

Abstract: The image of Zhuang family has experienced a change from "landlord and evil" to "local elite family" when the revolutionary narrative is also changed from some certain dominant logic to a multi-dimentional logic, which also implies the construction, deconstruction, and reconstruction of revolutionary narrative. In this "take what you need" oriented image construction process, Zhuang family's original image and experience has become less and less important to the need of outer forces that seeks to employ this family to fulfill some certain task. And it is just this kind of construction and reconstruction that needs our further attention.

Keywords: Chinese communist revolution; Zhuang family; change of image

Prelude to the Four Cleansing Movement: A Case Study on "the Remolding of the Third Type of Production Brigade" in Kaifeng District of Henan Province in 1960   *Li Gui* / 129

Abstract: The "Anti-Right trend" struggle after Lushan Conference in 1959 interrupted the correcting operation on the so-called "Leftist" policy, as a result, the "five corrupted trends" of grassroots cadres in rural areas had become manifested again. The CCP Central Committee ordered local organization to launch "three anti" movement to correct the wrong doings among rural cadres. In Kaifeng district of Henan Province, the movement focused on the remolding of the so-called "third type of production brigade", i. e. to use the way of "make up the class of democratic and socialist revolution" to purify grassroots rural cadres. The remoulding process indeed corrected some cadres' behaviour and negative habits, yet it mistakenly attributed the policy errors to class enemies' damaging, leaving the commune system untouched, therefore it couldn't improve the situation in the great leap forward. The strategies used in this movement were continued to be carried out in the following four cleansing movement, which was the prelude of the cultural revolution.

Keywords: class struggle; remoulding the third type of production brigade; four cleansing movement; Kaifeng district

Special Research

An Analysis on the Causes to Personnel Reduction of the Central Red Army before its Moving to Northern Guizhou Province
    Zou Yue / 147

Abstract: The Central Red Army encountered large personnel reduction in their geographical moving from Southern to Northern Guizhou. At its outset the entire army had 86,000 troop, while after Zunyi Conference it turned out to be merely 37,000. There were many reasons to this reduction, among which the combat factor being the most likely one. But in fact it was not; rather, the uncombat factor, including runaway and fell-behind, caused more reduction than taking military battle. Most of the soldiers were peasant, who had strong home and local sentiments and would rather not travel to other places, their being tired due to long-distance moving, and the lack of logistics all caused their reluctance to battle in strange places. This showed the complexity and uneasiness in the revolution process.

Keywords: the Central Army; Long March; personnel reduction; runaway and fell-behind

The Judicial Basis of Criminal Responsibility in Early PRC: Characteristics, Evaluation, and Implication *Peng Fushun* / 169

Abstract: In the early PRC, the judicial basis of criminal responsibility included both legal and policy basis. It has characteristics of diversity in forms and subjects, being highly political, and being according to criminal legal principle. These basis had positive influences on social transformation, institutional reconstruction, and the consolidation of regime during that period, and the practices provided a great deal of experience and implication for contemporary daily operation of justice and criminal legal policies.

Keywords: early PRC period; criminal responsibility; judicial basis; legal basis; policy basis

On "Seeking the Truth" and "Scientific Study" of Party History Study
You Haihua / 187

Abstract: In CCP history studies, one certain piece of raw materials has been largely used and cited to reveal that the KMT troops have violently treated ordinary people and infrastructure in former Soviet areas in 1930s. However, if carefully examined, no clear clue and supporting materials could be found in order to prove the above mentioned one is valid. It is arguable that historians who have used this piece of material tend to falsify, manipulate, and fabricate it. Admittedly, history is open to everyone to review, yet all the studies should still follow certain criteria scientific inquiry. Only by obeying this methodology, the history of revolution and the CCP could be considered as valid history that is surveyed by scientific methods.

Keywords: seeking the truth in history; explanation of materials; study of the CCP history

History of the Discipline

Four Decades of the Study on People's Commune
Yuan Fang & Xin Yi / 197

Abstract: The study on People's Commune in the last four decades could be divided into two stages: the decade from 1978 to the end of 20th century is the first stage, in which scholars mainly review the historical development of the certain institution and the impact of the general policies related to it; from the new century on is the second stage, in which scholars tend to narrow down the perspectives in their studies. This articles review major contributions in this field and show its changing trends, which include down-to-the-earth in terms of perspective, diversity in terms of methodology, and variation in terms of the origins of materials. It also reconsiders the features of inappropriate using of western-style concept and fragmentation of studies.

Keywords: People's Commune study; grassroots perspective; case study; non-official materials

A Review on the Recent Studies of the Relations between China and Neighbor Countries during Cold War Era *Dong Jie* / 222

Abstract: The study on the relations between China and neighbor countries during the Cold War era is a new field initiated and further developed by scholars in China. In recent decades, due to the decoding of official archives and participation of more youngsters, this field is extensively and intensively cultivated in topics like Sino-Soviet relation, Korean War, Sino-Korea realtion, Vietnam War, and the like. Though admittedly Chinese scholars' works have been highly valued and appraised by the international scholarly community, this field is still in need of further improvement and certain restricting factors are still manifested, including lack of valid and reliable archives, inadequacy in comparative studies, and multidisciplinary perspectives into the field.

Keywords: China; neighbor countries; international history of Cold War; multidisciplinary study

Selected Thesis

The CCP's Exploration of Revolutionary Forms during Early Rural Revolution Period, 1927 – 1929　　　　　　　　　*Zhou Jiabin* / 246

Abstract: After the break of the CCP-KMT cooperation in 1927, the CCP learnt from and copied Russian revolutionary experience, trying to apply Marxist-Leninist urban riot theory to Chinese revolutionary condition and launching Nanchang riot, Autumn-Harvest riot, and Guangzhou riots consecutively as a result. These riots did not shake the KMT regime yet they bred the thoughts and practice of armed separatism. At its outset, the CCP sought to establish Soviet regime on the basis of armed separated revolutionary areas, making it as the alternative way to urban riot. But the Comintern strongly objected this approach. Under the tight supervision of Moscow, the Sixth Party Congress of the CCP again restored the orthodox way of urban riot and made policies of separated armed struggle. In fact, this kind of policy did not work well and encountered a lot of questioning and resistance from local Party organizations. After the Chinese Eastern Railway incident, the armed separatist way became more and more popular again.

Keywords: revolutionary forms; mass movement; military riot;

armed separatism

From a Leakage of Secret to a Political Tool: The Amarasia Incident under the Perspectives of Sino-US Relation　　*Zhang Hong* / 271

Abstract: The development of Sino-US relation has its complexity and occasionality in general historical trends. Existing studies focus more on American government's China policy and CCP-KMT relation to analyze Sino-US relation and scholars have done a lot great jobs. This article seeks to tackle this issue by looking at the case of Amarasia incident against the background of Cold War and to take part in the discussion of change and continuity in Sino-US relations. It also tends to argue that the incident exerted influences upon both CCP and KMT in their policies toward the US in an unequal position between Chinese side and American side. The change of its nature from an espionage incident to political tool also reveals the ideology's impact on both China and the US.

Keywords: Amarasia incident; Sino-US relation; late period of War of Resistance Against Japan; McCarthyism

稿 约

一、《中共历史与理论研究》由中国人民大学中共党史党建研究院（原中国共产党历史与理论研究院）主办，中国人民大学中共党史系编辑，社会科学文献出版社出版。2015年创刊，每年出版两辑。

二、本刊为中共党史党建、中国现当代史、马克思主义中国化研究的专业学术刊物，主要刊载中共历史与理论研究领域的原创性学术成果。内容涵盖中国共产党与现当代中国范围内的政治、经济、社会、文化、外交、军事、理论、历史人物、海外中国研究等各方面。体裁包括专题研究论文、历史考证、理论阐释、治学札记、学术动态、书评、史料文献等。设有本刊特稿、主题讨论、专题研究、他山之石、书评等栏目，并适当刊载一些珍稀文献和口述史料。

三、本刊坚持以马克思主义为指导，力行"百花齐放、百家争鸣"方针，倡导原创性、实证性研究，鼓励学术争鸣，践行学术创新。热忱欢迎国内外学者赐稿，欢迎读者提出批评和建议。

四、来稿字数不限，提倡言简意赅，详略得体。来稿务请遵守学术规范，遵守国家有关著作权、文字、标点符号和数字使用的法律和技术规范以及本刊的有关规定。投稿以电子邮件或纸质打印稿形式均可。来稿请附英文题目及300字左右的中英文内容摘要和3~5个关键词。

五、来稿请注明作者姓名、职称、工作单位、通信地址及邮政编码、电话、传真、电子信箱等信息。

六、稿件寄出3个月后未收到采用通知者，请自行处理。来稿一律不退，请自留底稿。来稿发表后赠送两册样刊，并付稿酬。

联系人：耿化敏
电话：010-62514539
投稿电子信箱：modernchina@126.com

纸质稿请寄：北京市海淀区中关村大街 59 号中国人民大学马克思主义学院中共党史系《中共历史与理论研究》编辑部（人文楼 828），邮编 100872。

图书在版编目(CIP)数据

中共历史与理论研究. 第7辑 / 杨凤城主编. -- 北京：社会科学文献出版社，2018.12
ISBN 978-7-5097-7015-3

Ⅰ.①中… Ⅱ.①杨… Ⅲ.①中国共产党-党史-研究②中国共产党-党的建设-理论研究 Ⅳ.①D23②D26

中国版本图书馆CIP数据核字（2018）第273468号

中共历史与理论研究　第7辑

主　　编 / 杨凤城
执行主编 / 耿化敏

出 版 人 / 谢寿光
项目统筹 / 邵璐璐
责任编辑 / 邵璐璐　李从坤

出　　版 / 社会科学文献出版社·近代史编辑室（010）59367256
　　　　　 地址：北京市北三环中路甲29号院华龙大厦　邮编：100029
　　　　　 网址：www.ssap.com.cn
发　　行 / 市场营销中心（010）59367081　59367083
印　　装 / 三河市东方印刷有限公司
规　　格 / 开　本：787mm×1092mm　1/16
　　　　　 印　张：19.75　字　数：332千字
版　　次 / 2018年12月第1版　2018年12月第1次印刷
书　　号 / ISBN 978-7-5097-7015-3
定　　价 / 98.00元

本书如有印装质量问题，请与读者服务中心（010-59367028）联系

▲ 版权所有 翻印必究